城际铁路运营组织与管理

曲思源　编著
崔艳萍　主审

中国铁道出版社
2017年·北京

内 容 简 介

本书共分为十三章。内容包括：绪论；城市群与城际铁路；客流分析调查与预测；运输组织模式分析；列车开行方案设计与优化；列车运行图编制与调整；通过能力利用及评估；动车组运用及乘务员组织；施工天窗设置及综合维修组织；票额分配与调整优化；调度指挥及应急处置；车站工作与客运服务；运营管理智能化。文字严谨，论据充分，通俗易懂，涉及面广。

本书可供铁路运输管理人员、技术人员和科研、设计单位人员以及设交通运输专业的高等院校的相关人员学习和参考。

图书在版编目(CIP)数据

城际铁路运营组织与管理/曲思源编著. —北京：中国铁道出版社，2017.9

ISBN 978-7-113-23440-9

Ⅰ.①城… Ⅱ.①曲… Ⅲ.①城市铁路-铁路车辆-运营管理 Ⅳ.①U239.5

中国版本图书馆 CIP 数据核字(2017)第 181147 号

书　　名：城际铁路运营组织与管理

作　　者：曲思源　编著

责任编辑：梁兆煜　　**编辑部电话**：010-51873314

封面设计：崔　欣

责任校对：苗　丹

责任印制：高春晓

出版发行：中国铁道出版社(100054，北京市西城区右安门西街 8 号)

网　　址：http://www.tdpress.com

印　　刷：中国铁道出版社印刷厂

版　　次：2017 年 9 月第 1 版　2017 年 9 月第 1 次印刷

开　　本：787 mm×1 092 mm　1/16　印张：19.75　字数：478 千

书　　号：ISBN 978-7-113-23440-9

定　　价：48.00 元

序　言

作为区域交通和高速铁路网络的组成部分,城际铁路已成为城际间旅客运输的主要发展方向。我国许多地区都在规划和建设城际铁路,很多线路都已经或即将运营。随着城市化进程速度的不断加快,城际铁路对城市群或城市之间的运输结构产生了深远影响,在城际交通网络规划和运营中占主导地位。

目前,我国城际铁路相关的运营组织与管理理论仍然滞后于运营组织的实践,这就需要专业人士不断积累、总结运营组织经验,探索其中的规律并使之上升为理论,再将成果运用于实践,接受实践的检验,使其继续得到发展。上海铁路局的曲思源高级工程师就是这样一位杰出的理论实践者。他从事铁路运输实践与理论研究二十多年,在北京交通大学、西南交通大学、同济大学三所著名学府的交通运输专业求学。5 年前,他撰写的《城际铁路列车开行方案理论和方法》博士论文,为本书的编写奠定了良好的基础。随着我国城际铁路运营实践的深入,作者结合“长三角”等地区城际铁路的运营组织实际,运用系统工程思想、运筹学理论与方法以及现代数学方法,不断分析城际铁路运营组织中的实际问题。本书侧重于解决问题的思路和方法,重视案例应用和评价,通过十多年来对城际铁路运营组织若干问题的探索与思考、积累与提炼,形成了《城际铁路运营组织与管理》这本难得的著作。

从饮水思源到同舟共济,从读博期间到读博后的刻苦努力、奋发向上,曲思源博士都给我留下了难以忘怀的印象！特别是对“长三角”等地区城际铁路深入全面的研究,反映了作者对当前城际铁路动态管理与优化特征的把握,具有前瞻性、技术性、实用性、理论性,文字严谨,论据充分,通俗易懂,涉及面广。《城际铁路运营组织与管理》的出版具有重要的现实意义。对这本书的出版表示衷心的祝贺！

中国铁路经过了几代人坚持不懈的努力,已经从“绿皮火车”走到了“高铁动车”,从“运输生产型”走向了“市场导向型”。中国高铁在运营组织与管理方面进行了大量的创新和突破,逐步实现了高铁规范管理、科学调度、资源配置优化、运营安全水平提升等,基本完成了从“以运输生产为中心、运输能力是关键”向“以旅客为中心、以市场为导向、以服务为宗旨”的理念转变。希望更多的管理和研究人员、社会人士关注我国高铁事业的发展,并不断提高城际铁路运营管理水平。

同济大学交通运输工程学院
徐行方教授
2017 年 1 月 14 日

前　言

提起笔来，首先说一下本书在完成过程中所遇到的困难，也可以说是困扰问题。这本书断断续续构思和写作了将近有10年，但总是找不到感觉，很多次都想放弃。但看到我国城际铁路发展迅猛的态势，不知怎么又产生了动力，放弃了再捡起，时紧时松，断断续续。逝年如水，我看到许多碎片化的点点滴滴逐步成为系统的城际铁路运营组织与管理的经验，若不去总结和提炼，时光也会匆匆流走。中国铁道出版社已经成立65周年，出版社之前已将本书列入出版计划，提前预告对我来说是一种鼓励和信任，这似乎是给我打了鸡血，我必须努力完成。

2007年5月，我脱产去西南交通大学和北京交通大学学习高铁知识，便有了写作城际铁路这本书的最初构想。2008年8月京津城际铁路开通运营，成为我国第一条真正具有城际铁路意义的高速铁路，我又去实地参观学习。同年11月，本人参加的同济大学博士生《交通运输学》入学考试最后一道分析题，就是要求考生对未来沪宁城际铁路和京沪高铁以及既有线三者之间分工的思考，由于之前曾有过展望，我自觉回答得还算满意。2010年7月1日，沪宁城际铁路开通运营，当时开通的情景至今仍历历在目。2012年1月14日，我博士学位论文《城际铁路列车开行方案优化理论与方法》答辩，当时几位评委老师所提的问题还是着实有些令人紧张。当时提出的理念属于我国高铁发展的初期，需要在实践中得到完善和发展。我在论文结尾处的感言是："诚然，2011年'7·23'温州动车事故使得我国高铁发展暂时处于低谷状态。同时，也给新时代的'高铁人'抹上了一笔忧患色彩和奋发图强的使命感。我坚信，高铁发展中的问题必然会科学解决，高铁科学发展必将迈出新的步伐，我国高铁的明天会更加美好。"之后的5年，我有幸看到了我国高铁的蓬勃发展。

随着我国社会经济的进一步快速发展，以大城市为核心的城市群现象会更加凸显，城市群的综合能力也进一步加强，城市空间形态相应地开始由单体型向都市圈、城市带、城市群等大城市集群转换。城市群的发展是一个与交通系统相互推演的过程，城际铁路已成为我国城际间交通运输发展的主要方向，而且城际区域中以城际铁路为核心的综合交通体系正在形成，这种模式已然成为适应我国城镇化发展的必然趋势。城际铁路"高速度、高密度、公交化、小编组"运营组织方式极大地满足城际区域人们出行需求，同时也改变了人们的出行以及生活方式。

可以说，城际铁路运营实践的理论滞后于实践，处于不对称的状态。十多年来,作为我国东部城际铁路率先和迅猛发展的经历者,我深深知道,我国城际铁路运营组织与管理具有复杂性和特殊性,对于国外经验我们只能有舍去地吸取,不能简单照搬,需要建立一套属于我国城际铁路运营组织与管理的体系。我有义务将其总结与提炼,但在编写过程中不可避免地遇到如下难点:

难点一:中国高铁正面临着由"运输生产型"走向"市场导向型"的转变,也就是从"以运输生产为中心、运输能力是关键"向"以旅客为中心、以市场为导向、以服务为宗旨"的理念转变。要结合城际铁路运营组织与管理的实践,深入实际调研大量的事例,去分析与提炼。

难点二:曾几何时,关于高铁运营组织方面,主要是介绍国外高铁运营的书籍,目前,还没有类似城际铁路运营组织方面的相关书籍,而且城际铁路与高铁运营组织关键技术中有交叉又有区别,怎么融合在一起,需要探讨。2016年6月,本人的第一本拙著《铁路运输组织管理与优化》已包括了若干城际铁路运营管理的文章,考虑到本书包含的内容更加全面,需要丰富原有内容、推陈出新。

难点三:运营组织与管理所包含的内容丰富,还涉及协调配合等内容。例如,在调度指挥方面,表面看是调度日常指挥和应急处置,实际包括高铁信号与通信等若干知识;再如城际客流分析、列车开行方案、列车运行图、调度日班计划与列车运行调整等体现多专业的协调配合,怎么去把握这些知识点,将这些内容怎么有机地组织并协调在一起?

难点四:常听人讲,干我们铁路运营组织与管理行业的人没有技术含量?而且日常的运营管理工作就是重复劳动。若有技术的话,也是软技术。我认为交通运输管理这个专业的技术就是组织与管理以及优化,是通过系统工程、运筹学、管理学理论和方法,在运营组织中得到具体应用并能不断地改进工作质量,提高效率和效益。运营与管理是自然科学也是社会科学,能否获得最佳的经济和社会效益,是这门技术的落脚点。同时,运营组织与管理中的实践部分多,也就注定了这个行业具有生机和发展的潜力。这其中的难点是如何体现其技术含量?

难点五:铁路信息化正朝着平台、集成、一体、智能化等方向发展,大数据分析正引导着城际铁路运营组织与管理技术的进一步发展,我们正面临着城际铁路运营中的从信息化到逐步发展成智能化和决策化阶段的过渡时期。未来,我国包括城际铁路在内的高速铁路运营组织与管理还要朝着智慧化的方向发展。"智慧铁路"是以新一代信息基础设施、物联网、"互联网+"技术、大数据与云计算为支撑,以泛在化、融合化、智敏化为特征,内涵极其丰富。相应的运营组织与管理需要精细化的智慧组织、协同化的智慧管理、高效率的智慧调度、精准化的智慧服务。本书如何体现?如何把握?

写这本书,我的感觉就像蚕食,每天积累一点、灵感一点,从简到深、再从深到精、从精到泛,直至最终完成。每一本书可以说是作者在某一个阶段或对某一个角度的认识,由于作者对知识的掌握、理解和看法的局限性,书的内容需要结合新的情况去补充和完善。鉴于问题的复杂性,不同的方法只能从某个角度尝试解决问题,本身就有一定缺陷,正是由于这种不完美,才能激发技术人员去攻关、学者们去思考,交通运输学科才会发展。唯有不断努力,精益求精,抱有对学术和表达的敬畏之心,才能无悔于作者之身份。当完成书稿的时候,我畅游全国著名的智慧山-苏州穹窿山,突然发现孙武子所著的《孙子兵法》十三篇屹然立在我的眼前,我的这本书也是恰巧十三章,但我自知所学疏浅,难以企及先贤的高度!考虑到作者水平与精力所限,本书内容存在不全面和不恰当甚至错误之处在所难免,热诚欢迎广大的读者以及行内专家学者给予批评指正。本人的电子邮箱:syqu0453@163.com。

本书可供铁路管理、技术人员和设有交通运输专业的高等院校以及科研、设计院所相关人员学习参考,而且书的部分内容不仅适合城际铁路,也适合高速铁路运营组织。考虑到社会上关心我国高铁发展人士的品读,书中部分内容采取了通俗方式描述。本书由国家铁路局市场监测评价中心崔艳萍博士审定。感谢上海铁路局多年来高铁运营组织与管理的实践,感谢为我提供资料和参考意见以及在一起探讨高铁运营的同事和朋友,感谢学者们建树思想对我的启发,感谢我成长过程中遇到的每位老师和朋友对我的点拨,感谢中国铁道出版社对我的信任。

我希望本书能为我国高铁运营组织与管理工作提供有益启示,为高铁和谐发展尽微薄之力。2017 年 5 月,同济大学迎来建校 110 周年,本书也献给我的母校——同济大学!

我坚信,人生中唯一的幸福就是不断前行,把你认为重要的事情做到极致!感谢这个时代,高速铁路的时代!高速铁路带来的不仅是运输能力的扩充,也是人的胸怀的扩充和远见卓识!“复兴号”已经启航!

曲思源

2017 年 4 月 28 日于上海

目　录

1 绪　论

随着我国各区域之间城市化进程地不断加快，城市群的吸引和扩散作用正逐步增强。城市群通常是指特定地域范围不同性质、类型和等级规模的社会经济联系密切的城市构成的相对完整的城市“集合体”。发展建设城市群是增强区域核心竞争力、加速发展城市群的集聚经济和规模经济、带动整个区域的经济发展的必然选择。我国《国家新型城镇化规划（2014～2020年）》明确指出：发展集聚效率高、辐射作用大、城镇体系优、功能互补强的城市群，使之成为支撑全国经济增长、促进区域协调发展、参与国际竞争合作的重要平台。

城市群要求各城市彼此合作，形成各具特点的地域分工与协作体系，整体提高区域活力，增强相关城市间的协同能力。我国已出现了以北京和天津为中心的“京津冀”、以上海为中心的长江三角洲和以广州为中心的珠江三角洲三个典型的城市群。以北京、上海、广州为代表的一些大城市的发展空间范围和影响区域逐步突破行政界限，与周边其他城市的联系融合更加紧密，这使得区域性城市群不断产生和发展。

近年来，随着我国西部开发、东北振兴、中部崛起等重大战略的实施，新的城市群也在培育，新的城市群版图不断外延，城区之间的联系也越发紧密。国家“十一五”规划开始提出，在全国构建“长三角”、“珠三角”、“京津冀”及沈阳经济区、山东半岛城市群、长株潭城市群、成渝都市圈、河南中原城市群、西咸都市群等“三主六次”九大城市群。在“十二五”规划中，又提出我国区域发展的新格局是：以城市群为基础和核心，形成“小圈促大圈、大圈小圈串连片”小的城市群。

城市群不仅仅是在空间分布上相对集中的一群城市，更是以分工、协作、共享为特征的城市发展命运共同体。城市群的培育和发展离不开交通，城际交通网络通常包括铁路网、高速公路网、国道省道路网等。城市群的发展需要以便捷、畅通、高度发达的交通运输网为基础，尤其是城市群的城际交通。从“京津冀”、“长三角”、“珠三角”三大城市群的经济总量和人均产值分析，人们的消费结构和观念正在发生变化，人们在对交通出行质量要求日益提高的同时，交通出行已呈现多样化和个性化兼容等特点，主要表现在：人们在旅行、经商、公务、城市群通勤等方面的出行需求越来越多，对出行舒适程度、方便程度、交通工具的速度、准时性等的要求更高，这些方面交织在一起，又表现出人们出行需求在总体的时空分布及变化规律等愈加复杂多样。相比较而言，城市群交通网络的发展已成为城市群进一步发展的“瓶颈”。城市群的发展迫切需要高速、便捷、环保的城际交通方式作为支撑，城际交通正经历着前所未有的演变过程。同时，为缓解城市群及城市之间的客流需求及运输供应能力矛盾以及环境问题，交通运输企业面对的是迫切需要同步提升城市群人们出行服务质量、产品快速响应程度以及综合交通方式的配合程度。

近年来，伴随着我国高速铁路的快速发展，城际交通网络中相应产生了一种新型的交通方式——城际铁路。城际铁路以其安全好、高速度、大运量、低能耗、污染小、占地少等一系列突出的技术和经济优势，逐步适应了现代社会经济发展的需求，得到了前所未有、突飞猛进的发展。在城市群规划和发展建设这样的大背景下，配套的城际铁路建设已成为城市规划和经济建设的必然之选。城际铁路的高速度、高密度、公交化等运营特征对城市群的交通具有强大适应性，并对城市群社会经济的拉动作用极具发展潜力。城市群间客流的特点是强度高、密度大、时间集中，并且因在地域、时间和空间上的不均衡性极易形成客流高峰，其客运市场竞争的焦点主要集中在时间、速度、快捷、方便程度和高峰运能上。同时，城际列车运营方案中的票价、旅客列车开行频率、数量、种类等因素直接影响着铁路旅客出行方式的选择。城际铁路逐渐成为城际客流首选的交通方式，不可避免地打破了客运通道内各交通方式运输市场原有的平衡，改变了需求结构，导致城际运输通道的交通结构发生质的变化。构建城市群中心城市间、中心城市与周边节点城市间"1～2 h"交通圈，打造城市群中心城市与周边重要城镇间"1 h"通勤都市圈成为了城市群发展的内在要求。

城际铁路的建设和发展对整个交通运输业都能产生深远影响，一方面能够有效解决旅客供需平衡问题，通过公交化、大容量的运输品质能保障更多出行者的商务、通勤、旅游等出行的便捷，从而吸引更多的旅客，改善整个交通运输结构，促进铁路运输企业的良性发展；另一方面，城际铁路的开通运营，相比于道路交通显然更具有保护环境的功能，能够促进综合交通的可持续发展，又能带动车站线路及城市周边经济的发展，对于我国经济、资源、环境等的发展都具有重要作用。

2004 年，我国出台了第一个铁路网规划即《中长期铁路网发展规划》，明确规定主要以环渤海、"长三角"、"珠三角"为重点地区建设城际铁路，逐步形成城际快速客运系统。随后我国便迎来了城际铁路建设高潮，京津、沪宁等城际铁路设计和建设全面展开。2008 年，《中长期铁路网发展规划》调整方案经国家批准后颁布实施，我国城际铁路路网规划已扩展到江汉平原(武汉)、湘东(长株潭)、成渝、中原地区(郑州)、关中(西安)、北部湾、海南环线、海峡西岸(闽东南)8 个城镇群等经济发达和人口稠密地区，并覆盖区域主要城镇。近几年，我国越来越多的城际铁路开通运营，包括京津、沪宁、广株、成灌、武黄、郑焦、郑开、成绵乐、昌九、长吉、青荣城际铁路等。我国部分以城际铁路命名的线路包括本书提到的几条具有城际性质的高速铁路线路(截至 2016 年底)如表 1.1 所示。

国家"十三五"规划纲要进一步指出，要优化城镇化布局和形态，加快城市群建设发展，并明确提出要发展 18 个城市群和 2 个城市圈，包括：建设"京津冀"、"长三角"、"珠三角"世界级城市群；提升山东半岛、海峡西岸城市群开放竞争水平；发展壮大东北地区、中原地区、长江中游、成渝地区、关中平原城市群；规划引导北部湾、山西中部、呼包鄂榆、黔中、滇中、兰州-西宁、宁夏沿黄、天山北坡城市群发展；促进以拉萨为中心、以喀什为中心的城市圈发展。"十三五"期间建设现代高效的城际铁路成为行业新的亮点。"十三五"期间，预计我国高速铁路营业里程将达 25 000 km，城际铁路达 5 000 km。城际铁路将基本覆盖各大中城市及城市群，大量中小城市亦需填补城际铁路客运空白。到 2020 年，基本建成"京津冀""长三角""珠三角"、长江中游、中原、成渝、山东半岛城市群城际铁路网。

2016 年 6 月，国家铁路局修编了《中长期铁路网规划》，规划期为 2016～2025 年，远期展望到 2030 年。新的规划中强化发展城际铁路，即：在优先利用高速铁路、普速铁路开行城际列车服务城际功能的同时，规划建设支撑和引领新型城镇化发展、有效连接大中城市与中心城镇、服务通勤功能的城市群城际铁路。"京津冀""长三角""珠三角"、长江中游、成渝、中原、山东半岛等城市群建成城际铁路网;海峡西岸、哈长、辽中南、关中、北部湾等城市群建成城际铁路骨架网;滇中、黔中、天山北坡、宁夏沿黄、呼包鄂榆等城市群建成城际铁路骨干通道。届时,全国高速铁路网基本连接省会城市和其他 50 万人口以上大中城市,实现相邻大中城市间"1~4 h"交通圈,城市群内"0.5~2 h"交通圈,基本实现内外互联互通、区际多路畅通、省会高速铁路连通、地市快速通达、县域基本覆盖。

可见,城际铁路的出现势必会对城市群以及城际之间的运输结构产生深远的影响。今后 20 年将是我国经济的高速发展时期,城市化进程的速度也在不断加快。同时,城市产业结构变化,也促使人员流动量加大。城际铁路在我国人口密集的特大城市和城市间将具有良好的发展前景。

表 1.1 我国部分以城际铁路命名的线路

序号	线路名称	营业里程(km)	线路起止	目前运营速度(km/h)	设计速度(km/h)	开通时间
1	京津城际	120	北京南-天津	300	350	2008.8.1
2	成灌铁路	65	成都-青城山	200	200	2010.5.10
3	沪宁城际铁路	301	上海-南京	300	350	2010.7.1
4	昌九城际	142	九江-南昌西	200	250	2010.8.28
5	沪昆高速铁路(沪杭段)	159	上海虹桥-杭州	300	350	2010.10.26
6	长吉城际	111	长春-吉林	250	200	2011.1.11
7	宁杭高速铁路	256	南京南-杭州(东)	300	350	2013.7.1
8	武咸城际	76	武汉-咸宁	250	250	2013.12.28
9	武黄(石)城际	90	武汉-大冶北	250	250	2014.6.18
10	武冈城际	36	葛店南-黄冈东	200	200	2014.6.18
11	广珠城际	144	广州南-珠海	200	200	2011.1.7
12	成绵乐城际	318	峨眉山-乐山-成都东-绵阳-江油	250	250	2014.12.20
13	青荣城际即荣段	276	即墨-荣成	200	250	2014.12.28
14	郑开城际	50	郑州东-宋成路	200	200	2014.12.28
15	郑焦城际	78	南阳寨-焦作	200	200	2015.6.26
16	吉珲城际	360	吉林-珲春	250	250	2015.9.20
17	京津城际延伸段	159	天津-静海	300	300	2015.9.20
18	宁安城际	258	南京南-安庆	200	250	2015.12.6
19	金丽温铁路	188.8	金华-丽水-温州	200	250	2015.12.26
20	郑机城际	43	郑州东-新郑机场	200	200	2015.12.31
21	广佛肇城际	111	广州-肇庆	200	200	2016.3.30
22	莞惠城际	53	常平东-小金口	200	200	2016.3.30
23	青荣城际青即线	46	青岛-即墨	200	250	2016.11.16
24	渝万城际	247	重庆北-万州	250	250	2016.11.28
25	武孝城际	62	汉口-孝感	200	200	2016.12.1
26	长株潭城际	95.5	长沙-株洲南(湘潭)	200	200	2016.12.26
27	昆玉城际	88	昆明-玉溪	200	200	2016.12.28

现阶段，城际铁路运营组织与管理是针对高速铁路城际区域旅客出行和客运组织的新形势、新特点，围绕提升运营品质的目标，以市场为核心，以大数据为手段，集客运产品设计与评价、运营组织指挥与协调、客票销售与收益管理、运营评价与调整、客运服务与管理等内容，为生产、管理、经营、服务各环节的精确、精准、精细管理和科学决策提供技术支撑。其总体思路是以市场为导向、以旅客为中心，研究市场、掌握客流需求，通过优化运输系统资源要素，强化集约化经营、常态化组织、品质化服务，构建高度集成、信息流畅、指挥有力、应对有序、面向市场的营销系统和资源管理系统；以城际铁路安全为核心，管好用好运输资源，建立各系统、专业融合、条块结合、系统集成的运营组织系统；围绕快速响应、智能比选的要求，为专业部门提供科学、系统、高效的管理辅助手段和运用支撑体系，为全面提升城际铁路运营管理水平提供基础保障系统。本书内容在研究过程中，注重以下几个运营组织和管理的过程。

(1)过程管理

城际铁路运营组织与管理的过程，也可以说4个步骤如下：

①我国城际铁路(含部分高速铁路)客运市场逐渐由卖方市场转为买方市场，旅客有条件自由选择自己的出行方式。城际铁路合适的营销方向、市场化定价机制和运能的灵活调整是相辅相成的。城际铁路运营与管理来源于客运市场，客流需求决定了客运产品的设计，通过客流调查和客流需求预测分析，掌握客流数量、结构、时空分布等特性，在运输组织模式的制约下，充分考虑运营策略和城际铁路运输资源的配置情况与供应能力，鉴于客流需求的不均衡性，相应就需要动态化的运力配置，设计并制定满足客流需求的列车开行方案。

②围绕列车开行方案编制并以列车运行图为核心的运营方案，体现完整的客运产品，这个运营方案还包括制定动车组运用、施工计划、票额分配及调整计划等，为完成编制客运产品任务做好计划方面的准备。

③根据日客流波动等的实际情况，具体制定以调度日班计划为核心的日运营计划，围绕这个日运营计划，通过客运服务、调度指挥等完成客运产品的实现过程。车站、乘务工作等客运组织直接对应的外在的客运服务，让旅客得到满意的出行体验。调度指挥是从城际铁路内部体现出的客运服务，特别是遇有应急处置要坚持“以人为本”的原则，按照故障导向安全的原则，把保障旅客安全作为第一要务。

④城际铁路运营组织与管理再回到客运市场。从旅客角度看，通过以上过程可完成一次出行的体验和感知的过程。从城际铁路内部看，是经过了运营效益分析及评价等反馈，需要结合本次组织与管理的不足，进一步优化调整改进设计客运产品，不断反复修正，满足未来的客流需求。

可见，城际铁路运营组织与管理中各个环节都是围绕客运市场、保证运营品质而展开。客运市场既是城际铁路运营组织和管理的出发点，也是落脚点。出发点的客运市场，其客流需求是预测的市场需求，而落脚点是实际的运输量，也就是为了完成预测的本次客流需求的实现做出努力后，重新回到客运市场。落脚点的客运市场也可以说是达到一次均衡，这个均衡是指需求与供给处于暂时平衡的一种状态，是一种动态的均衡。需求与供给是决定客运市场行为的最基本的两种力量，之间平衡是相对的，不平衡是绝对的。不均衡时，可通过票额调整、运价与供求的相互冲突与调整等作用，不断地恢复和维持两者之间的均衡。然而，由于客运市场的不确定性，市场“不均衡-相对均衡-不均衡-相对均衡”的过程是反复进行的。整个过程如图1.1所示。

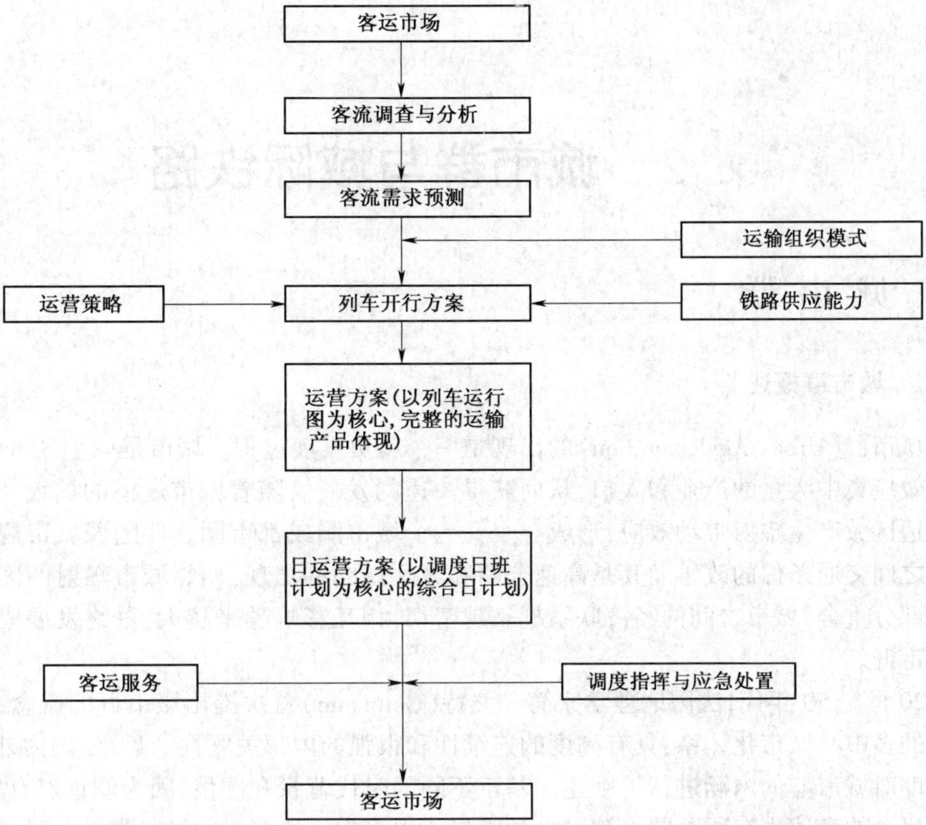

图 1.1 城际铁路运营组织与管理过程图

(2)"一体化"管理

①在设计城际铁路运营产品设计方面不断强化客流分析、列车开行方案设计、列车运行图编制等一体化管理,还强调根据日客流的需求调度日运营计划(日班计划)编制和执行,以满足客流需求的动态变化需求。

②强调工电供一体、机辆一体、动车所内运输、机务、车辆、客运作业一体、站车一体化等,在保证运输安全和可靠的基础上,形成了集运用、整备、检修一体化的城际铁路(高速铁路)运营管理特色。

(3)评价体系

把落实"效益优先"为基本目标,在运营组织与管理过程中,分别从旅客和企业两个角度,对城际铁路的服务品质和经济效益进行评价,从评价结果分析出不断改善城际铁路(高速铁路)运输过程的弱项与短板,形成产品与市场相互反馈的动态平衡机制,从而提高旅客满意度、列车客座率以及企业经济效益。

(4)信息化集成建设与管理

城际铁路运营组织与管理离不开信息化,各种信息管理系统需要管理集成,再逐步形成城际铁路运营组织与管理的特色和信息、机制、决策、运用、评估之间的高度协调统一,实现城际铁路运营的高水平和高效益。而运营管理的智能化、智慧化阶段是信息化发展的新阶段,也是实现机制、决策、运作、评估之间的高度协调统一阶段。

2 城市群与城际铁路

2.1 城 市 群

2.1.1 城市群概述

城市群(Urban Agglomeration)的出现是一个历史发展过程。城市是一个区域的中心,通过极化效应集中大量的产业和人口,从而获得快速的发展。随着城市规模的扩大,实力的增强,对周边区域产生辐射带动效应,形成一个又一个城市圈或都市圈。伴随着城市规模的扩大和城际之间交通条件的改善尤其是高速公路和城际铁路的出现,相邻城市辐射的区域不断接近并有部分重合,城市之间的经济联系越来越密切,相互影响越来越大,最终发展成为经济发达的城市群。

20 世纪 50 年代,法国地理学家简·戈特(Gottmann)首次提出城市群的概念,将其定义为巨大的多中心城市化体系,具有高度的连续性和很强的内部关联性。后来,国内外学者从不同的角度对城市群的内涵进行了阐述。基于不同的时代背景和国情,因为侧重点有所不同,学者们对概念的表述也有所不同。被国内学术界为很多学者所接受的城市群的内涵界定是我国学者姚士谋在《中国城市群》(2001)一书中对城市群做出的如下定义:城市群是指在特定的地域范围内,具有相当数量的不同性质、类型和等级规模的城市,依托一定的自然环境条件,以一个或两个超大或特大城市作为地区经济的核心,借助于现代化的交通工具和综合运输网的通达性,以及高度发达的信息网络,发生与发展着城市个体之间的内在联系,共同构成一个相对完整的城市集合体。

2004 年 9 月,在"中国城市论坛北京峰会"上,北京国际城市发展研究院发布的国内首部《中国城市"十一五"核心问题研究报告》中提出将中国的城市化分为三个级次,按空间范围由大到小排列分别为:城市群-城市圈-城市带。即:以大城市为核心、建立直接承接国际化全球化影响的大城市群;在城市群内形成由若干中心城市为辐射源的城市圈,从而支撑起整个大城市群;由众多中小城市构成城市带,这些城市以特色化的产业中心镇为支撑,进而形成特色化的城市风格。

我国城市群是新型城镇化的主要形态,也是拓展发展空间、释放发展潜力的重要载体,还是参与国际竞争合作的重要平台。城市群以经济发展为核心,而经济发展又必须以交通网络建设为依托和保障。城市群的形成和发展在很大程度上依赖于交通网络的完善,安全、快速、便捷、互联互通的交通网络是实现城市群空间整合的基础。

2.1.2 国外主要城市群

城市群的兴起是世界城市化发展的重要趋势。近半个世纪以来,世界上已逐步形成了举世瞩目的国际级城市群。根据相关资料:美国东北部大西洋沿岸城市群,包括 200 多座城市,约占全国总人口的 20%,国土面积的 1.5%;北美五大湖城市群跨美国和加拿大两国,人口约 5 000 万,面积 24.5 万 km^2;日本太平洋沿岸城市群,占全国总人口的 61%(其中全国 1/3 的人口集中在东京附近),总面积的 20%;以伦敦为核心的城市群约占全英国人口的一半,面积的 20%;欧洲西北部城市群,人口约 4 600 万,面积 4.5 万 km^2。根据中国城市发展报告显示,全世界范围内,美国三大城市群(纽约大都市群、北美五大湖大都市圈、洛杉矶都市圈)的 GDP 占全美份额的 67%;日本三大城市群(东京-横滨都市圈、京阪神都市圈和名古屋都市圈)的 GDP 占全日本份额的 70%。

简·戈特曼认为都市圈是城市群发展到成熟阶段的最高空间组织形式,并提出以 2 500 万人口规模和每平方公里 250 人的人口密度为下限界定都市圈。按照这一标准,世界上有 5 大城市群达到都市圈规模。

纽约大都市圈从波士顿到华盛顿,包括波士顿、纽约、费城、巴尔的摩、华盛顿等大城市共 40 个。该都市圈面积 13.8 万 km^2,占美国面积的 1.5%,人口 6 500 万。

北美五大湖大都市圈分布于五大湖沿岸,从芝加哥向东到底特律、克利夫兰、匹兹堡,并一直延伸到加拿大的多伦多和蒙特利尔。它与纽约都市圈共同构成了北美的制造业带。

东京大都市圈指以东京都区部为核心的"一都七县"结构,包括东京都、神奈川县、千叶县、埼玉县、茨城县、栃木县、群马县和山梨县,这个区域面积 3.5 万 km^2,占日本全国的 6%,人口将近 7 000 万。从 1958 年开始,东京都市圈发展历经五次大规模规划,目前形成了三个圈层城市网络,分别是核心层、中心圈层和外围圈层。核心层以服务业为主,中心层以高科技产业为主,外圈层以制造业、农业为主。此外,还将首都的功能分散形成了多个中心,如埼玉区域行政中心和神奈川区域工业聚集中心等。

巴黎大都市圈主要城市有巴黎、阿姆斯特丹、鹿特丹、海牙、安特卫普、布鲁塞尔、科隆等。这个城市圈 10 万人口以上的城市有 40 座,总面积 14.5 万 km^2,总人口 4 600 万。

伦敦大都市圈以伦敦和利物浦为轴线,包括大伦敦地区、伯明翰、谢菲尔德、利物浦、曼彻斯特等大城市,以及众多小城镇。该都市圈面积为 4.5 万 km^2,人口 3 650 万。

根据联合国预测,未来世界各地的超级大都市将逐渐发展成更大的超级城市群,到 2050 年全球城市人口占总人口的比例将超过 75%,最大的 40 个城市群将参与全球 66% 的经济活动和 85% 的技术革新。

2.1.3 我国主要城市群

城市群的特点表现为内部具有比较明显的同质性与群体性,与外部有着比较明确的界限。我国城市群一般被认为是城镇化发展的新阶段,正处在发展和形成过程之中。目前,我国城市群总面积约占全球城市总面积的 28%,集中了全国 68% 的人口,吸引了全国 75% 的固定资产投资、98% 的外资,创造了全国 89% 的经济总量。我国大陆三大城市群("长三角"、"珠三角"和"京津冀"城市群)的 GDP 占全国总量的 38%。三大城市群土地面积合计为 90.4 万 km^2,占全国的 9.42%;人口为 4.37 亿,占全国的 34.23%。三大城市群经济发达、人口密度大、土地利用率高,人流、物流、资金流、信息流等流动频繁,能为居民满足各种物质文化生活的需要,城市群的服务半径可达 150~200 km,甚至可以向全国提供服务。同时,这三大城市群地区经济社会一体化进程的加快,客流需求正在持续不断地迅速发展,人们对"安全、迅速、准确、便利、经济、舒适”的客运服务要求越来越高，客流流量大、持续增长快、流向集中、层次要求高等特点更加显现。

“长三角”地区包括上海市、江苏省和浙江省，区域面积21.07万km^2，人口超过7 240万，GDP对全国的贡献占到18.4%，是我国经济实力最强的区域。2010年5月，国务院正式批准实施《长江三角洲地区区域规划》，明确了“长三角”地区发展的战略定位：“亚太地区重要的国际门户、全球重要的现代服务业和先进制造业中心、具有较强国际竞争力的世界级城市群，已成为我国城镇分布最密集、经济发展速度最快、经济总量规模最大、综合经济实力最强的区域之一，并被公认为世界六大都市圈之一”。2016年国家《长江三角洲城市群发展规划》明确提出，“长三角”要争当全国新一轮改革开放的排头兵，建设具有全球影响力的世界级城市群。到2020年，“长三角”占全国2.2%的国土空间上，要集聚全国11.8%的人口和21%的国民生产总值，要配套建成枢纽型、功能性、网络化的基础设施体系，构筑以轨道交通为主的综合交通网络，“长三角”城市群基本形成经济充满活力、高端人才汇聚、创新能力跃升、空间利用集约高效的世界级城市群框架。在本次规划中，第一次提出要建设“长三角”世界级城市群，并将上海定位为“全球城市”和超大城市，杭州和苏州被定位为Ⅰ型大城市，南京被定位为特大城市。这意味着上海将在“长三角”城市群中进一步发挥引领作用，带动整个区域，参与全球竞争。根据规划，上海市以及江苏省的南京、无锡、常州、苏州、南通、盐城、扬州、镇江、泰州，浙江省的杭州、宁波、嘉兴、湖州、绍兴、金华、舟山、台州，安徽省的合肥、芜湖、马鞍山、铜陵、安庆、滁州、池州、宣城等26市被纳入“长三角”城市群。当前长三角城市圈形成“单核”与“多核”并存格局，上海自成超级“单核”，辐射整个长三角区域；苏州、杭州、南京等二线城市形成多个“小核心”，主要辐射周边三四线城市。而且长三角城市群内多个中心城市实力均突出，城市群内竞争激烈。2017年4月，浙江省将嘉兴设立为全面接轨上海示范区，着力打造成为浙江与上海新政策率先接轨、高端产业协同发展、科创资源重点辐射、一体化交通体系枢纽、公共服务融合共享地。2017年7月21日，在首届国际城市可持续发展高层论坛上，城市可持续发展《成都宣言》正式发布。宣言倡议：构建包容开放的城市发展环境、践行绿色低碳的城市理念、完善科学合理的城市规划、实现城市治理的共享与创新。嘉兴作为试点城市将践行最先进的国际城市可持续发展的做法、理念，为中国的城市树立新的样板。

“珠三角”城市群以广州、深圳、香港为核心，包括珠海、惠州、东莞、肇庆、佛山、中山、江门、澳门等城市，是我国三大城市群中经济最有活力、城市化率最高的地区。“珠三角”城市群内部城市梯度均衡。“珠三角”城市群从狭义上讲包括14座城市，GDP对全国的贡献接近10%，GDP年均增长速度达到20%以上，超过亚洲“四小龙”经济起飞时期的平均增长速度，也是世界上开放度最高的城市群之一。“珠三角”城市群以广东30%的人口，创造着全省77%的GDP。国家发改委印发《关于加快城市群规划编制工作的通知》中提出，2017年启动“珠三角湾区”城市群等规划编制，把香港、澳门和“珠三角”9个城市作为一个整体来规划，包含香港、澳门、广州、深圳、东莞、珠海、佛山、中山、惠州、江门、肇庆，其面积约为5万km^2，人口超过6 600万，经济总量超过1.4万亿美元（超过美国的旧金山湾区），对外贸易总额超过1.8万亿美元。这个规划通过在城市群之间建立、保持合理的协作分工关系，对于香港、澳门更好融入国家经济体系，确保香港、澳门长期繁荣稳定有着十分重要的意义。“粤港澳湾区”其辐射半径上可至华东地区，西可至西南地区，东可至“长三角”地区，向外则可以辐射至东南亚以及欧美地区。目前,全世界共有三大湾区,分别为美国旧金山、美国纽约和日本东京湾区。“粤港澳湾区”是国家全力打造的全球第四大湾区,该地区是中国交通网络最为发达的地区之一,陆上有完善的高速铁路网络,如以广州为中心共有杭广、南广、贵广、广深港高速铁路横纵延伸全国各处,“珠三角”已实现一小时生活圈。而广深港高速铁路建成在即,建成后广州至香港只需48分钟。随着“港珠澳”大桥等交通基础设施建设的推进,珠江口西岸城市群与港澳地区的融合进一步深入,“珠三角”区域一体化迎来全新发展阶段,形成具有高端、开放、创新特点并具有较强竞争力的湾区经济形态。

“京津冀”城市群包括北京市、天津市和河北省的石家庄、唐山、保定、秦皇岛、廊坊、沧州、承德、张家口八个地市,其所属的通州新城、顺义新城、滨海新区和唐山曹妃甸工业新域。该区域面积为18.34万 km^2,人口8 500万,总体结构采用“点-轴”发展模式。“点”的发展是以核心城市和次中心城市等为主要“节点”统筹发展;“轴”的发展是城市群内外主要交通走廊和产业带的发展。“点”的具体发展构想是采用“2+8+4”模式,推进城市群“节点”城市发展,即推动两个核心城市、八个次中心城市及滨海新区等新兴城市的发展;“轴”的发展构想是以城市群各城市之间的主要交通线以及沿交通线分布的产业带和城市密集带构成的,将以中关村科技园和滨海新区等高新技术产业为依托,以快速综合交通走廊为纽带,促进通州、廊坊、滨海新区城市群主轴的发展;以滨海临港重化工产业发展带和渤海西岸五大港口为发展核心,促进秦皇岛、唐山、天津、沧州市沿海地区城市发展带的快速发展。

“长三角”和“珠三角”发展在于定位准确,各城市应该充分利用各自的比较优势,早已形成了较为完整的大小城市错位发展,以上海和广州(深圳)为龙头,这三个大城市周边的中小城市发展都不错,各自形成了特色产业。京津冀协同发展和“长三角”、“珠三角”一样,同样需要一个产业功能互补、均衡协调发展的“城市群”。2017年4月1日,我国决定设立河北雄安新区,该新区将成为京津冀新的支撑点。雄安新区是一项重大的历史性战略选择,是继深圳经济特区和上海浦东新区之后又一具有全国意义的新区,是千年大计、国家大事。雄安新区规划范围涉及河北省雄县、容城、安新3县及周边部分区域,地处北京、天津、保定腹地,区位优势明显、交通便捷通畅、生态环境优良、资源环境承载能力较强,现有开发程度较低,发展空间充裕,具备高起点高标准开发建设的基本条件。雄安新区规划建设以特定区域为起步区先行开发,起步区面积约100 km^2,中期发展区面积约200 km^2,远期控制区面积约2 000 km^2。相比而言,雄安新区起步的100 km^2 可以把北京科技、文化、人才和国际化的优势聚集起来,在京津冀区域内形成创新中心、高端制造中心、现代服务中心。同时,雄安新区的设立可集中疏解北京非首都功能,探索人口经济密集地区优化开发新模式,有利于加快补起区域发展短板,调整优化京津冀城市布局和空间结构,培育创新驱动发展新引擎,加快构建京津冀世界级城市群。

可见,随着我国经济社会的发展,北京、上海、广州、深圳等城市,正在引领“京津冀”、“长三角”“珠三角”地区迈向全球城市体系的最前沿。北京作为首都有着先天优势,是我国的政治文化中心。上海是我国的经济中心,GDP居我国城市第一位,亚洲城市第二位,仅次于日本东京,上海亦是全球著名的金融中心。广州是中国对外贸易大港,是我国海上丝绸之路历史上最重要的港口,有“千年商都”之称,加上外国人士众多,也被称为“第三世界首都”;深圳因为改革开放的春风由一个渔村变成现在的全球城市,深圳制造、深圳创造已经开始代表中国走出国门。除这三大城市群外,其他属于次一级城市群,这类城市群构成的城市主要分布在同一个省内,但经济活动的直接辐射半径一般超出本省范围。据麦肯锡全球研究所报告预测,到2025年,将有70%的中国人都将居住在超过100万人口的大城市中。我国的八大城市群如表2.1所示。

表 2.1 我国八大城市群情况表

序号	城市群	范围	备注
1	"长三角"城市群	"长三角"城市群为核心的大"长三角"城市群	包括"长三角"城市群和江淮城市群
2	泛渤海城市群	以"京津冀"、山东半岛为核心的泛渤海城市群	
3	珠江三角洲城市群	以"珠三角"为核心的大"珠三角"城市群	泛"珠三角"城市群,即"9+2"模式
4	东北城市群	以辽中南为核心的东北城市群	
5	海峡城市群	以海峡西岸城市群和台北为核心的海峡城市群	台湾海峡西岸共同构成海峡城市群
6	中部城市群	以长江中游、中原城市群、湘中城市群为核心的中部城市群	中部城市群不包括安徽,即江淮城市群
7	西南城市群	以川渝城市群为核心的西南城市群	
8	西北城市群	以关中为核心的西北城市群	

从城市群GDP经验数据来看,除了长三角、珠三角城市群发展较为成熟外,我国的多数城市群尚处在发展初期,核心城市虹吸效应远大于外溢效应,尚未形成区域间的联动发展。例如,中部城市群作为跨区域城市群,内部形成多个都市圈,多中心的结构使资源相对分散。京津冀城市间的巨大差距也意味着后发城市具备较大增长空间;成渝仍以重庆和成都两大核心城市为主,城市群框架尚未形成。

2.1.4 城市群空间分布形态

城市群作为若干个相连城市构成的等级有序、功能互补、协调发展的点轴系统,在空间上是相对集中分布并表现出一定结构的城市密集区。城市群的城市空间分布形态是城际铁路建设规模和布局方案的重要影响因素。城市群空间的演变是由特定的空间扩展因素和特定的空间扩展形式相互作用而促进形成的,而交通成为城市之间相互作用因素流动的最基本载体。按照各地区经济基础、自然条件和城市发展形态,我国城市群的发展呈现四种发展模式。

1. 单核城市群

单核模式也叫高度集中型发展模式,是指城市群中只有一个核心城市,其等级主次分明,核心城市居绝对主导地位,是整个地区城市相互作用的引力中心和辐射源,其他城市都向这个核心城市聚集靠拢,受其影响,即是影响域,也是其进一步发展的基础。单核城市群的交通流呈核心辐射特征,如图2.1所示。

这种模式的主要特征表现为:城市群体的区域结构是以特大城市为中心,与本区其他大中小城市、郊区工业点、县城镇共同构成有机联系的城市群体系。区域的城市化水平不断提高,

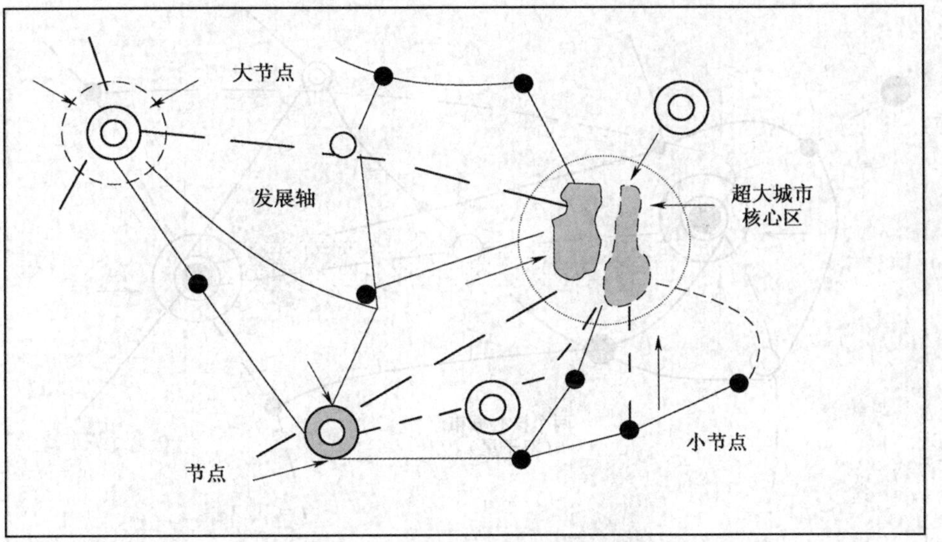

图 2.1 单核城市群区域发展模式示意图

出现城市郊区化现象。整个区域城市集中的空间因素十分突出,社会化、生产集约化和城市规模不断扩大化的现象很明显,区域内的人口集中,物质要素的集聚和自然环境的开发利用集约化程度高。许多社会、经济、文化科学活动逐步集中在一个区域内的核心城市,交通运输方式多样化、多种交通工具充分利用,从而扩大了城市化的区域范围,增加了城市人口与用地规模。同时,随着城市生活方式不断社会化,核心城市的郊区也逐步实现农村城市化,进而逐步实现城乡的一体化格局。

"长三角"城市群是这种发展模式的典型代表。首位城市上海的核心地位毋庸置疑,集中程度高,为群内最大核心城市,经济、财政与信息技术集中程度最高。上海的发展必定带动群内其他城市的快速发展。在上海的集聚和辐射带动下,"长三角"城市群基本上形成了以南京为二级中心的城市带和以杭州、宁波为二级中心的城市带,即以南京为副中心的北翼区域和以杭州为副中心的南翼区域,城镇等级齐全,城市化率高。

2. 双核城市群

双核心型发展模式又可称作双子星座发展模式,是指始终存在着一对中心城市在城市群区域的发展过程中处于既相互依存、又相互制约,主从关系不明确的状态,并且在该区域发展过程处于主导地位,如图 2.2 所示。

这种发展模式的主要特征表现在:在双核心城市的城市群区域内,无论是在城市经济力量、地理区位、城市规模与吸引能力的强弱上,还是城市在区域中所起的作用大小,始终起到"双核心的作用"。中心城市的主从关系不明确,城市间既相互依存、又相互制约,但中心城市的带动作用比较明显。

近似于双核心型发展模式的城市群有如北京与天津、杭州与宁波、福州与厦门、广州与香港。例如,"京津冀"地区,北京的首位度很高,是全国性的政治文化中心和历史文化名城,又是我国最具有国际性城市发展条件的大都会。天津作为华北经济大协作区的门户城市,具有建设国际航运港的基本条件,可以带动华北、大西北与内蒙古的经济发展。北京与天津的强强联合,可以相互联合,共同发展,获取更大的社会、经济效益,国际功能作用越来越大。我国西

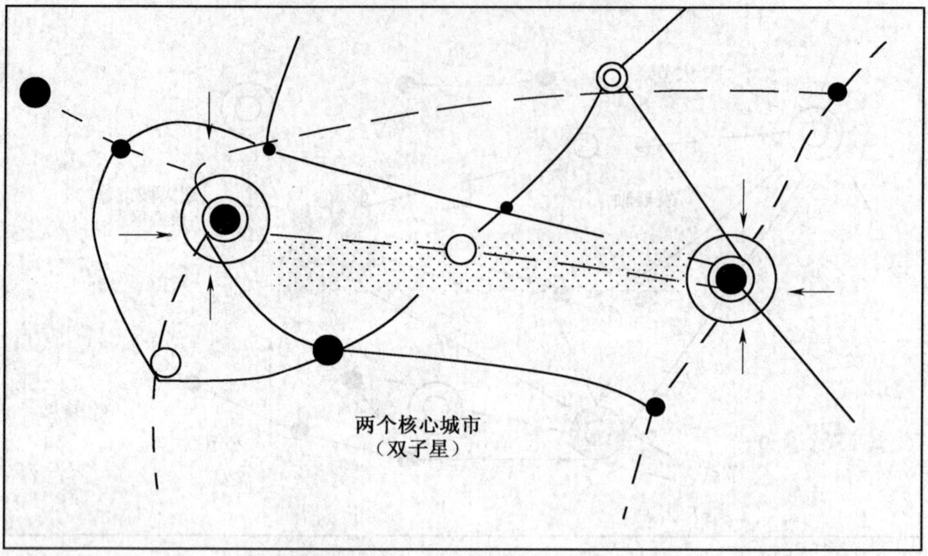

图 2.2　双核城市群区域发展模式示意图

南地区城市群也是这种发展模式的典型代表,其中成都和重庆就是该区域的两个核心,作用十分明显。国内一些省区的城市地带也具有这种双核心型发展模式的特征,比如山东半岛城市群的济南和青岛、辽中南城市群区的沈阳和大连等,都是在经济发达地区内最重要的经济增长中心。

3. 多核城市群

多核城市群也称为多中心型分散发展模式,是指城市群的发展形成以多个城市为核心的中心型发展区域,所在地区经济发展比较均衡,核心城市之间互为辐射,相互影响,具有共同的影响域,共同组成一个城市群。如图 2.3 所示。

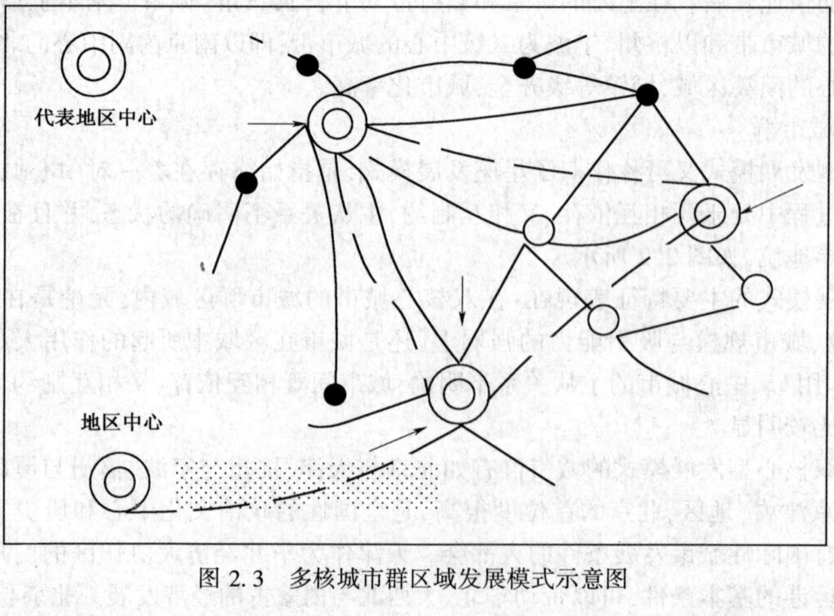

图 2.3　多核城市群区域发展模式示意图

这种发展模式的主要特征表现在:城市发展是多元的,呈现出一些类似性。一般城市规模偏小,城市职能较为单一,城市之间的互补性较强。这种分散式的城市群发展模式的生产力布局趋向区域化、合理化,并向分散组团模式演化。多中心城市群的交通流主要分布在城市群内部中心城市之间形成的综合运输通道上。例如,"珠三角"城市群是多中心型分散发展模式的典型代表。从地域空间的组织出发,可划分为三个次一级区域:以广州为核心的中部次区域、以深圳为核心的东部次区域和以珠海为核心的西部次区域,可将这种发展模式称为"三足鼎立"模式。这种模式的城市群布局一般沿着优越的交通轴线展开,交通网络轴线与运输经济联系趋于合理化,有利于经济圈经济联系和城市经济圈之间的协作,更有利于城乡合作与实现城乡经济一体化。

4. 走廊发展城市群

走廊轴线形发展模式是指城市发展与区域经济的总体布局沿着交通条件比较优越或用水、用地条件较好的发展轴线展开,此模式如图 2.4 所示。

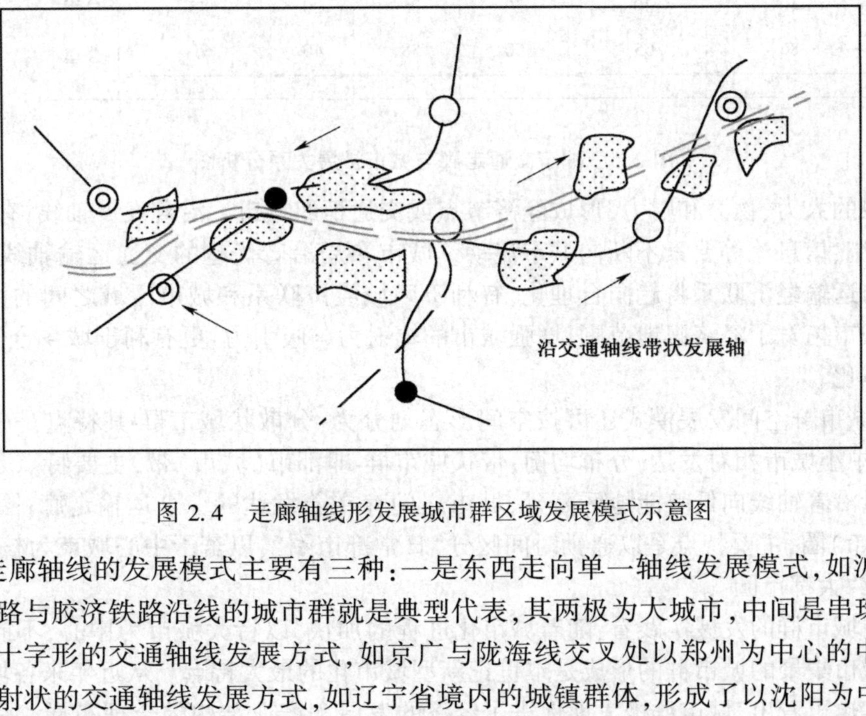

图 2.4 走廊轴线形发展城市群区域发展模式示意图

交通走廊轴线的发展模式主要有三种:一是东西走向单一轴线发展模式,如沪宁城际铁路、广深铁路与胶济铁路沿线的城市群就是典型代表,其两极为大城市,中间是串珠式的中小城市;二是十字形的交通轴线发展方式,如京广与陇海线交叉处以郑州为中心的中原城市地带;三是放射状的交通轴线发展方式,如辽宁省境内的城镇群体,形成了以沈阳为中心的 5 条铁路为轴线的城市布局形式;关中城市群在空间结构上具备沿交通走廊发展的可能性,区域内绝大多数城市以陇海线为发展轴,紧密分布于沿线两侧。可见,交通网络的发展是这种城市群日趋完善化的重要条件,城市群一般都沿着经济走廊(主要是交通干线)方向开发。在城市群发展的历史过程中,交通工具的变革起了重要作用,特别是在现代条件下,各城市之间要彼此合作,以发达的交通运输网为依托,使之成为城市间的连接枢纽,形成了经济发展轴线和城市发展地带,形成各具特色的地域分工城市群体系。例如,沪宁城际铁路区域的城市扩展大多数是沿着交通走廊的轴线,以上海、南京周边为单核,上海、南京为双核,苏锡常一带以及南京-镇江段、上海-苏州段(包括工业开发区、新区)等发展很快。而苏北地区通常是以苏州为核心,走廊型发展趋势尚在培育中。如图 2.5 所示。

这种发展模式的主要特征表现在:城市布局选择在有利于交通位置和经济发展轴线上,能

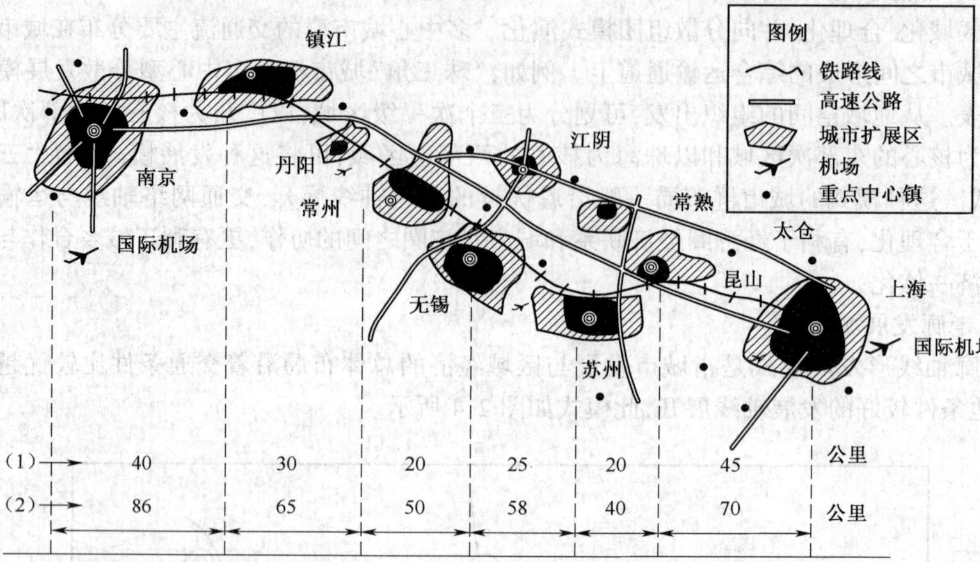

图 2.5 沪宁交通走廊与城市扩展关系分析图

够节约有限的人力、物力和财力,形成经济节点或交通枢纽城市。沿着发展轴线,有利于人流、物流、资金流、信息流等要素不断向城市流动。城市布局沿着优越的交通运输轴线展开,交通网络轴线与运输经济联系将趋向合理化,有利于区域经济联系和城市区域之间的协作。这样客观上为城市拓宽了经济腹地范围,增强城市的辐射力与吸引力,更有利于城乡合作与实现城乡经济一体化。

当然,城市群空间发展模式还可按空间形态划分为:分散状城市群-其特点是中心城市的首位度低,中小城市相对发达,分布均衡;带状城市群-即都市(城市)带,主要特点是核心城市的经济能量沿着轴线向低势能地区蔓延,城市之间存在着发达的综合运输走廊;圈状城市群-即都市(城市)圈,主要特点是以通勤时间区分“日常都市圈”,以若干中心城市为核心,周边城市共同组成“大都市圈”。

从国内城市群的发展实践看,随着城市化进程的加快,以特大城市为中心,不同功能与规模的多个城市集聚的城市群的形成是本世纪新型城市化的最大特点。从近年来各城市群的规划实施方案也可看出,城市群极大地促进了经济的发展和产业结构的合理布局。呈现出以下共同趋向:特定名称主要是以独具的地理区位为基础、以经济区域为条件加以冠名;发展形态主要是大城市的深度拓展与中小城市的强势整合;空间结构主要是由纵向的中心地模式向对等结网的网络城市转化;产业联系主要是产业链与产业集群并行不悖、交错发展。城市群共同的特征是:综合经济实力比较强,对外开放程度比较高,地理条件比较优越,交通网络比较发达,极化和扩散作用比较明显。国内部分城市群发展状况如表 2.2 所示。

从国外城市群的发展态势总体上看,可分为两大类:一是由单一核心城市带动的发展态势。例如,以纽约为中心的美国东北部大西洋沿岸城市群、以东京为中心的日本太平洋沿岸、以伦敦为中心的英国伦敦城市群等,其共同特点就是有一个超级城市以极强的支配地位和带动辐射功能影响着城市群的其他城市。而且,国外城市群部分城市密集度极高。比较典型的代表是德国的柏林城市群,大城市数量少 20~30 万人口的中小城市较多,城市化率在 80%。

表 2.2 我国部分城市群发展状况表

城市群	主要城市	基本框架与功能
“长三角”城市群	上海、南京、无锡、常州、苏州、南通、盐城、扬州、镇江、泰州、杭州、宁波、嘉兴、湖州、绍兴、金华、舟山、台州,安徽省的合肥、芜湖、马鞍山、铜陵、安庆、滁州、池州、宣城	建设以上海为中心,沪宁、沪杭、宁杭的城际轨道交通为主构架,覆盖区内主要城市,基本形成以上海、南京、杭州为中心的“1~2 h交通圈”
“珠三角”城市群	广州、深圳、珠海、佛山、惠州、肇庆、江门、中山、东莞、清远	提升“珠三角”城市化水平;加强城市之间的协作和互补,实现品牌输出,产业转移,拓宽空间;引进高新技术,优化结构;重点发展先进制造业和现代服务业
“京津冀”城市群	北京、天津、石家庄、唐山、保定、秦皇岛、廊坊、沧州、承德、张家口	建设以北京为中心、京津为主轴,以石家庄、秦皇岛为两翼的城际轨道交通网络,覆盖京津冀地区的主要城市,基本形成以北京、天津为中心的“2 h 交通圈”
湖南“3+5”城市群	长沙、株洲、湘潭、岳阳、常德、益阳、娄底、衡阳	打造以长株潭为核心圈、岳常益娄衡为外圈的城市群;重点发展现代工业和现代服务业,突出产业集群;重点发展装备制造、钢铁有色、卷烟制造、电子信息、商贸物流、金融保险、商务服务等产业,打造湘中先进制造业和现代服务业高地
山东半岛城市群	济南、青岛、东营、烟台、潍坊、威海、日照、淄博	推进8市优势互补和错位发展,做强食品、电子信息与家电、机械、石化、基础原材料、造纸、纺织服装等7大产业;打造现代制造业基地和国际化城市群
武汉城市群	武汉、黄石、鄂州、孝感、黄冈、咸宁、仙桃、天门、潜江、襄樊、荆门、宜昌、十堰	按照“基础设施一体化,产业布局一体化,区域市场一体化,城乡建设一体化”的总体部署,实施一大批重大工程和项目建设,加快发展高新技术、机械制造、冶金及新材料、轻工纺织、农产品加工等产业群
哈长城市群	哈尔滨、大庆、齐齐哈尔、牡丹江、绥化、鸡西、鹤岗、双鸭山、七台河、长春、四平、吉林市、松原、辽源	黑龙江:建设哈大齐工业走廊,建设高新技术为引领的新型工业区域;吉林:加强同辽黑两省及内蒙古东部的区域合作,优化资源配置,实现优势互补
中原城市群	郑州、开封、洛阳、平顶山、新乡、焦作、许昌、漯河、济源、鹤壁、商丘、周口市和山西晋城。安徽亳州市。中原城市群由5省30市组成,其中14个城市为核心发展区,并联动辐射其他16市	把郑州建设成现代物流中心,区域性金融中心、先进制造业基地和科技创新基地,发展郑汴洛城市工业走廊,加快城际间快速通道建设,统筹建设水利、能源、生态等重大工程,推动城市群协调发展
辽中南城市群	沈阳、大连、鞍山、抚顺、本溪、丹东、营口、辽阳、铁岭、盘锦	依托各城市优势产业和龙头企业,重点推进区内装备制造业、汽车工业、钢铁工业、石油化纤精细化工等产业整合
关中城市群	西安、铜川、宝鸡、咸阳、渭南、杨凌	以西安为核心,以陇海铁路、宝鸡高速公路为轴线,加快西咸一体化步伐,发展优势产业和特色经济

二是由多核心共同带动的发展态势。诸如北美五大湖城市群和欧洲西北部城市群等,共同特点是多个中心城市平衡发展,各司其职、齐头并进,带动区域整合。国外典型的城市群间交通功能以城际轨道交通线和高速铁路为骨干,满足城市间客流需求,其轨道交通设置呈运行密度高、站点少、站距长等特点。

综上,社会经济一体化和空间一体化是城市群的两个基本特征。这两个基本特征是随城市群和区域城际交通系统的发展而发展的。城际交通改变了人们的时空观念,使人们形成了空间一体化的观念,推动了城市群的形成和发展,并随之带来了巨大的城际交通客流需求。在此社会经济背景条件下,快速乃至高速交通工具的出现和发展,其构成的高速、大流量、便捷的城际交通网络,大大地提高了交通的可达性和快速性,从时空上拉近了城市各组团和区域城市间的距离,产生了"1~2 h"交通圈等这样的通勤时空观念,形成了空间一体化形态。建设城际铁路的宗旨就是缩短城市之间的时空距离,方便城市间居民的出行。舒适、低耗的高速的城际铁路系统成为满足城市群区域范围内的城际交通客流需求的优选方式,由此使人们的生产和生活观念发生了根本性的变化,区域内的城市功能也重新整合。城市群的发展需要区域交通结构的转换,人们也更加依赖安全、便捷的快速轨道交通、高速铁路等交通方式。而城市群中城市空间分布形态决定了城际铁路的规模和布局。从某种程度讲,城市群总的国土面积和各相邻城市间平均空间距离决定了城际铁路相对于其他交通方式竞争力的强弱。

2.2 城际铁路

2.2.1 概念分析

在国际上,城际铁路(Intercity railway)没有统一的定义,一般是指城市群间的轨道交通系统,通常指在人口稠密的都市圈或者城市带规划和修建的客运专线铁路。城际铁路也称城际轨道交通,简称城际线,属于区域轨道交通范畴。我国城际铁路常是指城市群内经济和社会发展到一定的水平、城市化进程到一定的阶段,为满足人口稠密的城市群内、经济圈或者城市间的大量旅客出行交流需求而建设运营的便捷的、快速的客运轨道交通系统。它采取小编组、高密度、公交化运行的行车组织方式,主要承担区域内各城市和主要中心城镇间的客流,并兼顾各城市组团和次中心城镇间的客流,为城际旅客提供正点、安全、便捷的客运服务,从整体上提高区域轨道交通体系的服务效率和服务水平,是区域城际客运体系和城市群发展的骨干和基础运输方式。城际铁路通城际铁路具有线路长度相对较短,通常最长 300 km 左右,而且站间列车密度较大,设计旅客发送量大,车站位置通常位于市中心等特点。当城际新线的运行速度在 200 km/h 以上时,城际铁路成为高速铁路的一个分支,此时城际铁路也可称为城际高速铁路。城际铁路是以它的功能属性命名的。严格地说,运营速度多少,并不影响城际铁路的特性。我国的城际铁路通常是新建的,大部分设计时速都在 250 km/h 及以上,少部分设计为 200 km/h,而又常常预留 250km/h 的提速条件。

根据我国城市群区域空间发展模式和区域经济发展水平,结合我国城市群客运交通需求特征分析及城市群的空间发展模式,城际铁路发展模式具有以下两种基本形式:

(1)通道型。主要指在双核心型发展模式和走廊轴线型发展模式的城市群区域内,城市群主要集中在两端或主要在某一条交通走廊沿线,根据我国各城市群区域的不同空间布局,区域内主要中心城市之间的中短距离出行,约在100~300 km,以商务、公务、旅游等客流为主体,满足区域内远距离的快速交流功能,主要承担公务、商务和旅游客流,速度一般在200~300 km/h之间,如京津城际、沪宁城际铁路等。城际铁路可以从解决交通走廊的通道运输能力的角度出发,提高通道运输能力以及增加城市群间的交换客流。

(2)辐射型。主要是指在某一大城市周边卫星城范围内,由于城市群区域范围较小,但相互间联系十分紧密,以区域内各中心城市为核心,出行距离通常在100 km范围内,出行时间一般在“1 h”左右,满足区域内各中心城市间大运量、公交化的功能,主要承担通勤、通学及部分公务商务和旅客流,速度一般在120~200 km/h之间,如既有广深、成灌、广珠城际、长株潭圈、武汉城市圈等。

从这两种城际铁路系统在服务对象、客流特点、服务质量等方面分析,其特征分析如下:

(1)从服务对象来看:通道型城际铁路主要承担区域内各城市之间诸如商务、公务、探亲流等的城际客流;而辐射型城际铁路则主要承担区域内各中心城市、城市组团及各中心城镇之间诸如通勤、通学、购物、休闲等城际客流。

(2)从客流特点来看:通道型城际铁路所承担的客流以实现当天往返为主,具有明显的潮汐现象,客流具有早晚高峰时段的特点,早高峰出现的时间较早,晚高峰出现的时间较晚;而辐射型城际铁路所承担的短途客流以实现通勤为主,在具有潮汐现象的基础上,客流还具有明显的向心特点,早晚高峰更加明显,但早高峰出现的时间延后,晚高峰出现的时间提前。

(3)从服务水平上来看:通道型城际铁路主轴系统通常的全程旅行时间应控制在3 h以内,更强调旅客出行的快速性;而辐射型城际铁路通勤系统全程旅行时间一般不应超过1h,更注重旅客出行的便捷性。

从城市群的发展看,辐射性和通道型结合的城市群已经发展成网络型。例如“长三角”地区,有沪宁城际铁路和沪杭、宁杭高速铁路相互连接,形成一个“三角形”的网络运行模式。主要是指在高度集中型发展模式和多中心型分散发展模式的城市群区域内,城镇密度大,经济发展水平高,客流需求大。

城际铁路以吸引城际间的中短途客流为主,主要解决相邻发达城市之间大运量、高密度、乘车时间分布广、随到随走的客流,是城市间公路交通的有力竞争者。在中短途客运市场中,作为区域轨道交通快速线,城际铁路的比较优势已经得以凸显,并将在城镇群城际交通网络规划中占绝对主导的地位,城际铁路已成为未来城际间交通运输发展的主要方向。根据城市群的发展模式,核心城市间经济联系密切、人口流动频繁、出行需求量大。为方便核心城市间的各类出行客流,尤其是商务流的出行,核心城市间的列车运营需采用公交化的运营模式;核心城市与次级城市间的出行需求较小,不需要高密度的列车班次,但也需开行部分直达列车以方便出行客流,并要保证次级城市之间应有较为便捷的换乘到达方式。

城际铁路与长大干线高速铁路比较,其区别与联系如下:

(1)客流对象各不相同。长大干线高速铁路以承担区域对外中长距离的旅客运输为主,主要服务于各省市之间,而城际铁路以承担区域内中短距离旅客运输为主,服务范围通常为城市群或都市圈范围内,有时也适用于省域范围;通勤流与商务流、探亲流、旅游流相结合形成城际间巨大的客流需求量。区域内旅客的对外交流主要由干线铁路来完成,城际铁路为这部分客流可以开行跨线列车,也可以提供换乘服务。

(2)长大干线高速铁路站间距离较大,开行高速度、高密度的列车;城际铁路站间距离较小,速度可低于高速铁路。

(3)长大干线高速铁路客流受节假日影响较大,在节假日前后形成明显高峰,其他时间客流相对平稳;城际铁路列车开行方案以满足高峰时段最大断面客流为前提,可以根据日客流量的变化调整发车时间间隔。因此,城际铁路与长大干线高速铁路是既分工又合作的关系,两者均是区域内不可或缺的交通基础设施。

(4)现行的城际铁路,根据标准,与高速铁路比较,城际铁路设计速度等级低,影响旅客乘坐舒适度条件的线路设计超高由高速铁路的 90 mm 修改为 110 mm。导致城际铁路平面最小曲线半径取值较小。城际铁路与高速铁路平面最小曲线半径对比如表 2.3 所示。

表 2.3 城际铁路与高速铁路平面最小曲线半径对比

线路类别	线路设计速度(km/h)	平面最小曲线半径/m	
		一般	困难
高速铁路	350	7 000	5 500
	300	5 000	4 000
	250	3 200	2 800
城际铁路	200	2 200	2 000
	160	1 500	1 300
	120	900	800

(5)高速铁路列车最大编组为 16 辆,到发线有效长度 650 m,站台长度 450 m,节假日期间为了增加运力,高速铁路普遍开行重联动车组。城际铁路采用高密度、小编组、公交化的运输组织模式,很多线路最大编组为 8 辆,也可以采取 6 辆、4 辆等其他编组方式,并据此优化了线路有效长度、站台长度等技术标准。其中到发线长度 400 m,站台长度 220 m。考虑到重联动车组长度约 420 m,城际铁路站台长度不具备接发重联动车组的条件。

再将城际铁路与城市轨道交通做以比较,其区别联系如下:

(1)城际铁路主要承担区域内各中心城市、主要城镇之间的客流,并兼顾城市组团内部的客流,以商务、公务出行为主。城市轨道交通以服务城市内的居民出行为主,出行目的主要是上班、上学等,出行距离较短;城际铁路速度较高,速度一般在 120 km/h 以上,站间距离一般在 6~10 km 左右,是区域内城际交通的骨干;城市轨道交通出行距离较短,平均运距较短,平均站间距离最小在 1 km 左右;列车的最高运行速度最低,基本在 80 km/h 左右,是城市内公共交通的骨干。

(2)城际旅客的出行时段与市内旅客有着不同的特征。市内主要以上班、上学等客流为主,有早、晚两个明显的高峰时段,而城际客流与此不同,根据沪宁线客流调查显示,旅客选择早晨或上午出行的约占 70%,出行时段随机性强、视需要而定的约占 20%,返程客流随机性较强,选择中午或夜间返程的约占全部返程客流的 10%。此外,节假日市内旅客出行以购物、探亲居多,较非节假日客流有大幅增长;而节假日城际旅客出行以旅游探亲为主,商务客流量下降。

(3)城际铁路与城市轨道交通在运营特征上类似,都表现为“小编组、高密度、公交化”。城市轨道交通为满足上述要求,虽然线网各线之间存在一定的跨线客流,但绝大部分线路采用较为简单的运输组织模式,以换乘方式为主,一般不组织跨线交路。而城际铁路运输组织模式相对复杂些,某些线路除开行大站快车和站站停两种列车交路外,还与其他线路开行跨线列车交路。

(4)轨道交通服务质量的基本要求是安全与舒适,城际铁路更侧重于体现便捷的特性。所谓便捷,就是要具有公交化与通达性兼具的特点。相对而言,便捷比速度更为重要。为提供便捷的服务,要求建立完善的城际铁路旅客服务信息系统,设计开放式的车站建筑,尽可能深入城镇客流集散中心,完善城际铁路自动售检票系统,满足高密度的发车频率要求,车站旅客流线的设计要与区域轨道交通体系相协调;两种服务方式的选择对城际铁路的设计有着不同的影响。若开行跨线列车,则要求城际铁路线路的建设标准满足跨线运输的需要,城际铁路与干线铁路接轨;若提供换乘服务,则要求城际铁路线引入干线铁路中心车站,与城市轨道交通形成良好的衔接,以最大限度吸引客流;城市轨道交通可为城际铁路集聚和疏散客流,二者相互配合,相互补充,共同促进区域内城市之间的合理集聚和分工。

表2.4说明区域轨道交通功能层级划分的一般标准,在实际设计过程中,各种运营方面的技术或是服务比较具有相对性,不同的区域轨道交通功能层次间具有一定程度的交叉性和互补性。

表2.4 区域轨道交通功能层次划分

类别	功能定位	服务特征		运营技术参数			
		服务对象	服务要求	站间距(km)	停站方式	最高运行速度(km/h)	旅行速度(km/h)
高速铁路	国家客运专线铁路大动脉	省市间中长途运输	大容量、高速度	30~50	一站直达、大站停等	200~350	160~270
城际铁路	区域内中小城市间的干线	城市群内部中短途运输	大容量、高速度	5~30	一站直达、大站停等	200以下	160以下
市域铁路	中心城市区域与外围新城的骨干线路	中心城区与周边城镇、外围组团运输	大容量、便捷性	3~6	大站停、站站停	160以下	120以下
城市轨道交通	主要承担城市中心内的客运服务	城市内部的运输	大容量、便捷性	1	站站停	100以下	100以下

由此可以得出以下三点启示:

(1)由于每种交通方式因其自身的技术特性、速度特性和服务特性不同,其具有核心竞争力的运距范围不同。

(2)由于城市群旅客出行需求的多样性和城市群区域交通结构的供给特性,各种交通方式都有一定的市场份额,城市群综合交通结构的优化和相互之间的衔接协调非常关键。

(3)在城市群区域对外的综合运输通道上,由于肩负着区域对外客流和过境客流的运输重任,应该以高速铁路和航空运输为主,高速公路和区域城际轨道交通客运为辅,其他交通方式作为补充;在城市群内部中心城市与大城市之间的运输通道上,区域城际轨道交通是客运的主力军,其次是高速公路,其他交通方式填补剩余的市场份额;在大城市与中小城市(镇)之间的客运，高速公路仍然是主要的交通方式，其他交通方式适得其所；在城市范围内的客运，城市内主要客运走廊的通勤客流主要由市域（市郊）铁路、城市轨道交通承担，与主要客流走廊垂直的客流主要由公共汽车承担，其他交通方式作为补充，占领各自的市场份额。

安全、快捷、节能、低碳、环保等优势成为城际铁路可持续性发展的技术经济特征：

（1）安全、舒适。城际铁路线路采用了更高的技术标准，大都采用无砟轨道，先进的车辆设计工艺，列车运行安全平稳性好；列车自动控制系统的应用，保证了行车的高度安全。城际铁路采用了现代化的设施设备实现对列车运行信息化的监控、预警和科学的维修养护，再加上严格的规章制度和管理，形成了完善的安全保障体系，这就大大提高了安全系数，能够减少交通事故的发生。例如，日本新干线列车控制系统采用 ATC（automatic train control）装置对列车进行速度控制，若列车速度比列控显示的速度快时，将会进行制动；当列车的速度降至列控要求的速度时，制动就会自动缓解。其他如动车组列车运行的平稳度以及车厢的环境，乘务员的服务标准高，也大大提升旅客乘车的安全和舒适度。另外，城际铁路具有基本不受天气等外界条件影响的特点，可实现全天候行车，并且可保证按时到达。2016 年上海铁路通过在各个客运站和动车组列车展开大量的问卷形式调查，高速铁路列车属性与其他方式比较满意度如表 2.5 所示（表中数字单位均为%）。

表 2.5　高速铁路列车与其他运输方式的比较满意度

客运方式	安全	服务	价格	准时	方便	快捷
高速铁路	93.64	88.10	82.84	92.76	91.36	90.88
航空	84.53	90.59	73.77	69.17	78.51	87.27
公路	71.60	64.10	77.81	73.32	77.46	71.06

（2）运能大、占地少。相关研究表明，城际铁路列车在采用 8 节编组的动车组时，单向高峰小时断面客流能达 1.6 万人以上，运能大于其他交通运输方式。在同等运力的情况下，城际铁路占地仅仅为高速公路的 1/4，因此在土地稀缺的城市群修建城际铁路是较好的选择。

（3）能源消耗低。城际铁路利用的是可再生的能源，如水利、太阳能或核电，其所产生的电能作为其能源，对环境污染程度较小。而其他运输方式，例如，公路和航空则采用不可再生的石油或者其他燃料作为其能源。根据日本新干线的数据表明：每亿人公里的能源消耗汽车与飞机分别是高速铁路的 4.6 和 5.3 倍。发展城际铁路非常符合我国人均资源匮乏的国情。

（4）污染少、噪声低。城际铁路采用绿色能源电力牵引，列车没有任何废气排放，同时，车内又有真空系统来对废水和其他垃圾进行收集，所有的废水废物在车站都会采用专用设施吸走并进行环保处理，线路两侧实现了零排放。在噪声处理方面，可通过对列车外形系统优化，降低高速运行时的气动噪声，还采用了特殊的消音车轮并配合无缝长钢轨，降低轮轨噪声；在动车组系统内采用先进的隔音降噪技术，在车体中空结构和地板间填充了大量的隔音降噪材料，有效降低车内噪声。

2.2.2　功能定位

我国城际旅客运输需求的产生，源于改革开放 30 多年来城市化进程的不断发展以及区域经济一体化发展的客观趋势。因此,城际铁路必须紧紧围绕城市群组成城市及城镇间的客流交流需求特征,提供满足其运输需求特征的功能服务。城际铁路的概念内涵从一定程度上定位了其所具备的一些功能,但对一条具体城际铁路线路而言,由于其所处的社会经济特点不同,需要结合客流需求特征,相应地定位其具体的功能。只有适应区域客流需求特征的功能定位,才能有效地发挥城际铁路建设项目投资效益的最大化。

作为促进区域经济发展的引导型交通基础设施,城际铁路将发挥越来越大的作用。城际铁路的功能定位应根据城镇化发展需要、区域综合交通规划、客流分布及出现特征、运营管理模式等因素确定。同时,城际铁路带来新的交通区位优势,引起城市空间布局结构变化,促进城市发展模式转变,其在城市群发展中具有双重功能:

(1)基础性功能。随着我国城际铁路的逐步完善,铁路路网内地区与地区之间的连通性得到加强,客流在跨地区间的流动性加大,城际客流要求的是高速、便捷、环保的城际交通方式为支撑,城际铁路就其正点率、快速性、舒适性以及安全性等优点,必然对沿线城市居民的出行产生很大的影响。城际铁路能从整体上提高城市间交通可达性,承担城市间巨大的运输需求,降低交通出行总耗时,满足不同层次客流需求,改善居民出行条件,形成城市群内部中心城市间大容量的快速客运交通走廊,缓解城市群内部交通压力,加强城市间相互联系,能够为城市群区域的经济发展服务,提高区域整体竞争能力。城市之间时空距离的缩短会加快城市之间的经济、文化等方面的交流,从而带动了城市及其周边卫星城镇的发展,促进了经济的发展和社会资源的优化分配。同时,城市空间距离的缩短的也能起到诱增客流的作用。又因为缩短了时空距离,就扩大了旅客的出行范围、扩大了文化交流。同时,城际铁路促进了城际客运通道内客流分布趋于合理,城际铁路的建成运营改变了城际客运通道内的交通结构同时也改变了旅客的出行费用,影响了运输通道内旅客对交通出行方式的选择,进而促进了运输通道内客流的合理分布。

(2)先导性功能。城际铁路对城市群区域土地利用、产业布局和空间结构的引导和反馈,对沿线区域经济结构的改变、城镇体系的形成以及产业结构的调整均有着重要的影响。进一步来说,城际铁路能够促进城市群经济发展,引导城市群空间结构优化,促进城市群城市化进程,引导城市群空间结构的发展,改善城市群生态环境等。城际铁路对城市群区域土地利用、产业布局和空间结构的引导和反馈,表现为促进城市群经济发展、引导城市群空间结构优化、促进城市群城市化进程、改善城市群生态环境等,其实质是铁路运输优势转化为生产优势的过程,最终将改善城市群的社会经济发展。未来城市群为主体形态的城市空间,需要加强城市群综合交通网络的建设,来引导、支撑城市群的合理发展。

2.2.3 网络规划

城际铁路发展需要满足城市化发展带来的适合现代生活形态、节奏和品质的交通需求。城市群交通研究重点不再是单个城市的交通问题,而是城市群区域整体交通问题。城际铁路线网规划涉及专业面广、技术含量高,需要在了解城市群背景的基础上对客流进行精细化分析、选定规划方案、线网技术等级标准。同时,在对交通出行质量要求日益提高的同时,交通出行需求还呈现多样化的特点,而传统的铁路、公路、水运和航空等运输方式的服务目的和运行方式将无法满足一大批要求快捷、环保、出行频率高的中短途旅行的要求。城际铁路供给方式适应交通需求多样化的特点和出行者的需求特征,以完善城市群交通运输方式的不足。

城际铁路线网规划通常是根据区域社会经济发展现状及其特点、区域城镇规划和区域城市化进程以及交通网功能定位和运营特征，结合区域内城市群特征以及客流需求特点和区域发展来进行。城际铁路网的规划和运营均需与城市群的发展向配合，与实际的客流结构相匹配，使得城际铁路网能最大限度地、方便快捷地联系城市群内部各城市。为达到城际铁路线网与城市群相匹配的目标，一般遵循以下规划原则：

(1)客流量最大化。城际铁路线网需符合城市群的发展现状，并对未来能力有一定预留，其客流规划需与城市群主要客流流向相匹配，与其他交通方式有便利的衔接，尽可能满足城际出行需求。

(2)符合城市群发展要求。线网的布局、走向需与城市规划相匹配，与城市形态、土地利用布局、城市发展方向等相吻合。

(3)规划要具有稳定性、灵活性、连续性。城市群核心节点线网规划要相对稳定，保证骨干通道运行，并且考虑城市发展的一定预留空间，同时考虑线网对城市发展的引导作用。

(4)线网方案要优化。从国内城市群发展的既有经验，可以看出城际铁路的全新规划理念，在运行方式上实现“公交化”，在线路布局上应力求“网络化”，建设有效的城际铁路线网是必然的选择。针对某一条城际铁路线路而言，在规划设计阶段，需要明确其在区域线网规划中的地位，明确其是主干线、次干线还是辅助线，是放射线还是联络线等。同时，要综合考虑城市群现有功能、性质、规模、形态、土地使用、人口出行特征等因素，拟定最优方案。

(5)城际铁路是否必须与高速铁路干线连接，必须结合功能定位进行具体分析。当然，有条件时，在始发站和中间站应与高速铁干线、城市轨道等公共交通系统顺畅衔接、便捷换乘，构成系统。

在综合交通运输体系中，高速公路与城际铁路呈竞争关系，其发达程度与城际铁路竞争力负相关，而城市轨道交通、干线铁路、机场和港口往往能够与城际铁路形成系统发展的合作关系，通过综合交通枢纽建设和运营组织的协调配合，可以最大限度地实现旅客的便捷换乘。城际铁路应与既有的或规划中的城市轨道交通或城市道路系统等其他运输方式相互协调，互为补充，不应形成冲突性竞争，应构建一种统筹发展的综合交通运输服务体系。目前，由于我国城际铁路发展起步较晚，建设运营实践较短，缺乏经验，存在诸多问题。例如，部分线路建设标准过高，功能定位存在偏差；运营情况参差不齐，部分线路亏损严重；线路建设与城市交通结合不够紧密，不利于客流积聚；部分地区城际铁路网规划不适应形势要求，需要重新修编等问题。

2.2.4 运营特征

城际铁路作为一种新兴的出行方式，以一系列突出的经济、环保、技术优势，适应了运输通道内经济社会以及交通发展的新要求，从而从一定程度上改变运输通道内的交通运输结构，对促进通道内运输结构的合理化和环境的可持续发展都有着重大意义。

城际铁路可以自成体系，相对独立运营，能够为旅客提供正点、快速、便捷的运输服务，缩短了城市群间的时空距离，城市间形成“1~2 h交通圈”，其运营特征如下：

(1)运营里程短、站间距较小。城际铁路线路长度多在300 km内,在站点分布的距离上,紧密结合城市规划,尽可能覆盖重要居民点,站点分布较密,站间距一般在5~20 km间;部分客流小、停站车次少的车站可不设配线(到发线);车站布置形式多样,通过式、尽端式布置并存,车站立面布置灵活,高架、地下、地面设站相结合;重点节点考虑与铁路网互联互通或换乘的条件。

(2)速度优势。城际铁路设计行车速度的范围较广,有200~300 km/h,也有120~160 km/h,而且部分城际铁路兼顾路网功能。以沪宁城际铁路为例,目前全程直达列车时间75 min,而高速公路无论是乘坐大巴或是自驾车,沪宁全程时间大约为3~4 h。在客流密集地区和时段,沪宁城际铁路可大量开行本线高速列车,始发站可实现5 min连发,区间追踪时间可实现3 min。

(3)运量优势。城际铁路采取“高密度、小编组、公交化”的运行方式,运营时间一般为6:00~23:00,高峰时段最小发车密度可达每3~5 min一列。例如,沪宁城际铁路高峰小时单向断面输送客流可达1.6万人以上,年旅客设计输送能力超过6 000万人。

(4)运输组织灵活。一般说来,城际铁路客流充足,并且相对集中稳定。城际铁路列车的开行,以本线为主并兼顾跨线,部分城际铁路开行一定数量的跨线动车组列车,并根据客流实际,可在主要城市间开行一站直达列车、大站停、大站带小站、站站停列车等。还可根据未来一段时间内预测的高峰客流需求和行车设备能力,根据客流波动情况,确定不同时段的列车开行方案,并可以动态采取运行图、灵活调整为辅的运输组织模式。

(5)车辆选型。城际铁路列车一般采用动车组,城际动车组是用于城市集群内,具有高速铁路和地铁双重优点的新型交通工具。它既具有地铁起降速度快、大载客量和短距离停靠的优势,又具有高速铁路的快速和乘坐舒适的特点。同时,城际动车组既可以运行于地下,也可以运行于地面和高架上。其中,动力分散型电动机车组更适合我国国情和城际客运市场,具有动力效率较高的特点。列车在坡道上运行时,由于动力分散型的重量放置在各个带动力的车轮上,每轴的载重较少,动力轴对轮轨黏着力的要求较低、运转快;而且有较多的电动机,再生制动能力大等。这些对于停站较多的城际铁路优点特别明显。有些始发站的动车组根据运营需要合并成一列,到中途的车站再分开,分别开往不同目的地,组合灵活性好。动车组两端都有驾驶室省却调头时间,一般在交路终点站(始发站或重点车站)折返往复运行,动车组一般早、晚出入动车段,平峰时段可以在车站到发线上停放。动车组设备与干线高速铁路动车组设备合设,或独立设置并存。同时,动车组列车大都运行在新建的高速铁路线上,相对普通列车来说影响其行车的因素较少,能够有效保证列车运行的准点率,从而提高运输服务质量。

(6)旅客服务。城际铁路的售票系统方便旅客购票,车站还能为旅客提供良好的候车服务。旅客在客流量较大的车站乘车去往某一到站,基本上可实现随到随走,方便快捷。同时,城际铁路车站可达城镇市区可深入城市中心,并通过与城市交通系统有机、有效衔接,实现旅客的零换乘。目前,部分城际铁路如沪宁城际铁路、京津城际、武黄城际等可以在网上购票并不用兑换纸质车票可直接刷身份证进出站,大大简化了乘车手续。同时,沪宁城际铁路、沪杭城际、广珠城际、长吉城际等城际铁路实现了旅客直接刷中铁银通卡进站乘车,在一定程度上满足了旅客便捷的出行需求,缓解了车站售票窗口的压力,节省了纸质车票的使用,又降低了铁路的运营成本,保障了旅客绿色、环保出行。

2.3 “公交化”与城际列车

城际列车是当代一种新的交通运载工具,是铁路企业开发城际客运市场的载体和移动设备。随着社会的发展,区域间经济联系的不断加强,不同地区之间的人员交往越来越密切,人们乘坐城际列车变得“说走就走”。

“公交化”是城际列车开行的主要特征,将公交化的概念引入到城际列车中,使得城际列车概念具有新的内涵。公交化的运输组织模式源于城市公共交通,是指在运输能力充足的通道内,以较大的单位运输能力、较少的候车时间,实现旅客便捷、快速出行的运输组织模式。归纳起来,加之近年来我国高速铁路建设突飞猛进,动车普及,频繁的商务往来、出差、通勤、求学、工作,甚至使一部分人过上了“双城”生活。公交化列车已崭露头角,其最显著的特点就是开行列车密度高、时间间隔短,可通过投入较小的边际成本,有效拉动同城效应,促进地方经济交流、融合和发展,同时在提升旅客出行体验,增加企业盈利能力方面也起到了促进作用。

同济大学徐行方教授在分析公交化运输特点的基础上,定义了“公交化”列车概念,指出了“公交化”列车开行的意义和条件;又进一步指出,城际列车是在世界铁路客运市场发展趋势的宏观背景下,结合我国铁路客运改革的需要,推出的更能适应市场、满足经济和社会发展的旅客列车新品种,并分析了国内外城际列车运营状况,根据我国铁路客运现状,将城际列车定义为:在城市密集地区的城市间,通常以动车组为运载工具,开行的密度较大、速度较快、运距较短、运行有规律、公交化运营的一类旅客列车。同时具有乘车手续简便、舒适度好等特点,还分析了城际列车的开行在区域范围、运输能力及车底设备等方面的条件,探讨了城际列车在运行距离、列对密度、旅行速度及服务质量等方面的要求,指出了城际列车发展要经历的两个时期(既有线和客运专线两个运行时期)、五个阶段(起步、初级、中级、高级、理想阶段)。公交化运输组织的两大必要条件是:

(1)运输能力充足。主要表现在客运通道能力有保证、交通工具班次多,因而旅客候车时间短,可以随时乘车。

(2)运输组织简便。公交乘车买票手续简单,可以使用月票、预售票,也可以先上车后买票,大大减少旅客旅行手续。

城际列车的概念若从功能定位来界定,可从运行距离、时间、目标、特点等方面综合考虑。中南大学李明生教授从界定城际列车的不同角度,探讨了对城际列车的不同看法,主要有以下观点:

(1)从城镇之间联系分析。将城际铁路列车定义为连接存在着有经济旅客运量需求的两个城镇之间的铁路客运列车。

(2)从时间和距离分析。与列车运行速度相关,城际列车一般是指担当短途旅客运输的列车。在欧洲,城市间距离在800 km以内、运行时间在4 h以内的列车都视为城际列车;在我国,随着速度的提升,城际列车概念将不断发生变化。例如,武广、郑西高速铁路列车运行都集中在4 h内,具有城际客流特征以及城际列车的运营组织特征,也可以看做是城际列车。在国外,根据其服务范围,已将城际列车分为地区和全国城际列车两大类。

(3)从列数和运行规律分析。这种观点认为,中长距离运输由于客流大小、列对密度、旅行时间等因素,只要列对数在一定数量以上、列车软硬件设施较好、运行有规律的列车,都可称之为城际列车。

(4)从客运组织分析。与干线铁路相比,城际铁路跨度小,但凸显网络化、公交化特征;客流结构以“一日交通圈”内相对固定的通勤、学生、商务、公务、休闲、旅游客流为主,一次出行不超过 2 h 就可达目的地。

本书将城际列车定义为:在城际铁路衔接客流需求量大、距离适中的城市之间各站,为满足客流需求,以动车组为载体,建立列车公交化运营、连续开行、乘降方便、快速便捷的交通运输方式,具有高速度、高密度、小编组、紧交路等特点。但有时存在这种情况,某些列车不是在城际铁路上运行,具有城际铁路上开行列车的特征,本书也归为城际列车的分析。可见,城际列车应当以满足城际客流需求为出发点,以市场为导向,依托高新技术,通过城际列车开行方案的优化,将城际铁路所在的客运通道打造成安全、舒适、快捷、便捷的绿色通道。随着我国经济发展和高速铁路技术的进步,城际列车的运行速度不断提高,城际列车的概念也是一个与时俱进的范畴。

2.4 国内外城际铁路运营概况

2.4.1 国外运营概况

高速铁路作为现代化的运输方式,具有技术含量高、旅客输送能力大、全天候、速度快、安全性好、正点率高等特征,是世界经济发达国家首先采用的主要运输方式。高速铁路已在世界上多个国家得到发展。城际铁路往往与高速铁路联系在一起,这些城际铁路以高速铁路为载体,具有舒适便利、安全准时等特点,大大缓解了城际交通压力,缩短旅客在途时间,增强了铁路的运能和竞争力。

国外高速铁路经过几十年的发展,已经形成了比较先进、完善的运营理念,如根据不同类型旅客的差异性需求,采取灵活的列车开行方案和编组方案,合理分工,充分利用各线路能力,以日本、法国和德国为典型代表,形成了三个不同体系的组织模式。在运营管理方面,三个国家根据自己的国情制定具体措施。日本 JR 东海、西日本、东日本等公司负责高速铁路的日常运营管理与维修,法国、德国则采用网运分离模式,法铁公司和德铁股份公司分别负责法国和德国的运营管理,而这两国铁路网的维护维修则有路网公司专门负责。三个国家充分利用先进的技术装备,结合本国的经济发展水平、社会文化发展程度、高速铁路网的特征及其既有铁路的衔接情况,形成了与本国国情相适应的运营组织方法,取得了良好的经济效益和社会效益。

1. 日本新干线

日本地少人多,国土面积大约是我国的 1/30。日本铁路除一部分是干线外,大部分是区域性铁路网。日本是世界上首先拥有高速铁路并正式投入运营的国家。自 1964 年 10 月 1 日东京奥运前夕,日本第一条连接东京与新大阪之间高速铁路——东海道新干线开通运营以来,到 2011 年日本运营的新干线共有 11 条,分别是东海道、山阳、东北、山形、秋田、上越、长野、九州新干线,总运营里程 2 462.6 km,平均站间距离较短,只有 34.1 km,除九州新干线外,其余几条线相互连接成网,日本国铁遍及全日本,总长 21 000 km,每日有 26 000 班次,整体呈以东京为中心向外辐射状,沿着海岸线贯通日本南北,年客运量约3亿人次。高密度、长编组、多定员、停站时间短、停站方案多、安全性好、服务设施良好、换乘便利、车站站线利用率高、列车服务频率高是日本高速铁路列车组织的主要特点。

在高度城市化的日本,短途客流占有很大的比重,城际客运量已经占到总客运量的55.6%。城际列车已经成为人们出行的重要交通工具。如,仅通勤通学一项就占至JR东日本公司新干线收入的40%。为满足客流需求,JR东日本公司在通勤高峰时段,开行重联列车(两列8辆编组的E4型列车),定员高达1 634席,为世界高速铁路之最,在非高峰时段,采取单列高密度开行的方式。其中,日本东京至大阪方向,每"3或4"min就发出1列列车。

据统计,东京交通圈内共有轨道交通线路129条,其中对外联系的线路有28条,其中新干线3条(东海道、东北、上越新干线),普通铁路25条(JR铁路14条,民营铁路11条),能够起到城际铁路功能。其他非干线铁路又具有城际铁路功能的线路,承担了城际铁路功能。如,中央本线靠近东京都市圈的线路不仅承担了市中心与西部主要住宅之间繁忙的城市通勤交通任务,还承担着东京与中部城市之间的城际旅客运输任务;总武线是去往东京东部主要铁路干线,主要承担东京都与东部房总半岛地区之间的通学、通勤运输任务,也是东京都与东部千叶县之间的交通走廊,具备城际铁路功能。

(1)列车间的关系较为简单。日本大部分列车在本线运行,跨线列车极少;跨线客流主要采用换乘方式,列车运行组织非常重视列车间的有效衔接。因此,新干线列车开行方案会充分考虑新干线与既有线、其他交通方式在各个换乘地点、换乘时间上的协同;为方便旅客出行,通过既有线改造,使部分高速列车延伸到既有线运行;非常重视列车的运行秩序,保障列车正点运行;而且高速列车之间基本上无越行,低速列车之间也无越行,但高速列车途中多次越行低速列车;高速列车最多两列追踪运行,低速列车不追踪运行,待避较为均衡,几乎很少有低速列车同时待避两列高速列车的情况。

(2)运输产品具有多样性和差异性。列车开行方案是日本新干线客运产品的核心,针对其兼顾城市运输和城际运输的路网及客流组织特点,为保证高速列车运行的稳定性,在列车开行方案设计和运行图编制等方面形成了特有的经验和方法,并适合不同的旅客需求。为提高市场占有率,新干线在同一区间开行多种类的列车,并且通过停站数量来体现列车种类的差别。表2.6展示了日本东海道新干线新大阪站在单位小时内发车频率最高时的发车时刻;表2.7表示该站6:00~12:00的列车发车时刻。在此区间共有三种具备不同停站方案与运行速度的列车,按照速度由慢至快分别是"回声"号、"光"号和"希望"号,这三种列车在新大阪站均有相对固定的发车时刻。在发车频次上,停站次数最少的"希望号"最高大城市停站列车(最多停6站),其次是停站次数次之的"光号"较大城市停站(一般为8~12个),最后是基本上站站停的"回声"号。三种列车具备不同的停站方案,但运行速度差别较小,在规格化的列车运行模式下,形成了差别化的客运产品,以适应不同客流成分的需要。

表2.6 日本东海道新干线-新大阪站单元小时发车时刻

列车	希望	希望	光	希望	希望	希望	希望	光	希望	希望	回声	希望
发车时刻	00	07	13	17	20	27	37	40	47	50	53	

表 2.7　日本东海道新干线-新大阪站 6:00~12:00 列车发车时刻表

时间整点	单元小时内列车发车时刻											
6	00	05	08	16	25	28	32	37	47	53		
7	00	07	13	17	27	30	37	47	50	53		
8	00	07	13	17	20	27	37	40	47	50	53	56
9	00	07	13	17	20	27	37	40	47	50	53	
10	00	07	13	17	20	27	37	40	47	50	53	
11	00	07	13	17	27	37	40	47	50	53		
12	00	07	13	17	20	27	37	40	47	50	53	

(3)实施相对稳定的规格化运行图。日本高速铁路运行图的能力利用率比较高,是一种均衡运输的模式,多年来列车运行线一直采用规格化(也称为“周期化”)运行图铺画方法。采用列车规格化运行的模式,在单位时间内(通常是 1 h)开行的列车种类、数量、停站地点等基本相同,具有周期性重复的特点。即根据客流特点,将上述三类列车按一定比例组合,在列车全天运行时间内成组循环铺画,形成规格化运行图。列车每小时在各车站都采用同样的接续方案,旅客换乘更为方便。为适应客流的波动,在基本列车运行图上,由于编制了相当多的节假日备用运行线,使得节假日与工作日的列车开行密度基本不变,看不出明显的运行高峰,这是日本高速铁路运行图的显著特点。列车高密度意味着旅客的高服务频率,对吸引客流有利。根据季节性、高峰期客流特点,将列车分为定期列车、季节列车和临时列车,3 类列车开行方案均纳入列车运行图。三类车票价率一致,根据客票预订、预约,售检票数据制定列车开行方案,平日(周一~周五)实行基本运行图,周末(周六、周日)和客流高峰季节(黄金周等)采用分号运行图。再如东北新干线的“疾风号”、长野新干线的“浅间号”、上越新干线的“朱鹮号”等;季节列车根据年间、日常和周末等客流波动情况开行;临时列车是在定期和季节列车开行方案确定后,采用满表铺图(满能力)的方法,根据客流变化在临时指定的日期内开行。规格化运行图规律性强,旅客乘车极为方便,也方便运营管理,能较好地解决晚点列车的运行调整问题,而且实施中便于旅客记忆和运营调度指挥。

(4)一体化设计方案。日本在客运量预测工作中非常注重生产数据的积累分析,利用售票系统、自动售票机、自动检票机、乘务员的交通日报等数据,对运输需求按时间(如年度、季度、月份、季节)、空间(如总输送量、列车种类别、地区、线路)及内容(如定期、非定期、座席种类等)进行分类统计,掌握最新的动态数据,选择利用合适的模型对运输需求进行预测,提前做好运力计划。为确保列车开行方案的有效实施,在设计阶段对列车开行时刻、股道运用、列车编组、动车运用和乘务计划进行一体化设计,方案一经公布,力求严格执行,极少发生临时变更。如遇客流或能力情况与设计预测偏离,通常在综合分析后于下一时刻表公布时调整,确保计划实施的稳定性。

(5)统筹考虑列车编组和车型。针对不同的线路客流特点,结合不同列车的定员数量,新干线在开行方案中统筹考虑动车车型和编组。例如,在运输繁忙时段开行 E4 系列的 MAX 双层列车,该列车 8 节一组定员 817 人,是目前世界上定员较多的动车,并在福岛等车站对列车进行分离和合并运行,充分利用区间通过能力。

(6)列车时刻表内容丰富。新干线的旅客列车时刻表是每月发布一次,发布频率非常高,但除了大的运行图调整以外,每个月发布的旅客列车时刻表并没有太大的变化。这种以月度为单位发布旅客列车时刻表的方式主要是由于临时旅客列车的增加和运休非常频繁。实际上,高速铁路上的部分列车是可以随着客流或者线路的情况而随时变化的,这种方式符合了流车对应的原则,并将旅客可能关心的内容都纳入其中,包括列车开行时期、主要换乘站空间示意图、民营铁路和地铁线路图、东京圈交通路网图,以及基本乘车规则、基本运价计算表、票价优惠组合产品等。

2. 法国 TGV

法国境内的高速铁路网(TGV)总长为 1 530 km,拥有 357YU 高速列车车底,运行速度达 300 km/h,采用公交化运营模式。投入运营以来的客运总量达 5 亿多人次,旅客周转量约为 2 000 亿人/km,占法国铁路干线旅客总运量的 55% 以上。从直接经济效益来看,TGV 东南线 20 世纪 80 年代全线通车,通车当年就开始了盈利。1994 年,TGV 东南线的运量已比通车时增长了 90%,达到 1 900 万人次。TGV 列车车平均满员率为 80%。

法国高速铁路列车通常称为 TGV 列车。1981 年法国第一条高速铁路——TGV 东南线建成,之后又建成了 TGV 大西洋线。1993 年 TGV 北线(也称北欧线)开通运营,由巴黎经里尔,穿过英吉利海峡隧道通往伦敦,并经欧洲北部比利时的布鲁塞尔,东连德国的科隆,北通荷兰的阿姆斯特丹,成为一条重要的国际通道。法国高速铁路网基本都是以巴黎为中心。法国现在已有 6 条运营的高速铁路线,总长超过 1 500 km,年客运量超过 1 500 万人次。法国铁路适应市场需求,能够保证高速铁路及整个路网的整体可靠性,获得良好的经济效益

法国根据客流量大小配备开行列车对数,列车的满员率较高、停站少、起停站时间短、列车平均速度较高。法国高速铁路均采用规划的列车运行模式,由于运行列车的速度单一,线路能力可得到很好利用,法国高速铁路上运行的列车编组小,在客流高峰时期采用多列联运的方式来增加载客量,TGV 列车可以延伸到既有线上运行。巴黎站的巴黎-里昂列车发车时刻如表 2.8 所示。可见,列车在每个单位小时内的发车时刻相对固定。由于客流需求相对较小,法国高速铁路在单位小时内的列车开行对数也相对较少。

表 2.8 法国高速铁路巴黎站 7:00~12:00(巴黎-里昂)列车发车时刻

时间整点	单元时间内列车发车时刻							
	周一		周三		周五		周日	
7	38	53	38	53	38	53	38	53
8	58	—	58	—	58	—	58	—
9	38	58	58	—	23	58	38	58
10	58	—	58	—	58	—	58	—
11	53	—	53	—	53	—	53	—
12	58	—	58	—	58	—	58	—

TGV 较少的列车开行数量使其具备较灵活的规格化运行模式:部分区段的列车按固定的时间间隔到发,实行严格的规格化列车运行,如北方线的巴黎-里尔、东南线的巴黎-马赛与巴黎-蒙比丽埃等;而另外部分区段的规格化列车运行则表现在每个单元时间内出发的列车数相

同(如西南线的巴黎-波尔多等),一个单元时间内发出的列车少于 2 列,运行时间也短。此外,实施规格化旅客列车运行图的国家(或地区)还包括荷兰、德国、奥地利、比利时、丹麦、挪威、英国和瑞士等。法铁列车运行图中 80% 运行线不变,20% 新增或变动,高峰期列车连续追踪最多 4 列。为方便旅客换乘和记忆,运行图将按照固定时间间隔的节奏化方式编制。既有线列车种类繁多,高速线列车种类较少。

(1)列车起讫点数量不多。列车起讫点通常设在人口规模在几十万至几百万之间的城市车站。高峰期充分利用新线运力,周末和假日开行两列重联列车,增加铁路运输能力。尽可能减少旅客中转次数和中转时间,例如,环巴黎联络线减少了北方旅客到地中海的中转。法国列车组织方案针对考虑客流高峰对列车的需求,专门针对此制定列车开行方案。

(2)一站直达列车较少。TGV 一站直达列车集中于能发国际列车车次的车站,如里尔-布鲁塞尔、巴黎-日内瓦、巴黎-苏黎世之间,其他城市之间开行一站直达列车的数量很少。

(3)直达与中转换乘方案相结合。在运距较长的线路上(如里尔-昂达伊)既有直达列车,也有组合的中转换乘列车,旅客通过不同车次在不同时间的换乘组合也可以到达目的地。由于高速线上只运行 TGV 列车且开行数量较多,一方面设计了长短运距不同的运行线,另一方面设计了多样的停站方式,为旅客提供优越的去往其他方向的换乘条件。

(4)列车接续和换乘方案。列车时刻表中只有 TGV 列车和普速列车,有别于德国 ICE 不同种类列车之间的换乘模式,法国列车之间的接续和换乘基于路网主要节点,主要集中在里尔、巴黎、里昂等一些大城市的几个大站。为保证旅客换乘的方便,大城市的综合交通枢纽可以实现列车与各种城市交通方式的同站换乘。

(5)高速列车下线组织方案。目前法国有 6 条高速线,以巴黎为中心向四周放射的高速线能通往 6 个方向的不同地区和城市。虽然高速线路里程只有 1 800 km,但 TGV 列车的通达范围达到 7 000 km 以上,几乎所有的高速列车都能下线运行,使高速列车能通达很多没有高速线路的城市。

(6)列车时刻表结构紧密衔接。TGV 国际列车和中长途列车的始发时刻不规律,时刻表具有非周期性与周期性开行方案相结合的特点,但运距在 400 km 左右或某些客流较多的城际列车基本采用周期性开行方案,如巴黎-里昂每天开行 21 列列车,非高峰时期 1 列/h,高峰时期 2 列/h,特别高峰时期每 15 min 就开行 1 列。另外,法国列车运行图各次列车时刻衔接紧密。当有部分支线列车运行线发生变动时,法国 1/3 的列车时刻表将会改变。例如,2017 年 7 月,法国开通波尔多市到首都巴黎的新高铁线路,波尔多市和雷恩市到巴黎的时间将分别缩短到 2 h 4 min 和 1 h 27 min。这一新高铁线路的开通同样也会改变法国大约 2 500 份列车运营时刻表,这一数字占法国所有列车时刻表的 1/3。这条高铁线路开通后,雷恩市到巴黎的时间将由现在的 2 h 4 min 缩短到 1 h 27 min,波尔多市到巴黎的时间将由现在的 3 h 14 min 缩短到 2 h 4 min。这条线路时间的缩短将会影响到大约 60 个城市的交通运输时间。因为这些城市的交通运输系统将会和这条高速铁路线路实现交通联运的最优化,尽可能地为人们节省时间。例如,南特到巴黎的时间将由现在的 2 h 5 min 缩短到 1 h 56 min,图卢兹到巴黎的时间也将由现在的 5 h 25 min 缩短到 4 h 9 min。

3. 德国 ICE

德国是高速公路最发达的国家,但是在德国投入运营的高速铁路的总长也达到了 1 077 km。特别是动力集中的电动高速列车(ICE)投入运营以后,铁路在交通运输市场的份额从12.8%上升到14.6%，主要是从航空运输里争得一部分运量，航空份额从1.8%降到1.4%，公路从85.4%降到84%。德国城际列车ICE采取公交化的运营模式，实施了若干吸引客流的有效措施。

德国在高速铁路领域晚于日本和法国，一个重要原因是德国人既想发展高速轮对，也想领军磁悬浮，双线作战，两面徘徊。1991年汉诺威-维尔茨堡之间第一条高速铁路才正式开通运营，全线258 km，运行时速200~250 km。德铁股份公司注重利用科学手段和方法加强客流预测和分析，结合客户需求，能够不断地优化运营组织方案。在进行常规客流预测的同时，还强调运用心理学等手段，从情感、习惯等方面去分析和研究旅客对运输需求的各种变化。例如，从人们对票价、速度、出行时间需求和对某种交通工具的喜好、各城市不同阶层客户购买力、各类客户出行规律及流量等方面进行研究和分析。在对客流进行预测分析的基础上，利用先进的客车开行方案模拟系统，能够设计出既符合旅客运输需求，又能实现运能与运量最佳匹配的客车开行方案。另外，德国列车晚点问题并不特别严重，经常出现晚点现象的主要是短途列车。晚点的原因很多，除了天气、水灾、路况和罢工等不可控因素之外，德国铁路关于车辆转接的规定也是晚点的一个重要原因之一，即：如果前面一辆火车发生晚点，后一辆应该等待转车的乘客。2013年德国列车准点或晚点6 min以内的车次占总车次的94%，换言之，6%的列车晚点时间超过了6 min，即使6%的晚点率并不很高。2013年德国铁路因列车晚点或取消，为旅客支付了总计超过4 000万欧元的“天价”损失赔偿金，创近年来铁路晚点赔偿的历史最高纪录。全年乘客因列车晚点或取消向德国铁路共提出3 500起索赔，其中88%的索赔请求得到支持，总计130万人次因列车晚点或取消而接受了德国铁路公司的赔偿金。

(1)运输产品多样化。根据旅客对速度要求的差异，运输产品设计呈多样化。长途列车有ICE城际特快列车、IC城际列车、EC欧洲城际列车、IR地区列车；短途列车有RE地区特快列车、RB地区普通列车、CNL城际夜间列车、IRE地区间特快列车等。

(2)一站直达列车比例不高。ICE列车也被称为城际高速列车，起讫点数量不多，主要选择在具有8万~300万左右的人口城市，并且大部分是金融、商业、文化或工业中心。大部分ICE列车中间停站数量一般按列车旅行时间在6 h以上时停站都在4次以上设计，一站直达列车比例不高，一般运距在200 km以内时开行一站直达列车，主要集中在法兰克福-曼海姆(88 km)、莱比锡-德累斯顿(120 km)、慕尼黑-纽伦堡(199 km)等城市之间。

(3)停站结构有一定规律。德国列车的时刻表中大多数是ICE和IC列车，为适应国内客流分散的特点，ICE列车平均停站一般设置为200 km以下，最小为20 km，大多数为100 km。相互间形成的停站结构大致归结为3类：一种是包含型：两种列车起讫点不同，但中途站部分重叠；第二种是交错型：三种列车在同一或不同运行线上的停站区段互不相同；第三种是互补型：相同起讫点之间的短途ICE列车停站次数明显少于IC和RE等列车并与其他等级列车之间的停站形成互补配合的关系，便于旅客在不同列车之间选择和换乘。

(4)列车运行节拍化。ICE动车组列车实行节拍式运输，即按照固定的时间间隔组织列车运行，能为大多数旅客提供全天均衡的乘车车次。节拍式运输的列车时刻容易记忆，便于旅客对车次的选择。固定发车间隔的列车运行图使得其他交通工具易于衔接，便于旅客换乘，缩短旅客在站停留时间。而且，有规律的列车运行使运营人员工作井然有序，从而减少运营过程中的不规则性。在编制列车运行图中，优先考虑IC列车和其他列车的衔接问题，旅客可以在同一站台换乘。德国几乎所有大城市间按2 h为节拍基础开行不用换乘的直达列车，保证主要城市间不换乘快速直达。但也十分重视列车换乘的方便性,甚至做到牺牲列车旅行速度和正点率的地步,主要体现在停站设计和换乘上。德国是多中心城市分散型的路网格局,注定了各种列车间换乘直达的快捷性。以高速的 ICE 为骨干,通过 ICE 之间的换乘,形成主要城市间的通达能力,再通过 ICE 与 IC(国内城际列车)、EC(欧洲城际列车)间的换乘,实现主要城市与次一级城市间的快速通达。例如德国的 ICE 特快城际列车采用了节拍式开行方案,在各条运行线上列车的始发时刻每小时都基本固定不变,且发车间隔较为规律。主要车站开往各方向列车的服务频率非常规律,有的车站每隔 0.5 h 就有列车停靠,具体的主要车站各方向列车的服务频率见图 2.6。

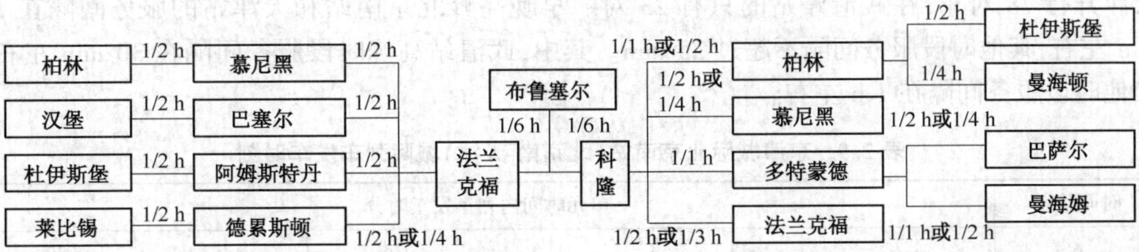

图 2.6 德铁主要车站各方向 ICE 城际快车的服务频率

(5)列车编组灵活。按旅客出行地点、方向的不同或人数的变化,实行分段列车摘挂方式或是改变列车的运行方向。如德国在一些铁路支线上,往往多列动车组合编为一长编组列车,即同一线路不同前进方向的旅客分别乘坐不同的运行区间内列车一体化运行,需要分散时,一分为二或三驶向不同的目的地,这种编组方式既方便旅客,又节省动力和线路占用,节省了旅客换乘时间,提高了运输效率和效益。这"多列联运"的方式可增加客流高峰区段的载客量,在客流密度较低的时段再把列车分开。对于客流密度不同区段,还会开行所谓的"翼型"列车,如图 2.7 所示。

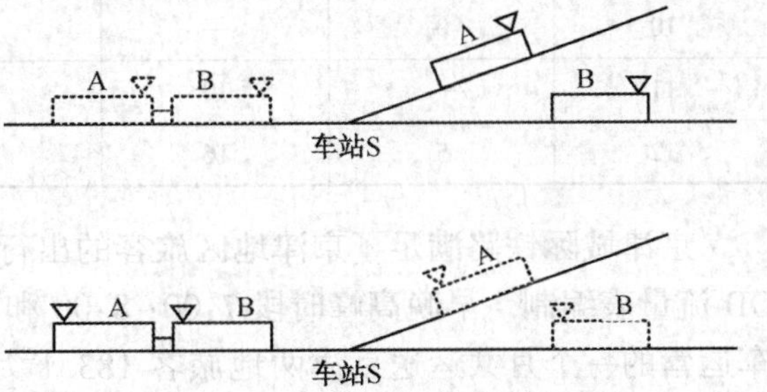

图 2.7 翼型"列车开行图示

2.4.2 国内运营概况

1."京津冀"城际铁路

京津城际铁路连接北京、天津两大直辖市,2008 年 8 月 1 日正式开通运营,是我国大陆第一条满足中国高速铁路定义的高速铁路,线路全长约 120 km,其中 87% 为桥梁工程,沿途设北京南、亦庄、武清、天津 4 座车站,预留永乐站,采用公交化城际列车和跨线列车混合开行的运输组织模式。2015 年 8 月延伸至天津滨海。京津城际采用"小编组、高密度、公交化"的列车开行模式,主要服务于城际间的通勤、商务、旅游和探亲流,客流出行规律较明显。京津城际铁路运营速度 300 km/h 以上,采用 CTCS-3D 列车运行控制系统,其基于由轨道电路实现列车占用及空闲检查,由应答器和轨道电路传输行车许可,并采用目标距离模式监控列车安全运行。当接收到轨道电路信息码序突变时,产生车载注入信息,由车载安全计算机控制列车实施最大常用制动。该列控系统是基于当时情况的特殊选择,是目前国内所独有的系统,也是世界范围内的一个特例。

京津城际列车始发站和终到站均设在线路两端站,列车开行方案以满足北京、天津两大城市间直达客流为主,全线列车以此为唯一运行区段,中间站客流较少,各区间列对数相同,列车折返交路单一,动车组车底在北京南和天津间循环运行,采取立即折返、循环运行的单一交路模式,在两端站分别安排1组动车组作为热备,以便调度应急调整。京津城际列车运行图在7:00~11:00时间段内组织列车整点开行,与国外较严格的列车规格化运行相比,京津城际虽有相对固定的发车时刻,但并不是严格的规格化运行。2011年8月份京津城际铁路发布的列车开行方案,基本图定100对,日常开行70对,周末开行80对。如表2.9所示,每天从北京到天津开行78对车,在武清停站的只有23对。早晚高峰北京南站和天津站的服务间隔在10 min左右,其他时段服务间隔不超过25 min。其中,武清站高峰时段服务间隔在30 min左右,其他时段服务间隔在1 h左右。

表2.9 京津城际北京南站(北京南-天津)城际列车发车时刻

时间整点	单元时间内列车发车时分					
6	—	13	21	34	45	50
7	0	13	23	31	41	49
8	0	8	16	31	42	50
9	1	6	19	29	39	50
10	0	—	15	29	45	55
11	—	10	18	30	40	—
12	5	16	30	38	46	58

京津城际铁路满足了京津地区旅客的出行需求。列车停站方案按照京津城际铁路区间的OD流量表编制。早晚高峰时段7:00~8:00和19:00~20:00安排动车组列车密集发车。在通车运营的一个月共运送京津两地旅客183.1万人,日均运送旅客5.9万人,平均上座率达到99.1%,高峰期客座利用率达到100%,总体客流量比开通前增长了86%。在天津乘坐京津城际铁路列车的乘客中有2/3是外埠乘客,客流量为2.6万。而在外地乘客中有近6成是北京人,北京客流量大约每天1.6万人。外埠乘客的职业分布数据反映,有7成乘客是企事业单位职员和管理人员,专业、文教、科技人员,服务销售人员和个体经营者。这些乘客在天津人均花费为1 533元。其购物消费的水平远在往日游客之上,平均每天逗留1.6万人。这些游客中以休闲、观光、旅游、度假为目的的占28%,以商务、会议、文化交流为目的的占44.7%,以探亲访友为目的的占27.3%。武清位于京津城际铁路中间,乘坐城际铁路到北京只需20 min,到天津市区只需10 min,2009年1~8月份,武清实现地区生产总值、三级财政收入、引资注册额分别比2008年同期增长28%、32.6%、57%。

截至2017年8月1日,京津城际铁路开通运营9年来,先后进行了16次列车运行图调整,仅2013年以来调整就达10次,列车运行数量由开通初期的47对增加到目前的108.5对。9年来,共计有2亿多人次享受到乘坐京津城际高铁列车出行的便利。特别是近5年来,京津城际铁路越来越获得京津两地和区域内人民群众的认可,成为旅客出行首选。据统计,北京南站9年来共计发送旅客1.02亿人次,近5年来发送旅客达6 155.5万人次,占9年来旅客发送量的60.4%;天津站9年来累计发送旅客1.03亿人次,近5年来发送旅客6 436.64万人次,占9年来旅客发送量的62.5%。同时,京津城际铁路助推形成了"半小时工作生活圈",带动了沿线人员、技术、资金等方面的交流与互动,激发了地方经济发展活力。武清站由2008年日均办理列车8对增加至现在的23对,日均旅客发送量也由最初的366人次猛增至现在的1万余人次。9年来,该站共计发送旅客1 218.5万人次,单日旅客发送量最高纪录为1.6万人次。自2015年9月20日京津城际延伸线开通以来,不到3年时间,于家堡站日均办理列车由最初的12对增加至27.5对,使北京、天津的区位优势得到进一步释放和叠加。据统计,截至目前,京津城际延伸线天津至于家堡站间共计运送旅客435.5万人次。随着"同城效应"的持续扩大,两地人员往来和联系越来越紧密,如今定期多次来往两地的"跨城通勤"固定旅客群体已经形成。仅在2016年内,两地间每月定期来往2次以上的旅客就达到64.6万人次。京津两地乘客已率先实行月票制。2017年5月1日起可办理和使用"京津城际同城优惠卡"。持卡分为金卡、银卡两种,金卡乘坐一等座,银卡乘坐二等座;同时推出了9.5、9和8.5折三个等级的优惠,旅客可根据本人京津间的出行次数选择购买适合的优惠产品。持本人"京津城际同城优惠卡"的旅客,除按照规定接受安检以外,无需出示本人身份证件,自助取号后即可刷卡进站乘车,凸显了城际铁路公交化出行的便利。"京津城际同城优惠卡"优惠折扣也适用于京津城际及其延伸线,即北京市至天津市区域内点到点之间往返使用,即:北京南站-武清站、北京南站-天津站、北京南站-军粮城北站、北京南站-塘沽站和北京南站-于家堡站之间。

2016年11月18日,国家发改委正式批复发布《京津冀城际铁路网规划》规划提出,到2020年前实施北京至霸州铁路、北京至唐山铁路、北京至天津滨海新区铁路、崇礼铁路、廊坊至涿州城际铁路、首都机场至北京新机场城际铁路联络线、环北京城际铁路廊坊至平谷段、固安至保定城际铁路、北京至石家庄城际铁路等9个项目,总里程约1 100 km。规划以"京津、京保石、京唐秦"三大通道为主轴,到2020年,与既有路网共同连接区域所有地级及以上城市,基本实现京津石中心城区与周边城镇0.5~1 h通勤圈,京津保0.5~1 h交通圈,有效支撑和引导区域空间布局调整和产业转型升级。远期到2030年基本形成以"四纵四横一环"为骨架的城际铁路网络。该地区城际铁路网以北京为中心,以京津城际为主轴,以京张、京承为两翼,辐射保定、石家庄、唐山、涿州、霸州、衡水等主要城市,修建3条城际铁路"1~2 h"交通圈,包括北京-天津-塘沽、北京-唐山-秦皇岛、北京-石家庄城际线。它是促进"京津冀"优势互补、协同发展的重要举措。正在修建的北京-张家口滑雪赛场专线,并规划修建京承旅游专线。"京津冀"地区城际铁路示意图如图2.8所示。

2."长三角"城际铁路

沪宁城际铁路、沪杭和宁杭高速铁路三条高速铁路线则是贯穿了中国城市群最密集、生产力最发达的"长三角"核心区域,共同构筑"长三角"快速城际轨道交通网,被人称为"铁三角"。其中,沪宁城际铁路是该地区城际客运铁路的规划线网的主骨架,是城际线网宁-沪-杭-甬"Z"形主轴的重要组成部分。沪宁城际铁路承担沿线各个城市、主要中心城镇之间的客流,以及城市组团、次中心城镇之间的客流,兼顾少量中长途跨线客流。为了辐射更多城镇、方便更多旅客出行,采取"高密度、小编组、公交化"的运行模式,既满足大站旅客直达需要、又满足中小车站旅客出行的需要。沪宁城际铁路线路走向并行于既有铁路,正线全长300.209 km,沿线设有21个站,另预留车站10个,采用CTCS-3级列控系统。自2010年7月1日开通运营以来,沪苏之间形成了一条便利快捷的铁路运输通道,实现了1 h交通圈,从根本上缓解了沪

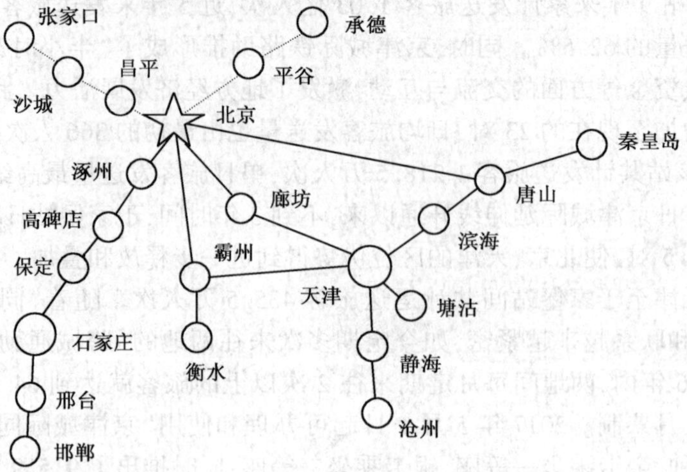

图 2.8 “京津冀”地区城际铁路示意图

宁交通走廊运输的紧张状况。开通运营的第 1 个月，共运送旅客 520.2 万人，平均旅行速度 175.7 km/h，旅行时间约 105 min。其中，本线高速动车组列车使用 CRH2C、3C 动车组车底，跨线高速动车组列车使用 CRH380 动车组车底。沪宁城际铁路列车停站大部分为 2 min，在客流特别小的站停站时间为 1 min。沪宁城际铁路整点列车停站苏州、无锡和常州站。沪宁城际铁路先后经历二十几次运行图调整优化，目前，日开行动车组 101 对，高峰日达 119 对，高峰日开行的动车组临客需根据客流情况通过调度日班计划的形式公布开行，日均发送旅客 17.6 万人(包括跨线客流)，动车组列车始发和运行正点率保持在 98% 以上。

沪杭高速铁路是我国“四纵四横”高速铁路网络中沪昆高速铁路的一个组成部分，连接上海、杭州两大城市，全线设车站 9 座，由上海虹桥站引出，经松江南、金山北、嘉善南、嘉兴南、桐乡、海宁西、余杭南站引入杭州东站，并通过联络线与上海站、杭州站相接，正线全长 169 km，其中 87% 为桥梁工程，全线设计时速为 350 km。2010 年 10 月 26 日，沪杭高速铁路开通运营，每日运营时间从 6:00 时许起至 22:00，该线列车控制系统采用 CTCS-3 级，动车组采用 CRH2、CRH380 等多种类型，采取单编和重联形式运送旅客。沪杭间旅客运输能力大幅增长，从上海虹桥至杭州最快只需 49 min，比目前沪杭既有线最快列车的运行时间缩短 29 min。为方便沿线旅客出行，上海虹桥至杭州间开行的 40 对高速动车组列车以整点直达、停一站和停两站三种不同方式开行。

2015 年杭州东站到长沙和 2016 年长沙到昆明高速铁路开通运营，沪杭高速铁路作为“四纵四横”高速铁路网中沪昆高速铁路的沪杭段部分，首先要满足通道客流需求。沪昆通道线路全长 2 095 km，横跨我国的沪、浙、赣、湘、贵、滇等省市，是我国东西向线路里程最长、经过省份最多的铁路通道，也是我国南部地带东西向联络东、中、西部地区和通往东南亚国家的主要运输通道，主要承担东、中、西三大区域之间的客货运输交流。沪杭高速铁路又要满足区域客流需求。目前，沪杭高速铁路区域通道定位问题线网结构较为复杂，采取跨线和本线列车共线运行的运输组织模式，并以跨线运输为主，兼顾本线客流。近年来，随着沪杭高速铁路与甬台温、杭长两条干线汇集，沪杭高速铁路列车开行密度越来越大，通过能力越来越紧张，已成为上海南向进出通道的瓶颈。例如，2015 年“7.1”列车运行图，沪杭高速铁路列车对数达到 122 对，扣除 00:0~6:00 天窗时间，18 h 内不到 10 min 开行一列车，通过能力已趋饱和，在运行图编制时,将骨干列车和直通的跨线列车做了重点安排。基于周末客流量较大的特点,沪杭高速铁路针对日常和周末分别采用了两套不同的开行方案,即周一至周四实行日常开行方案,而周五至周日则实行周末开行方案。周末开行方案除了在列车的开行数量上有所增加,在列车编组方式上还采用了重联编组以增加运力的方式来应对周末的大客流。目前,从列车速度上看,时速 300 km 的动车组列车有 96 对,均为杭长和沪杭方向,采用"G"字头标识;时速 250 km 的动车组列车有 26 对,均为杭甬方向,采用"D"字头标识。从是否跨线列车看,跨线列车 108 对,本线列车 14 对,跨线列车在上海虹桥-杭州东站间运行,目前上座率达 80% 以上;本线列车在上海虹桥(上海)-杭州站间运行,上座率达 70% 以上。由于本线列车发车频率不高,时间间隔基本上每 77 min 一列,而且加上"D"字头列车票价相对便宜,杭州东站与市区地铁、公交交通衔接方便等因素,跨线列车承担了很大部分的本线客流。从列车停站看,把停 2~3 站的列车可作为骨干列车,但也有跨线列车在沪杭段采用直通的方式,例如,上海虹桥-广州间 4 对"G"和 2 对"D"列车,其中 2 对"G"和"D"在沪杭段是直通。

宁杭高速铁路于 2013 年 7 月 1 日开通运营,衔接京沪高速铁路、沪汉蓉快速通道等路网干线,是我国铁路快速客运网的重要组成部分。宁杭高速铁路起自南京南站,终于杭州东站,线路全长 248.963 km,连接江苏和浙江两个省会城市,全线共设南京南、江宁东、句容西、溧水、瓦屋山、溧阳、新宜兴、新长兴、湖州、德清和杭州东站共 11 座车站。考虑到宁杭高速铁路是"长三角"铁路交通网络重要组成部位,重点在于满足区域内城际客流出行,兼顾到其他直通客流过境,客流分担的重点放在"长三角"区域。宁杭高速铁路沿线为江南丘陵地段,沿线没有既有铁路线路,是完全新建的城际高速铁路,有别于其他省内高速铁路衔接省会和主要地级市,客流分布不像连接省会和地级市线路呈现逐渐衰减,而是双中心吸引,中间客流呈现出抛物线衰减。宁杭高速铁路建成后优化了"长三角"路网结构,从大区域上看,主要是东北、华北地区去往杭州以远客流可以通过宁杭通道减少距离,西南、西北地区去往杭州通道更加优化,不需经过上海折转。华南地区去往徐州以内南京以远客流通过宁杭通道更加便捷。通道建成后宁波、温州等地区连接北方地区更加便捷,泰州、扬州、南京等地区去往华南更加通畅。

随着大量动车组列车公交化、大密度开行,"长三角"铁路运力大幅提升。在促进"长三角"地区经济社会发展、改善民生、形成新型都市圈等方面发挥重要的作用。目前,沪宁城际铁路、沪杭高速铁路等繁忙线路最短每 5 min 就有一趟高速铁路动车组列车开行。"长三角"各中心城市间分别形成了"1、2、3"小时都市圈。2016 年"1.10"调整列车运行图,主要围绕日常、客流高峰期两种市场形态展开,通过动态调整优化列车开行方案,努力打造精准的"市场图",同时对列车开行径路、时刻、停站等各环节进行精心设计和调整,使开车更加符合旅客出行习惯和需要。比如,针对沿线上班族"赶点"需要,推出"钟摆式"开车模式,在主要客站早 7:00 至晚 21:00 开行整点、半点列车,并且车次编号、发到时刻简明易记,实践证明,培育了一大批高速铁路客户群。

2016 年 7 月,江苏交通控股有限公司相关财务报表中表明,沪宁城际铁路、宁杭高速铁路在 2015 年就已经扭亏为盈,分别实现净利润 6.41、1.01 亿。其中,宁杭高速铁路运营 3 年即盈利,在 2014 年亏损 3.8 亿元后,2015 年扭亏为盈,净利润为 1.01 亿元。从盈利周期看,这在世界范围内都堪称"标杆"。沪宁城际铁路 2014 年营业收入为 31.55 亿元,净利润 1.42 亿元;2015 年营业收入 33.61 亿元。

"长三角"城际铁路将规划建设上海-南通-泰州-南京-合肥、南通-苏州-嘉兴、上海-苏州-湖州、上海-嘉兴、安庆-黄山等铁路(含城际铁路)、上海-南通跨江通道等城际通道建设提高城际铁路对5万以上人口城镇、高等级公路对城镇的覆盖水平。据统计,上海市依靠腹地区域形成的"1 h"高速铁路城市经济圈内,已经有14个城市。截至2015年12月,"长三角"沪苏浙皖四省市高速铁路运营里程达3 600多km,密度已超日本和法、英、德、意等西欧等国家,这些国家高速铁路长度是2 500~3 000 km。沪苏浙皖四省市面积为35万 km^2,也与这些国家的国土面积(日本37万 km^2,德国35万 km^2,意大利30万 km^2)比较接近。"十三五"期间,由于"长三角"四省市有大量在建和规划的高速铁路线路,高速铁路密度将极可能超过世界上其他高速铁路较多的国家。"长三角"地区经济发达,人口密集,以上海、南京、杭州为中心,以上海-南京、上海-杭州、南京-杭州3条高速铁路线为主线,辐射苏州、无锡、常州、镇江、江阴、常熟、嘉兴、金华、义乌、湖州、宜兴、萧山、绍兴、宁波等大中城市,形成5条城际铁路构成的快速客运系统,总里程815 km,最高运行速度250 km/h,实现本地区主要城市间"1~2 h"交通圈。5条城际为:南京-镇江-常州-无锡-苏州-上海,常州-江阴-常熟-苏州、常州-无锡-苏州-嘉兴、上海-嘉兴-杭州、杭州-萧山-绍兴-宁波。"长三角"地区城际铁路示意图如图2.9所示。

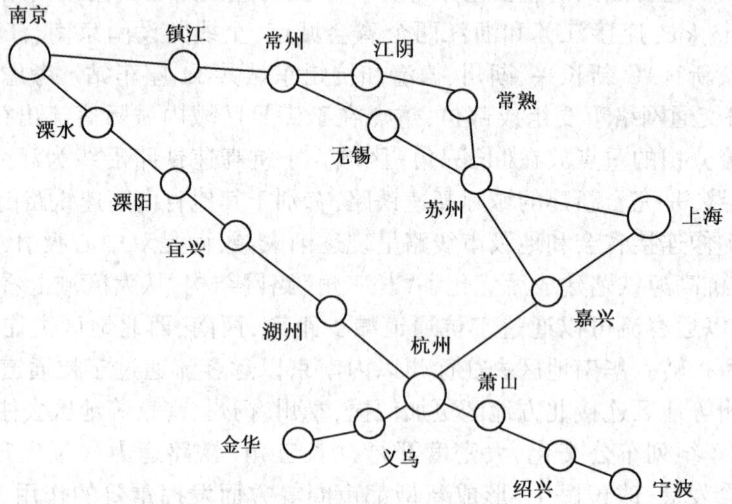

图2.9 "长三角"地区城际铁路示意图

2017年,作为南京和上海间第二条城际铁路——沿江城际铁路开建。沿江城际铁路在张家港以东可利用已在建的沪通铁路段进入上海。因此,沿江城际铁路真正要建的部分为南京至张家港段,长约214 km,设计速度目标值250 km/h,是沿江城市与南京、苏锡常和上海联系最为便捷的通道。准确地说沿江城际有两条,一是南沿江城际,包括句容、金坛、武进、江阴、张家港、常熟、太仓等区域。二是北沿江城际,至上海引出,跨越崇明岛至南通启东(海门),经南通、泰州、扬州至南京,线路全长385 km,设计速度目标值350 km/h。

3."珠三角"城际铁路

按照总体规划,"珠三角"地区共规划了15条城际轨道线路,合计里程1 430 km,最终形成"三环八射"城际轨道交通网络构架,建成以广州、深圳、珠海为主要枢纽,覆盖区内主要城镇,便捷、快速、安全、高效的城际轨道交通网络。这里主要介绍广深、广珠、广佛肇城际和莞惠城际铁路。

(1)广深城际铁路

广深城际线连接广州与深圳,运营里程约 147 km,运营初期开行快速和普速两种等级的列车。2001 年 10 月 21 日,随着我国铁路第四次大提速,时速 180 km 的国产“蓝箭”动车组在广深线投入使用。此后,广深线正式推行“公交化”旅客运输模式,实现高速列车与普速列车的运行线路分离。2007 年 4 月 18 日我国铁路第六次大提速第一阶段起,时速达 200 km 的“和谐号”动车组上线运营,日均开行 59 对。2009 年 5 月 1 日起,广深城际的动车组实现真正意义上的“公交化”运输模式,开行 CRH1 动车组 100 对,其中图定 85 对,备用线 15 对。该模式存在以下几个特征:

①客货分线。广深Ⅰ、Ⅱ线运行高速客车,Ⅲ、Ⅳ线运行货车和普速客车。

②高速度。广深动车组列车最高运行时速 200 km,从广州东到深圳 52 min 就可直达,已经大大超过了广深高速公路所有大巴的速度,大幅增强了客运市场的核心竞争力。

③高密度。从 6:00 至 23:00,平均每 10 min 就有一趟高速列车开行,最短列车追踪间隔仅 5 min,最短折返时间间隔仅 12 min。

④快速乘降。在广州东、深圳、樟木头、东莞、石龙站等动车组列车客运营业站,实现了“固定进路、固定股道、固定站台、固定停车位”四固定,全部设置了动车组专用售票窗、候车区和乘降通道,实现了旅客快速乘降。

“公交化”的运输模式的停站方案相对单一,给广深城际高速列车的规格化运行提供了条件。广深城际在 2015 年实现净利润 1.77 亿元。表 2.10 为深圳北站 2014 年 7 月全日高速列车发车时刻,单元小时内的发车时刻相对固定,但并不是严格的规格化发车时刻。此外,单元小时内相对固定的发车时刻仅针对深圳北站和广州南站这两个大站。对于中间站的客流而言,其仍需看时刻表安排出行时间。

表 2.10　2014 年 7 月广深城际深圳北站高速列车发车时刻

时间整点	7	8	9	10	11	12	13	14	15	16	17	18	19	20	21	22	23
分钟时刻	0	6	25	0	0	5	0	0	0	7	5	17	7	6	6	20	0
	15	26	32	15	14	35	14	5	13	16	24	36	13	20	26	30	22
	25	45	40	30	28	50	20	31	31	24	36	50	26	40	35	40	
	56	57	53	45	40	—	29	46	38	40	58	—	37	—	55	—	
	—	—	—	—	48		34	—	50	—	—		45		—		
					55		46						55				

(2)广珠城际铁路

广珠城际铁路功能定位于“珠三角”城市群的内部联络,是“珠三角”城市群“一体化”的重要黏合剂,将珠江西岸纳入“一小时经济圈”。2011 年 1 月 7 日开通,其主线从广州南站引出,经顺德、中山至珠海的拱北,线路长 117 km,设计最高行车时速为 200 km。首段开通至珠海北,长 93 km。支线从小榄站引出,经中山的古镇至江门新会站,线路长 27 km。全线共设 22 座车站,首段开通 12 座。列车分为时速 200 km 的直达列车和时速 140 km 的“站站停”列车两种级别,其中直达列车暂时使用 CRH1A 动车组担当,远期则会改为使用 CRH6 电力动车组(包括 200 km/h 运营直达列车和 160 km/h 运营站站停通勤列车)。广珠城际列车停站时间全部为 2 min，从广州南至珠海北最快只需 41 min，站站停列车为 57 min；广州南至新会为 53 min；高峰时段列车间隔最短为 2 min。广珠城际铁路通过广州南站与武广高速铁路、广州市内地铁无缝换乘，成功实现"长途主干线-城际轨道-城市内地铁"的三层轨道对接，能极大发挥轨道交通的网络特性。未来，广珠城际还将与南宁至广州、贵州至广州等国家铁路干线相连，促进"珠三角"与省外经济圈的互动。广珠城际铁路连接珠江西岸绵延的城镇带，形成"珠三角"城际轨道网"A"字形骨架的脊梁之一，其正式运营标志着"珠三角"轨道交通已经从"单中心"、"多中心"模式向"网络形态"发展。

(3)广佛肇城际和莞惠城际铁路

2016 年 3 月 30 日，广佛肇城际和莞惠城际铁路正式开通运营，加快了"珠三角"各主要城市之间的互联互通，方便了沿线市民出行，为区域经济社会发展提供了有力支持。目前，全国共有 50 多个城市共规划 10 000 km 以上的城际铁路线，仅"珠三角"地区就规划城际动车线 2 000 多 km，穗莞深城际铁路的开通，为国家城镇化交通建设提供了示范，也为国家城镇化建设提供了新型便捷的交通工具。

根据城际铁路快速和便捷特点，两条城际铁路采取"公交化"的运作模式。广佛肇城际沿线共设广州、佛山西（由于尚未完成建设工作，暂不办理客运业务）、狮山、狮山北、三水北、云东海、大旺、四会、鼎湖东、鼎湖山、端州、肇庆等 12 个客运站，全长 111 km。莞惠城际连接东莞和惠州两座城市，正线全长 100 km，全线共 17 个车站，现开通常平东站至小金口站区段，沿线共设常平东、樟木头东、银瓶、沥林北、仲恺、惠环、龙丰、西湖东、云山、小金口等 10 个客运站，全长 53 km，其中有近一半线路在地下，一半在地上。这两条城际铁路车票不对号入座，旅客需要像坐公交车一样自己找座位。

根据运营初期客流预测和动车组配属情况，广佛肇城际在开通运营初期每日开行 10 对动车组列车。莞惠城际常平东至小金口间每日开行 16 对动车组列车，节假日客流高峰期安排满图开行 22 对动车组列车。两条城际铁路的动车组列车在沿线各客运业务办理站均会停车，确保中间站停站频次。两条线路的设计时速都为 200 km，广州站至肇庆站全程约为 2h，常平东站至小金口站全程约为 1 h 10 min，待动车组增加配属，列车开行对数增加后，将对部分列车减少停站，缩短列车运行时间。

为方便旅客进站乘车，广州、肇庆、常平东站等重点车站划分单独的候车区域。广州站在站前广场修建约 800 m^2 的广佛肇临时候车室，利用既有出站通道，与广深和谐号候车室进站通道合理公用，以便优化放客条件。肇庆站为城际铁路大型站，候车室按照高速铁路站要求设计，候车室面积达 2 600 m^2。常平东站为方便旅客进出站，对旅客进出区域进行合理分割，站内进出站区分工明确，防止上下车旅客对流。小金口站目前采取先候再检的进站乘车模式，站内区域涵盖社会公共通道职能，方便周边市民出行。同时，沿线各站对旅客进站乘车路线进行了合理规划，并在站内显眼位置张贴引导标识，加强路径引导，确保旅客快速、便捷进站乘车。此外，各车站还在进出站通道、进站检票口、站台等处通过 LED 电子显示屏滚动发布检票信息、车次信息、候乘信息、列车正晚点信息、铁路旅客乘车须知等。

2017 年 1 月 5 日，广铁集团将原深圳北站至深圳坪山站之间的城际列车调整为深圳、惠州、汕尾三地间开行。2015 年 9 月，为充分利用杭深铁路广东段运能，在深圳北站至深圳坪山站间开行了 12 对城际列车，极大拉近了深圳坪山新区与市中心的距离。城际列车开行后，日均客流达 7 000 人次，高峰期超过 1 万人次。此次调图后，福田站至惠州南站间开行 1 对，福田站至深圳坪山站间开行2对,深圳北站至惠州站间开行1对,深圳北站至汕尾站间开5对,深圳北站至深圳坪山站间开行5对。城际列车将深圳、惠州、汕尾三地更加紧密地联系在一起,形成“1 h 经济生活圈”。其中,从福田站至深圳坪山站运行不到45 min,坐地铁要1 h 20 min。

“珠三角”地区城际铁路如图2.10所示。该地区以广州为中心,以广深、广珠、深汕、广韶4条高速线为主线,以广州-惠州、广州-肇庆、广州-江门、广梅汕铁路为辅线,东莞-顺德、虎门-新会为联络线,辐射东莞、虎门、惠州、河源、梅州、潮州、汕头、顺德、中山、珠海、肇庆、清远、韶关等大中城市和香港、澳门特别行政区,总长度约600 km,主要城市间可实现“1 h”商业圈。

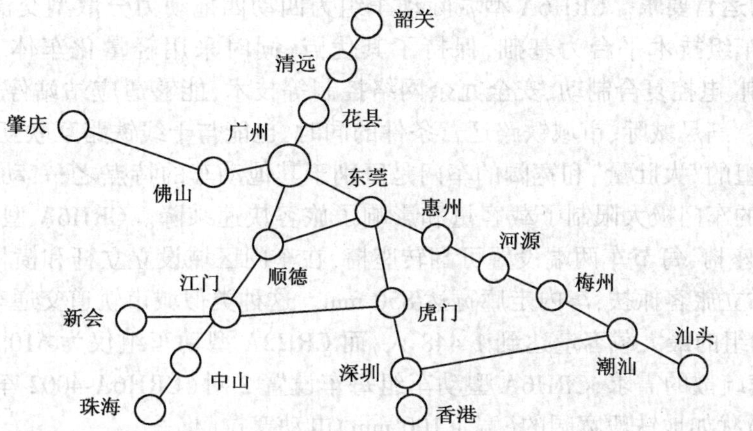

图2.10 “珠三角”地区城际铁路

综合以上可以看出,不管是国外还是国内,在适合运输距离的城际铁路,只要拥有足够的客流需求,在技术设备允许的条件下,其共同特点都是实施了“公交化”的运营方式,旅客列车开行间隔较小、运行时分较短、定点停靠、乘降方便,实现了旅客出行的快捷、舒适、方便。

2.5 案例分析:适应城际铁路运营的CRH6车辆和列车控制系统分析

针对城际铁路具有客流量大、出行距离较区际铁路短、对出行便捷性要求高,客流具有明显的潮汐现象等特点,因此城际动车组需要有高速动车组持续高速度运行的能力,又要有如同地铁等城市轨道交通车辆般的起停能力,此外还需具备大载客量、快速乘降的能力。CRH6A型城际动车组就是针对这些特点和能力开发的。

从2012年我国首列城际动车组CRH6A(200 km/h 8编组)下线至今,CRH6系列已经衍生出了CRH6F(160 km/h 8编组)、CRH6S(140 km/h 4编组)等子型号,形成了不同速度等级、不同编组、不同平面布置的城际动车组系列产品。CRH6A城际动车组是中车四方股份公司自主研制的我国首款城际动车组,填补了我国轨道交通装备在城际领域的空白。CRH6A被称为“都市圈里的快捷使者”,它基于先进的高速动车组技术平台打造,并融合了城轨车辆技术,具有速度快、载客量大、快起快停、快速乘降等技术特点,有效满足城际铁路“快速、大运量、密集停站”的运营需求,特别适用城市群内的快速通勤客运。时速200 km的CRH6A城际动车组是中车四方股份公司创新搭建的我国首个城际动车组技术平台下的首个车型,目前该平台下已研制形成了覆盖时速200、160、140 km 3种速度等级,适应不同站间距,不同编组形式,可个性化定制的城际动车组系列化产品。

与城轨车辆相比,CRH6A的最高运行时速达200 km,速度更快。而与一般的高速铁路动车组相比,它不但载客量更大,而且具备“快起快停”的优势,更加适应城际铁路短站间距密集停站的运营需求。8辆编组的CRH6A最多可载客1 488人,约为现行同编组高速动车组载客量的2倍,在满载状态下,以3 min为发车间隔,每小时输送能力达3万人。人均百公里能耗则比现行同速度等级的动车组降低了约44%。

CRH6型动车组适用于城市间以及市区和郊区间的短途通勤客运,满足载客量大、快速乘降、快起快停的运营要求。CRH6A型城际动车组为四动四拖动力分散型交流传动电动车组,以CRH2型动车组技术平台为基础,保持了其优点,同时采用轻量化车体、大轴重转向架、VVVF牵引控制、电控复合制动、安全冗余网络控制等技术,能够适应站站停及大站停不同形式的运营模式。满足城际、市域铁路运营条件的同时,也能与干线铁路互联互通。

城际动车组的“大肚量”和宽阔的车门是区别于其他动车的特点之一,动车组的车内座椅布局和其较窄的车门极大限制了载客量和影响了旅客快速乘降。CRH6A型城际动车组车内采用2+2横向座椅,每节车两端设置可翻转座椅,在车门区域设立立杆和横杆,靠走廊座椅设置扶手,方便站立旅客抓扶,车内走廊宽达850 mm。这种类似城市轨道交通车辆般的设计,让CRH6A型动车组的最大载客量达到1 448人,而CRH2A型动车组仅为610人。为实现旅客快速乘降、快速疏散的需求,CRH6A型动车组每车设置2对(CRH6A-4002车组/4502车组中间车厢为3门)犹如地铁般宽阔的(宽1 100 mm)电动塞拉门。

CRH6A城际动车组载客量比地铁小,而且其空调系统制冷量较其他动车组更大,达29 kW,新风量为800 m^3/h,人均不小于20 m^3/h,能更好适应大载客量的需求。CRH6A型城际动车组采用气密性折棚式风挡,通道净宽1 100 mm,净高1 900 mm,满足犹如城市轨道交通车辆般的人员快速通过需求。而CRH6A型城际动车组的编组形式多样:4动4拖,4动2拖,2动2拖,必要时可重联编组达16辆,其灵活的编组方式,也能很好适应市域铁路多变的客流进而做出调整。

城际动车组区别于其他动车组的另一个特点就是其起停能力。CRH6A型城际动车组的加速度:0~40 km/h≥0.65 m/s^2,0~200 km/h≥0.3 m/s^2,制动距离<1 400 m;而CRH2A型动车组的加速为0.406 m/s^2,制动距离≤1 800 m,CRH6A较CRH2A更适于起停频繁的市域铁路。CRH6A型城际动车组采用大轴重轻量化设计,轴重17 t,动车转向架小于7.8 t,拖车转向架小于6.6 t;牵引电机为鼠笼式异步感应电机,具有高转速(6 120 r/ min)、扭矩大(1 850 N·m)、功率大(345 kW)、轻量化(485 kg)的特点,这样的设计满足了快速启动和高速持续运转的不同需求。

CRH6A城际动车组已经在广佛肇城际和莞惠城际投入载客运营。每趟列车由8节二等座车厢组成,不设餐车。为旅客乘降安全,两条城际铁路各车站站台采用双门登车模式,即屏蔽门(安全门)、车厢门,两门开关均由电脑操控,列车停稳旅客上车完毕后,经站台红外线探测无异物,两门自动关闭方可起动列车,确保旅客乘降安全。首批8列时速200 km CRH6型城际动车组,分别由广东小金口站和东莞常平东站同时开出,标志着我国城市群内首条城际动车线正式投入运营。

长沙、株洲和湘潭三市是湖南省的经济核心区，三市 GDP 约占整个湖南省的 1/2。长株潭城际铁路开通运营后，将进一步加快长株潭融城步伐，提高长株潭综合交通枢纽地位，为我国新型城镇化建设和城市群交通一体化发展注入新的动力。2016 年 12 月 26 日，长株潭城际铁路开通运营，该线是湖南的第一条城际铁路，也是中国第一款时速 160 km 的城际动车组。长株潭城际以城际客流为主，兼顾城市客流。开通运营初期，每间隔 1 h 左右开行一列动车组，后续将不断加密，基本实现公交化运行，因列车按公交化模式运行，乘客购票上车后无需对号入座。设计时速 200 km，初期运营速度 160 km，线路全长 95.5 km，设有 21 个站。这条铁路呈现“人”字形轮廓，从京广铁路既有长沙站出发，向南到达暮云站后分叉，一条叉线至株洲南站，另一条叉线至既有的湘潭站。这条线路通过的区域基本都是城区和经济活跃地段，桥梁和隧道占全线长度的 86%，有 8 个车站建在地下，是目前我国地下火车站最多的铁路线。高峰时期开行 C 字头动车组 34 对，其中长沙至株洲南 15 对，长沙至湘潭 19 对；平常开行 C 字动车组列车 28 对，其中长沙至株洲南 12 对，长沙至湘潭 16 对。长株潭城际铁路连通既有长沙站、湘潭站，中间停靠站基本都在市区或居民聚集区、商业区，众多车站与地铁、公交实行无缝接驳，使旅客乘车出行更方便、更快捷。长株潭城际铁路示意图如图 2.11 所示。

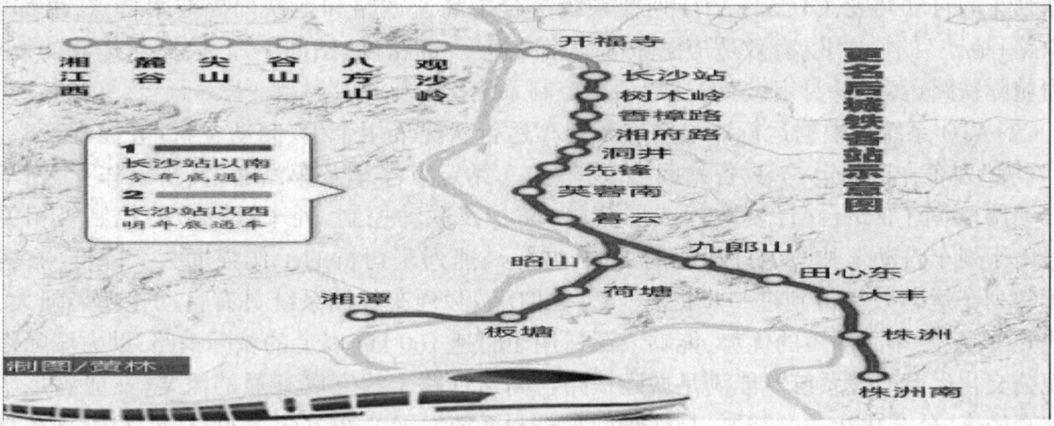

图 2.11 长株潭城际铁路示意图

时速 160 km 的 CRH6F 城际动车组在长株潭城际铁路投入运营，不仅快捷高效，而且低碳环保，满足城市群区域的互联互通，具有载客量大、快速乘降、快起快停的特点。与一般的动车组不同，这种动车组的 2 号车厢至 7 号车厢均设有 3 对 1.3 m 的双开塞拉门，能够让旅客上下车更加快捷。考虑到城际列车间运行短、停站多、短途旅客多等情况，长株潭城铁不设餐车厢，不提供餐饮服务。列车在头尾两节车厢分别设有 1 个卫生间。

CRH6F 与高速铁路动车组车厢两对门的设计不同，长株潭动车组除两节车厢为 2 对车门外，其他每节车厢都设有 3 对双开塞拉门。即使在列车满员的状态下，乘客也能快捷地上下车。车厢空间比高速铁路宽敞，座位数比地铁多。8 节车厢，设有座位 510 个，定员载客量 1 470 名，可超员载客 1 950 名，堪称“最能装”的动车组。此外，CRH6F 上的牵引电机，采用了最新一代技术，与其他高速铁路动车相比，加速能力更强，可以像地铁一样快起快停，而为列车提供强劲动力的，是我国自主研发的一个核心部件，人称“高速铁路中国芯”。

另外，树木岭站位于长沙市雨花区，设计机构为低下三层，站厅、设备、站台层。总体面积达 24 654 m^2。2019 年与地铁 4 号线换乘相连。地铁从设备层通过，设有南北 2 个售票厅 9 个窗口、8 台自动售取票机。ACD 三个出入口,树木岭站隧道全程 12.86 km,是国内现有铁路地下车站最长的。在列控方面,高速铁路列车运行控制方式基于轨道电路传输的 CTCS-2 级列控系统或基于 GSM-R 无线通信传输的 CTCS-3 级列控系统。当采用 CTCS-3 级列控系统时,CTCS-2 级列控系统作为后备模式。行车指挥方式应采用调度集中控制系统。最小行车间隔按照运输需求研究确定,宜采用 3~4 min。

设计速度 200 km/h 的城际铁路应采用 CTCS-2 级列控系统;设计速度 160 km/h 及以下的城际铁路应根据行车间隔、站间距、停车精度等因素,使用 CTCS-0 级或 CTCS-2 级列控系统。城际铁路调度指挥方式应采用调度集中。最小行车间隔按照运输需求研究确定,宜采用 3 min。城际铁路列控系统在 CTCS-2 级列控系统基础上,应具备站间自动运行、车站定点停车及车站通过、折返作业、列车运行自动调整、车门/站台门(安全门或屏蔽门)防护及联动控制、列车运行节能控制等自动运行相关功能。

莞惠城际也是国内首次使用 C2+ATO 系统制式的城际铁路。C2+ATO 系统是在成熟应用的高速铁路 CTCS-2 级列控系统基础上增加列车自动驾驶功能(ATO)而研发的城际铁路列控系统。CTCS-2 级列控系统主要应用于时速 200 km 以上的高速铁路,而 ATO 系统则一般用于地铁列车的自动驾驶,CTCS2+ATO 列控系统综合了高速铁路和地铁列控技术特点,堪称"高速铁路+地铁"的混血儿,有效适应了城际铁路高速度、高密度、站间距短、公交化运营的特点,是为城际铁路运营"量身定做"的高端列车控制系统。

C2+ATO 系统可根据运行计划信息及列车运行状况采用牵引、制动、惰行等控制策略,自动"驾驶"列车在区间运行,具备站间自动运行、车站定点停车及车站通过、折返作业、列车运行自动调整、车门/站台门(安全门或屏蔽门)防护及联动控制、列车运行节能控制等相关功能。由于列车自动驾驶(ATO)功能的加入,城际高速列车司机的工作强度大大降低,旅客舒适度和列车运营效率得到进一步提升。C2+ATO 城际列车控制系统具有自动化功能强大、系统成熟度高、发车间隔短的优势,能够广泛适用于时速 160 km 以上的城际铁路,助力城际铁路实现公交化运营。该系统既能满足城际铁路与高速铁路干线互联互通的需要,又能满足城际铁路高密度、公交化运输的需要,是铁路列车控制系统发展的新方向。2022 年,我国将在京张高铁中实现 CTCS3+ATO 列控系统。

3 客流分析调查与预测

3.1 客流及其特征分析

客流是对于旅客有目的流动的宏观描述。旅客根据出行需要,按照自己的支付能力,选择一定的运输方式,在一定时间和空间范围内作有目的的移动,便形成客流。根据自身需求,通过铁路运输方式完成其在时间和空间上的目的移动的旅客集合称为铁路客流。客流由流量、流向、流距、流时四个要素组成,分别表示客流的数量、方向、行程和客流产生的时间。

城际铁路客流是城际铁路设计技术标准和设备数量的基础,是制定运营方案和行车组织调整和优化的重要依据。掌握客流的分布特点和发展趋势是城际铁路运营组织与管理的重要内容,但客流的波动性和叠加性促使客流规律掌握较为困难,也是运营组织工作中的难点。特别是在网络运营条件下,网络覆盖面大,影响客流产生、时间空间分布的因素在增加,客流的动态性难以动态掌握。

在客流分析之前,有两个概念需要阐述,即客流量和客流需求的概念。客流量是从总的方面反映旅客需要乘坐城际铁路的数量程度。城际铁路市场需求是指在一定的地理区域和时间期限内,营销环境和营销策略下,由特定的旅客群体所购买的产品总数量,也就是说是有支付能力的需要。客运量是在一定运输供给条件下所实现的人员的空间位移量,也就是实现了的旅客运输需求。大多数情况下,客运量并不能完全代表客流需求。客流需求能否实现取决于运输供给的状况。客运量仅仅代表受运输供给限制条件下实现了的客流需求量。运输企业若是增加运输设施,改进运输生产技术,扩大运输能力,潜在的客流需求就会相应变成实际的客运量。客流需求是编制运输计划、组织调度、配置运力、分析运营的前提,常常包括需求总量和时空分布特征等内容。

从城际铁路运营实践来看,现阶段大部分城际铁路能够满足客流需求,但有部分城际铁路,受区域旅客出行需求量大和波动等因素影响,如沪宁城际铁路在节假日、高峰时段仍然存在供不应求等现象,高峰期客流具有明显的时间特征和区域特征,极易造成运输能力的阶段性紧张和短缺。也就是说在节假日、高峰时段虽然充分利用了运输资源,运输供给能力仍存在不足,其他时段基本能够满足客流需求。而非高峰时段则相对出现一定的运能虚糜现象,需要运输资源的进一步优化调整。

3.1.1 影响因素

城际铁路客流是一个复杂的要素集合体共同影响的产物,其形成和发展是内外各种动因共同作用的结果。系统内部因素主要有运营组织计划、服务质量、客运票价等;系统外部因素包括系统环境和旅客方面等因素。环境方面主要是区域经济发展水平、人文与自然环境条件交通结构等因素。旅客方面的因素诸如个人社会经济条件、消费偏好等。

可从客观和主观层面对影响城际铁路客流的因素做出简述。其中,客观层面是对客流外部的影响因素进行分析,主观层面是从旅客运输需求的角度展开叙述。

1. 客观因素。包括经济发展水平、地理区域、居民消费水平、人口数量、季节及气候、其他运输行业的竞争等。

2. 主观因素。从旅客出行需求的主观角度看,旅客对运输产品的选择是综合多种影响客流因素的结果,影响客流的因素不会单方面发挥作用,而是相互交织、相互作用,其影响因素可归纳为以下几个方面:

(1)安全:城际铁路安全是对旅客生命财产的基本保障。城际铁路的运营安全情况直接影响到旅客对城际铁路出行方式的评价、选择和依赖程度。

(2)列车正点率:在经济发达地区,因旅客消费水平较高,对时间成本和效率的极大关注,对列车的正点率要求很高,列车晚点多可能会导致城际铁路客流的流失,列车正点率高能培养、吸引更多的城际客流。

(3)速度(旅行时间):有关调查表明,速度领先者在运输市场中占有竞争优势。速度是运输业产品性能的基本体现。速度的提高、旅行时间的缩短,对旅客而言,是激发其旅行需求的重要因素。

(4)发车密度:集中反映了运输部门所能提供给旅客运输服务产品的数量水平。列车开行间隔及到发时间对城际铁路客运产品的便捷性至关重要,对旅客的旅行需求有较大影响,是旅客出行时选择交通工具的一个重要影响因素。一般来讲,缩短发车间隔、相应增加列车发车密度可增加旅客选择出行方式的机会,同时也缩短了旅客在车站的平均候车时间。

(5)票价:合理公道的票价是旅客选择出行方式的一个重要因素。在我国经济还不完全发达的情况下,票价对旅客的影响仍很大,有时还起决定作用。当然,消费水平不同的旅客对于“合理的票价”有着不同的衡量标准。价格可以成为调节客流的杠杆。运价灵活可以提高城际铁路对市场的敏感度,加快融入市场的步伐,也可以使城际铁路的收入预期与经营环境有所改善。一般说来,城际铁路旅客的消费水平较高,经济承受能力较强,对票价的敏感性较低。

从国内各种交通工具横向比较来看,我国高速铁路的定位是低于航空票价,而日本、法国、德国、西班牙等国家,高速铁路都是最高端的交通出行方式,远远高于航空定价。再从国际高速铁路同行定价来看,我国高速铁路 300 km/h 以上班次定价在每公里 0.4~0.5 元之间,而日本大约是 1.5 元、法国 1.2 元、德国 1.7 元、意大利 1.5 元、西班牙 1.1 元左右。从我国高速铁路的基准价看,以每百公里票价站人均月工资的比例比照,法国是 0.81%,日本是 1.14%,德国是 1.29%,意大利是 1.33%,我国是 0.80%,与法国差不多。

2017 年 4 月 21 日起,依据《国家发展改革委关于改革完善高速铁路动车组旅客票价政策的通知》,我国东南沿海高速铁路调整部分车次票价,这是我国高速铁路诞生 10 年来的第一次涨价。此次东南沿海高速铁路调价,执行票价是根据各车次的客流状况,呈现差异化、有涨有降。东南沿海高速铁路由上海至杭州(沪杭段)、杭州至宁波(杭甬段)和宁波至深圳(甬深段)三段组成,沪杭段全长 159 km,杭甬段全长 155 km,甬深段全长 1 309 km。这次票价调整将会涉及沪杭线、杭甬线、杭深线时速 200~250 km 的动车组列车。

2016 年,东南沿海高速铁路日均发送旅客 81.8 万人,日均开行动车组 622 列,平均客座率达 80% 以上。尽管保持非常高的能力利用水平,部分铁路运输企业仍然出现亏损。此次票价调整前,东南沿海高速铁路长期执行国家 1997 年批复的高等级快速软座票价标准,明显低于同区段公路票价,不利于各种交通方式合理分工和充分竞争。如宁波至厦门,公路运行 13.5 h,票价 312 元,高速铁路运行 5.5 h,票价仅 250 元;厦门至深圳,公路运行 8 h,票价 372 元,高速铁路运行 3.5 h,票价仅 150 元。从调整后的票价看,东南沿海高速铁路很多区段二等座票价仍明显低于公路。例如,厦门北至深圳北调整后的二等座执行票价最高为 180 元,公路为 248 元;福州南到厦门北调整后的二等座执行票价最高为 79 元,公路为 120 元。高速铁路在运行时间、舒适度、安全和价格方面仍有明显竞争优势。

虽然东南沿海高速铁路以涨价为主,但是整体来看还是有升有降。以深圳北至潮汕的高速铁路票价为例,调整前二等座执行票价为 89.5 元,调整后同样区间,D3108 次为 107 元,涨幅 19.6%;D2342 次为 102 元,涨幅 14%;D2350 次为 85 元,下调 5%;D7406 次为 73 元,下调 18.4%。

(6)舒适度:随着人民生活水平的提高,旅客对出行工具的舒适度有越来越高的要求。旅客不仅有满足于能实现位移的需要,而且要求在接受运输服务的过程中感到舒适,对这方面的需求也是多层次的。

(7)营销策略:是指寻找适应城际铁路客运市场需求的各种营销手段,如运输企业赠送列车时刻表、改进产品性能、提高列车速度及档次、降低销售价格、实行优惠价、提高服务质量等。目前,铁路“12306”网络客户端、手机客户端和自助售取票机等售票方式成为铁路主要销售渠道,方便了旅客购票,相比较而言,车站窗口和代售点的售取票数量降幅较大。据上海铁路局客运营销统计数据,2016 年手机和互联网购票占总购票量的 68.96%,尤其是手机客户端购票占售票总数的 51.07%,说明网络购票符合旅客出行需求。

3.1.2　客流分类

1. 按旅客成分分析

城际铁路客流按照旅客出行目的可分为公务性和私务性两大类。前者包括商务、通勤、会议等;后者包括旅游、探亲、务工等。总体来看,城际铁路客流主要集中体现在商务、通勤、旅游、探亲流等,其客流特征存在明显差异,相对应的组织措施也存在差异。例如,根据相关调查可知,广深线城际客流主要是由商务、旅游、探亲流组成,按出行目的构成为:会议 10%、公务 10%、商务 15%、旅游休闲 21%、其他 18%。

只有明确服务对象的需求特征,才能更好地为城际旅客提供更好的服务,满足旅客日常出行需求。不同服务对象的需求特征不同,若以公务、商务客流为主,其需求特征更侧重于快速与舒适;若以通勤、通学客流为主,其需求特征更侧重于便捷与经济;若以探亲、旅游客流为主,其需求特征更侧重于安全与舒适等。服务对象的需求特征是设计与调整城际铁路运输产品的一个重要根据。

2. 按照列车运行区段分类

(1)本线客流。是指起终点均在某条城际铁路的客流,本线客流组织较为简单,通常采用全程高速列车进行输送。例如,沪宁城际铁路本线客流的输送量占总输送量的 70%,本线 23 个站(含上海虹桥、南京南站)间交换客流占全线各站总到发量的 90.2%。

(2)跨线客流。是指起点与终点分别在不同铁路线路上的客流,这种客流通常跨越城际铁路线。例如,包括上海(上海虹桥)分别到合肥、武汉、宁安、淮南东站等方向的各次动车在沪宁城际铁路跨线运行,输送上述方向的客流,同时也输送沪宁区域客流,跨线列车在沪宁城际铁路线的停站方式就要合理安排好。

(3)换乘客流。城际铁路网络化后,存在跨线的换乘客流。通常是指因要到达不同的城际铁路线间,旅客需要换乘。例如,针对城际铁路本线客流,考虑到旅行时间不长,为了最大限度地方便旅客出行,更好地吸引客流,在停站方案编制时,通常采取尽量保证各 OD 之间有较好的通达性,减少旅客的换乘方式。但也存在着本线换乘部分客流,若中转换乘方式衔接方案不合理,会给旅客出行带来很多不便,旅客会倾向于选择较为便捷的直达方式。换乘量较大的客流是在枢纽站换乘到其他方向的客流。例如,常州到杭州方向,旅客选择乘坐沪宁城际铁路到达上海虹桥站后,再换乘沪杭高速铁路的动车组列车。

3. 按照客流来源分类

(1)趋势客流:主要是指本线的客流,该部分占据着客流的最大部分。趋势客流反映的是某一地区由于社会人口的增加及经济总量的增长,使得旅客选择城际铁路这种运输方式出行越来越多的一种客流。这部分客流呈现出连续渐进的增长态势,其历年的流量表现为一种有序有界的序列。新开通运营城际铁路,趋势客流可似为零。但运营一段时间后,便有了趋势客流。

(2)诱增客流:是指由于交通设施等硬件条件的改变(如新建城际铁路),或者是软件条件的变化(如交通管制措施的改进以及政策导向的改善),使得人们心理上产生出行的愿望,从而形成一种客流。例如,由于城际铁路的正点率及其安全、高速度、便捷的特性,使得人们的出行需求由隐性转为实际,这便构成一部分诱增客流量。

(3)转移客流:是指由于城际铁路的修建以及其较好的服务特性,使本来选择其他运输方式的旅客,改选乘坐城际铁路而形成的吸引客流,也包括既有线铁路向城际铁路的转移客流。

4. 其他分类

根据客流性质特征的不同,客流还可以相比较分类如下:从旅客选择列车的等级上分,可分为高速客流(300 km/h)、中速客流(200 km/h);从客流流动的数量(流量)上分,可分为大、中、小客流;从客流流动的方向(流向)上分,可分为上行、下行客流等;从客流流动的时间(流时)上分,可分为高峰、平峰、低峰客流等。其中,为了实现精细管理,高峰客流还可以分为高峰和次高峰客流。

3.1.3 客流结构分布

城际客流结构呈现多层次和交叉组合的特点,其分布与变化因时因地而不同。对历史数据的分析主要从客流的时空分布以及运输产品属性等角度进行,具体包括客流按照线路、区段的时间分布、空间分布、运距分布等内容。

(1)客流时间分布。客流时间分布包括日、一日内每小时和高峰时段、周、月、高峰期分布,衡量项主要是客流发送量。城际铁路客流的客流状况具有一定可遵循的规律,在时间上包括客流的日时段、周规律、季节规律等。例如,城际铁路上开行的列车受到旅客出行时段和市场需求的影响,列车运行线一般不是均匀分布,而往往一个时段密集开行,而另一个时段则相对稀疏,从而使得城际铁路列车运行线分布具有明显时段性特征。可根据旅客出行和市场需求,把一天 24 h 划分为不同的时段:

①高峰时段:由于不同等级的列车密集开行或不同速度的列车分布不均匀而产生的列车在某一时间段内密集到发或通过,这个时间段称为高峰时段。在一日之内可能会产生几个高峰时段,不同线路、不同区段或区间,其高峰时段是不同的。高峰时段也是能力最为紧张时段,决定了城际铁路能否满足客流需求的关键。

②平缓时段:在这个时段内,到发或通过的列车相对较稀疏,是能力缓和时段。

③空闲时段:指夜间最后一趟列车到达至次日首趟列车开行前的时段,在这个时段内,没有城际列车开行。

(2)客流空间分布。主要包括站间客流分布和断面上客流分布,站间客流分布规律只能掌握各车站的客流情况,断面客流分布规律是指分上下行方向的各个区间的客流分布,反映列车与客流的匹配程度。例如,沪宁城际铁路全天断面客流分布特点基本与高峰小时(8:00~9:00)相似,类似一个倒放花瓶的形状,“花瓶”的底部位于上海站,头部位于南京站,在每个站上下行断面流量的大小成正比,即除了线路两端的上海站和南京站,沪宁铁路中间车站的上行流量大的车站断面,其下行流量也较大;上行流量较小的车站,下行流量也较少。

(3)客流运距分布。也就是客流出行距离范围的分布。城际铁路服务范围的研究还包括服务的时空距离,即分析区域内不同层次旅客出行范围的需求特征,研究旅客的出行距离特征。城际旅客的出行距离视城镇密集程度而定。若区域内短距离客流特征显著,要求城际铁路车站的站间距离不宜过长;若区域内中长距离客流特征显著,则要求城际铁路的站间距离增加。时空距离的不同,决定着城际铁路的速度目标值选取、运输组织模式、车辆选型及车站分布等均有所不同。城际铁路的服务范围还包括对研究区域内旅客对外交流提供服务的选择。

例如,从沪宁城际铁路客流运距及客流空间分布综合看,从上海站到南京站全段可分为3段:

①上海站至苏州站。此段的上下行断面流量都处于较大的状态,一般在3万人/天以上,且各断面的流量相对稳定,变化不大,形状上类似于“倒放花瓶”的“腹部”。

②苏州站到常州站。此段的上下行断面流量依站次呈现出一种阶梯式下降的形式,在苏州新区站至无锡站、惠山站至常州站分别为一个“台阶”,形状上类似于“倒放花瓶”的“腹部”与“颈部”连接过渡的部位。

③常州站到南京站。此段的上下行断面流量都处于较小的状态,一般在2万人/天左右,且各断面的流量相对稳定,变化不大,形状上类似于“倒放花瓶”的“颈部”。

根据沪宁城际铁路本线客流断面客流特点,可考虑设置上海站到南京站动车组列车长交路的基础上,在上海站至苏州站、上海站至无锡站或者上海站至常州站可设置一个或者多个短交路。

城际铁路客运量在时空分布上会出现相应的不均衡现象。根据客流需求的波动情况,城际铁路客运流量非均衡运输将成为常态。为此导致城际铁路客运产品设计面临的场景较为复杂。为了尽可能提高生产效率,匹配客流需求,可采取,列车非成对开行,列车重去空回、重去绕回(不是原路返回),大编组去小编组回或者小编组去合成大编组回等方式。为解决客流空间分布不均衡问题,需要动态配置和调整运力资源,最大限度运输旅客,同时尽可能减少瓶颈断面的满载率。

有时还把产品类型分布和客流属性特征归为客流结构分布中内容,前者主要指城际客流在各种类列车、席别的分布;后者主要包括年龄和性别、收入分布、职业分布、出行目的、出行意愿等。

3.1.4 客流特征分析

对客流的分布特征与动态变化进行实时跟踪和系统分析,掌握客流现状与变化规律,有助于城际铁路的运力安排和设备配置,优化日常运营组织和管理工作。为确保城际铁路的可持续发展,就要根据"以人为本"的原则,研究旅客出行行为特征,如其对候车时间的敏感性,节假日的出行选择、不同收入人群对票价敏感性差异,通过这些研究指导城际铁路在运力资源允许的情况下更好地满足旅客需求。对于旅客出行时间意愿的研究有利于列车调整开行方案,可减少不必要的资源浪费。同时,还要分析客流产生的机理,发现客流迅速增长的来源,以及这种来源的发展趋势,有利于指导城际铁路短期几年内的开行计划。

在城际铁路运营实践中,客流分析的对象既可以是预测客流,也可以是实际客流。客流分析的重点是客流在时间与空间上分布特征及其动态变化规律,以及它们与运营组织、客运组织和运能配备的关系。通过客流分析,可以较准确掌握城际客运市场对客运产品的选择规律,从而开发实销对路、市场定位明确的客运产品,并可针对不同类型旅客采取不同营销策略。城际客流具有如下特征:

(1)需求总量规模不断增大

城市群作为一个城市集合体,经济发展水平较高,产业联系紧密,城市之间诸如人员、资金、技术等交流频繁,城际客流需求保持着较高的增长趋势,总量规模较大。城际客流对象以商务流和探亲流为主,人员流动呈现周期化、高频率的特点。随着城市化水平的提高,区域轨道交通系统的完善,通勤的客流增长较快,甚至呈现非线性迅速增长的状态。传统城市内部的通勤客流一部分转移到城市群区域内,与商务流、探亲流及旅游流结合形成城际间巨大的客流需求。同时,在经济发达地区,城市化进程比较快,城市群区域内大小城镇连绵不断,就业在市区、居住在环境较好的郊区或小城镇将成为一种趋势,于是城市群区域内城市内部以及大城市与郊区之间的通勤、通学客流会占比较大的比重,这类客流对城际列车的准确性与便捷性要求也比较高。另外,城市内部的休闲、购物客流以及城际之间的探亲、旅游客流对便捷性的偏好比较强烈。而且,居民选择在郊区甚至外市居住的比例逐步增大,城市通勤、通学出行以及弹性需求等逐步向城际出行转化。目前,我国城市群区域内,大部分公务、商务客流主要往来于城市群区域内各大城市之间,这部分客流的时间价值很高,对城际列车的准确性与便捷性要求均比较高。

京津冀、"长三角"、"珠三角"地区是我国经济最发达的城市组群区域,区域城市组群间经济互补性强、人员交往频繁客流区域明显。据统计,沪宁通道内城际客流约占60%,且城际高端客流比重大。随着城市化水平的提高,通勤、商务客流将急剧上升。随着客流需求数量迅速增长,旅客出行消费将要求方便快捷、经济合理、环境舒适、服务质量、安全可靠的交通方式,也就是说对运输质量的需求将更加突出。再以京津城际铁路为例,2008 年之前,京津间的普通列车客流量每年大约是 800 万人次,城际铁路开通后,客流逐年大幅度增加,2015 年达到了 2 887 万人次。据推算,目前的客流需求中,每年大约有 2 000 万次乘客要么是从私家车转移来,要么是新生成的客流。保守估计,京津城际的新生客流比例占 65% 以上。

(2)城际客流呈现分布上的不均衡,结构波动明显

由于我国城市群发展程度不够高,仍处于未成熟阶段,空间结构还未达到较高层次的均衡阶段,因此城际交通客流呈现分布上的不均衡性,在主要的交通轴线上形成较大的交通流量,客流时空分布状态复杂和多变,而且集中化程度较高。多中心城市群的交通流主要集中区域内各中心城市之间的综合运输通道上;单中心城市群的交通流呈现以中心城市为核心向四周辐射的特征,城际交通流主要集中于城际运输通道上。数据表明,城际铁路局部时空范围内客运流量呈现出时间分布不均衡、空间分布非对称、变化规律不稳定的特点。旅客出行需求变化规律的多样,给客流需求分析与预测、产品设计快速适应性等方面提出了更高的要求。

(3)客流需求呈现多元化

随着城镇群居民消费水平和生活质量的提高以及生活节奏的加快,出行费用将不再是控制因素,但时间仍是出行考虑的主要因素,人们用于满足交通需求的能力增强,需求层次也相应提高,出行目的也开始变化,旅游及社会交流方面的出行需求增加。旅客的出行需求日趋综合化,对交通运输工具的安全性、舒适性、便捷性等提出了更高的要求。为满足不同类型的运输需求,城际交通运行方式也逐渐丰富,以满足客流需求多元化的发展趋势。城际客流主要为中短途客流,城际客流主要由因为城市之间、地区客流出行需要产生。客流分布主要与沿线经由的城市规模相关,可归纳为中心城市间客流和沿线城镇客流。城际客流是两种客流的叠加,客流需求同时具有多样性和个性化特点。

①中心城际客流。其 OD 点一般均为客流较大的中心城市,两中心城市之间的客流占据较大部分,其主要特征主要体现在:一是服务层次高。主要以商务、公务客流为主,具有出行规律明显、聚集时间短、流量变化快、出行频率高等特点。这部分客流的特点是比较稳定,对出行时间和舒适度的要求较高,对票价的承受能力较强。二是运输时效性强。主要体现在城际客流具有对交通出行的时间性、安全性、快速性、舒适性要求较高、对票价承受能力较强等特征,比较关注列车的始发、终到时刻和舒适性、方便性,这部分客流出行具有明显的时段性,每日出行高峰时间一般在 8:00~10:00 和 16:00~18:00。

②多中心客流趋势。部分经济发达区域呈现多中心客流趋势。如“长三角”城市群以上海为核心的多中心城市群格局已经形成,城镇网络趋于完善,现已形成以上海、南京、杭州及宁波等城市为中心以及相应的次级城市群(如苏州、无锡)所组成的多中心空间格局,具备向外辐射能力和向外扩张的要求,核心城市的带动作用进一步增强,新的客运站快速增长趋势明显。例如,昆山位于江苏省东南部(上海与苏州之间),是经济高度国际化的开放型城市,是国际资本投入的高密度地区和经济发展的高增长地区。沪宁城际铁路开通运营后,昆山南站日均发送 1.2 万人次,节假日高峰期间已超过 3 万人,已成为运营组织新的关键站点。

③沿线城镇客流。城市群沿线地区经济较发达、人口规模大,与外界交往密切,客流集中,在较大的客流集散点设有车站,这部分客流由于旅行时间短,对旅行时间、舒适性要求较低,而对提供的出行机会较为关注,对便捷性和经济性等方面有较高要求,这部分客流呈现节假日、黄金周、暑期客流增大等特征。

(4)客流需求内涵丰富

客流需求既包含对运输数量和结构的需求,又包含对运输质量的需求。随着经济的不断

发展,城际铁路客运通道内客运市场已由单纯的数量需求开始转向数量、结构以及质量的双重要求,运能与运量的矛盾已经转化为日益增长的客流需求与铁路运输供给之间的矛盾。城际铁路开通运营前,运能不适应运量增长需求这一矛盾已长期化和明显化,一直掩盖了运输质量需求与铁路不相适应这一深层次的矛盾。

①数量和结构需求。主要表现在需要空间移动的旅客数量及空间移动的距离等方面,包括客流的流量、流向、流程等;结构需求是指客流时间、地点、对列车种类等方面的需求。

②质量需求。旅客出行不仅有对列车运行线数量的需求而且有对列车开行时间的需求,因此,要求铁路有关部门不仅要向运输市场提供足够数量的线路通过能力,而且提供的能力应是优质的,符合运输市场需求的,并能组织起高质量的列车运行。质量需求也可以指不同旅客群体在安全的条件下,要求提供快速、舒适、方便的运输服务以及通达程度、畅通程度等方面的需求。

(5)出行规律强

城际铁路主要服务于城际间公务、商务、通勤、旅游、探亲访友的旅客。其中,公务、商务、通勤的旅客主要在工作日出行,部分为当日客流,早出晚归,由此形成客流集中到发;旅游和探亲访友的旅客多在周末往返,出行时间较为均匀。城际铁路客流以商务、通勤客流为主,有较强的早晚高峰特征,主要表现在客流量变化快、时间短,且波动系数大。城际客流在时空分布上具有明显的不均衡性,一般周一至周五具有较为明显的早晚高峰,存在"潮汐"现象。通勤客流在出行时间具有刚性需求,因而对旅行时间、发车频率、发车时刻、列车正点率具有更高的要求。而且,城际铁路各条线之间衔接换乘的需求也越来越明显。针对跨越两条或多条城际铁路线客流需求,受限于直达列车方案列车数量少的限制,需要部分旅客换乘。

沪宁城际铁路在不同时期、不同时段、不同区段变化较大。从客座率上看,周一至周日客座率不断地变化,高峰时期、时段的列车客座率基本上超过90%,而其他时段列车的座位则出现富余现象。沪宁城际铁路存在较为明显的早高峰和晚高峰,6:00~11:00及13:00~17:00旅客发送量大,旅客出行量大,出行频率高,6:00之前和17:00之后出行人数相对较少。以2014年8月下行每天各个时段的运营数据为例,日均各个时段旅客发送量的分布规律:下行首列发车时间为5:51,末班发车时间为21:00,存在明显的早高峰和晚高峰,6:00~11:00及13:00~17:00旅客发送量大,旅客出行频率较高,6:00之前和17:00之后出行人数相对较少,其他城际铁路都有类似的变化规律。为实现精细化管理需要,也可将沪宁城际铁路客流时段进一步划分为高峰、次高峰和平峰时段,大致划分如下:8:00~11:00早高峰时段,13:00~16:00为次高峰时段,16:00~19:00为晚高峰时段。其余时段为平峰时段。不同城际线路有各自的客流特点,客流时段和时长换分需要根据具体客流情况确定和调整。具体划分,6:00~8:00早平峰,8:00~11:00早高峰,11:00~13:00午高峰,13:00~16:00次高峰,16:00~19:00晚高峰,19:00~23:00晚平峰。

3.1.5 客流发展阶段

随着城际旅客对服务质量要求的逐渐提高,城际铁路运营系统的稳定性越来越重要。从长远来看,城际铁路客流的变化发展主要包括4个阶段:

(1)客流培育阶段。交通建设项目的波及效益使沿线区域的区位优势增加,提高与相邻区域的比较经济优势,从而诱发新的投资和效益,但这种波及效益需要一定的时间性,因此诱增客流并不是一建成就马上产生的,在修建或路网优化过程中,波及效益即已产生,它开始逐步调整生产要素的组成,扩大交流圈的范围以及改变物流、人流的组织方式。鉴于城际铁路的建设期一般较长,这就为这种调整提供了足够的时间,导致产业间的比例发生变化。随着波及效益的逐步延伸,客流诱发的趋势也就愈加明显。诱增客流在这一阶段一般产生的很小,因为与诱增客流增长相关联的各种因素的作用尚未完全体现出来,所以,该阶段诱增客流主要表现为形成和逐步增长。

(2)快速增长阶段。城际铁路开通一段时期后,随着建设社会经济波及效益和传递效益的完全体现,城际速铁路关联区域的经济结构进一步调整、开放程度进一步提高,客流的增长速度会逐渐变快并进入一个加速度增长期,这个增长速度快慢的时间和程度取决于各地区的具体情况。在经济条件好、开放程度高的地区,客流增长的快一些,如在我国东部地区和沿海地区客流增长快,而在落后的、经济条件差的地区,这种增长会相对慢一些。但对一些特殊地区,如有丰富的产业资源,加上人才资源丰富,产业结构的进一步优化调整就快,客流出现快速增长的时间可能较早。西部和一些边远地区,由于经济相对落后,产业结构调整的时间一般较长,因此,客流出现快速增长的时间相对较晚,但并不是说客流不会快速增长。客流的快速增长要持续一段时间,不同的地区,此快速增长的时间不同。在此阶段,客流增长速度很快。经济发达地区,由于经济基础好,从两侧开始开发到完成所需要的时间较短,其客流快速增长的时间较短,而经济不发达地区经历的时间相对较长。

(3)相对稳定阶段。客流并不是在路网结构发生变化后一直都在增加,而是增长到一定程度后就几乎不再增长了,但并不是绝对的不增长。当增长趋势很小以后,它将达到一个限值,在不同的地区,这个限值的大小是不同的,其大小取决于城际铁路影响区域的规模和社会经济状况。客流并不是到某一特定年限就稳定,稳定阶段的年限,各国各地区都会有所不同,虽然发展规律相似,但在具体年限上存在差别。

(4)周期性变化阶段。城际铁路客流具有以周为周期的波动规律,其中周五、周六、周日客流量大,明显大于周一至周四。一是城市群区域城际客流具有朝发夕至的出行规律,早上进城办事、购物、旅游、探亲,傍晚返回,当天往返节省住宿成本。这种出行带有早晚高峰特征,但其峰值时间与城内出行峰值时间分布上差异较大,早晚两个峰值分别在9:00~10:00和16:00~17:00,波峰稍平,没有城内早晚高峰那么明显和突出,在时间分布上较城内出行相对均匀;城际出行全天交通量变化较城内出行要小,其早高峰时间通常比城内出行早高峰要晚1 h,其晚高峰时间通常比城内出行晚高峰要早1 h,这与城际乘客中长距离出行的时间和安全需求有关。二是城市群区域城际客流在节假日虽然商务出行客流大幅度下降,但节假日出行旅游、购物、探亲、休闲客流明显增多,全天客流量比非节假日有大幅度增长。三是周五下午大(中心)城市出城客流较平日增大,周日下午进城客流明显增多;这说明随着经济的快速发展和快速交通工具的增多,经济发达地区区域中心城市与周边小城市(镇)经济文化交流日趋紧密,城际轨道交通等快速旅行交通工具加速了异地同城化这一趋势。

城际客流季节性、周期性、时段性波动明显,根据对南京、杭州、上海等客运站的调查分析,针对中短途城际客流,周末一般比平常多增加越15%~25%的客流,因此对客流分析预测,推知年周末日均客流大约是增加15%~25%。客流量非常可观,具备增开列车条件,列车运行图编排上可分工作日基本图及周末增开图,满足各类周末城际客流出行。

3.2 客流调查

客流调查是客流分析和预测的基础。城际铁路客运市场调查是指运用科学的方法,系统地收集、记录、整理有关客运市场营销方面的各种信息,包括市场的外部环境、旅客需求、运力资源及营销手段等方面,分析研究客流需求的变化规律,了解掌握分析市场的现状和发展趋势的活动过程,为制订旅客运输计划、做出经营决策提供重要依据。通过掌握客运市场规律,可为客流预测、设计列车开行计划等提供重要依据。

客流调查的作用在于两点,一是通过客流调查,可以掌握客流变化的动态信息与规律,为制定客运计划提供可靠的资料。二是通过对市场环境和旅客行为的调查,为产品的营销提供一定的支持。如运营管理者可以优化运输产品设计;客运产品营销部门可根据旅客对票价变动的反应,在符合价格政策的前提下,研究不同列车的适宜票价,制定客运的订价策略;可通过进一步调查继续掌握市场动向和发展趋势,市场动向和发展趋势,为客运服务保持现有市场、开拓未来市场服务。

3.2.1 调查内容与分类

城际铁路客运市场调查的主要内容有:市场环境调查:如政治经济、社会文化环境等。

市场需求调查:包括客流量调查、旅客旅行行为调查等;市场资源调查:包括铁路设备能力能力和其他运输方式调查;市场营销组合调查:如产品价格调查、销售渠道、促销方式等的调查等。

基本方法包括样本连续调查法、询问法、观察法、问卷调查、网络调查法等。其中,问卷调查是用书面形式通过向调查者发出简明扼要的征询单,请示填写有关问题的意见和建议间接搜集研究材料的一种调查手段。一份问卷应该满足合理、有效、逻辑、明确、非诱导和便于分析整理等方面的要求。调查手段也可运用网络技术,开展网络调查,但要保证调查资料的真实性,可通过扩大样本量提高调查精度。

根据不同的调查内容和调查实施阶段,城际铁路市场调查可以分为新线开通前调查和运营调查,调查内容和调查目的存在一定的差异。

(1)新线开通前调查主要调查沿线的经济发展情况,客流的吸引范围,客流出行频率,票价接受情况与舒适度等方面的客流需求情况,以及其他方式分担情况等方面内容。

(2)运营调查主要是指在线路开通运营后,对服务情况、营销情况、旅客满意度等情况进行考察,对线路的运营情况进行分析。

按照城际铁路客运市场分类繁多,根据其调查的目的、性质和内容,调查的时间范围等不同,其调查类型有所差异。如节假日客流特征差异大,其还包括一般节假日调查,以及春运和暑运调查。

(1)以调查时间为主进行划分,可分为:日常调查、节假日调查和年度调查。

(2)以调查的线路性质进行划分,可分为新线开通客流调查、既有线路客流调查等多种。

(3)其他专项目的专题调查。如 2006 年同济大学徐行方调查组从沪宁城际铁路旅客出行频率分析,城际旅客年出行次数高达 12 次,说明沪宁杭地区旅客出行频率较高;还根据旅客对时间段的要求体现了早、晚高峰小时特征。其中，早高峰在8:00~11:00，其选择比例是其他时段平均值的7.5倍；晚高峰在16:00~18:00，其选择比例是其他时段平均值的5.6倍。

3.2.2　国外客运市场调查

国外客运市场调查根据不同的目的，其调查方法有所不同。国外铁路主张委托路外调查公司负责，认为他们调查与预测的加过比较客观真实，精确度较高。

日本铁路的客运市场调查主要通过问卷调查的形式展开，问卷调查的内容非常细致，涉及个人出行的方方面面。比如调查了交通换乘的距离、次数、台阶的级数；交通方式换乘方便与否对出行者再次选择交通工具的影响；信息方面包括引导信息、运行信息、车票价格、车票小型化等调查。日本利用全国联网的计算机客票发售系统，对客运市场的变化情况和旅客的具体需求做出准确分析和科学预测。日本各铁路公司客运市场调查的基本特征是大视角、多层次，借助现代信息技术。大视角就是对社会需求以及各种运输方式的发展变化状况进行全面的分析了解，把铁路客运置于全社会宏观环境之中，从而制订科学的发展战略；多层次就是对铁路客流的分析具体入微，从方方面面把握旅客需求。例如，在客流的地域流动上，对都市圈内客流、城市间客流等变化情况有十分精确的数据统计；在客流构成上，对老年人客流、残疾人客流、通勤通学客流、其他旅客需求掌握得十分具体，服务措施具有非常强的针对性；在需求层次上，对乘坐高档次列车、普通列车的旅客的动态掌握也十分准确。

法国铁路采用一套工具组合来了解市场需求，包括：市场观察、外部报告/互联网、专门调查小组、高速列车临时线路调查（极具特色的全球“图片”调查）、针对客户、产品和交流的临时调查、旅客自己填写的调查问卷（在车站内，机场内和高速收费站内）、群体测试调查、法国铁路销售数据库分析、客户数据库分析。每月还跟踪调查铁路和航空运输及其市场份额，由销售人员和列车经理进行后续日常客户满意度/不满意度调查，建立客户关系中心了解旅客需求。

德国铁路总部设有市场营销部，专门负责市场调查和分析研究，工作做得非常细致、深入。调查方法采取问卷调查与对售票进行统计分析相结合的方式，有时也委托外部咨询公司进行调查。通常是把德国版图划分成400个小块，每个小块要调查40项内容，这些内容包括有多少人外出、有多少人到达、乘坐什么交通工具，旅行目的是什么（上班、出差、购物、度假、周末回家）等等。对不同旅行目的的乘客在不同时间段的流量进行详细调查，把每日划分为8个时间段，将每个时间段内不同方向出发和到达的人数调查清楚。在充分掌握调查数据的基础上，编制客流量负载图，然后据此确定开车班次、停靠站。深入、透彻的市场调查研究，为细分市场、合理设计运输产品提供了可靠依据。

3.2.3　“长三角”城际铁路客流调查分析

1. 沪宁城际铁路开通初期客流调查

沪宁城际铁路开通运营初期，无锡市新区管委会办公室对100家企业进行了走访，对500名人员（包括80名进出站旅客和420名公司员工）做了一次调查问卷，有关旅客选择动车组列车考虑的主要因素、城际铁路客流出行目的分类、城际铁路客流出行频率等统计如表3.1~3.4所示。

表 3.1 旅客选择交通工具时考虑的主要因素统计表

考虑因素	便捷	安全	速度	票价	舒适	服务
票数	296	195	174	105	80	57
比例(%)	32.64	21.50	19.18	11.58	8.82	6.28

注:每人限选2项。

表 3.2 城际铁路客流出行目的统计表

目的	商务	公务	旅游	探亲访友	会议	学习培训	务工	其他
票数	156	145	85	36	20	15	10	33
比例(%)	31.2	29.0	17.0	7.2	4.0	3.0	2.0	6.6

表 3.3 城际铁路客流出行频率统计表

出行频率	每周1次	每周3~6次	每月1~3次	每年1~5次
票数	77	24	216	183
比例(%)	15.4	4.8	43.2	36.6

表 3.4 城际铁路客流出行时段统计表

序号	时间段	票数	比例(%)
1	05:00~07:00	12	2.4
2	07:00~09:00	54	10.8
3	09:00~11:00	108	21.6
4	11:00~13:00	50	10.0
5	13:00~15:00	97	19.4
6	15:00~17:00	56	11.2
7	17:00~19:00	85	17.0
8	19:00~21:00	26	5.2
9	21:00~24:00	12	2.4

从上表可知,旅客选择动车组列车时,便捷、安全、速度因素居前。首选因素是便捷,占32.64%;其次是安全和速度均占40.68%。从出行目的看,公务和商务人数最多,占60%;其次是旅游和探亲访友分别占17.0%和7.2%。从出行频率看,每月乘高速铁路出行1~3次人数最多,占40%,其次是每年1~5次占35%,每周出行1~6次达20%。从出行时间段看,比较集中的时段为9:00~11:00和下午17:00~19:00,分别占21.6%和19.4%。

2. 沪杭高速铁路客流调查分析

沪杭高速铁路客流吸引区域既有乌镇、西塘等国家AAAA级风景名胜区,又有海宁皮革(年产值300亿)、许村家纺(年产值200亿)、平湖服装(年产值150亿)等特色产业,旅游流和商务流都非常饱满。

2014 年,同济大学交通运输工程学院曾对沪杭通道客流进行了调查,共发放问卷 1 000 份,回收有效问卷 777 份。通过抽样分析可知:旅客月平均收入是均值为 3 000 元的正态分布,可见沪杭客流具有较强的支付能力;从旅客职业上分析,各交通方式客流的职业构成基本接近,以商务和技术人员为主,接近 50%;其次是学生、军人、农民和教师;从出行目的分析,排列前 3 位的是公务、旅游和探亲,分别占总样本的 36%、23% 和 22%,三者合计为 81%。可见,沪杭客流出行目的主要是公务和旅游,节假日旅游和探亲客流都比较大;从费用来源上分析,公费、自费比例为 30.7%、69.3%,其中既有铁路出行旅客费用自费比例较大,达到 76.3%。通过沪杭高速铁路客流调查分析可知:

(1)旅客出行的个人特征与出行特征。沪杭高速铁路客流主要是商务和公务客流,主要服务的是一些中等收入水平的人群,旅客出行目的排在前三位的依次是公务、旅游和探亲,大部分旅客为非当日返,并且旅客主要集中在 8:00~16:00 之间出行,候车时间主要集中在 15~30 min。而且,随着月收入的增加,旅客的时间价值也越来越高,候车时间小于 15 min 的比例逐渐增加。

(2)客流的时空分布特征。日常客流的变化周期为一周,且一周全日客流呈现"前低后高"的变化规律。从整体上看,周末和周一的客流量较大,周二至周四的客流较小且较为平均。而节假日客流则根据假期的长短和特性呈现不同的变化规律。三天节假日的客流呈现先增长、再平缓、然后骤增、最后回落的变化规律,而七天节假日则呈现先增大、再回落、然后平缓、小幅上升、最后下降的变化规律,节假日客流均从节前一天开始增长,节后逐步回落至正常水平。

(3)客流的日常与节假日变化规律。沪杭高速铁路上、下行客流具有双向均匀分布特征,各车站客流呈现"W"形的分布特征,从全年的客流变化规律来看,下半年客流明显高于上半年,其中最大客流出现在 10 月,最小客流出现在 2 月,全线每月的客流量在 7~11 月比较集中,受节假日和暑运的影响,在 3、7、10 月份有较大幅度的上升,其他月份的客流相对较为均衡,客流呈现下半年高于上半年且随着节假日而产生波动的变化规律。

3. 宁杭城际客流调查

为获取区域内旅客出行特征,2014 年 10 月份,南京东站李传松利用国庆长假,对区域内南京、湖州、常州、杭州等城市出行旅客在各长途汽车站、高速铁路站分别进行了小样本的问卷调查,调查旅客 400 人,有效调查问卷 385 份,其中高速铁路 260 份,公路 125 份。调查旅客中男性占 258 人占 67.01%,女性 127 人占 32.99%。

通道旅客问卷调查问卷调查主要分两大部分,一是对高速铁路站客流进行调查,分析乘客属性以及沪杭通道内客流占总客流比率,这部分调查是基于乘客实际选择行为,简称 RP 调查(Revealed Preference Survey Data)主要在南京站和杭州站之间展开。二是对汽车站客流进行意向调查,简称 SP 调查(Stated Preference Survey Data),调查客流乘坐高速铁路的意愿情况,最终得到效用函数,用来计算诱增客流。问卷调查设计根据旅客自身属性,交通工具属性建立,通过调查就可以得到通道内客流的选择行为的基础数据,然后根据 Logit 模型计算得到不同交通方式的分担率。其中高速铁路客流调查别如表 3.5 所示。

根据区域交通运输现状,本次客运调查只包含铁路、公路两种交通运输方式进行,调查的主要内容包括:旅客职业、旅客收入水平、旅行起讫点(O-D)、旅行目的、旅行耗时和费用、旅行方式、旅行次数、旅行方式选择及对现有主要客运交通工具的综合评价等方面。

表 3.5 城际高速铁路客流意向调查

RP 调查			SP 调查		
项　目	影响因素	变量	项　目	影响因素	变量
旅客自身属性	年龄	X1	旅客自身属性	年龄	X1
	性别	X2		性别	X2
	月收入	X3		月收入	X3
	出行费用来源	X4		出行费用来源	X4
	旅行距离	X5		旅行距离	X5
铁路属性	票价	X6	铁路属性	票价	X6
	最长旅行时间	X7		最长旅行时间	X7
	出发时间	X8		出发时间	X8
	到达时间	X9		到达时间	X9

(1)交通目的、职业、收入

职业特征—调查出行人群中以职员、经商、工人、学生所占比例最大,职员占 26.32%,经商个体占 11.21%,务工 12.41%,表明本区域市场经济活跃,充满商机。

收入特征:本地区 2 000~4 000 元、4 000~6 000 月收入占绝大多数,占 52.20%。由于客流组成中打工族与学生较多,因此小于 1 000 元/月的出行人员占到 23.21%。

出行人员中拥有汽车驾照者为 23.31%,其中月收入 3 000~5 000 元的被调查者驾照拥有率高达 49.5%,超过 5 000 元/月者拥有汽车驾照达 63%,从这个角度看,该地区人民生活较为富裕,高收入阶层驾照拥有率较高。由于调查期间沪宁高速公路扩建造成车辆出行不便,拥有驾照和车辆的许多出行者不得不选择公共交通方式。

出行次数分析:该地区经济发达,经商、打工、旅游的出行频次较高。乘高速铁路次数主要集中在 10 次以内,达 50.73%,其中被调查的高速铁路出行者为 35.68%,公路出行者为 54.91%。10 次左右为 22.5%;汽车乘次 10 次及以上占比重较高,其中 10~20 次占 29.53%,20 次 50 次占 31.78%,50 次以上 12.99%。10 次以下占 25.7%。

高速铁路票在双休日较为紧俏,约有 10%的乘客没有座票,公路出行者中乘坐普通车和豪华车各占 40%和 60%。

出行时间分析:乘车前时间 10 min 以内铁路占 63%,汽车占 12.87%,10~30 min 铁路占 41.68%,汽车占 43.76%,30~60 min 铁路占 25.74%,汽车占 23.93%,表明区域内现有高速铁路站和汽车站居城市中心,出行较为便利。

候车时间分析:10 min 以内占 14.66%,10~30 min 占 53%,30~60 min 的占 24.13%,60 min 以上仅占 8.21%。

出行目的、性别:出差、经商公务出行占 36.9%,打工占 8.36%,旅游购物为 13.7%,双休日探亲访友高达 27.6%,表明区域内经商流通活跃,人员流动大,异地工作、求学人员多。出行者中男性占 69.75%,女性 30.25%。

中转换乘分析:由于调查对象范围主要为中短途区内人员交流,因此需中转人员只占 16.73%,其中由于无直达车而中转占 10.36%,停留办事占 6.37%。中转停留时间 30 min 内占到 53.25%,说明乘车中转较为方便。

(2)旅客出行意愿调查分析

根据调查问卷统计,在现有交通方式中,如果仅增建城际铁路,选择城际占 21.8%,而选择高速公路为 52.52%。现有铁路 23.62%,表明人们对城际概念不很明晰,而现有铁路经过 5 次提速,得到部分人(特别是收入较少的工人、农民)的认可,高速公路由于具有快速、便捷、门到门的特征使得人们的选择率较高。

在既有交通运输系统中,如果同时存在城际铁路和高速铁路,各种交通方式选择有所改变,但由于走廊内 70% 以上为短途,更适合于公路运输方式,因而仍以选择高速公路占主导地位,达到 40.47%。城际铁路占 28.01%,既有铁路降为 6.67%,高速铁路为 21.17%。表明人们对高速铁路的希望值较高,同时对城际铁路认知度不高。

从以上两种选择分析,选择城际铁路客流主要由既有铁路和高速公路分流过来的中途直达客流为主。

从职业、收入、旅行目的分析,有较高收入的行政、企业管理、科技、经商人员,由于对城际铁路认知程度高,因此选择城际铁路较多。而收入较低的农民,工人由于收入水平相对较低且对城际铁路认知程度低,因此选择城际铁路较少,选择既有铁路较多。而高速公路在本地区已成为最为常见、便捷的运输方式,因此他们对高速公路选择率较高。学生由于对城际铁路的认知程度高,且对高速铁路期望高,对未来发展期望值高,因此对城际铁路、高速铁路选择率高。

(3)对现有交通工具的评价

对现有交通工具的评价—总体上对票价、舒适性和速度、时间要求较高,尤其对速度有较高的期望。对现有交通送达速度不满意占到 23.65%。

从不同收入群体来分析,对速度,舒适性,时间要求较高的主要为中高收入阶层(2 000 元/月以上)而对票价最为敏感的主要为中低收入阶层。各阶层对安全和便利方面评价基本一致,表明该地区交通较为方便安全。

(4)调查分析结论

调查地区现有的主要客运交通运输方式有铁路、公路。目前旅客出行的主要交通工具是高速铁路、汽车。本次调查地区的旅客出行及现有交通运输方式主要有以下特点:

①本地区经济发达,区域间人员交流频繁,旅客的总体收入水平较高,对城际铁路这一便捷的交通工具有一定认知度,期望较高。

②地区旅游资源丰富,旅游客流较大。目前本地区高速豪华大巴的数量较多,说明旅客对交通方式的快捷性、舒适性要求较高。城际铁路的建设对这部分公路客流有较大的影响。

③大部分旅客虽然认可汽车和火车的票价,但还是有近 20% 的旅客认为汽车票价较高。对比现有的铁路运价分析,铁路在票价方面具有较强的竞争力。

④虽然相当一部分旅客对城际铁路普遍缺少感性认识和经验,但仍有 28% 的旅客选择城际铁路作为优先出行交通方式,从一定程度上反映了区域内旅客出行对城际铁路的需求。

3.3 客流预测

预测是一种预计和推测,即人们利用已经掌握的信息资料和手段,预先推测和判断未来或未知状况的结果,预测过程是在调查研究和科学实验基础上的科学分析。铁路客运量预测就是指利用历史数据和旅客运输市场分析资料,建立适当的预测模型,使用科学的预测方法来推测未来一段时期内,某条铁路线、某一 OD 流、某铁路局或是整个铁路系统的客运量数据。

根据现有数据进行客流需求预测是城际铁路投入运营后亟待解决的现实问题。客流预测的难点在于对运输需求众多影响因素的全面考量以及采取模型方法的合理性。客流调查本身又是客运量预测的一种方法。同时考虑到城际铁路客流的复杂性,需要大量的数据和新的分析方法。目前,我国城际铁路很多客流预测经验和实际统计资料尚处于积累阶段,对客流的特点、种类特别是变化规律认识不足,致使客流预测总量偏高。这对列车开行方案的制定存在一定偏颇。城际客流预测重在短期客流预测,预测的结果需要采取灵活的运能配置去适应,这方面在运营实践中往往被忽视。

3.3.1 预测价值

城际铁路客流预测就是通过对预测区域内历史客运量数据的数学分析,找出其变化规律,结合考虑区域内的经济、政治、人口等影响因素,选择适当的模型,对未来区域内的客运量进行估计,其意义有以下几点:

(1)为规划设计提供客流依据。客流预测是城际铁路(高速铁路)规划内容中的基础性工作,由于城际铁路服务的对象为旅客,因此客流预测结果对于高速铁路的线路经由、客运站站位选择、客运站运营能力、列车开行方向、线路运输能力的确定等都有主导性影响。

(2)为运营方案制定提供客流依据。通过对各项客流预测结果的分析,合理确定研究线路在近期、中期、远期在路网中的功能和作用,从而为修建时确定各项线路技术指标和制定相关的运营方案提供客观依据。

(3)为铁路部门经济预算提供依据。通过客流预测的结果可以为铁路部门进行铁路项目建设的评估提供客观的客流数据依据,从而减少投资的盲目性,避免经济损失。同时还能为各级客运部门制定票价等提供参考,保证铁路部门的经济效益。

关于客流预测和引导方面的作用,举一例子加以说明。日本政府一直以来在基础设施建设方面对北海道有一定的倾斜力度,先后建高速公路以及新干线,但公路方面也与新干线类似,修好了路却没有车跑。日本政府斥巨资修建基础设施,但却未能在客流预测与客流引导上做好工作。2016 年 3 月 26 日日本北海道新干线运营一年来,日开行列车 13 对,每天平均运送旅客 6 500 人,平均上座率为 33%,尽管比运营前的预测高了 7%,但不难看出,北海道新干线平均 67% 的空座率依旧很高。具体来看,北海道新干线运营的前半年平均上座率达 39%,尤其是在 7~9 月的旅游旺季,其上座率在 40%~48% 之间;然而随着冬季的来临,其上座率犹如北海道的气温一样陡然骤降,11 月份时,其上座率已不足 30%,而 2017 年的 1~2 月的上座率更跌至 19%。为了应对淡季空座率的困境,JR 北海道面向商务人士推出了便于其在新函馆商务活动后能够停留休息一晚的运输产品,但由于商务旅行人士总体数量较少,部分夜班列车的上座率仅为 6%。为此,JR 北海道还计划针对居住在新青森以及新函馆车站附近往返于两地的通勤人士推出 4 000 日元(约合 35.92 美元)的特价往返车票,而该票价比正常价格便宜约 70%,以进一步吸引乘客,提高列车上座率。实际上,北海道新干线投入运营后,乘火车从东京到新函馆的时间被压缩到 4 h 2 min,这也基本突破旅客能够接受乘车不超过 4 h 的心理障碍。对旅客来说,在旅行方式选择上除了飞机之外,又多了一种舒适、快速、环保的运输产品。数据也证实了这一点,在过去的 11 个月,往返于东京至新函馆的航空客运量相对于同期平均下降了5%,说明北海道新干线的建成运营对航空运输带来了一定的竞争压力。由于其线路经过青函隧道,与货物集装箱列车线路有82 km的共用区间,导致高速动车组经过该区段时最高速度不超过140 km/h,因而延长了运行时间,若未来青函隧道线路改造成功,将进一步缩短东京至新函馆的旅行时间。届时,北海道新干线的竞争优势将更加突出,势必有更多旅客选择高速铁路出行,其上座率也会有一定改善。

3.3.2 基础理论

预测可分为广义预测和狭义预测。广义预测包括在同一时期根据已知事物推测未知事物的静态预测,也包括根据某一事物的历史和现状推测其未来的科学基础;狭义预测仅关注动态预测。预测基本原理:

(1)整体性:基于系统思想,认为事物是有若干元素构成的有机整体。事物发展变化过程具有整体性特征。

(2)惯性:事物的发展变化与过去历史,尤其是近期过去的行为总有着千丝万缕的联系。惯性原理就是通过研究对象的现在对过去的依赖,根据其所表现出来的惯性,预测其未来演化的状态。

(3)相似性:根据已知的某事物的发展变化特征,推断其具有近似特征的预测对象在未来的状态。类比事物之间相似特征越多,类推预测的则越准确。

(4)相关性:研究预测对象与其相关事物间的相关关系,尤其其中可能存在的因果关系。利用相关事物的演变特征来推断预测对象的未来走势状态。

(5)概率推断:当某个预测结果相对于其他可能地结果以较大的概率出现时,则认为预测结果可以成立。

(6)反馈:通过反馈不断进行修正是基于人们在实践中总结出的经验教训来知道未来工作的基本思路。利用反馈原理能够更好地处理事务的动态演变过程,在具有较好的适应性的同时,提高预测的鲁棒性。

按照预测产生的机理可分为:

(1)基于影响因素的预测:事物的发展总有前因后果。即便是未探明事物发展的因果关系时,也会在事物发展过程中,存在着一些对其发展具有深刻影响作用的因素。可以借助这些因素来预测事物的发展。在进行预测时,首先要对收集的大量数据进行分析,确定具有较强影响作用的因素,再建立它们相互影响的关系模型,并进行参数标定。最后还需建立的预测模型进行验证。

(2)基于时间序列分析的预测:预测的数据可以时间序列的方式呈现出来,例如客流出行需求变化的小时序列、客流量变化的分钟观测序列等。时间序列蕴藏着事物发展的丰富信息,具有其他形式所不能代替的知识,而其最典型的特征之一,就是相邻观测时刻之间存在着难以分割的依存关系,而这种在时间维度上的依赖关系具有极大的实用价值,是进行预测的根本依据。

3.3.3 预测种类

城际铁路客流预测按照预测的范围、目的、时间以及性质分为以下几类。

1. 按预测涉及的范围划分

(1)宏观预测。指针对某条线路客流、某车站全年发送量等的客流总量及构成进行预测,其精度要求一般相对较低。

(2)微观预测。指针对针对特定车站特定日期特定车次上车客流量进行的预测,其精度要求一般相对较高。

2. 按预测的目的划分

(1)新线开通客流需求预测。指新建高速铁路开通前,为了设计初期运营方案,在充分调查地区经济社会发展的基础上所做的预测。

(2)日常客流量趋势预测。指对已开通运营的城际铁路,为了优化和调整运力资源,根据客流的波动规律所做的客流趋势预测。工作日客流预测:按每年、每月、每周、每日、每小时等不同时间长度进行高速铁路客流预测,以满足在工作日开行方案编制过程不同阶段所需的客流预测支持。

(3)特殊时段客流需求预测。指为了应对节假日、暑运等特殊时段运营的需要而进行的预测。节假日客流预测:提供对高速铁路各列车、区域、线路在节假日期间每日、每周的客流预测,如春节、暑期客流的短期预测,以满足制定节假日开行方案调整的需要。

3. 按预测时间的长短划分

(1)长期预测:指针对事物在相对较长时间后的发展变化情况进行的预测。

(2)中期预测:指针对事物在中等长度时间后的发展变化情况进行的预测。

(3)短期预测:指针对事物在较短时间内的发展变化情况进行的预测。

(4)短时预测:指针对事物在特别短时间内的发展变化情况进行的预测。

不同的领域,划分的时期及长短也各不相同,可以根据需要确定。在传统的铁路客流预测领域,一般把预测周期达 10 年以上的客流预测称为长期预测,把预测周期为 5 至 10 年的客流预测称为中期预测,把预测周期为 5 年以内的客流预测均称为短期预测。此外,近来也有研究将预测周期与客票预售期相当或类似短时期的客流预测称为短时预测。

4. 按预测的性质划分

(1)定性预测。通过对事物的属性进行描述性分析来预测,一般用于历史数据不易获得的属性,目的主要在于判断事物未来发展的性质和方向。这种预测综合性强,需要的数据少,能考虑无法定量的因素。

(2)定量预测。以调查统计资料和信息为依据,考虑事物发展变化的规律性和因果关系,建立数学模型,可以对事物未来发展前景进行量化分析。

城际铁路客流预测以时间为依据可划分为长期、中期和短期预测。中、长期预测通常针对待建线路,用于把握未来客流的总体规模和发展趋势,短期预测是城际铁路运营组织和市场营销的依据,其预测结果直接影响运输计划的编制、运营组织的效率和经济、社会效益。当前学术界对于客流预测多集中于用于规划建设阶段的中、长期的阶段,而对于每月、每日客运量的短期预测研究较少。

3.3.4 预测方法

预测方法都是根据事物的发展规律,或在事物发展过程中出现了随着事物发展而显现出来的现象。铁路客运量预测方法众多,常用的方法有运输市场调查法、乘车系数法、回归分析法和时间序列法等。随着高速铁路的发展,针对高速铁路产品设计和开行方案设计的各类 OD 客运量预测方法的研究和应用也迅速发展。影响预测方法选择的因素很多,包括预测的目标特性、时间期限、精度要求、费用预算、资料的完备程度与模型的难易程度、历史数据的变动趋势等方面,城际铁路系统中各因素的不确定性、随机性和模糊性决定了高速铁路客流预测的复杂性。相关的预测建模技术发展至今已形成了众多的方法,依据预测手段和方式可按下列方法可划分:

(1)基于统计理论:通过统计数据得出固有规律,通常假设未来走向具有与历史相同的特性。代表性方法有历史平均模型、线性回归预测模型、时间序列预测模型、卡尔曼滤波模型等。大多数方法是建立在线性的基础上,在时变性强的情况下,预测效果不佳。

(2)基于交通仿真:仿真模型可分为3种:基于连续性描述的流体力学模型、基于概率性描述的气体动力模型、基于离散性描述的跟驰模型和元胞自动机模型。从物理的角度可以认为是宏观、介观和微观模型。宏观模型便于把握客流的整体特性。简化后容易得出解析解,但不适合于非线性强的情况。微观模型虽然捕捉到离散性和非线性,但模型参量很难客观准确确定。介观模型在考虑客流整体特性的同时有时有所涉及系统中的离散个体,但是待定参数增多且确定繁琐。

(3)基于模式匹配:从历史客流数据中总结出一组模式,把当前采集的数据与历史模式进行比对,找到最为接近的一个或几个模式作为预测的依据,比较有代表性的方法是非线性回归法。不需要建立模型和先验知识,可直接从历史数据中挖掘信息,但不易提炼总结潜在的规律。并且需要大量的数据以便建立完整的数据库。

(4)基于神经网络:通过对历史数据学习确立网络模型,再利用建成的神经网络进行预测。因其具有自学习的特点,近年来得到广泛关注。不足之处是:建模需要大量的历史数据;经学习确定的输入与输出关系不易被理解;由于利用经验最小化原理进行学习,因此不能实现期望风险最小化,这是其理论上的缺陷。

(5)基于非线性理论:此类方法是在混沌、耗散、协同、分形理论等非线性理论的基础上形成的,其中研究的热点较集中在基于混沌理论的预测方法和小波分析预测法,此类方法对于短时内非线性较强的预测结果不错,但不适于中长时预测。

(6)综合预测:各种预测方法均有优缺点,综合预测方法是试图借助融合技术综合多种不同预测方法,达到取长补短的效果。由于预测的不确定性,并且不同的预测方法各有其优缺点及适用范围与使用条件,近年来,有学者提出综合各单项预测方法的特点,将不同的单项预测方法进行组合,提出组合预测方法的概念,所谓组合预测就是设法将不同的预测模型组合起来,综合利用各种预测方法所提供的信息,以适当的加权平均形式得出预测模型。组合预测的主要问题是加权平均系数的确定,适当的加权平均系数会使得组合预测模型更加有效地提高预测精度。有关组合预测的内容可参见相关文献。研究重点是如何有效地把多种方法结合起来,如何分配及调整各种方法的权重。

上述方法还可以按照是否建立模型分类:

(1)基于模型的预测方法,包括历史平均模型、线性回归模型、时间序列预测模型、卡尔曼滤波模型、仿真模型、模糊预测模型以及它们的组合模型。此类方法通过建立近似模型进行预测,起到平滑作用,同时有助于发现潜在规律,但需要确定参数,这也是预测方法的难点之一。影响到精度。

(2)无模型的预测方法:非线性回归、小波预测法、基于混沌理论的预测方法和它们的符合预测方法等。无模型方法直接从数据中寻找信息,适于突发事件的预测,但需大量数据支持且抗干扰能力较差。

客流预测模式可分为基于出行分布的客流预测和基于非出行预测的模式。其中传统经典的四阶段客流预测方法的缺陷:例如,对出行生成、出行分布与土地利用互动,方式划分、出行分配与城际铁路运输系统改善互动,运输需求与运输供给互动等考虑不够;在采用动力模型时,交通小区建立较近时,预测值会偏高;在进行方式划分时,城际铁路作为一种新的出行方式,缺乏标定模型参数的现状资料;一些模型的参数标定问题并未较好解决。在交通运输领域,四阶段预测是预测过程比较完整的交通需求预测方法,广泛应用于城市道路交通,近10年以来也广泛应用于铁路需求预测,为国内外交通规划研究所普遍采用。这理论体系始于20世纪60年代城市交通规划,90年代借助于计算机技术飞速发展,该方法得到广泛应用。

以上不管何种方法,通常还可分为定性和定量分析预测法两大类。

(1)定性预测方法

定性的方法主要是通过社会调查,结合人们的经验加以综合分析比较作出量的直接判断和预测。其优点是简便易行,没有复杂高深的计算,易于普及采用。但往往易受预测人员经验和认识上的局限,并常有一定的主观片面性。它是目前市场预测中运用最广泛的一类方法,也可用于历史资料不完备情况下的客运量预测。定性分析预测法是指预测者根据历史与现实的观察资料,依赖个人或集体的经验与智慧,对未来的发展状态和变化趋势作出判断的预测方法,常见的有输市场调查法、专家意见法、个人判断法、专家会议法、头脑风暴法、德尔菲法、相关类推法、对比类推法、比例类推法等。

(2)定量预测方法

定量预测方法是依据必要的统计资料,借用一定的数学模型,对预测对象的未来状态和性质进行测量等方法的总称。可从影响因素入手进行预测,通过分析最主要的影响因素,将其用量化指标反映出来进行预测,主要包括乘车系数法、产值系数法、弹性系数法、回归分析法、系统动力学模型、人工神经网络技术等;也可从时间序列的角度预测,根据历史数据描述数据的变动趋势,并对未来数据进行预测,包括移动平均法、指数平滑法、季节指数预测法、ARMA模型预测法、马尔可夫预测法、回归分析预测法、经济计量模型预测法、投入产出分析预测法、灰色系统模型预测法等。还有一种将传统的城市客流预测中的四阶段法引入到铁路客运量预测中来。

当运力大于运输需求时,预测一般较为复杂,在生产实际过程中,通常采取:

①基于客票数据的预测方法:对于已经开通的高速铁路,通过统计客票存根,可以确定一段时间的客流变化情况。这称为时间序列,时间序列是用客流历史数据的发展规律来外推未来的趋势,适用于短期预测。其优点是需要的数据信息量较小,方法简便易行;缺点在于其无法反映运量变化的实际影响因素。运用时间序列方法的关键是预测期内运量变化趋势的识别与拟合。常用的方法有趋势外推法、指数平滑和灰色模型等。

②基于专家经验的预测方法:由于铁路完成的客流与各影响因素的变化不易形成稳定的统计规律,而且客流的变化在节假日或旅游季节,政策变化等一些因素影响时会出现大起大落的波动特征,这势必造成一般的计量模型不可能准确地对全部复杂关系做出较正确的定量描述,甚至可能产生较大的误差。因此,在作因素分析时,需要进行深入的调查,运用专家的经验和知识综合考虑各种因素可能产生的影响。

目前对于客流预测方法的研究十分广泛,但大多集中在对客流的总量预测上,对于指导实际生产的列车分席别、站站客流预测研究还是有限,客票发售以预定系统产生的实际生产数据为基础,采用基于时间序列的预测方法,实现对列车分席别的站站客流组织,也有一定的局限性。而且,城际客流预测与实际客流误差较大、存在高估倾向,以及不同机构预测的客流数据离散性较大,是国内客流预测中存在的问题。而且目前预测模型大多停留在中长期客流预测的理论阶段,对短期客流预测研究较少。目前短期客流预测的模型与方法有下节提到的有灰色预测、时间序列模型 、神经网络预测法、SVM(支持向量机)预测法等,以上的每种短期客流预测方法都有其自身的特点与适用条件。客流短期预测值得深入研究。德国客流预测根据历史数据、客流趋势,结合运输周期、社会事件、天气影响、其他因素等方面综合确定,值得我们借鉴。

3.4 案例分析:沪宁城际铁路运营初期与沪杭高铁短期客流预测

3.4.1 沪宁城际铁路运营初期各站间日均客流预测

城际旅客在出行目的、出行时间、出行距离、出行费用、出行分布上具有不同于市内居民的其他特征。随着人类社会发展对交通行为研究需求的不断增加,交通选择行为的研究逐渐成为交通工程及经济领域中的热点之一。在传统的基于“出行而出行”的观点被否定后,“出行是活动的衍生需求”这一观点逐渐得到公认,交通运输系统中的选择行为研究也开始以经济学的消费者效用理论为基础进行深入拓展。2000 年,加州大学伯克利分校经济系的 Manski 教授凭借着在这一领域的突破获得诺贝尔经济学奖。

旅客出行方式选择问题的研究对象是处于多变的社会经济环境中的人,这个问题比较复杂。客运市场化的结果促使运输结构不断向着以旅客行为为导向转变,相应的城际铁路运营组织就要从客运消费者的角度出发,对旅客的出行选择进行深入地研究。

大量个体出行行为的综合结果是交通现象的各种宏观表征。通过分析出行者的微观动机来揭示交通的宏观行为,从而有利于交通特征的宏观把握。出行者的出行行为由一系列的决策组成,包括:是否出行、何时出行、去何处、采用何种交通工具、选择哪条路线等,都需要作出选择。交通运输系统中的选择行为分析从具体出行行为入手研究交通现象,可以认为:出行者按照出行目的的要求,结合自身条件、交通运输状况、以前或其他人的经验,以效用最大化为目标做出自己的选择决定,建立出行决策的标准、原则和态度,然后做出立项的选择决策。

在借鉴已有成果的基础上,通过对城际客流组成结构的分析,沿用四阶段法的思想,提出城际铁路客流预测的思路和方法即在确定城际铁路客流分担率的基础上,以重力模型为核心合理解决城际铁路客流预测问题,针对 2011 年沪宁城际铁路的客流预测进行了例证分析。

1. 思路和原则

城际铁路客流预测应强调根据不同城市、不同区域规划,将表现四阶段法的各模型加以灵活地选择。在进行客流预测时,沿用四阶段法的思想,但不必拘泥于现有四阶段中的数学模型,需要对各阶段的具体模型、操作方法上具体问题具体分析,并遵循以下原则。

(1)体现非集计和集计方法的统一。城际铁路是运输通道内新的运输方式,其所在的运输通道内通常存在着多种运输方式包括公路、铁路既有线等各种运输方式之间存在着竞争。出行者在选择时,对便捷、安全、速度、票价、舒适、服务提出了较高要求。城际铁路的市场份额不仅与其技术经济特征和服务水平有关,也取决于旅客的属性和行为特征。从某种意义上说,客流量就是大量个人行为选择的综合结果。出行者的出行行为可以认为由一系列决策组成,基于活动的出行需求预测模型的数学基础是非集计模型,需要通过效用随机理论分析。为大部分研究者所接受的决策理论是由 1977 年 Manski 首先提出的随机效用理论,即在出行个人和选择支群既定的条件下,以效用来描述某个选择支的吸引程度,并以运输方式的技术特性和服务属性为组成内容,通过个体数据可求得各种运输方式在城际铁路运营后广义费用的效用函数,将数值汇总分析集计后总体反映出行者的行为选择。

(2) 体现"先总后分"的预测思想。直接计算其他运输方式客流向城际铁路转移存在一定的难度,这就需要通过计算城际铁路开通运营后的客流分担率来实现,采取"先总后分"方法。LOGIT 模型反映的是一种基于市场竞争的预测模型,在求得 OD 间社会客运总需求的基础上,以表示运输方式服务特性的"广义费用"占所有运输方式的广义费用和的比例值来确定该方式的客流分担率,进而确定分担客流量。该方法能反映出城际运输方式服务水平变化对各运输方式市场份额以及整个运输市场格局的影响。

(3)体现不同地区的经济发展状况。城际铁路处于经济发达地区,客流出行行为与该地区经济发展状况密不可分,客流预测时要考虑该地区的经济发展状况。重力模型是经济和客流预测的联系的桥梁,该模型与地区经济发展关系有着很好的粘合性,结合城际铁路客流实际情况可适当地采用重力模型。

2. 根据已有数据资料采取相关方法

在客流预测过程中,要根据具体的数据资料,可灵活采取相关方法进行。常见情况有以下两种:

(1)已知年度城际铁路所在的客运通道客流量,可结合客流分担率,采取求得预测转移和诱增客流的方式求得。

(2)已知年度城际铁路客流量,实际上已包含趋势、转移和诱增客流,可直接采取重力模型的方式进行预测。

但要说明的是,通过数学方法预测得到的结果还要与运营实际比较,任何数学方法都有一定的不足之处。若预测数值不符合实际城际铁路运营情况,还要采取必要的人工经验加以调整,得到客流量预测值。

3. 重力关键技术模型

重力模型被认为是符合客流形成机理的预测方法,目前在国际上普遍使用。重力模型包括一般重力模型、修正重力模型和美国公路局模型等,其基本思想是通过引入运输规划或土地利用等政策反映社会经济变化,不需要完整的现状 OD 表,反映一个时间和距离、经济和人口的关系。

方法一:

$$Q_{ij} = K\frac{(G_iG_j)^{\alpha} \times (P_iP_j)^{\beta}}{e^{\gamma \times R_{ij}}} \tag{3.1}$$

式中,Q_{ij} 表示 i 、j 之间的趋势客流量;G_i 、G_j 为 i 、j 的人均生产总值,P_i 、P_j 为 i 、j 的人口总量,γ 为阻抗系数或拟合系数,R_{ij} 为 i 、j 之间的运输阻抗,K、α 、β 为待定系数。

方法二:

$$Q_{ij} = K\frac{(G_iG_j)^{\alpha}(P_iP_j)^{\beta}}{R_{ij}^{\gamma}} \tag{3.2}$$

4. 分担率确定方法

(1)广义成本的效用函数模型

运输方式的效用值一般反映乘客对运输方式的评价值,该模型应用广泛,主要是最大效用函数项目的选择和参数的确定问题,各种运输方式效用函数主要集中于经济、安全、方便、准时、便捷性、舒适性,即位移产品品质特性等方面。各种特性的敏感系数,因旅客群体而异,同样也受地区社会经济的影响。

例如,可将出行者出行方式 i 对旅客群体 n 的出行效用确定项 V_{ni} 写成如下形式:

$$V_{ni} = \beta_{nt} T_i + \beta_{nf} F_i + \beta_{ns} S_i + \beta_{nc} C_i \tag{3.3}$$

式中,T_i 为出行的途中时间;F_i 为出行费用;S_i 和 C_i 为所选出行方式的安全性和方便性标度值。β_{nt}、β_{nf}、β_{ns}、β_{nc} 分别为出行者对快捷性、出行费用、安全性、方便性运输方式 i 的出行效用函数变量。

模型参数标定一般根据调查数据,采用极大似然法,构造极大似然函数:

$$L^* = \prod_{n=1}^{N} \prod_{i \in J_n} P_n(i) \delta^i \tag{3.4}$$

为便于参数标定,将 L^* 取对数,得到对数似然函数:

$$L = \ln L^* = \sum_{n=1}^{N} \sum_{i \in J_n} \delta^i \ln P_n(i) \tag{3.5}$$

求得使对数似然函数达到最大的最优参数值,即运输通道各群体出行效用函数的参数值。

(2)分担率计算模型

采用非集计的多项 Logit 模型建立旅客出行方式选择模型。根据随机效用理论,旅客总是选择具有最大出行效用的出行方式,旅客 n 选择出行方式 i 的概率为

$$P_n(i) = P(U_{ni} \geq U_{nj}) \qquad \forall j \in C_n \quad j \neq i \tag{3.6}$$

式中,U_{ni} 为出行方式 i 对出行者 n 的出行效用,U_{ni} 与出行方式的特性和旅客自身的特性相关,离散选择模型假设它可为可观测的影响因素构成的效用确定项 V_{ni} 和不可观测的影响因素构成的效用随机项 ε_{ni} 之和

$$U_{ni} = V_{ni} + \varepsilon_{ni} \tag{3.7}$$

式中,V_{ni}、ε_{ni} 分别为 i 对于 n 的确定、随机效用值。当 ε_{ni} 服从相互独立的 Gumbel 分布,出行者 n 从可选运输方式集中选择方式 i 的概率为

$$P_n(i) = \frac{\exp V_{ni}}{\sum_{j \in C_n} \exp V_{nj}} \tag{3.8}$$

习惯上,运输方式分配模型,其基本结构写为:

$$P_k = \frac{\exp(-U_k)}{\sum_{i=1}^{n} \exp(-U_k)} \tag{3.9}$$

上述多项 logit 模型具有良好的不相关选择枝独立性,满足本问题分析的需要。为弥补模型的不足,改进模型如下:

$$P_i = \frac{\exp\left(-\frac{U_i}{\overline{U}}\right)}{\sum_{i=1}^{n}\exp\left(-\frac{U_i}{\overline{U}}\right)} \tag{3.10}$$

$$P_i = \frac{\exp(-U_i/U_{\min})}{\sum_{i=1}^{n}\exp(-U_i/U_{\min})} \tag{3.11}$$

5. 实例分析

2010 年 7 月，沪宁城际铁路开通运营，沪宁客运通道存在城际铁路(300~350 km/h)和铁路既有线(200~250 km/h)同时运行动车组列车、既有线普速客车、公路巴士和小汽车的运输方式。沪宁运输通道原有的运输格局被打破，各种运输方式客流分担率发生了变化。2011 年 7 月，列车运行图将既有线动车组列车全部调整到城际铁路运行，沪宁客运通道分担率又发生了变化。试根据相关数据资料估计 2011 年 7 月后上海、苏州、无锡、常州、镇江、南京站上行方向之间的日均 300~350 km/h 旅客需求量。

(1)确定解释性变量

如表 3.1 所示，可知，旅客选择动车组列车时，便捷、安全、速度因素居前。综合考虑方便和准时性，确定以下解释性变量。

①快捷性。用旅行时间衡量，分出发地到车站、候车时间、在车时间、终到站到目的 4 个阶段。

$$T_{ij} = t_{1ij} + t_{2ij} + t_{3ij} + t_{4ij} \tag{3.12}$$

式中分别表示旅客从 i 到 j 站的旅行时间，其中：t_{1ij} 为出发地到始发站在市内运输花费的时间；t_{2ij} 途中运输方式的旅行时间；t_{3ij} 为平均候车时间；t_{4ij} 为终到站到目的在市内运输花费的时间。

②安全性。根据已有资料，安全性以取值为[0,1]的安全可信度来标度，随伤亡事故率增大而减少，第 i 种运输方式的安全可信度 β_i 确定为：

$$\beta_i = \begin{cases} 1 & \alpha_i = 1 \\ \dfrac{1}{1+\alpha_i e^{\beta_i \alpha_i}} & 0 < \alpha_i < \alpha_m \\ 0 & \alpha_i = \alpha_m \end{cases} \tag{3.13}$$

式中，α_i 是运输方式 i 的伤亡事故率；α_m 是极限伤亡事故率。根据有关资料，小汽车、公路巴士、既有铁路、城际铁路的安全性可信度分别为 0.80、0.85、0.95、1.00。

③出行费用。铁路和公路巴士以票价计算出行费用，小汽车以城际公路通行费用和油耗成本为依据计算。

$$F_{i1} = R_{i1} L_i \tag{3.14}$$

式中，R_{i1} 为 i 中运输方式的运价率；L_i 为第 i 种运输方式的旅行距离。

④方便性。主要通过各种运输方式发车时间间隔来描述各种运输方式的方便性属性。发车间隔越短，对城际旅客而言方便性越高，竞争力越强，将发车间隔转换为方便性属性值的度量指标 B_i (发车频率)，即：

$$B_i = \bar{t}_i^{-1} \tag{3.15}$$

式中，$\bar{t}_i$ 表示第 i 种运输方式的发车平均间隔时间。

⑤准时性。主要通过各种运输方式晚点情况来衡量，其指标可选取一段时间内，通过各种运输方式的晚点率来衡量。对于小汽车而言，因驾驶的自由性，可假定准时性取值为 1.0。为计算方便，公路巴士准时性可取值为 0.90，城际铁路为 1.0。

⑥舒适性。舒适性是旅客在选择出行方式时考虑的主要指标之一，包括运输工具的平稳性、座席的舒适性，以及旅行过程中就餐、如厕及身体活动的方便性等。此外，旅客乘车的疲劳恢复时间也反映乘车环境的舒适度。一般而言，旅客疲劳感觉在旅行 3 h 后开始逐渐强烈，但由于沪宁间旅行时间一般小于 3 h，人均占有空间作为变量来描述舒适性，可将这些量化指标进行标度后，形成舒适性的度量指标 C。

$$C = \frac{1}{C_\alpha} + C_{space} \tag{3.16}$$

式中，C_α 为平均振动加速度标度值；C_{space} 为人均占有运输工具的空间标度值。由于城际铁路开通运营后，既有铁路普速列车虽然 3 h 内不能到达，通过能力紧张导致拥挤情况得到缓解，能够确保 3.5 h 内到达，旅客疲劳时间可忽略不计。各种运输方式舒适性指标如表 3.6 所示。

表 3.6 各种运输方式舒适性指标

运输方式	公路巴士	小汽车	既有铁路		城际铁路
			普速	动车组	
人均占有空间(m^3)	1.5	2.0	3.0	3.6	3.6
平均振动加速度(m/s^2)	4.5	3.6	2.1	1.8	1.8
舒适性	0.40	0.55	0.83	1.00	1.00

(2)分担率计算

以上海站为出发地，分别分析计算上海-苏州、无锡、常州、镇江、南京区间的客流分担率。有关参数取值如下：

①平均到站(目的地)时间取值：考虑到城市规模的不同，各种运输方式相关时间取值如表 3.7 所示。说明的是：由于一个城市中公共汽车站有多处，人们可就近选站上车，因此平均到公共汽车站时间比到火车站的时间少 30%。并假定小汽车平均从出发地到离开城市和到达城市后再到达目的地(简称出城和进城时间)同上述城市平均到达公交车站和到站后再到目的地时间。

表 3.7 平均到站(目的地)时间取值表 min

时间取值	平均到火车站时间	平均到达公交汽车站时间	到达火车站再平均到达目的时间	小汽车出城及进程平均时间
上海	60	40	40	40
南京	40	30	30	30
苏州无锡 常州镇江	30	20	20	20

②候车时间采用期望值：公路巴士取样本候车时间的均值，平均候车时间为 20 min，既有铁路客车平均候车时间为 30 min，小汽车取 0 min，城际铁路候车时间取发车间隔时间的一半。

③途中旅行时间：通过查找各运输方式实际情况，所得沪宁客运通道各运输方式途中旅行时间、票价、间隔时间如表 3.8 所示。其中，城际铁路 200~250 km/h 动车组 2010 年 7 月起是在既有线上运行，2011 年 7 月调整到城际铁路上运行。

鉴于客流调查的困难性，采取选取上海站 100 名旅客打分的方式，汇总确定各运输方式选择支所占权重，如表 3.9 所示。

表 3.8 沪宁客运通道运输方式相关因素表

区间	公路巴士			小汽车			既有铁路			城际铁路 200~250 km/h			城际铁路 300~350 km/h		
	①	②	③	①	②	③	①	②	③	①	②	③	①	②	③
上海-苏州	70	30	30	50	120	0	60	15	30	30	31	120	25	41	20
上海-无锡	110	45	30	90	160	0	90	20	30	45	47	120	35	61	20
上海-常州	130	55	30	110	200	0	120	25	30	55	61	120	45	80	30
上海-镇江	160	68	30	140	250	0	160	38	30	75	90	120	65	115	40
上海-南京	200	88	30	180	300	0	220	55	30	100	112	120	80	146	20
苏州-无锡	30	16	20	40	40	0	30	5	30	19	16	120	15	20	20
苏州-常州	55	34	40	60	80	0	60	10	30	35	30	120	25	39	20
苏州-镇江	75	56	40	90	130	0	100	23	30	34	61	120	60	74	20
苏州-南京	130	70	20	130	180	0	160	40	30	85	81	120	75	105	20
无锡-常州	90	20	30	25	40	0	35	5	30	21	14	120	15	19	20
无锡-镇江	50	39	30	50	90	0	50	18	30	43	43	120	35	54	20
无锡-南京	75	54	30	90	140	0	130	35	30	75	65	120	60	85	20
常州-镇江	30	27	30	50	50	0	40	13	30	33	29	120	25	35	20
常州-南京	70	45	30	70	100	0	100	30	30	51	51	120	40	66	20
镇江-南京	40	29	30	40	50	0	60	17	30	28	22	120	20	31	20

注：①表示旅行时间；②表示间隔时间；③表示票价。

表 3.9 各种运输方式选择支权重统计表

选择支	公路巴士	小汽车	既有铁路	城际铁路 200~250 km/h	城际铁路 300~350 km/h
快捷性	0.36	0.51	0.31	0.32	0.33
安全性	0.21	0.36	0.23	0.21	0.19
出行费用	0.15	0.04	0.12	0.12	0.08
方便性	0.10	0.03	0.19	0.12	0.13
准时性	0.09	0.02	0.13	0.12	0.16
舒适性	0.09	0.04	0.02	0.11	0.11

根据表 3.9 计算各运输方式的广义费用和分担率如表 3.10 所示。

表 3.10 各种运输方式广义费用及分担率

区间	公路巴士		小汽车		既有铁路		城际铁路 200~250 km/h		城际铁路 300~350 km/h	
上海-苏州	62.40	0.17	76.76	0.13	48.66	0.22	42.56	0.24	41.70	0.25
上海-无锡	79.05	0.16	98.76	0.12	58.56	0.22	49.28	0.25	46.60	0.26
上海-常州	87.75	0.16	110.56	0.12	68.46	0.21	54.16	0.25	51.41	0.26
上海-镇江	100.50	0.17	127.86	0.12	82.42	0.20	64.04	0.25	60.81	0.26
上海-南京	121.50	0.17	155.36	0.12	106.16	0.19	77.88	0.25	71.55	0.27
苏州-无锡	35.10	0.19	53.16	0.11	28.86	0.23	27.64	0.23	26.82	0.24
苏州-常州	46.80	0.18	64.96	0.12	38.76	0.21	34.44	0.24	31.64	0.25
苏州-镇江	57.30	0.19	82.26	0.12	52.72	0.21	46.24	0.24	45.99	0.24
苏州-南京	82.80	0.18	109.76	0.13	76.46	0.20	59.76	0.24	56.72	0.25
无锡-常州	57.30	0.11	45.51	0.15	30.41	0.23	28.04	0.25	26.74	0.25
无锡-镇江	45.75	0.19	60.26	0.13	36.62	0.23	38.56	0.22	36.14	0.23
无锡-南京	60.60	0.21	87.76	0.14	66.56	0.19	54.64	0.23	50.17	0.24
常州-镇江	36.75	0.20	58.66	0.12	32.92	0.23	33.68	0.22	31.32	0.23
常州-南京	57.45	0.19	75.96	0.14	56.66	0.19	45.28	0.24	42.05	0.25
镇江-南京	44.25	0.19	58.66	0.13	42.70	0.19	34.44	0.24	32.65	0.25

表 3.10 中,为确保可行性,利用公式(3.9)对广义费用作均值化处理再计算得到各种运输方式的分担率。其中,运输方式对应两列分别为广义费用和分担率。

(3)采取方法

采取两种预测方法,即灰色模型和重力模型。

①灰色模型。因灰色系统理论着重研究概率统计、模糊数学所难以解决的“小样本、贫信息”等问题,其特点是针对不确定问题“少数据建模”,少数据不确定性亦称灰色,具有灰性的系统成为灰色系统。该系统依据信息覆盖,通过序列算子的作用探索事物运动的现实规律,针对趋势预测有独到之处。

灰色系统理论是研究“部分信息已知,部分信息未知”的“小样本”、“贫信息”、“不确定性”的系统理论。灰色系统的提出最早是在控制领域,在控制理论中,人们经常用颜色深浅来表示系统信息的明确程度,“黑”表示信息完全未知,“白”则表示信息完全明确,“灰”则表示部分信息已知,部分信息未知。相应的,信息完全未知的系统被称为黑色系统,信息完全已知的系统被称为白色系统,而部分信息明确,部分信息不明确的系统即是灰色系统。灰色系统预测理论的基本思路是按某种规则将已知的数据序列构成非动态的或动态的白色模块、通过少量的、不完全的信息,建立灰色微分预测模型,对事物发展规律做出模糊性的长期描述。灰色理论把系统的行为现象看成是朦胧的,仅仅从复杂的数据中找出规律,按照某种变换解决来求解未来的数据。在灰色系统理论中、常用的模型是微分方程所描述的动态方程、最简单的是基于灰色系统理论模型 GM(1,1)以及 GM(1,N)模型的预测分析。灰色预测分析可分为几类,即数列预测、灾变预测、季节性灾变预测、拓扑预测及系统综合预测,本课题采用 GM(1,1)进行计算。

具体预测步骤:

GM(1,1)是一阶单序列的线性动态模型,用于时间序列预测的是其离散形式的微分方程模型。具体形式为

设有数列 $x^{(0)}$ 共有 n 个观察值 $x^{(0)}(1),x^{(0)}(2),x^{(0)}(3)\cdots\cdots x^{(0)}(n)$,对 $x^{(0)}$ 作一次累加生成,得到新的数列 $x^{(1)}$,表达式为:

$$x^{(1)}(i)=\sum_{m=1}^{i}x^{(1)}(m),1=1,2,\cdots\cdots,n \tag{3.17}$$

对于 1 阶生成数列 $x^{(1)}$ 建立预测模型,期方程为

$$\frac{\mathrm{d}x^{(1)}}{\mathrm{d}t}+ax^{(1)}=u \tag{3.18}$$

式中:a,u 都为待估参数,分别称为发展灰数和内生控制灰数。

设 $z^{(1)}$ 为 $x^{(1)}$ 紧邻均值生成序列:

$$z^{(1)}=\{z^{(1)}(2),z^{(1)}(3),\cdots\cdots z^{(1)}(k)\},k=1,2,3,\cdots,n \tag{3.19}$$

其中:

$$z^{(1)}(k)=\frac{1}{2}[x^{(1)}(k)+x^{(1)}(k-1)],k=2,3,\cdots,n \tag{3.20}$$

将上述的待估参数用向量形式表达得 $\tilde{a}\begin{bmatrix}a\\u\end{bmatrix}$,令 $Y=\begin{bmatrix}x^{(0)}(2)\\x^{(0)}(3)\\\vdots\\x^{(0)}(n)\end{bmatrix}$,$B=\begin{bmatrix}-z^{(1)}(2) & 1\\-z^{(1)}(3) & 1\\\vdots & \vdots\\-z^{(1)}(n) & 1\end{bmatrix}$

利用最小二乘法求得

$$\tilde{a}=\begin{bmatrix}a\\u\end{bmatrix}=(B^TB)^{-1}B^TY \tag{3.21}$$

将上式的中 $\tilde{a}$ 带入上式,解微分方程,得到 GM(1,1)的预测模型为

$$\tilde{x}^{(1)}(i+1)=\left(x^{(0)}(1)-\frac{u}{a}\right)e^{-at}+\frac{u}{a} \tag{3.22}$$

②重力模型。运输阻抗可表示为:出行距离的长短、行程时间的快慢及费用的大小。通过分析以往项目,发现诱发运量正是由于时间的缩短而诱发的。因此,以各区间旅行时间为阻抗,按照有无项目比较原则,对项目建成后运输旅行时间的缩短来推算诱发运量。

采取旅客旅行时间计算运输阻力 R_{ij},存在:

$$R_{ij}^{n}=t_{1ij}+t_{2ij}+t_{3ij}+t_{4ij} \tag{3.23}$$

式中,n 表示运输方式的数量,R_{ij}^{n} 表示 n 种运输方式的分担率;

其中运输阻力最小的运输方式最能代表两地的运输条件。此时:

$$R_{ij}=\min\{R_{ij}^{1},R_{ij}^{2},\cdots,R_{ij}^{n}\} \tag{3.24}$$

其他有关数据:2006~2010 年 6 个城市的社会经济状况和 GDP 以及 2010 年各区间日均

城际铁路客流如表 3. 11、表 3. 12、表 3. 13 所示。表 3. 11、表 3. 12 数据是通过查找 6 个城市统计局相关网站所得;表 3. 13 数据是通过上海铁路局客票统计精密数据所得城际铁路 300~350 km/h 日均客流量。

表 3. 11　2006~2010 年 6 城市人口　　万人

年度	南京	镇江	常州	无锡	苏州	上海
2006	719. 06	299. 56	425. 69	584. 17	809. 86	1 815. 08
2007	741. 30	301. 93	435. 23	599. 21	882. 12	1 858. 08
2008	758. 89	304. 07	440. 71	610. 73	912. 65	1 888. 46
2009	777. 31	306. 94	445. 18	619. 57	936. 95	1 921. 32
2010	800. 47	311. 34	459. 20	637. 26	1 046. 60	2 301. 91

备注:其中 2010 年人口是 2010 年 11 月 1 日零时第六次全国人口普查的数据。

表 3. 12　2006~2010 年 6 城市 GDP 表　　亿元

年度	南京	镇江	常州	无锡	苏州	上海
2006	2 822. 80	1 044. 83	1 585. 11	3 310. 88	4 900. 63	10 572. 24
2007	3 340. 05	1 258. 55	1 913. 50	3 879. 70	5 850. 11	12 494. 01
2008	3 814. 62	1 491. 83	2 266. 32	4 460. 62	7 078. 09	14 069. 87
2009	4 230. 26	1 672. 08	2 519. 93	4 991. 72	7 740. 20	15 046. 45
2010	5 010. 36	1 920. 00	2 930. 00	5 758. 00	9 068. 91	16 872. 42

表 3. 13　2010 年沪宁城际铁路上行 6 站间日均客流数　　人

	苏州	无锡	常州	镇江	南京
上海	8 815	6 456	4 294	1 749	10 438
苏州		2 333	1 588	436	3 305
无锡			1 934	423	2 932
常州				641	3 066
镇江					3 148

(4)客流预测计算

①2011 年 6 城市人口、GDP 预测

采用灰色模型,预测 2011 六城市人口、GDP 预测如表 3. 14 所示(数据检验略)。

表 3. 14　2011 年 6 大城市人口(万人)、GDP 预测值　　亿元

预测项目	南京	镇江	常州	无锡	苏州	上海
人口	819. 76	313. 93	464. 57	648. 10	1 083. 26	2 369. 61
GDP	5 653. 13	2 199. 57	3 347. 7	6 520. 87	10 369. 99	18 492. 83

②运输阻力计算

运输阻力选取分担率实例计算中城际铁路 300~350 km/h 旅行时间,如表 3. 15 所示。

表 3.15 城际铁路运输阻力计算表 min

	苏州	无锡	常州	镇江	南京
上海	115	125	135	155	180
苏州		75	85	120	145
无锡			75	95	130
常州				85	110
镇江					90

③重力模型参数计算

因表 3.13 中数据仅为城际铁路 300~350 km/h 中数据，包括趋势、转移和诱增客流。以此为基础，预测 2011 年度(7 月起)客流量。

根据表 3.14、3.15，结合公式(3.10)，利用 SPSS 软件进行回归分析，得各参数：

$$K = 0.842, \alpha = -2.231, \beta = 1.479, \gamma = 0.013$$

模型检验：$R^2 = 0.894$，说明模型拟合度较高。

线性回归的显著性检验如表 3.16 所示。

表 3.16 模型方差分析

模型	平方和	自由度	F 值
回归	10.750	3	14.611
残差	2.672	11	
总计	13.422	14	

查表可知 $F_{0.05}(3,11) = 3.59$，可见 $F_{0.05}(3,11) \leqslant 13.422$。此模型在显著性水平 $\alpha = 0.05$ 条件下，线性回归显著。

由此得到客流预测重力模型为：

$$Q_{ij} = 0.842 \times \frac{(G_i G_j)^{-2.231} (P_i P_j)^{1.479}}{\exp(0.013 R_{ij})} \tag{3.25}$$

④2011 年沪宁城际铁路客流需求(300~350 km/h)预测

根据表 3.14 中 2011 年 6 城市人口和 GDP 预测值，利用公式(3.19)，可得 2011 年沪宁通道日均趋势客流需求量，如表 3.17 所示。其中，带▲数字与实际客流增加趋势不符，预测数据要调整。可采取列平均增长率的方法进行调整。即保留满足实际客流需求的数值，与表 3.13 中的对应数值比较求得增长率，再计算保留数值的每列平均增长率，最后将带▲中数值查找表 3.13 中相对应数值乘以每列的平均增长率，即可得 2011 年沪宁城际铁路 300~350 km/h 上行方向客流需求预测值，调整数据为▲后数据(平均增长率为 1.08)。

再根据城际铁路 200~250 km/h 动车组列车的分担率，并与 300~350 km/h 分担率比较，可计算得到城际铁路的客流预测值。

传统的交通出行选择行为模型大多基于效用理论展开。以备选方案的出行时间、出行费用、拥挤度等属性期望值或确定值构建阻抗或效用函数，出行者依据阻抗最小或效用最大原则作出选择。这种模型用补偿策略得到方案评价尺度过于单一，且未考虑出行者风险态度的转

表 3.17 2011 年(7 月起)沪宁城际铁路上行方向 350 km/h 客流预测值 人

	苏州	无锡	常州	镇江	南京
上海	10 971	6 247▲8 909	4 291▲5 969	2 690	6 760▲10 542
苏州	0	3 221	2 212	1 326	3 332
无锡	0	0	1 337▲2 688	839	2 045▲2 961
常州	0	0	0	612▲1 397	1 537▲3 097
镇江	0	0	0	0	1 086▲3 179

变,有时未必能够真实地反映出行选择行为。不过,有研究者发现,当选择方桑数量不多时,补偿型效用理论确实能够真实反映出行者的选择过程。未考虑出行者的态度、认知等主观因素对决策过程的影响。随着信息技术的发展,移动互联和物联网能够提供大量的城际铁路出行数据,以数据为导向的出行行为大数据环境下的选择将是一个重要命题。

3.4.2 沪杭高速铁路短期客流预测

城际铁路短期客流的预测非常重要。2011 年 7 月,我国铁路已实现实名制购票,可根据客票数据,采取数据挖掘方法深入分析客流性质、结构、组成等方面。同时,从城际铁路长期的运营实践看,站间客流 OD 具有较强的随机性,但目前基于确定客流 OD 值分析的较多,而基于随机客流研究的较少,需要深入研究城际客流的随机变化情况。

城际客流预测除了满足客流需求外,还要满足短时客流需求的变化,客流预测要精确到小时、时段、天、周预测,这方面需要深入研究。短期客流预测的目的主要是为客运组织与营销提供决策依据。

通过对沪杭高速铁路的客流变化规律的总结和归纳,可以看出节假日,尤其是在 3 天小长假期间,沪杭高速铁路的客流量较往常有较为明显的突增。为了使铁路部门在节假日期间能合理安排运能以应对突增的大批客流,我们有必要对沪杭高速铁路的短期节假日客流进行预测。

对于沪杭高速铁路而言,开通年限不长,所得知的对于客流增长的诱因信息相对较少,而且,根据对这 3 年运营的客流量数据进行分类,分别统计这 3 年来相同月份的客流量的情况,可以很明显地看出客流量是一个呈线性增长的趋势,因此可以考虑利用灰色模型进行简单的客流预测估计。本节主要利用沪杭高速铁路在 2011~2013 年期间的客流资料,对其在 2014 年所有“3 天节假日”期间的日客流量进行预测,这里所指的 3 天节假日包含了元旦、清明、五一、端午和中秋。考虑到节假日期间的日客流成因复杂,直接进行预测存在一定难度,我们可以利用其和日均客流之间的关系进行间接预测。

通过以往的客流变化情况的分析,发现节假日客流都是在日均客流的基础上进行一定比例的向上浮动,因此,可以采用波动系数法来对节假日期间的日客流量进行预测。该方法的原理是首先预测出日均客流量,然后通过以往各节假日期间的日客流与日均客流量的比值计算出各节假日的波动系数,可将节假日的客流波动系数为节假日当天的日客流与节假日所在月份的日均客流量的比值,用数学公式表示如下:

$$\alpha_i = \frac{Q_i}{\overline{Q}} \tag{3.26}$$

式中 α_i——节假日第 i 天的客流波动系数;

Q_i——节假日第 i 天的日客流量;

$\overline{Q}$——节假日所在月份对应的日均客流量。

最后将节假日所在月份日均客流量的预测值与节假日波动系数相乘,从而得到我们所需的节假日期间的日客流预测值。由此可见,该方法的关键在于预测沪杭高速铁路节假日所在月份的日均客流量以及计算各节假日的波动系数,本课题就从这两个方面入手对沪杭高速铁路在 2014 年节假日期间的日客流量进行预测。

一般而言,可以通过两种途径得到日均客流量的预测值,一是通过年客流总量的预测值除以一年的总天数(一般为 365 天)得到该年的日均客流量的预测值;二是通过一年内每个月的客流总量预测值除以各月对应的总天数得到每个月的日均客流量的预测值。考虑到第一种算法并未反映出沪杭高速铁路客流在一年各个月的波动情况,我们选择第二种算法得到每个月的日均客流量的预测值,因而,预测对象也从对日均客流量的预测变成了对一年内各个月客流量的预测。

对于短期日均客流预测,本节采用两种方法,一种是灰色预测模型,另一种是最小平方趋势剔除的季节乘法模型。

图 3.1 是沪杭高速铁路在 2011 ~2013 年各个月的客流变化情况,由图上可知,沪杭高速铁路的客流总体呈现上升趋势,且在一年中的各个月呈现较为明显的季节变动特征,其中 7、8、10 月的客流量较大,而 2 月的客流较少。同时,各年的季节变动规律基本保持一致,具有一定的重复性,并以 12 个月为固定周期循环。综合沪杭高速铁路客流表现出的这种季节变动特征,可以采用季节变动法中的最小平方趋势剔除的季节乘法模型来预测沪杭高速铁路 2014 年各个月的客流量。

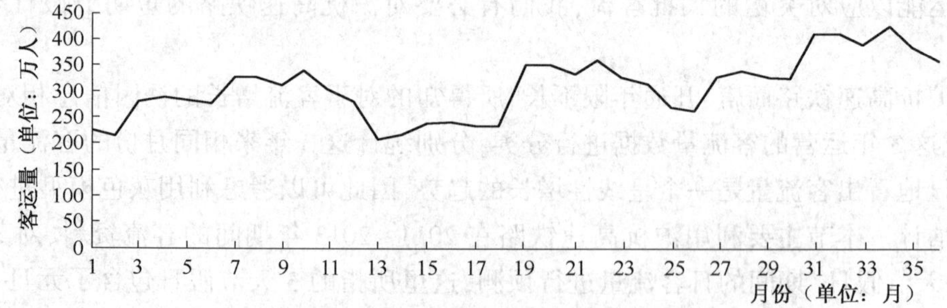

图 3.1 沪杭高速铁路各月旅客运送量(2011~2013 年)

1. 模型简介

最小平方趋势剔除的季节乘法模型由最小平方趋势剔除法和季节乘法模型两个部分组成。最小平方趋势剔除法又称最小二乘趋势剔除法,是指通过最小二乘法将原始时间序列的数据拟合成一个趋势变动模型,并将得到的趋势值从原始数据中予以剔除,继而利用剔除趋势后的数据求出季节变动的指数,并根据得到的趋势值及季节变动指数对未来的序列数据进行预测的方法。而季节乘法模型是指将原始时间序列的数据与数据中所包含的趋势变动、季节变动以及随机变动看成是相乘的关系,如下式所示。

$$Y = T \times S \times I \tag{3.27}$$

式中,Y——原始序列值;T——趋势变动值;S——季节变动值;I——随机变动值。

将最小平方趋势剔除的季节乘法模型用数学公式表达,得式:

$$\hat{Y}_t = \hat{T}_T \times f_t \tag{3.28}$$

式中,$\hat{Y}_t$——第 t 期的客流预测值;$\hat{T}_t$——第 t 期的客流趋势预测值;f_t——第 t 期的季节指数。

2. 具体预测步骤

第一步,根据原始时间序列客流呈现的变动趋势,利用最小二乘法拟合出该趋势所对应的趋势变动模型,并借助这一模型的方程计算出原始序列中各个时期的对应趋势值 T_t;

第二步,将原始时间序列各个时期的客流值除以第一步中计算出的各个时期的对应趋势值 T_t,根据式(3.27)可知现在得到的序列只包含季节变动 S_t 和随机变动 I_t;

第三步,将上一步得到的序列值按照不同年的相同月份进行平均,剔除其中的随机变动部分,从而得到的各个月份的季节变动值 S_i(其中 i=1,2,……,12);

第四步,由于上一部中得到的季节变动值的总和不等于12,因此要对各个月份的季节变动值 S_i 进行调整,具体调整方式如下式所示,调整后的季节变动值即为最终的各个月份的季节指数 f_i(其中 i=1,2,……,12);

$$f_i = \frac{S_i \times 12}{\Sigma S_i} \tag{3.29}$$

第五步,利用第一步中的趋势变动模型计算出未来各个时期对应的客流趋势预测值 $\hat{T}_t$;

第六步,将上一部中计算得到的未来各个时期对应的客流趋势预测值 $\hat{T}_t$ 乘以相应的季节指数 f_t,即利用式(3.29),便可得到预测年内各个月份的客流预测值。

3. 预测过程结果

我们分别利用上述两个预测模型对沪杭高速铁路在2014年各个月份的月客流进行了预测,原始数据为上海铁路局统计的沪杭高速铁路在2011~2013年的全线每月的客运量。

(1)灰色模型预测

根据上海铁路局统计的沪杭高速铁路在2011~2013年的全线每月的客运量,来预测沪杭高速铁路在2014年各个月份的月客流量。下面以2011~2013年这三年的1月份的数据为例子。

表3.18 2011~2013年各年1月客运量

年份	2011	2012	2013
客运量(万人)	226.5	208.1	271.6

由表3.18中的数据可得 $x^{(0)}=\{x^{(0)}(1),x^{(0)}(2),x^{(0)}(3)\}=\{226.5,208.1,271.6\}$,累加一次得到生成数列:$x^{(1)}=\{226.5,434.6,706.2\}$,$B=\begin{bmatrix}-330 & 1\\ -570 & 1\end{bmatrix}$,$\hat{a}=\begin{bmatrix}-0.2647\\ 120.5873\end{bmatrix}$,则得到预测模型为:$\hat{x}^{(1)}(k+1)=681.9781e^{0.2647488k}-455.4781$,由公式可得预测后2013年1月份的客运量为269.365万人,误差为2.235万人,相对误差为0.8231%。用同样的方法计算得出

2013 年其他各月的客运量的预测值,并对比计算灰色预测值与实际值之间的误差,具体情况见表 3.19 所示。

表 3.19　2013 年实际客流量与灰色模型预测量　　万人

月份	实际值	预测值	误差(绝对值)	误差百分比
1	271.6	269.365	2.235	0.823 1%
2	263.9	262.875	1.025	0.388 7%
3	329.2	325.106	4.094	1.243 5%
4	338.2	333.446	4.754	1.406%
5	328.6	323.811	4.789	1.458%
6	325.1	320.789	4.311	1.326 0%
7	412.8	411.798	1.002	0.243%
8	412.4	411.424	0.976	0.237%
9	390.8	389.833	0.967	0.247%
10	428.2	426.991	1.209	0.282%
11	380.5	379.639	0.861	0.226%
12	358.5	357.904	0.596	0.166%

(2)最小平方趋势剔除的季节乘法模型预测

利用最小二乘法拟合趋势直线,求出各时期所对应的趋势值,继而得到包含季节变动与随机变动的混合序列,结果如表 3.20 所示。

表 3.20　季节模型计算过程

年份	月份	客运量	t	趋势值 T	$S*I$
2011	1	226.5	−35	245.93	0.920 85
	2	213.4	−33	249.54	0.855 32
	3	280.4	−31	253.15	1.107 79
	4	290.0	−29	256.76	1.129 33
	5	282.3	−27	260.37	1.084 08
	6	277.9	−25	263.97	1.052 72
	7	328.3	−23	267.58	1.226 98
	8	327.6	−21	271.19	1.207 98
	9	311.0	−19	274.80	1.131 69
	10	342.3	−17	278.41	1.229 43
	11	301.9	−15	282.02	1.070 52
	12	281.8	−13	285.62	0.986 51

续上表

年份	月份	客运量	t	趋势值 T	$S*I$
2012	1	208.5	−11	289.23	0.720 81
	2	218.1	−9	292.84	0.744 61
	3	239.3	−7	296.45	0.807 36
	4	241.6	−5	300.06	0.805 18
	5	233.5	−3	303.67	0.769 05
	6	234.2	−1	307.28	0.762 12
	7	353.9	1	310.88	1.138 21
	8	354.2	3	314.49	1.126 18
	9	334.6	5	318.10	1.051 88
	10	363.1	7	321.71	1.128 65
	11	327.8	9	325.32	1.007 73
	12	315.0	11	328.93	0.957 77
2013	1	271.6	13	332.54	0.816 75
	2	263.9	15	336.14	0.785 08
	3	329.2	17	339.75	0.968 94
	4	338.2	19	343.36	0.984 97
	5	328.6	21	346.97	0.947 05
	6	325.1	23	350.58	0.927 32
	7	412.8	25	354.19	1.165 48
	8	412.4	27	357.80	1.152 61
	9	390.8	29	361.40	1.081 34
	10	428.2	31	365.01	1.173 11
	11	380.5	33	368.62	1.032 22
	12	358.5	35	372.23	0.963 11

为消除最小二乘中的随机变动部分，将上一步得到的序列值按照不同年的相同月份进行平均，但是平均后各个月份的季节变动值的总和不等于12，因此还要进行调整，表3.21是季节指数调整的结果。

表3.21 各月份的季节指数调整

月份	1	2	3	4	5	6
S_i	0.819 47	0.795 00	0.961 36	0.973 16	0.933 40	0.914 05
f_i	0.819 00	0.794 54	0.960 81	0.972 60	0.932 86	0.913 53
月份	7	8	9	10	11	12
S_i	1.176 89	1.162 26	1.088 30	1.177 06	1.036 82	0.969 13
f_i	1.176 21	1.161 59	1.087 68	1.176 39	1.036 22	0.968 57

(3)最终预测结果

最后再将两种预测方式的预测结果进行对比,选择更加合适的方式。我们利用两种模型分别2013年各月的月客流预测值对模型精度进行了检验,结果如表3.22所示。由表中结果可知,两种模型预测值的相对误差都比较小,模型的精度较高。但是,季节乘法模型的相对误差绝对值的平均数为0.84%,而灰色模型预测误差的绝对值的平均数为0.67%,且从方差上来看,灰色模型也是要优于季节乘法模型。另外,由于沪杭高速铁路开通3年,客流的数据还不是很稳定,很难找到其规律,而灰色模型不像季节乘法模型,考虑的因素比较少,从宏观的每个月的客流预测来看,效果是要优于季节乘法模型的,因此,对于日均客流量的预测,建议采用灰色模型产生的结果。图3.2为2013年的实际数据与预测数据趋势线的对比。表3.23是利用灰色模型对2014年沪杭高速铁路全线各月的客运量预测的结果。

表3.22 模型检验结果(2013年原始数据及预测值)

年份	月份	原始数据	季节乘法模型预测值	相对误差	灰色模型预测值	相对误差
2013	1	271.6	272.35	0.28%	269.37	0.82%
	2	263.9	267.08	1.21%	262.88	0.39%
	3	329.2	326.44	-0.84%	325.11	1.24%
	4	338.2	333.95	-1.26%	333.45	1.42%
	5	328.6	323.67	-1.50%	323.81	1.46%
	6	325.1	320.26	-1.49%	320.79	1.32%
	7	412.8	416.60	0.92%	411.80	0.24%
	8	412.4	415.61	0.78%	411.42	0.24%
	9	390.8	393.09	0.59%	389.83	0.25%
	10	428.2	429.40	0.28%	426.99	0.28%
	11	380.5	381.97	0.39%	379.64	0.23%
	12	358.5	360.53	0.57%	357.90	0.17%

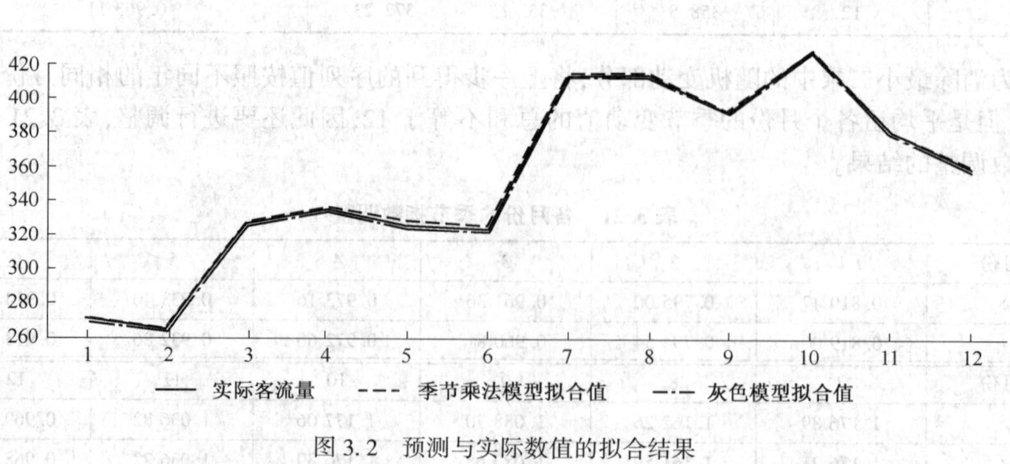

图3.2 预测与实际数值的拟合结果

表 3.23 沪杭高速铁路 2014 年各月日均客流量的灰色模型预测结果

预测年	月份	预测值(万人)	日均(万人)
2014	1	350.396	11.303
	2	317.894	11.335
	3	446.046 7	14.389
	4	465.308	15.510
	5	454.198	14.651
	6	444.004	14.800
	7	480.188	15.490
	8	478.887	15.448
	9	455.169	15.172
	10	503.359	16.237
	11	440.551	14.685
	12	407.255	13.137

"3 天节假日"客流量预测结果如下:

(1) 客流波动系数。考虑到节假日客流是在日均客流的基础上进行一定比例的向上浮动,有一定的规律性,因此节假日可以考虑运用季节乘法模型,如式 3.28 所示。考虑到沪杭高速铁路的日客流数据有限,假设 2014 年"3 天节假日"的客流波动系数与 2013 年一致,并计算出了 2013 年"3 天节假日"所对应的客流波动系数,结果如表 3.24 所示,其中 f_i' 表示节假日的第 i 天的波动系数。

表 3.24 沪杭高速铁路"三天节假日"客流波动系数

2013	元旦	清明	五一	端午	中秋
f_1'	1.275 0	1.343 1	1.360 8	1.247 0	1.201 7
f_2'	1.279 0	1.312 9	1.557 1	1.299 0	1.272 8
f_3'	1.446 1	1.616 4	2.069 9	1.466 3	1.419 0

(2) 预测结果。用灰色模型得到的 2014 年沪杭高速铁路各月日均客流的预测结果,结合波动系数法,即乘以对应的节假日客流波动系数,便可算出 2014 年沪杭高速铁路在"3 天节假日"的日客流预测值,结果如表 3.25 所示,其中 Z_i 表示节假日的第 i 天预测的客流量。

表 3.25 2014 年沪杭高速铁路"三天节假日"日客流预测客运量 万人

2014	元旦	清明	五一	端午	中秋
Z_1	14.41	20.83	19.94	18.46	18.23
Z_2	14.46	20.36	22.81	19.23	19.31
Z_3	16.35	25.07	30.33	21.7	21.53

利用沪杭高速铁路在 2011~2013 年的客流资料,对其在 2014 年每月的客流量以及"3 天

节假日”期间的日客流量进行预测。前者利用到灰色模型和季节乘法模型分别进行预测,通过对比以及考虑了沪杭高速铁路的实际情况,最终选择了灰色模型对2014年的各个月份的客流量进行预测。而对于“3天节假日”而言,考虑到直接预测存在一定的难度,可利用和日均客流之间的关系进行间接预测。首先利用最小平方趋势剔除的季节乘法模型预测出2014年每月的客运量,从而得到各个月份的日均客流量,然后在此基础上乘以节假日对应的客流波动系数,最后得到需要的沪杭高速铁路“3天节假日”期间的日客流量。

4 运输组织模式分析

4.1 影响因素

运输组织模式是在一定的运营管理体制、社会经济和科技发展水平和一定的路网功能结构条件下,城际铁路所承担的列车组织方式和方法,集中表现在城际铁路上列车开行的组合方式。合理的运输组织模式是确保安全和高效运营的基础。城际铁路运输组织模式是制定运输组织方案的基础和前提,决定了城际铁路上运行列车的性质和特点。运输组织模式也隐含了部分客流的输送模式。

城际铁路运输组织模式要考虑与既有路网的兼容性。从列车性质上看,城际铁路是否为客货共线或是客运专线,客货共线是否为混行或分时段开行,客运专线开行几种类型的旅客列车。从列车速度上看,单一速度列车共线运行,一般列车间无越行,多种速度列车共线运行,可按需要组织列车越行;从跨线列车运行分析,一种是城际铁路运行的全是本线列车而无跨线列车,组织旅客在跨线点换乘。另一种是当跨线和本线列车共线运行,可组织跨线列车上、下城际铁路线运行。有时,习惯上把采取全高速列车运行还是高、中速列车共线运行也称之为列车运行方案。可将城际铁路运输组织模式划分类型如表 4.1 所示。

表 4.1　城际铁路运输组织模式

分类标准	类　型	特　征
列车性质	客运专线	高速线上只开行动车组列车
	客货共线	混行或分时段开行
列车速度	单一速度列车共线	一般列车间无越行
	多种速度列车共线	可按需要组织列车运行
跨线列车	全本线列车	无跨线列车,组织旅客在跨线点换乘
	跨线和本线列车共线	可组织跨线列车上下行高速线运行,跨线和本线列车存在速差时,运营组织较为复杂

对于城际跨线客流,有开行跨线列车和换乘两种运输组织模式。影响城际跨线客流运输组织模式选择的主要因素有:

(1)跨线客流的强度:城际铁路运营最基本的特征之一是提供公交化的服务,必须保持较高的行车频率。跨线客流的特征是影响跨线客流组织的关键因素。跨线客流需要达到一定强度才可以组织跨线列车。跨线列车若担任本城际区域客流运输任务,就要保持较高的行车频率,提供公交化服务,这将使跨线客流等待时间长,导致大多数旅客选择换乘方式出行,难以达到组织跨线列车的目的。

(2)跨线列车对线网运营的影响:城际铁路根据线路的客流特征合理确定发车间隔和运

营速度,运营组织较灵活,可以采用大站直达或站站停的模式,也可以采用城市轨道交通的单交路或多交路的运输组织模式。若与其他线路开行跨线列车,交路数量一般在 3 个及其以上,相应增加了运输组织的难度,对运营调度指挥提出了较高要求。开行跨线列车避免了跨线客流中途换乘,但运输组织复杂,对调度指挥要求高,线网运营关联性强,容易受相邻线路影响,要求相关线路能力有一定冗余。而且,在开行跨线列车的线网间,列车晚点具有传导性,一条线路列车的非正常运营状态往往波及开行跨线列车的相关路网,给运营调度调整带来困难,不利于线网的平稳运营。另外,跨线交路的设置还增加了乘客识别难度。

(3)线网建设及运营管理模式跨线客流的运输组织模式还与线网的建设及运营管理模式有关。线网若由同一主体建设或运营,比较容易统一制式和调度指挥,有利于采用开行跨线列车的方式。反之,则可能存在系统兼容的问题,并需要相应的协调、清算机制,组织跨线列车难度相对较大。

(4)线路通过能力使用情况。跨线列车由于运输组织较为复杂,要求线路有一定的能力冗余,如果线路能力较为紧张,则不宜组织跨线列车。

(5)工程经济性也是考虑跨线客流运输组织模式选择的重要因素。为满足列车跨线运营的需要,相关线路需互联互通,需要增加工程投资,如果跨线客流强度不大,工程投入得不偿失,则不宜采用组织跨线列车的方式。

4.2 国外高速铁路采取的模式

由于各国的国情和铁路网(既有线网和高速铁路网)结构、发展历程和运营管理机制的不同,高速铁路采用了各具特色的客流组织方式和运输组织模式,各有差异,各有优缺点。在确定运输组织模式时考虑的主要因素有:一是最大限度地满足旅客需要;二是与本国既有铁路网的关系和运营情况。例如,日本既有线为窄轨铁路,新建高速铁路为标准轨距;法国是部分新建线路,新建高速线与部分既有线混合运行;德国是通过既有线改造模式运行高速铁路;英国和瑞士既不是修建新线,也不是对既有线进行大量改造,主要采用摆式车体的车辆组成动车组。综上,可将目前发达国家的高速铁路客流组织方式大致归纳为以下几种模式。

4.2.1 “全高速—换乘”模式

高速线上只运行高速列车,无跨线列车运行,直通客流大,跨线旅客采用换乘方式。且高速列车运行范围仅为高速线,简称“全高速—换乘”模式。该模式适用于自成体系的高速客运专线,如日本的新干线。其优点是列车运行速度高,列车追踪时间短(最小可达到 2 ~3 min),运输组织简单,便于管理,运输能力大等。但由于跨线客流要全部在衔接站进行一次或多次换乘,将延长旅客旅行时间,部分客流可能会转向其他交通工具并加重市内交通压力,给旅客带来不便和困难。所以旅客换乘是“全高速”模式的关键性问题。

日本自 1964 年至 2002 年建设了 8 条高速线,都是国际标准轨,无法与既有线窄轨相连接。所以,日本新干线运输组织模式是全部运行高速动车组列车,而且新干线上没有跨线运行的其他列车,跨线出行的旅客只能采取换乘方式。日本新干线主要有东海道、山阳、东北、上越、北陆新干线,都自成体系。日本的高速铁路尽管旅客的换乘条件很好,但仍致力于创造更多的直达条件。新干线具有列车密度高、旅客运输量大、安全性好、服务设施良好、换乘便利、方便旅客出行等优点。另外,日本国铁民营化后,划片管理,新干线和既有线归同一公司运营,为能使新干线高速列车服务范围扩展到更多的周边城市,部分公司采取将新干线列车延长运行到既有线的措施,以提高旅客全程旅行速度。拓展高速铁路的运营范围,减少旅客换乘。

我国台湾高速铁路以日本新干线系统及技术为基础,采用这种模式,参考日本新干线700型列车作为设计基准,最高时速为300 km。为兼顾速度与各站旅客的方便性,吸引各方面客流,实行蛙跳式停站策略,其中台北-高雄的直达列车全程在80 min内即可到达。

4.2.2 "全高速—下线运行"模式

高速线仅运行高速列车,但高速列车也可以在与高速线相衔接的既有线路上运行,简称"全高速—下线运行"模式。该模式高速列车在高速线上按照高速列车运行,其跨线高速列车下高速线后按普通线路允许的速度运行,适用于与普通既有线路相衔接的高速铁路线,例如法国的高速铁路。其优点是,一方面高速线上只运行高速列车,列车速度基本相同,可按平行运行图运行、通过能力大。同时高速列车下线运行,可以增加高速列车的通行网络,扩大高速线路的服务范围,能更多地吸引客流,提高了高速线的利用率,减少旅客换乘,较好地解决跨线旅客运输问题。但缺点是需要较多的高速列车车底,必须要求高速客运专线与既有线兼容。法国6条高速铁路线(不包括巴黎联络线),以巴黎为中心向四周辐射,能通往6个方向的不同地区和城市(包括比利时、荷兰、瑞士、意大利等国家的城市),并与既有线相连接。如巴黎东南线高速铁路长454 km,高速列车运行总里程达1 500 km,通达法国南部各主要城市,高速运行距离延长近5倍。从整体上讲,法国高速铁路可以归纳为这种模式,一方面使得高速线运力得到最佳发挥;另一方面能充分利用既有的基础设施,尽量减少在高度都市化地区进行困难和昂贵的工程建设,列车可以方便地进入如巴黎、里昂这样的大城市。

法国铁路运营组织一般根据客流量大小配备相应的列车对数,在一天的不同时段内根据客流量的大小,开行不同数量的列车。运输组织模式适应市场需求,能够保证高速铁路及整个路网的整体可靠性,列车上座率较高,停站较少,列车起停时间缩短,列车平均速度较高,整体经济效益良好。并且可在一日、一周及突发的高峰时刻,实行两组列车重联。但其缺点是:列车运行间隔不规律,旅客出行不便,同时,线路利用率下降。为提高运输能力,必须增加列车数量和存车场的规模以及检修段的数量。以减少列车回空。

4.2.3 "混合运输"模式

高速线不仅运行旅客列车(包括高速列车和普通列车),还可运行货物列车,简称"混合运输"模式。该模式高速线的运输组织基本与常规的既有线铁路运输组织模式相似,多适用于改建既有线为高速线的线路上,例如德国、英国、前苏联等国的高速铁路。其优点是线路的工程投资小。缺点是线路上由于运行的客货列车速度差大(旅客列车的速度一般为200 km/h,货物列车的速度一般为100 km/h),旅客列车的扣除系数大,通过能力较小,列车的运行组织复杂;旅客列车的最高速度也受到限制,一般只能达到160 ~200 km/h,延长了旅客的旅行时间。

德国的高速铁路由两部分组成,一是改造既有线,将列车最高运行速度提高至200 km/h;二是新建4条高速铁路线,前三条均为客货混运,2002年12月投入运营的第4条科隆至法兰克福的高速线才是客运专线。可见,德国的高速铁路网是由改造的旧线(最高时速200 km)和新建高速线(最高时速 250~300 km)混合组成的。德国高速铁路的建设特别强调扩大货物运输能力,改善运输质量和消除运输瓶颈地段,采取了这种模式。在高速线路的运输任务很繁忙。

德国的ICE 动车组实行节拍式运输,采取基于运输能力的运输模式,以固定的时间间隔组织列车运行,在许多大城市每隔 1 h 组织发 1 列高速列车。而且通过优化的检修程序减少了列车回空。固定发车间隔的列车运行图使得其他交通工具易于衔接,便于换乘,缩短旅客在站停留时间。这种运输组织模式缺点是:平均列车运行速度较低,在间隔小的情况下不可能客货共线运行。

德国高速铁路为了方便旅客换乘,采取了在路网枢纽站组织两列车到达同一站台的方式,旅客可以直接从这条线的列车换乘到另一条线。这种运输组织方式,必须以整个路网列车运行可靠性和准时性为条件,因为任何原因造成的晚点都会影响旅客换乘。在客流组织方面,德国尽管具备良好的旅客换乘条件,但仍致力于创造更多的直达条件,如采取大量的ICE 列车和IC 系列列车下高速线的方式。

德国铁路为了适应客流变化的需要,在某些线路上采用短列运输方式,根据需要可以两列联挂行驶,也能分解成两个短列分开运量小的区段分开运行,达到节省模式运能、满足运量的需要。

意大利和瑞典也是客货混跑模式,其中,意大利是高中速旅客列车和高速货物列车混跑;瑞典是通过既有线具备改造,采用摆式列车提速到 200 km/h。西班牙是高中速列车混跑客运专线,采用 300 km/h 的本线 AVE 列车和 200 km/h 的跨线 Talgo 列车混跑。西班牙客运专线上采用的是国际标准轨距(1 435 mm),而既有线是历史遗留下来的宽轨距(1 668 mm)。高速动车组从标准轨距开到宽轨距,他们研发了一种特殊的会改变轮距的动车组——Talgo 可变轨距电力动车组。

4.3 我国城际铁路采取的模式

我国的城际铁路根据其修建模式不同,各个城际铁路根据地域的不同,完全采用任何一种国外的模式都存在一定的局限性,一般采取运输模式为全开行高速列车、高速列车下高速线、客货列车混跑以及中速列车上高速线模式。也就是说,其他各国的运输组织模式在我国不同地区都有体现。

我国城际铁路运输组织模式可概括为"不同性质的列车共线运行",包括:

(1)本线和跨线列车共线运行:城际铁路运行有本线列车还运行跨线列车。

(2)不同速度列车共线运行:城际铁路上运行有两种及其以上速度的动车组列车。

(3)不同停站方案列车共线运行:城际铁路区段上开行不同停站的列车。

(4)客货列车共线运行:多是由既有线改造而来的高速线路,适合货物列车开行,大多无平行分流线路,在既有线开行动车组列车,列车具有城际列车的特征。

其中(1)~(3)是指在高速铁路上;(1)、(2)往往又交织在一起;(4)是既有线上。

4.3.1 高速铁路模式

归纳起来主要分为下面三种模式:

(1)300 km/h 以上城际铁路运输组织模式,为讨论方便,可将其定为 A 类列车(高速列车),B 类列车是指 200~250 km/h(中速列车)。

速度达到 300 km/h 及以上线路,可采取的运输组织方案有以下 6 种。

①城际铁路只开行本线 A 类列车,不组织旅客换乘,跨线旅客列车不上高速线,全走既有线。

②城际铁路只开行本线 A 类列车,组织旅客换乘,跨线旅客列车不上高速线,全走既有线。

③城际铁路开行本线 A 类列车,有条件的部分跨线列车上高速线,其余跨线列车仍走既有线。

④城际铁路线列车采用 A 类列车,所有跨线列车均采用 A 类列车,走高速铁路线。

⑤城际铁路本线列车采用 A 类列车,所有跨线列车均采用 B 类列车,走高速铁路线。

⑥城际铁路本线列车和跨线列车共线运行,除本线列车全部采用 A 类列车外,有条件的跨线列车也采用 A 类列车,其余跨线列车采用 B 类列车。

上述方案中,前四个为全高速 A 类列车方案(简称全高速方案),方案⑤和⑥为多种速度列车共线方案(简称共线方案),从运输能力利用的角度看,全高速方案有利,共线方案次之。

方案①运输组织最简单,但城际铁路所服务的客流范围较小。

方案②可以增加一部分高速铁路行车量,但跨线客流需增加换乘。此外,由于涉及换乘,要考虑高速铁路列车之间、高速铁路列车与既有线列车间的衔接,运输组织较复杂,而且有关车站可能要扩建站台,将增加投资。

方案③的特点是,条件具备的跨线列车采用动车组在高速铁路上以较高速度运行,在既有线上以线路的限制速度进行,其余跨线列车采用普通旅客列车在既有线上运行。

方案④的特点为跨线列车全采用动车组在高速铁路上以较高速度运行,在既有线上以线路的限制速度运行,跨线客流不必换乘就可以乘坐高速列车,既改善了旅客旅行条件,又吸引了较多的高速客流。目前发达国家一般都采用这一模式,可以扩大高速列车的服务面。但延长了高速动车组的周转时间,增加了高速动车组的需要量。同时由于既有线的线路条件对动车组的磨损将大于高速铁路,其运营成本将增大。

方案⑤的特点为跨线旅客不必换乘就可以在高速铁路上乘坐 B 类列车,扩大了高速铁路客流的吸引范围,提高了高速铁路的能力利用率,较好地解决了既有线能力不足的问题,而且跨线列车为 B 类列车,其购置费较少,在既有线上运行有较好的适应性。此方案的不足为:B 类列车在高速铁路上的速度较低,降低高速铁路通过能力。

方案⑥既兼备了方案④和⑤的优点,同时也弥补了前五个方案存在的不足,其主要问题是部分跨线列车采用 A 类列车,购置成本将增加。但是也应看到,随着我国经济的发展和人民生活水平的提高,A 类列车的数量和运行范围将逐步增大,有条件时可实现高速铁路的全 A 类列车运行。

(2)200~250 km/h 高速铁路的运输组织模式

一般来说,200~250 km/h 的高速铁路比较适合于城际铁路,因此,其运营组织方案采用仅运行本线城际列车的方式,可以较少考虑与既有线的衔接问题,运营组织模式相对简单。为了满足长短客流的不同要求,开行的本线列车主要有两种:大站列车和站站停列车。另外,部分跨线列车可以考虑上线运行,运输组织模式以及上线列车的基本条件如下:

①城际铁路上只运行本线列车,不组织换乘,跨线旅客列车全走既有线。这种模式下,本

线列车采用 200～250 km/h 的动车组,以 250 km/h 的大站列车为主,站站停列车运行速度也不得低于 200 km/h。

②城际铁路上只运行本线列车,在城际铁路与既有线的衔接站组织旅客换乘,少部分跨全段的旅客列车上线运行。

结合城际铁路运营组织的实际,我国城际铁路有高速跨线还有低速跨线的模式。例如,2017 年自 4 月 16 日起,旅客从武汉乘坐高速铁路列车可直达珠海,乘坐动卧列车可到上海、成都等地。铁路部门调整列车运行图后,郑州东至广州南 G545 次(300 km/h)和广州南至郑州东 G542 次(300 km/h)两趟高速铁路从京广高速铁路延长到广珠城际铁路开行(200 km/h)后,武汉至珠海首次开行直通列车,旅客乘坐高速铁路往返武汉、珠海两地,单程只需 5 h 14 min。再如,沪宁城际铁路的合宁和宁安方向的跨线列车 250 km/h,而本线列车 300 km/h,同时,沪宁城际铁路又增加了到成都重庆的动卧列车(250 km/h),沪宁城际铁路能力利用较为紧张。

结合停站方式,跨线和本线列车相关分析如下:

跨线列车的运行从客流需求的角度分为大站快车跨线与站站停跨线两种模式,其中大站快车跨线模式包括直达跨线与大站停跨线两种模式。从跨线列车在本线运行的速度来看,可以分为同速跨线与降速跨线两种模式。从第一种分类角度来看,跨线列车各运行模式的含义如下:

(1)大站快车跨线模式:包括不停站通过跨线与大站停跨线两种模式。不停站通过跨线模式是指,通过本线的跨线列车在本线不停站通过。这种运行模式,对本线能力影响较大,而且对吸引客流不利。大站停跨线模式即通过本线的跨线列车只在沿线几个主要车站停靠,其他车站不停站通过,或本线到达和始发的跨线列车只在本线终到站停靠,其他车站不停站通过。这种运行模式,运输能力影响程度比直达跨线模式略小,且可提高本线大站与其他线路大站间的客流服务水平。

(2)站站停跨线模式:即指通过本线的跨线列车在本线每站均停车,这种运行模式,对本线能力的影响较小,但跨线列车由于每站均需停车,在区间运行基本上处于起动加速和制动减速的阶段,难以发挥跨线列车车辆性能的优越性,通常情况下也不满足跨线客流对快捷性的需求。

(3)同速跨线模式:指通过本线的跨线列车在本线速度保持不变或和本线大站快车相同的速度运行。这种运行模式,对本线的能力影响较大,但对吸引客流有利,服务水平较高。

(4)降速跨线模式:指通过本线的跨线列车在本线以较低的速度或和本线站站停列车相同的速度运行。如果线路能力紧张,为了满足能力需求,或线路出现故障情况,为了维持全线不中断运行,可以考虑采用这种模式,但跨线列车的旅行速度较低,服务水平不高。

综上所述,跨线列车运行模式的综合比选如下:从跨线列车在本线是否停站的角度来说,直达跨线模式对本线能力影响较大,而且对吸引客流不利;大站停跨线模式对能力的影响程度比直达跨线模式略小,可以提高本线大站与其他线路大站间的客流服务水平;站站停跨线模式对本线能力的影响最小,但难以发挥跨线列车车辆性能的优越性,区间运行时分较长,旅行速度较低。从跨线列车在本线运行速度的角度来说,同速跨线模式对本线能力的影响较大,但对吸引客流有利,服务水平较高;降速跨线模式可以提高线路的通过能力,但跨线列车的旅行速度较低,服务水平不高。从提高服务水平的角度考虑,在线路能力许可的条件下,通过合理调整运行图,跨线列车的开行应尽量减少对站站停列车的运行影响,减少站站停列车的额外等待时间,跨线列车的运行模式优先采用同速跨线模式;如果线路能力紧张或出现故障状况,为了维持全线不中断运行,应考虑采用降速跨线模式运行。

再从列车越行的角度进行分析,本线列车运行模式按是否越行可以分为越行模式与不越行模式,按大站快车与站站停列车的运行速度差别可以分为有速差与无速差模式。

(1)有速差越行模式:是指大站快车与站站停列车采用不同速度等级运行,大站快车运行速度较站站停列车更高,站站停列车被大站快车越行。这种运行模式,大站快车对站站停列车的运行影响较大,增加了站站停列车的额外等待时间,比无速差越行模式对能力的影响大。

(2)无速差越行模式:是指大站快车与站站停列车采用同一速度等级运行,大站快车与站站停列车不存在速差对能力的影响,只有停站次数不同而产生的能力影响,站站停列车被大站快车越行。这种运行模式,由于大站快车降速,与有速差越行模式相比,旅行速度降低,但能力比有速差越行模式大。

(3)有速差不越行模式:是指大站快车与站站停列车采用不同速度等级运行,大站快车运行速度较站站停列车更高,站站停列车不被大站快车越行。这种运行模式,可以与车辆性能很好地适应,但对线路的通过能力影响最大。

(4)无速差不越行模式:是指大站快车与站站停列车采用同一速度等级运行,站站停列车不被大站快车越行。这种运行模式,由于大站快车降速,与有速差不越行模式相比,旅行速度降低,但能力比有速差不越行模式略高。

综上所述,本线列车运行模式的综合比选如下:就大站快车而言,采用有速差越行模式虽然对线路通过能力的影响较大,但服务水平较高;无速差越行模式,由于大站快车降速,与有速差越行模式相比,旅行速度降低,服务水平降低,但能力比有速差越行模式大;无速差不越行模式,与无速差越行模式相比,旅行速度均降低,但对能力的影响更大。由于无速差越行模式与无速差不越行模式,大站快车均需降速运行,难以发挥车辆性能的优越性,降低了服务水平。

对于城际铁路,从目前研究的国内城际铁路线路来看,绝大多数城际铁路承担的客流主要由两部分构成,一部分是沿线主要城市间的客流,即大站客流;二是沿线重要城镇之间以及其与主要城市间的客流,即站站停客流。相应的,为满足不同层次客流出行需要,在运输组织上一般开行大站快车和站站停两种城际列车。大站快车采用较高的运行速度,只停沿线几个大站,满足主要城市间客流的可达性;站站停列车停靠沿线车站,方便沿线城镇客流出行。由于大站快车和站站停列车一般存在速差以及停站的影响,从而在大站快车和站站停列车之间产生越行需要。目前京津、武汉城市圈以及广珠城际铁路等均组织开行大站快车、站站停两种城际列车,并采用越行的运输组织模式。

我国现阶段城际铁路运输组织模式,包括多种速度列车共线运行、多种停站方案列车共线运行,本线和跨线列车共线运行等多种模式。随着国民经济的发展和人民生活水平的提高,以及铁路线路及等技术设备条件的改善,有条件时,为提高通过能力,可逐步加大高速列车的数量和运行范围,减少跨线列车及低速动车组的比例。

4.3.2 既有线改造模式

1. 既有线开行动车组列车模式

2007 年 4 月 18 日,伴随着中国铁路第六次大提速,中国首列动车组列车从上海南动车运用所扬笛起航，动车组列车开始奔驰在中国铁路既有线上，动车组列车承载的不仅仅是时空观念的改变，也是经济版图的重构。受各地区发展不平衡影响，如今，我国部分既有线存在开行动车组的客流需求。动车组列车的开行具有城际列车的特征。这种运输组织模式具有特殊性，客货列共线混跑组织方式存在很多限制条件，主要表现在：

(1)动车组、普速旅客列车和货物列车混跑的客货共线线路，货车和动车组列车在区间不能交会，因为动车组列车通常在白天开行，上下行各 2 h 就有一列，部分货物列车要安排在车站停留会让，在车站等待时间增加；部分货物列车运行就要调整在夜间；而且原来可以开行的超长货物列车，开行动车组列车后便不得开行，现在要一般要分将超长列车为两批。

(2)动车运行的控制系统采用 CTCS2 级控制系统，按照目标-距离曲线模式的进行控车，而其他列车是按照传统的自动闭塞运行，几种类型的列车混跑，给列车运行调整带来一定的困难。

(3)目前，我国对铁路动货混跑的组织模式和安全管理尚未形成统一，也没有针对动货共线、区间运行交会等方面的规章。现以宁启铁路为例加以分析。江苏省苏北、苏中地区是“一带一路”的交叉点，是沿海、长江、陇海三大经济带的交汇地。近年来，两个地区社会经济发展迅速，逐步融入“长三角”核心区。与此同时，人们的生活和工作节奏不断加快，时间成本不断体现，人们对旅行速度和减少在途时间的要求越来越高，迫切希望缩短与上海、南京等核心城市的时空距离，形成“同城效应”。调查发现，该地区人口密度和人均产出尽管比苏南逊色，但在全国却位于前列，单列出来的经济规模超过全国大多数省份。该区域人民对高速铁路的期望日益凸显，最想去的城市是上海、南京、北京，其中盐城、南通、泰州地区旅客出行以上海、北京为主，淮安、宿迁地区旅客出行以南京、北京为主。潜在的客流需求包括：县级城市希望本地区车站有进京车停靠办客；未通高速铁路的地级城市希望开行直达省会城市列车；高速铁路区段地级城市希望按照市民的出行规律开行点对点动车等。

宁启铁路西起南京，冬至启东，位于江苏省中部，是国家“八横八纵”铁路主通道之一的组成部分。该线衔接京沪、新长线，还是宁西(南京-西安)铁路的延伸。作为江苏省横跨苏北地区的一条线和苏中地区的第一条铁路，打通了苏北、苏中地区通向北方、东南、西北地区的大通道。宁启铁路全程 269 km，全线设林场、浦口北站等 16 个站。经复线电气化改造后，该线已建成兼顾城际功能的客货混运的快速通道。其中，旅客列车设计时速为 200 km，南京至南通运行时间可从 4 h 缩短为不到 2 h。2016 年 5 月 15 日开通动车组列车，结束了江苏中北部城市无高速铁路的历史。南京至南通站间增开动车组列车后，列车编组采用 CRH2A(B)型动车组 8 辆小编组和 16 辆重联大编组两种。其中：

(1)本线动车组列车 14 对：扬州-南京间开行的点对点列车为特色列车。针对宁启线动车组开通后扬州市正式提出与南京市同城化的发展战略，制定了扬州-南京间加开动车组方案，扬州站 6:40~7:00 间分发出，7:40 前到达南京站，方便了扬州到南京上班族的出行，服务了地方经济发展。南京-南通间动车运行时间，中间停靠三个站(扬州、泰州、海安县)约需 2.5 h，中间停靠 5 个站的约需 2.6~2.7 h。

(2)跨线动车组列车：为保证动车组列车的运行方向、区段所辐射区域。充分考虑本线列车的基础上，引入部分跨线列车，延伸了宁启铁路的通达范围。如南通-重庆北的 D2268 次，南通-汉口的 D3152、D3156，由宁启线接入宁蓉线宁渝段，在合肥南站接合福高速铁路、汉口(武汉)接京广高速铁路，或是满足旅客换乘需要，这样可以辐射区域安徽、湖北、四川等省，共计安排 3 对跨线车。

动车组列车在运输组织过程中,存在以下难点:

(1)原宁启线设计标准低,小半径曲线多,设计速度为 120 km/h;现运营的宁启线在既有线基础上按 200 km/h 速度进行改造,施工难度大,目前还有部分区段达不到设计速度标准,需要动车组列车经过这些区段时采取临时限速等安全及卡控措施。

(2)既有列车的开行时刻受衔接线路和跨局到宁启铁路的旅客列车列车运行图框架等因素的制约,基本上无法进行重新铺画,只能在既有列车的开行框架的基础上通过微调来增加动车组列车的开行数量,而新增的动车组列车根据客流需求均要求在白天开行,开行时间范围在 0:00~23:30 之间,夜间 0:00~6:00 间无动车组运行,这就要在白天的运行图上精雕细刻合理安排好相关动车组列车的运行线。受本线列车种类多、速差大,衔接线路(京沪线、新长线)运行图框架及能力制约,宁启线与京沪既有线的林场站转京沪线时,京沪线本身通过能力就已饱和,组织好宁启线动车组列车运行线就要见缝插针地安排好。

在监控预警设备方面,根据宁启铁路开行动车组列车以及不同车站分别按照高速铁路和普速铁路技术规章进行管理等实际情况,研发并安装列车运行安全智能监测预警系统,具备对车门(车窗)、烟雾、车辆抱闸、悬挂异物、篷布飘起、闲杂人员爬车等情况自动判断、实时报警和标注位置,具备声光自动预警及销号功能,对问题车能自动提示车次、车位、车号、问题类型、问题部位、严重等级等,直到作业人员确认问题取消声光报警。同时,系统还适应全天候(不同时段,不同光线强度,不同气候特征)、多车种(货车,客车和动车)及货物载装状态的判别,为车站接发列车作业的安全检测提供有效的技术手段。

宁启铁路经历多次列车运行图调整,开行动车组列车从运营初期的 13 对增至目前的 16 对,运输能力不断提升。南通、海安、扬州等沿线城市至长三角和中西部城市间时空距离大幅缩短。

再如,宁波至余姚的城际铁路实际上是宁波至余慈城际铁路的一段,该线路全长 48.7 公里,是利用既有的萧甬铁路"富余"的运力,因此,也是国内首条利用既有线开行动车组的城际铁路。宁波至余姚城铁项目在管理上有比较多的突破与模式创新,线路的开通运营将为国内其他地方利用既有线路改造的城铁项目树立样板和标杆。为满足肖甬既有线宁波-余姚(包括庄桥、蜀山等站)间城际旅客出行需求,2017 年 6 月宁波至余姚城际列车开行 8 对车,每日 6:00~21:00 时段开行,宁波-余姚间半小时左右到达,列车固定循环使用 CRH6F 型动车组,每个车厢旅客人数不超过 250 人,开车前提前 15 分钟检票,不需要提前订票,采用刷卡进出站,随到随走。宁波市民卡、甬城通卡、余姚公交卡将逐步纳入城际铁路票务系统。客运票价也已经省物价局批复,宁波至余姚单程最高限价为 14 元,试运行期间,票价不超过 12 元。乘客使用市民卡、公交卡等,还能享受一定折扣的优惠。2 列 CRH6F 新型动车组列车在该城铁线路上使用,这种车型为 8 辆编组标准,设有座席 510 个,最大载客量 1 950 人,最高时速 160 公里,车厢环境宽敞舒适。

萧甬线两侧还集中了绍兴市多个风景区,包括越王峥、柯岩、鉴湖、镜湖湿地公园、绍兴古城、会稽山旅游度假区、吼山、曹娥江风景名胜区等多个景区。绍兴首条城市轨道交通线将在 2017 年底运行,先行开工段为钱清、绍兴、上虞三站间城际列车,全长 64 公里,时速 120 公里,从钱清到上虞只要 45 分钟,被称为"绍光风情旅游新干线"。据悉,预订的 3 列"和谐号" CRH6F-A 动车,每列为 4 个车厢编组,今后也可以通过增加车厢变为 6 个或 8 个编组。

2. 高铁线路开行动车组列车与既有线部分站衔接模式

这种模式是新建的高速铁路部分车站与既有线部分站共用,共用站存在普铁和高铁运行交叉情况。例如,金温铁路于 2015 年 12 月 25 日 0:00 正式开通启用,金温铁路是铁路干线网中杭长高铁和东部沿海高铁的快速连接通道,与甬温、杭甬、杭长等线共同构筑起浙江省中东部主要城市间环状路网,其建成开通对优化完善浙江省内高速铁路网布局,加快沿线地区经济社会发展等具有重大意义。金温铁路设东孝、金华南、武义北、永康南、缙云西、丽水、陈篆、青田站,其中金华南、丽水、青田站为金温线既有车站改建与金温铁路共用。金温铁路目前每日 200 km/h 高速列车 12 对,金华和温州融入"1.5 h"交通圈。在执行技术规章方面,如《铁路技术管理规程(高速铁路部分)》规定,其"适用于 200 km/h 及以上的铁路和 200 km/h 以下仅运行动车组列车的铁路",金温铁路运行速度为 200 km/h 理应执行《铁路技术管理规程(高速铁路部分)》的规定,但上述车站又运行普速列车,配有助理值班员接发列车,还办理装卸车和调车作业。金华南、丽水、青田站要同时要执行《铁路技术管理规程(普速铁路部分)》,但设备状况相对复杂,相邻区间既有高铁又有普铁,对车站技术作业标准要求很高,存在办理高铁列车多方向错办的风险,需要详细并执相关风险防控办法。

4.4 案例分析:城际铁路跨线列车发车时域确定方法

1. 传统计算方法

根据方便旅客出行为原则,考虑与城市各种交通工具相结合,旅客列车应具备合理的始发终到时域范围。一般的,旅客列车始发、终到时刻在 7:00~24:00 之间。假设始发列车的单程运行时间为 $T = x + 24D$,其中, x 为旅行时间与 24 相除的余数, D 表示天数,则合理的发车时域 t 可用下列分析式确定:

当 $0 + 24D \leqslant T \leqslant 7 + 24D$ 时,有: $7 \leqslant t \leqslant 24 - t$;

当 $7 + 24D \leqslant T \leqslant 17 + 24D$ 时 ,有: $7 \leqslant t \leqslant 24 - x$,或 $24 - x + 7 \leqslant t \leqslant 24$;

当 $17 + 24D \leqslant T \leqslant 24 + 24D$ 时 ,有: $24 - x + 7 \leqslant t \leqslant 24$。

例 太原–郑州列车既有线全程运行时间为 13 h 58 min,按上述方法计算,该列车合理的发车时域为 7:00~10:00 和 17:00~24:00。可见有较宽的发车时域,具体发车时刻还需结合其他因素和经验加以确定。

2. 同余理论及其方法

(1)同余理论

定义 如果 a,b 是整数,而 n 是一个正整数,则当 $n|(a-b)$ 时,称 a,b 对模 n 同余,记作 $a \equiv b(\text{mod } n)$ 。符号 $\alpha|\beta$ 表示 α 能整除 β 。

例 因 $4|(16-0)$,则 $16 \equiv 0 \pmod 4$;因 $4|(25-1)$,则 $25 \equiv 1 \pmod 4$;因 $4|(25-(-3))$,则。此概念可理解为:如果 $a \equiv b \pmod n$,表示 a 除以 n 所得的余数与 b 除以 n 所得的余数相等 $25 \equiv -3 \pmod 4$ 。

下面不加证明地列出有关同余的若干性质:

① $a \equiv a(\text{mod } n)$

② $a \equiv b(\text{mod } n) \Rightarrow b \equiv a(\text{mod } n)$

③ $a \equiv b(\text{mod } n)$ 且 $b \equiv c(\text{mod } n) \Rightarrow a \equiv c(\text{mod } n)$

④ $a \equiv b(\bmod\ n)$ 且 $b \equiv d(\bmod\ n) \Rightarrow a \pm c \equiv b \pm d(\bmod\ n)$, $ac \equiv bd(\bmod\ n)$

⑤ $a \equiv b(\bmod\ n) \Rightarrow ac \equiv bc(\bmod\ n)$, $a^m \equiv b^m(\bmod\ n)$

⑥ $ad \equiv bd(\bmod\ nd) \Rightarrow a \equiv b(\bmod\ n)$

⑦若 $a_1 \equiv b_1(\bmod\ n)$, $a_2 \equiv b_2(\bmod\ n)$,…, $a_m \equiv b_m(\bmod\ n)$,则

$$a_1 + a_2 + \cdots + a_m \equiv b_1 + b_2 + \cdots + b_m \quad (\bmod\ n)$$

其中,①、②、③三个性质分别称为自反律、对称律和传递律;⑤、⑥中的 c 是整数, m,d 是正整数。

(2)同余方法

令 T 为列车的旅行时间, x 为该列车的始发时刻,有

$$T = a \equiv b(\bmod\ 24)$$

其中

$$0 < a \leqslant 24, 0 < b < 24, a + b = 24$$

因 $x \equiv x(\bmod 24)$,所以

$$x + T \equiv x + a \equiv x - b(\bmod\ 24)$$

其物理意义是:列车的终到时刻 $x+T$ 可以用 $x+a$ 或 $x-b$ 代替。当 $x \leqslant b$ 时,用 $x+a$;当 $x>b$ 时,用 $x-b$。

定义列车始发、终到时刻在 07:00~24:00 为基本条件,则可列出如下不等式:

$$\begin{cases} 7 \leqslant x \leqslant 24 \\ 7 \leqslant x + a \leqslant 24 \\ 7 \leqslant x - b \leqslant 24 \end{cases} \tag{4.1}$$

例　根据 2010 年运行图,上海站到成都站的全程旅行时间约为 35 h,拟准备提速或采取压缩站停方式将旅行时间压缩至 $T = 34$ h ,确定其发车时域:

存在, $34 \equiv 10 \equiv -14(\bmod 24)$

将 $a = 10$, $b = 14$ 代入式(4.1),得 $7 \leqslant x \leqslant 13$; $21 \leqslant x \leqslant 24$。

于是,[7,13]和[21,24]则为列车发车时域,终到时刻范围分别为[17,24],[7,10],均满足基本条件的要求。

3. 跨线列车发车时域的计算

(1)影响因素分析

城际铁路跨线列车的发车时域确定主要考虑以下两个因素:

①天窗时间

通常跨线列车运行有两种方式,即上城际线和下城际线方式。前者是指从其他线路(既有线或客运专线)运行至城际线,后者是指从城际线下至其他线路。为便于统一管理,并能为所有设备的综合维修提供充分的时间,城际铁路采用在规定时间段统一停电维修的天窗设置方式,其天窗时间在运行图呈垂直形,俗称“垂直天窗”。由于采用统一时间停电和恢复供电的垂直型天窗,城际铁路列车运行图是被天窗时间割断的不连续的一个时空平面,并在其左(右)上、右(左)下角分别形成上下行两个特殊的三角区,这四个三角区不能铺画贯穿全程的列车运行线,如图 4.1 所示。城际铁路垂直天窗时间一般设置在 0:00~5:00,为避免两种方式的跨线列车停留在天窗内等候或在衔接站等候天窗开通后再运行,必须在城际铁路天窗施工前后通过(不包括运行至三角区),这在一定程度也限制了跨线列车在既有线或客运专线的运

行线铺画范围。

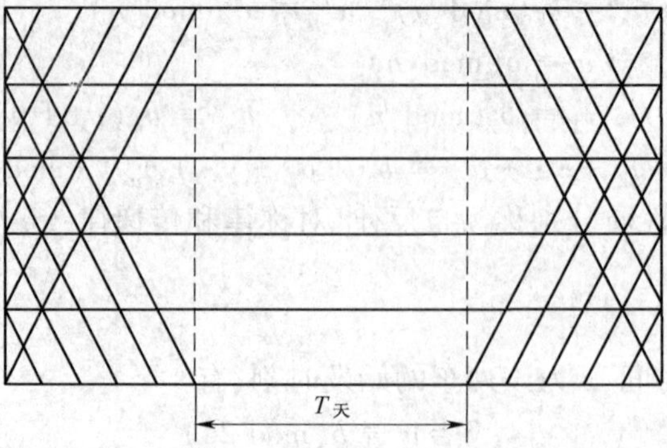

图 4.1 城际铁路垂直型综合维修天窗示意图

注：$T_天$为天窗时间；斜线部分为运行图三角区。

②高峰时段

城际铁路具有明显的时段性特征，这与其他客运专线有所不同。城际铁路高峰时段一般在 8:00~10:00 和 16:00~18:00，考虑到跨线列车和本线列车之间存在着速差，影响城际铁路高峰时段通过能力。因此，要尽量避开高峰时段内开行跨线列车，以满足高峰时段城际客流需求，确保本线列车公交化运营模式的实现。

本案例将城际铁路在高峰时段不安排跨线列车方法称为**优选方式**，把安排跨线列车的方案称为**次选方式**。实际编制列车开行方案时，两种方式都可能存在。其中，安排次选方式时需要综合考虑本线列车越行跨线列车的情况，若本线列车密度大，编制和优化列车开行方案具有一定的难度。

(2)求解方法

以跨线列车跨越一次城际铁路为例，建立发车时域的不等式方程如下：

若列车始发时刻为 x，自始发站至城际铁路衔接站 S 的旅行时间为 T_s，则列车到达该站的时刻为 $x+T_s$，并设在城际铁路的旅行时间为 T_c，且有 $0 \leqslant T_c \leqslant 3$，

$$T_s \equiv c \equiv -d(\mathrm{mod}\ 24)$$

其中，$0 < c \leqslant 24$，　$0 < d < 24$，　$c+d=24$，则

$$x+T_s \equiv x+c \equiv x-d(\mathrm{mod}24)$$

为确保跨线列车在城际铁路天窗开始时间 0:00 前通过，并将其作为增加的约束条件，再结合基本条件，可以列出 4 个不等式组如下：

$$①\begin{cases}7 \leqslant x \leqslant 24\\7 \leqslant x+a \leqslant 23\\7 \leqslant x+c \leqslant 24-T_c\end{cases}\quad ②\begin{cases}7 \leqslant x \leqslant 24\\7 \leqslant x+a \leqslant 23\\7 \leqslant x-d \leqslant 24-T_c\end{cases}$$

$$③\begin{cases}7 \leqslant x \leqslant 24\\7 \leqslant x-b \leqslant 23\\7 \leqslant x+c \leqslant 24-T_c\end{cases}\quad ④\begin{cases}7 \leqslant x \leqslant 24\\7 \leqslant x-b \leqslant 23\\7 \leqslant x-d \leqslant 24-T_c\end{cases}$$

解上述 4 个不等式组，即可求出满足基本条件和约束条件的发车时域。其中，增加的约束条件的含义是指：跨线列车在城际铁路上运行的任意时刻都要保证天窗时间前通过城际线。同理，另外一种跨线列车运行方式，即在城际铁路天窗结束后 5:00 通过，只需将每个方程组中

第三个方程的前后不等式范围确定为[5,24]，即可联立求解。显见，若跨越两次城际铁路，需要综合考虑两种方式。

城际铁路跨线列车发车时域求解问题，需要结合具体问题进行分析，改变基本条件设置，或增设不等式数量，然后进行求解。在求解过程中，也可结合采取排除法扣除不可能有解的方程组等方法，以减少计算量。

4. 实例分析

夕发朝至列车和有折返要求的动车组列车的运行线，目前在城际铁路跨线列车中较为普遍，其发车时域的确定，是城际铁路跨线列车中的典型问题。如跨越沪宁城际铁路的虹桥-北京南方向有 8 对动车组卧铺，8 对武昌方向动车组列车有折返要求；跨越京津城际铁路的夕发朝至动车组卧铺列车有 12 对。这两条城际铁路本线列车速度为 300~350 km/h，跨线列车速度为 200~250 km/h，存在着较大的速度差。

(1)夕发朝至列车发车时域确定

2010 年 8 月，沪宁城际铁路开行虹桥-北京南跨线动车组卧铺列车，跨越沪宁、京津两次城际铁路，在虹桥站直接从城际线始发。

定义夕发朝至列车的基本条件是：始发时刻在 17:00~23:00，终到时刻在 6:00~10:00，运距在 1 500 km 以内。

为便于比较，可结合 2007 年以来京沪间夕发朝至列车开行方案进行分析，依次存在三种方案。

方案 1：在既有线运行、不跨越城际铁路的方案，即 2007 年度开行的“Z”字头一站直达列车的方案，全程旅行时间为 12 h，有：

$$\begin{cases}17 \leqslant x \leqslant 23 \\ 6 \leqslant x + 12 \leqslant 10\end{cases}$$

可得 $18 \leqslant x \leqslant 22$，于是列车发车时域为[18,22]。

方案 2：跨越一条京津城际铁路。该方案是 2008 年 8 月~2010 年 7 月京津城际开通运营、沪宁城际铁路在建时的方案，列车由上海站始发、北京南站终到，全程旅行时间为 10 h，京津城际铁路 0:00~5:00 设有天窗，且 $T_c = 1$ h 、$T_s = 9$ h 。

$$\because \quad 10 \equiv 10 \equiv -14(\bmod 24),$$
$$9 \equiv 9 \equiv -15(\bmod 24)$$

为确保 5:00 后上京津城际铁路运行，建立不等式方程组，有

$$① \begin{cases}17 \leqslant x \leqslant 23 \\ 6 \leqslant x + 10 \leqslant 11 \\ 5 \leqslant x + 9 \leqslant 11 - 1\end{cases} \qquad ② \begin{cases}17 \leqslant x \leqslant 23 \\ 6 \leqslant x + 10 \leqslant 11 \\ 5 \leqslant x - 15 \leqslant 11 - 1\end{cases}$$

$$③ \begin{cases}17 \leqslant x \leqslant 23 \\ 6 \leqslant x - 14 \leqslant 11 \\ 5 \leqslant x + 9 \leqslant 11 - 1\end{cases} \qquad ④ \begin{cases}17 \leqslant x \leqslant 23 \\ 6 \leqslant x - 14 \leqslant 11 \\ 5 \leqslant x - 15 \leqslant 11 - 1\end{cases}$$

解方程可知，①、②、③均无解，④的解为[20,23]作为该方案的解。

方案 3：跨越沪宁、京津两条城际铁路。2010 年 7 月沪宁城际铁路开通后，列车由上海虹桥站始发、北京南站终到，全程旅行时间为 10 h(沪宁城际铁路增设了停站)，两条城际铁路天窗时间均为 0:00~5:00，在沪宁城际铁路跨线旅行时间为 2. 2 h，在京津城际铁路跨线旅行时

间为 1 h, $T_s = 9$ h。

$$\because \quad 10 \equiv 10 \equiv -14(\bmod 24)$$
$$9 \equiv 9 \equiv -15(\bmod 24)$$

按照本节思路和方法,需要建立 8 个方程组进行求解。由于跨线列车要在沪宁城际铁路天窗前必须通过,存在:

$$17 \leqslant x \leqslant 24 - 2.2$$

故可以简化计算,建立 4 个方程组即可:

$$①\begin{cases}17 \leqslant x \leqslant 23\\6 \leqslant x + 10 \leqslant 11\\5 \leqslant x + 9 \leqslant 11 - 1\\17 \leqslant x \leqslant 24 - 2.2\end{cases} \qquad ②\begin{cases}17 \leqslant x \leqslant 23\\6 \leqslant x + 10 \leqslant 11\\5 \leqslant x - 15 \leqslant 11 - 1\\17 \leqslant x \leqslant 24 - 2.2\end{cases}$$

$$③\begin{cases}17 \leqslant x \leqslant 23\\6 \leqslant x - 14 \leqslant 11\\5 \leqslant x + 9 \leqslant 11 - 1\\17 \leqslant x \leqslant 24 - 2.2\end{cases} \qquad ④\begin{cases}17 \leqslant x \leqslant 23\\6 \leqslant x - 14 \leqslant 11\\5 \leqslant x - 15 \leqslant 11 - 1\\17 \leqslant x \leqslant 24 - 2.2\end{cases}$$

解方程可知,①、②、③均无解,④的解为[20,21.8]作为该方案的解。

或者在方案 2 的基础上,直接增加 $17 \leqslant x \leqslant 24 - 2.2$ 方程式求解。

京沪跨线列车以上三种方案于上海、虹桥站的发车时域,可通过 2007、2008、2010 年实际列车运行图得到证明。如表 4.2 所示。

表 4.2　夕发朝至列车运行图实际始发终到时刻对照表

序号	方案 1			方案 2			方案 3		
	上海-北京			上海-北京南			虹桥-北京南		
	车次	始发时刻	终到时刻	车次	始发时刻	终到时刻	车次	始发时刻	终到时刻
1	Z2	19:15	06:48	D302	21:20	07:29	D302	21:35	07:29
2	Z6	19:38	07:06	D306	21:15	07:24	D306	21:30	07:24
3	Z8	19:44	07:12	D308	21:10	07:19	D308	21:25	07:19
4	Z14	19:26	06:54	D314	21:25	07:34	D314	21:40	07:34
5	Z22	19:32	07:00	D322	21:35	07:39	D322	21:45	07:39

方案 3 列车始发时间比方案 2 推迟了 15 min,但最晚是 21:45,这与代数方法计算结果 21.8(21:48)仅差 3 min。

(2)有折返要求的列车发车时域确定

2010 年 8 月,沪宁城际铁路开行虹桥-武昌的跨线列车。确定列车在虹桥发车时域优选方案的要求如下:

①立折过程要求:列车经沪宁城际铁路跨线运行至南京站后,在宁武高速铁路上运行至终点,到终点站立折后,经宁武高速铁路后,再经沪宁城际铁路到达上海虹桥终点站。

②时间参数要求:跨线列车除了必须满足在[5,24]内运行的刚性条件外,还有一些柔性条件:①尽量避免 8:00-10:00 和 14:00-16:00 城际铁路早晚高峰时段内运行;②虹桥站始发

后若在当日终到，则终到时间控制在[20,24]。

其他辅助条件有：①在沪宁城际铁路的旅行时间为2.5 h；②武昌(或汉口)站折返时间为20~60 min；③单程旅行时间5.5 h，往返旅行时间(含折返时间)约12 h。具体解法如下：

根据问题限制条件，采取排除法，将非高峰时段划分为[6,8]、[10,14]、[16,23]三个时段，在以上时段内安排始发跨线列车运行。

$$\because \quad 12 \equiv 12 \equiv -12 \pmod{24}$$

Step1：在[6,8]时间段，考虑基本条件

$$① \begin{cases} 6 \leqslant x \leqslant 8 \\ 20 \leqslant x + 12 \leqslant 24 \end{cases} \qquad ② \begin{cases} 6 \leqslant x \leqslant 8 \\ 20 \leqslant x - 12 \leqslant 24 \end{cases}$$

显然，方程组无解，该时间段排除。

Step2：在[10,14]时间段，考虑基本条件

$$① \begin{cases} 10 \leqslant x \leqslant 14 \\ 20 \leqslant x + 12 \leqslant 24 \end{cases} \qquad ② \begin{cases} 10 \leqslant x \leqslant 14 \\ 20 \leqslant x - 12 \leqslant 24 \end{cases}$$

解得[10,12]。再验证跨越城际铁路的时刻是否满足条件。显见，去程满足；返程需在16:00后上沪宁城际铁路，有 $16 \leqslant x + 12 - 2.5 \leqslant 24 - 2.5$

解得[6.5,12]。综上可知，发车时域为[10,12]。

Step3：在[16,24]时间段，显见，去程条件满足，这里 $b=12$，因 $16>12$，故返回到达时刻为 $16-12=2$，即为次日2:00，回程条件不满足，需要安排车底在武昌或汉口站过夜停留。

2010年8月上海虹桥-汉口8对动车组列车运行图往返车次交路列车时刻表如表4.3所示：

表4.3 有折返要求的列车运行图实际始发终到时刻对照表

序号	始发、终到站	车次	始发时刻	终到时刻	始发、终到站	车次	始发时刻	终到时刻
1	虹桥-武汉	D3002/3/2/3	06:48	12:23	武汉-虹桥	D3024/1/4/1	12:43	18:20
2	虹桥-武昌	D3018/9/8/9	10:00	16:00	武昌-虹桥	D3020/17/20/178	16:20	22:18
3	虹桥-汉口	D3060/1/0/1	10:12	15:55	汉口-虹桥	D3062/59/62/59	16:15	22:25
4	虹桥-武昌	D3068/9/8/9	11:00	16:30	武昌-虹桥	D3070/67/70/67	16:52	22:48
5	汉口-南京	D3054/1/4/1	10:16	13:11	汉口-虹桥	D3004/1/4/1	17:07	22:43
	南京-汉口	D3052/3/2/3	13:43	16:44				
6	虹桥-汉口	D3008/5/8/5	14:40	18:55	汉口-虹桥	D3006/7/6/7	08:00	13:35
7	虹桥-武昌	D3012/09/12/09	15:32	20:52	武昌-虹桥	D3010/1/0/1	08:35	14:16
8	虹桥-汉口	D3014/5/4/5	16:47	22:43	汉口-虹桥	D3016/3/6/3	11:26	15:41

从时刻表可知，利用代数计算法求得的跨线列车发车时域安排比较符合实际。跨线列车数量按时段统计表如表4.4所示(备注：前面分析[6,8]时段无解，但运行图安排了1列，说明该时段安排不科学，需改进)。

可见，代数计算法求得的发车时域仅[10,12]是合适的，该时段内安排了3列跨线列车。

表 4.4 上海虹桥-武昌方向跨线列车数量时段统计表

时段	[6,8]	[8,10]	[10,12]	[12,16]	[16,18]	[18,0]
始发列数	1	0	3	2	1	0

跨线列车的发车时域的大小与约束条件有直接关系。一般说来,约束条件越多、越苛刻,合理发车时域就越窄,甚至出现无解情况。还可以发现,代数计算法因要求跨线列车的运行时间要求为整数,才能应用同余理论,这在一定程度上影响了城际铁路跨线列车发车的时域确定问题的精度。本例可以进行推广,2017 年 4 月,沪宁城际铁路将运行上海-重庆和成都方向的动卧列车,可以根据同余方法进行在沪宁城际铁路运行时域间的计算。

5 列车开行方案设计及优化

5.1 列车开行方案内容

城际铁路列车开行方案是从客流到列车流的组织方案，它既是运营组织工作的开端，又是计划工作实施性的延续。换句话来讲，列车开行方案是联系以运输需求为导向的"客运产品"与运输生产计划之间的桥梁。列车开行方案是客运产品的前身和初步设计，也是编制列车运行图所重要的基础工作。

列车开行方案是铁路客运产品的核心，开行方案是城际铁路列车开行的框架计划，在铁路运营组织中占有极为重要的地位。列车开行方案以既有客流需求为基础，以估算或既有历史统计资料，如客流性质、数量、特点和出行规律为依据，科学合理地安排列车开行区段、走行径路、等级、种类、开行数量、车底编组、停站方案、运行时刻等运输资源，最大限度地开发合理的客运产品，满足潜在的客流需求。列车开行方案内容如下：

1. 列车开行区段

确定开行区段是编制列车开行方案的首先问题，是整个开行方案编制的过程的第一步。列车的始发站、终到站、经由线路构成旅客列车的运行区段。列车始发站和终到站的选择需要根据站间 OD 客流量来判断。列车开行区段存在几种可能：

第一种：城际铁路线路是一个封闭的独立系统，不与其他线路联通，这是城际铁路上列车的开行径路是唯一确定的，其上开行的列车称为本线列车。

第二种：城际铁路线与其他线路有联通关系，这时列车在有些始发、终到站之间就可能存在由多条不同线路组合产生的径路可供选择。例如，上海和上海虹桥站、南京站和南京南站都可设为沪宁城际铁路的始发和终到站。始发和终到站要有相应的动车组维修、整备设施。

第三种：确定跨线列车的运行区段。例如，沪宁城际铁路和京沪高速铁路上海虹桥-南京南段存在平行径路，而且昆山南站作为共同的节点站，上海(虹桥)至合肥、武汉、郑州上行方向的列车可以经京沪高铁，由南京南站转出沪宁城际铁路，需要确定是否跨沪宁城际铁路等。

2. 列车开行对数

城际铁路要根据客流出行特点、客流性质和客流需求，合理配置列车的开行密度和不同时段的开行数量，列车开行对数主要包括：

(1)时段分配。将列车对数分配到每日的各个时段，包括高峰时段和平峰时段等，以满足不同时段旅客出行的需要。

(2)开行密度。各类列车开行对数要体现客流需求的特点，并确保基本服务频率(开行密度)的需要。

(3)梯次方案。考虑到日常、周末、节假日(含黄金周)旅客出行需要，要建立日常、周末、节假日 3 套梯次动车组列车开行对数。

考虑到城际铁路的通勤客流,由于上下班时间的限制,客流会出现明显的波动。所以,在高峰时段需要加大列车开行密度,平峰或波谷时则减少开行密度。在城际铁路列车开行方案中,要遵循均衡运输的原则。均衡运输是指开行方案在时间上的均匀分布,包括整体均衡,方向均衡、相对均衡。整体均衡即基本运输框架的均衡性,避免出现列车运行间隔时间过大;方向均衡即按列车去向有序开行避免同时段列车过密或长时间无车;相对均衡即按客流高峰、低谷适应性调整列车密度。

3. 列车停站

列车种类区别出列车不同的等级或性质,列车停站方案是开行方案的重要组成部分。列车种类常常与列车停站次数结合在一起。停站次数既要适应客流需求,又要保证列车的高速特性。沪宁城际铁路、沪杭高铁列车历次停站方案调整显示,城际客运量变化与列车停站次数关系密切。总体而言,增加停站可提高沿途旅客的便捷性,对吸引客流有利,但为保证城际列车必要的旅行速度,停站次数要受到一定限制。

从技术角度确定如下原则:按正常速度运行的距离应控制在总运行距离的60%以上,因停站加减速距离应控制在总运行距离的40%以下。结合我国高速铁路动车组运营特征,依据CRH2和CRH3型列车加减速性能,城际列车最多的停站次数为:

$$[N] = \frac{\lambda D}{(d_{加} + d_{减})} - 1 \tag{5.1}$$

式中,$[N]$为合理的沿途停站最多次数,取整数值,不含始发和终到站;λ为分配系数,取0.4;D为城际列车运行区段距离;$d_{加}$、$d_{减}$为不同性能列车动车组加减速距离。

取无风无雨、平直线路状态下,CRH3型从静止到加速300 km/h后,立即常规制动减速至停车的加减速走行距离为$d_{加} + d_{减} = 29$ km;CRH2型从静止到加速250 km/h后,立即常规制动减速至停车的加减速走行距离为$d_{加} + d_{减} = 20$ km。经计算,沪宁城际铁路列车停站次数参考值为:250 km/h沿途合理停站次数不超过5次;300 km/h沿途合理停站次数不易超过3次。

1968年Eisele在停站方案的相关研究中提出了"站站停"、"隔站停"和"大站停"3种停站模式。日本、荷兰等国的列车停站模式均体现了这3种停站模式。例如,荷兰将路网划分为IC、IR和AR三个等级的系统,分别为城市间、区域间和地方的客流服务,相应的车站也被划分为IC、IR和AR站。不同种类的列车在对应等级的车站停车,如IC列车只在IC车站停,IR列车在IR和IC车站停,AR列车则站站停。我国城际列车的停站模式主要有一站直达、大站停、择站停(交错停站)、站站停这四类,如图5.1所示。

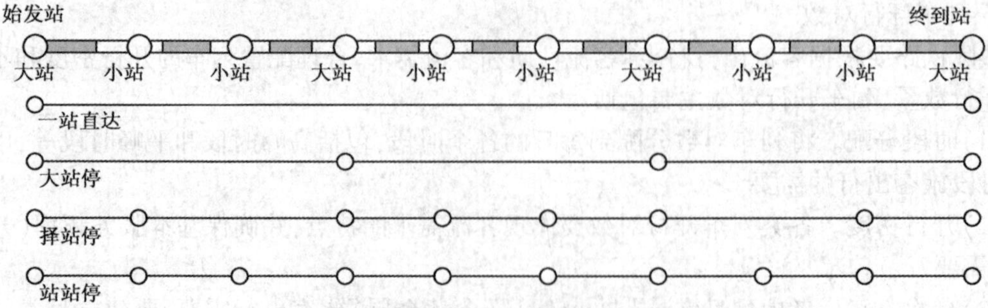

图5.1 城际铁路列车停站模式示意图

(1)一站直达

一站直达指在起讫点间客流足够大时,城际列车从始发站出发后,中间不停站,直接到达终点站。该停站模式的优点是能充分体现城际列车的"高速"性,缩短了始发和终到站间旅客的旅行时间,符合区域内旅客出行对时间高要求的特点,有利于吸引直达客流。其缺点是当城际铁路始发终到站间客流量不足时,大量开行一站直达列车会导致客座率难以保证。该停站模式比较适用于起讫点都为大型城市,两地间的客流需求大,客流量足够大,且运输能力充足,运输距离短的情况。如京津城际高速铁路采用了这种停站模式。

(2)大站停

大站停是指在运行区段内城际列车只在沿途大站停车,而各个中小车站采用通过的停站模式。在设计列车停站方案时,途中大站和小站的确定可以通过参考车站所在节点的城市规模、GDP、人口基数、政治经济地位、客运设施规模以及车站客流量等综合确定。该停站模式主要针对城际铁路沿线大中城市间旅客交流量占有较大比重,且以商务、公务出行为主的客流开行。该停站模式的优点是保证了大站间的服务需求,停站次数较少对旅客的旅行时间不会有太大影响。其缺点是停站方式较固定,灵活性较差。如沪宁城际铁路联系上海和南京,两大城市客流交流较大,开通运营初期开行过一站直达列车,后考虑到上座率以及苏锡常站客流量大,调整为三站停列车。为便于旅客掌握,现始发站在整点或半点安排苏、锡、常三站停列车,成为骨干列车。

(3)择站停(交错停站)

择站停又叫大站套小站停车,是指城际列车在沿途各大站停靠并选择合适的小站交错停车的模式,是大站停和站站停模式的有机结合。该停站模式的优点是不仅能满足大站间旅客的出行需求,还保证大站与小站间的客流交流。择站停模式适用于各大站客流交流量大,小站客流交流量小,列车开行密度大,且旅客乘车距离较长的情况。与站站停模式相比列车停站数量较少,在一定程度上保证了列车的旅行速度。该停站模式比大站停服务更全面,比站站停服务更有针对性。其缺点是择站停导致部分旅客出行需进行换乘,而且由于停站设置灵活性较强而导致停站规律性略显不足。

(4)站站停

站站停是指城际列车在运行区段内各个车站都停靠,是一种较常见的停站模式。站站停模式的优点是能够为区段内所有车站服务,对于其他列车停站模式下未满足的客流需求和未达到的服务频率是一个很好的补充,实现运行区段内所有 OD 的可达。这种停站模式有利于城际列车提供公交化的运输服务,便于城区、城镇间的短途旅客出行。与非站站停列车相比,旅客出行无需换乘,也没有必要去关注站台以及车内的信息提示,乘坐非常方便。这种停站模式的缺点是停站次数多,列车旅行速度较慢,对线路通过能力影响大,延长了动车组周转时间,增加了铁路部门的运营成本。同时当始发、终到客流所占的比例比重很大时,这种停站模式下旅客的总旅行时间损耗增加,服务水平的效率较低。

在编制列车停站方案时,任何一种停站模式都不可能独立存在,单一的停站模式无法满足不同层次旅客的出行需求。因此,合理的城际列车停站方案是将各种停站模式巧妙地组合在一块,满足各种需求,才能形成一套较为完善的停站方案。而且停站模式的组合并不是一成不变的,在城际铁路运营的不同时期,会根据客流的情况进行相应的调整。

4. 列车编组

动车组列车根据动车组牵引方式,动车组 8 节车厢动车组通常叫“标准列”,16 节车厢动车组称作“重联”。16 辆编组时,就要求列车沿途停靠站的站台长度能够满足。2016 年 1 月,国家铁路局向中车长春轨道客车股份有限公司、中车青岛四方机车车辆股份有限公司颁发了中国标准动车组(简称中国标动,并命名为“复兴号”)型号合格证和制造许可证,这标志着中国标准动车组具备了大规模生产许可条件。上线商业运营之前的各型高速动车组,不同系列车型无法重联运行,列车无法相互救援,救援设备不通用,车站设施重复。标准化动车组得到许可证,标准动车组,车辆统一互联互通,统一车钩连接接口,实现物理互联,还实现了统一电气接口,实现逻辑互联。这就为今后的高速铁路动车组编组重联问题创造了条件。而高峰时段和高峰期都需要动车组重联运行。

列车编组应根据客流波动特点,结合运营维修实际情况,从服务旅客、节约运营成本等方面统筹考虑。动车组列车固定编组、不可拆编,在实际运输中,对高速铁路运营企业的制约越来越明显。城际铁路运营有客流淡季和旺季之分,小长假春运期间和平时差距很大,线路繁忙程度不同,固定编组动车组不能增加车厢应对客流高峰,也不能减少车厢以减少支出或避免运力浪费,运能和客流常常形成冲突。若出现故障,维修期间整列动车组无法运营。中国中车股份有限公司研制可变的动车组样车将于 2017 年下线,可编组数量 2~16 辆的任何节数的动车组,适应灵活的客流变动情况。可变动车组拆解需要维修的一节,减少备用车组数量。

综上,城际列车开行时域可分为高峰、次高峰、平缓和虚糜等若干时段,重点是确定每个时段内列车的运行区段、运行径路、列车种类、开行对数、开行数量、追踪列车开行数量、停站方案等。同时,根据城际客流总量和各时段客流量合理安排列车开行密度,在满足市场需求的同时,根据已有经验,按照席位和时段,对动车组客流进行分析,建立日常、周末、节假日三套动车组列车开行方案。这也是设计城际铁路客运产品的核心问题。

5.2 影响因素分析

影响列车开行方案编制的因素很多,主要包括:

1. 客流量及结构

由于旅客市场需求在时间分布、地理位置分布、流向分布的不均衡性客观存在,旅客出行要求也是千差万别。客流量及客流性质反映着旅客的出行需求。编制旅客列车开行方案的基本原则是“按流开车”,客流分布是制订列车开行方案的基本原则,客流量不是确定列车开行和停站设置的决定性因素。客流的流量、流程、流向以及旅客出行行为的特征和规律决定了要开行的列车种类、数量、列车运行区段。

例如,沪宁城际铁路,根据客流需求,常州为分界线,常州到南京,常州到上海均有通勤上班人员客流量较大,目前在常州站设计两条能够停放动车组过夜的线路,准备早晨开行两个方向的列车使用。目前,不同交通方式时刻的衔接客运客流需求也凸显,例如,针对虹桥机场有 21:00~23:00 间到达的旅客,部分有到沪宁城际铁路间各站和沪杭高速铁路间各站的客流需求,需要城际铁路这个时段的运行线设计,需要设定晚上 21:30 开末班动车组,上海虹桥-南京(南)站间。

在编制方案时,要考虑以下几点:

(1)轮廓时刻。列车轮廓时刻选择时,要尽量保证符合潜在客流的出行需求,列车轮廓时刻基本确定后,会对列车车底及乘务交路设计有重要影响,也是旅客选择出行产品的重要考虑因素。

(2)开行规律。包括日常开行、周末开行和高峰期开行动车组,较好地适应不同时间段客流不均衡情况。

(3)票额分配方案。合理制定票额分配方案,有利于日常客流组织时,增加旅客发送量和客票收入。

2. 列车定员

城际铁路的市场定位主要是商务、公务客流,这些旅客的时间价值较高,对旅途的舒适度要求较高,能够承受的等待时间较短,因此城际铁路应尽可能高密度运行,同时列车编组及定员不能太小,以保证列车上座率在合理的水平。

根据客流变化、车票预售情况,进行单组、重联或长短编调整,或者进行抽线或增开临客等安排。

3. 车站、动车所、区间通过能力

由于动车组养护、维修、夜间驻留的需要,城际铁路列车开行的起讫点不宜过多,但是也必须考虑列车集中到发的大型枢纽站的能力。根据国外的运营经验,车站特别是衔接方向较多的车站能力往往比较紧张。为了吸引客流,各车站都希望增加列车停站的频率。但是,列车停站方案的增多便会降低运输能力,这样不仅要求车站增加接发能力,还会影响到区间能力,特别是导致高峰时段区间通过能力紧张。其他,早高峰时段,始发站连续始发,始发站能力紧张,动车所能力不足,晚高峰时段终到站集中到达,动车所检修能力也不足。

4. 旅客的旅行时间消耗及效用

列车开行方案必须考虑旅客多样化的出行需求。设计旅客列车开行方案时要以最大限度节省旅客旅行时间、方便旅客出行和提高旅客服务质量为目标,尽可能减少旅客的换乘次数和在途时间,合理安排列车服务频率,并为旅客提供良好舒适的乘车环境,以满足旅客对安全、快捷、方便、舒适的出行需求。同时,停站方案主要是为沿途旅客提供必要的停站次数和停站时间,并使旅客换乘成为可能,各列车通过恰当的停站设置为旅客提供良好的换乘接续。同时,停站设置也造成列车旅速降低,通过旅客旅行时间的延长。

从旅客角度,不同列车开行方案的总出行成本不同。旅客的出行成本主要包括:购票费用、旅行时间、购票时间、候车时间、换乘时间等时间成本。列车开行方案起讫点、停站次数、列车等级、列车开行频率决定着旅客上述费用的大小,因此,列车开行方案的编制还必须考虑旅客旅行时间消耗及效用。

候车、停站时间等都是旅客旅行耗费的时间。所以,可从旅行时间着手分析停站方案的设置。旅行时间是旅客出行时选择交通工具的一个重要因素。旅行时间消耗包括候车时间、运行时间、停站时间、换乘时间 4 个部分:

(1)候车时间。指旅客在站(始发站或中间站)平均等待时间消耗,其值与列车服务频率、乘车手续、进站时间相关。

(2)运行时间。是指旅客旅行过程中的主要时间消耗,与列车在各区间运行的平均技术速度和线路里程有关,在运行径路确定的情况下,要降低运行时间消耗只能提高列车技术速度,在一定时期内该值为一定值。

(3)停站时间。是指由于列车沿途停站而使通过旅客增加的时间消耗,其大小主要与列车停站次数和停站时间有关。停站时间与停站方案不直接相关,如两个方案停站数相同,但停于不同车站,停站时间相同。

(4)换乘时间。是指旅客由于途中换乘列车而消耗的时间,主要与可换乘列车的开行密度、换乘手续、换乘通道距离等有关。经沪宁城际铁路客流调查可知,因沪宁城际铁路各大站之间列车开行频率较高,换乘旅客数量很小。

5. 铁路部门的成本及效益

吸引客流多的列车开行方案会给运营者带来高收入,但是单位时间内开行列车数量越多、等级越高,运营者的成本也越高。所以以预测客流为基础设计若干可能的列车开行方案,并确定其实际吸引客流以后,还要以效益为标准进行比选,最终确定两站之间单位时间内开行的列车数量和列车等级。

铁路运输企业要在满足旅客需求和体现铁路公益性的前提下,遵循经济效益原则。在编制旅客列车开行方案时,合理使用动车组车底,充分发挥运载工具的运输能力和铁路运输固定设备的利用率等,以达到用最小的成本取得最大的效益。在编制城际铁路列车开行方案时,应在满足旅客需求和体现铁路公益性的前提下,遵循经济效益原则,以最小的成本取得最大的效益。在实际应用中,有以下两个途径:

(1)合理确定列车上座率。合理确定列车席位利用率有利于减少列车虚糜,列车虚糜少,铁路运输企业的成本就会相应降低。

(2)合理运用动车组。在满足客流需求的情况下,合理运用动车组,优化动车组的周转,从而达到节约城际铁路运输成本的目的。

城际列车经济效益是衡量其开行方案优化设计的基本条件之一,也是很多学者研究列车开行方案的切入点,设计方案时要分析列车开行的经济效益。

列车经济效益包括营业收入、成本支出、营业税金,其计算公式如下:

$$Q = Q_y - Q_z - Q_{ys} \tag{5.2}$$

式中 Q ——动车组列车经济效益;

Q_y、Q_z ——营业收入、列车成本支出费用;

Q_{ys} ——营业税金,按照现行国家税法规定,交通运输业需缴纳营业税,现行税率为3%,城建税和附加费为0.24%,税金及附加费占营业收入3.24%。

(1)营业收入

$$Q_y = Q_p + Q_b \tag{5.3}$$

式中 Q_p ——票价收入,指车站发售的旅客票价收入;

Q_b ——车补收入,指在列车上补收的旅客客票收入、旅客随身携带品超重或超限运杂费、铁路专用乘车证票款以及各种手续费。

(2)成本支出

$$Q_z = Q_{rg} + Q_{rf} + Q_{dz} + Q_{sz} + Q_{jx} + Q_{lf} + Q_{ff} + Q_{jg} \tag{5.4}$$

式中 Q_z ——动车组列车成本支出费用;

Q_{rg} ——人员工资,包括乘务人员和检修人员以及其他人员(如车辆段、客运段有关人员以及路局车辆部门和调度人员等);

Q_{rf} ——附加工资,指医疗保险、住房公积金等费用;

Q_{zj} ——折旧费用,既包括动车组折旧费用,也包括动车所及其他设备资产折旧费用;

Q_{jx} ——检修支出,动车组施行计划性预防检修,分五个等级,因此该项支出包括一、二级和三~五级检修支出;

Q_{lz} ——旅客服务支出费用,包括列车服务如保洁、清洗工作全部委外实施和提供纯净水、杂物袋等费用;

Q_{ff} ——付费支出,包括线路使用费、机车牵引费、接触网使用及电费、车站旅客服务、售票服务费、上水费用;

Q_{jg} ——间接管理费,包括吸污费、滤尘网清洗、动车看守费、水电煤支出、职工劳动保护支出等。

显见,由于动车组列车运行速度快,对线路等基础设施的要求高,运行、维修、保养及服务支出定额成倍高于一般客车的支出定额。根据相关统计数据,成本支出有关费用见表 5.1。

表 5.1 动车组列车支出费用 万元/月

工资				折旧		检修		动车旅客服务	付费					间接管理费	税金	支出合计
乘务人员	检修人员	其他人员	工资附加	动车	其他设备	一、二级	三~五级		线路使用费	接触网使用及电费	车站旅客服务费	售票服务费	上水服务费			
2.2	1.2	0.5	2.0	26.4	2.7	15.2	51.3	2.8	89.1	17.7	24.0	2.9	0.5	2.3	9.2	240.5

优化城际列车开行方案时要确保运输企业的经济效益。当运输收入等于运输成本时,处于盈亏平衡状态,根据以上公式可计算得出盈亏平衡时上座率的数学模型(未考虑所得税)。城际列车的经营风险可以通过盈亏平衡条件下的城际列车上座率来衡量。盈亏平衡点越高,表明运输企业经营该城际列车时,达到盈亏平衡所需的上座率就越高,企业的经营风险就越高。在决定是否开行某一线路城际列车时,要综合考虑和权衡经营效益和经营风险两个方面。

6. 其他因素

除了上述因素外,城际铁路所在区域的社会、政治、经济、文化、旅游资源等条件、国家的政策方针等也会影响列车开行方案的编制。

总的来说,城际铁路列车开行方案要根据季节、天气的变化,充分考虑平日、周末、节假日等因素,掌握客流的波动规律,结合区域性、网络性的特点,利用路网资源,统筹兼顾,针对不同高速铁路区域性服务特点和网络性通道运行的实际,设计开行不同运营区段、不同运营时段、不同等级的本线和跨线动车组列车,较好地满足社会经济发展和旅客的需要,不断做大做强客运市场,提高城际铁路的整体利用率和赢利水平。

5.3 列车开行方案设计

作为一类优化问题,国外对列车开行方案的研究最早始于 1925 年的德国学者 Patz,20 世纪 90 年代以后出现了一些很有代表性的研究,国外学者对高速铁路列车开行方案研究较为系统和深入,数学模型较为成熟,整数规划技术普遍应用,体现了列车开行方案的完整性,同时降低了解决问题的难度和复杂度。国外一般将列车开行方案问题称为 LPP(Line Planning Problem),采用数学规划方法,从列车开行方案费用(包括运营者的固定费用与变动费用)、旅客的旅行时间付出、开行方案的影响因素和优化模型等方面多个角度进行了研究。主要包括运用图论、离散数学、运筹学等方法建立列车开行优化模型,例如利用割平面法、有效不等式、采用基于列生成法和拉格朗日松弛法的分支定界法,遗传算法、多目标优化对问题进行处理。部分学者针对德国、荷兰两国路网密度大的特性进行了周期列车运行图的相关研究。列车开行方案多目标模型中,专家、学者多以经营者效益最大化或成本支出最小化、列车上座率最高或虚糜损失最小、旅客等候时间最少等为目标建立模型,然后将这些目标合理的融于开行方案优化过程中,并采取适当的方法去求得满意解。

开行方案优化设计就是遵循城际铁路运营组织的特有规律,在一定的运输能力限制下,更有效地组织不同编组动车组列车的开行,根据客流将列车合理分配到各径路上,既能充分满足市场需求,又能合理利用运输能力的目的。其步骤如下:

第一步,准备过程。客流增长和变化规律,选择适当的预测方法,对未来各 OD 点间客流进行合理的判断,实现按流开车,做好基础准备工作。

第二步,方案编制。根据预测客流量,结合 OD 点间社会政治、经济情况确定列车起讫点,然后根据客流实际情况,进行客流调查,结合客流周期波动、列车编组及定员、列车速度、客座利用率、车站及区间能力等因素,以铁路企业受益最大化、旅客乘车方便度最大化等为目标,利用组合优化方法,求解列车开行数量、停站方案等开行方案内容,然后再根据实际情况对开行方案进行调整与优化,实现资源配置最优化与运输效益最大化的目标。

第三步,具体实施,根据列车开行方案编制列车运行图。

5.3.1 需要统筹考虑的问题分析

列车开行方案的编制与列车运行图、客流需求间的影响需要协调好运营组织与市场营销之间的关系,建立起能及时对运输市场需求变化做出全面、迅速、准确反应的运营组织机制。

编制城际铁路列车开行方案的基本原则是以客流为依据,经济合理地利用现有的设施设备,努力提高开行方案的经济效益和社会效益。列车开行方案,一方面要考虑旅客的出行需求,满足安全、快捷、方便、舒适等原则;另一方面要考虑铁路企业的效益,遵守经济效益最大原则。从旅客和铁路企业两个角度考虑开行方案的设计原则。铁路旅客列车开行方案的编制考虑因素较多,归纳起来,应遵守可达性、时效性、便捷性和经济性原则,在设计过程要注意以下主要内容。

(1)考虑与既有线分工及跨线运行方式

城际铁路和既有线协调运输,才能使得客运通道运输效益最大化。城际铁路运行本线高速列车和少量跨线列车,跨线列车应尽量减少对本线列车的影响。对于沪宁城际铁路来说,沪宁城际铁路和京沪高速铁路(沪宁段)的合理分工是研究列车开行方案前首先确定的问题之一。京沪高速铁路 2011 年 6 月 30 日开通运营,如何对沪宁城际铁路和京沪高速铁路(沪宁段)进行合理分工,主要考虑以下两方面因素:

①京沪高速铁路(沪宁段)线位情况。京沪高速铁路(沪宁段)各站均远离市区,较近的昆山南站离市区 3 km、镇江南站离市区 6 km;较远的无锡东站离市区 25 km、苏州北站离市区 11 km,公交旅行时间普遍超过 60 min。

②除上海虹桥站与南京南站可以分流部分上海与南京间沪宁城际铁路客流外，其他车站基本上不能吸引沪宁城际铁路现有的客流。

因此，京沪高速铁路主要是满足直通、长距离客流需求，但可分流部分上海站与南京站沪宁城际铁路客流。另外，昆山南站是沪宁城际铁路和京沪高速铁路的共有站，京沪高速铁路也可分流部分昆山南-南京、昆山南-虹桥间客流。

(2)列车开行时段与开列车开行密度

在城市群城际之间的客流中，主要有直达客流和中转客流两大类。直达客流起讫点主要集中在城区，其中以商务客流为主，快捷、舒适是其主要诉求特性。因此，承担这一类客流的交通方式要具有速度快、发车间隔短的服务特性；中转客流对便捷性的要求较高，因此各种交通方式的换乘衔接、运营时间及首末班次时刻的协调非常关键。

适度增加行车密度是增加旅客选择、方便旅客出行、减少旅客等待时间的一种有效办法。有关研究表明，提高服务频率(即车次密度)对吸引客流有着明显的作用。然而服务频率与吸引客流两者之间的关系是：服务频率提高，吸引客流量增加，但服务频率达到一定的次数后，再增加服务频率对客流的影响就不大了，且有时服务频率的提高以牺牲直达率为代价，旅客列车开行方案的优化要综合考虑二者的关系，适度增加行车密度和服务频率。

在城市群范围内，由于城市群出行客流与城内客流的日益趋同性，公交化的运输需求非常强烈；城际铁路的服务需求特性和功能定位决定了其应实行短站距、小编组、高速度、高密度的公交化开行方案，以适应中短途客运市场竞争的需要。这就要求铁路在车底配置、开行对数、开行密度等运能配置方面要满足城际客流的需要，特别是要满足城际高峰时段的旅客出行需求。

城际列车开行方案的确定，除了需要满足客流这一基本条件外，还需统筹考虑点线能力、设施设备的配置等条件，并受到客流计划、通过能力、车底数量等众多因素的制约。在列车开行方案优化过程中要体现各个限制条件的统一。

(3)城际铁路列车旅行速度与停站方案

停站方案的编制是一个复杂的系统组织过程，既要满足旅客多样化的出行需求，又要实现运输资源的高效利用并最大可能地降低铁路运输成本。城际铁路列车停站方案编制的影响因素包括城际铁路的客流量及客流特征、基础设施设备的能力、客流节点等级、列车旅行速度等。

城际铁路具有明显的速度优势，而列车的旅行速度与列车的停站次数和停站时间息息相关。因此，为保证城际铁路具有较高的旅行速度，在编制停站方案时对列车的停站次数有一定的限制。但并不是停站次数越少就越好，列车停站次减少，有可能不能满足中间站的旅客出行。因此在制定列车停站方案时应该合理设置列车的停站次数，一方面既要满足中间站旅客的出行需求，另一方面又要保持列车的高速运行。

列车开行方案的优化设计可以提供更加方便的乘车条件，提供适应客流需求的服务频率，满足各时段客流需求。根据城际客流总量和各时段流量，合理安排列车开行密度，建立日常、周末、节假日 3 套梯次列车开行方案，在条件优化允许范围内，可加大高峰时段列车发车密度，并根据车组投用数量和客流增长需求，不断优化城际列车开行方案。主要表现在：

在全面优化列车开行数量和停站结构的基础上，可实行周中、周末两种开行方案。在星期五、六、星期日及星期一，实行满图、大编组运行；在周二~周四 3 天周中期间，根据不同季节的客流情况，通过重联改单组、停运部分列车等方式，尽量减少运能浪费和成本支出。在运行图上的具体体现为：

①视不同区段、时段、停站列车客座率情况，按列车客流特性分别勾画交路，合理安排车底交路单联、重联，尽量将大客流列车进行交路接续，使用大编组、重联车底运行；

②预留周末交路，周中停运、周末开行；

③预铺画运营时段两端客流低谷运行线，逢节假日、周末等客流高峰开行。

(4)公交化运营和停站方案

一般而言，经济发达的城市之间客流交流量大，两地间的客流量与两地间距离的平方成反比，同时，受经济、文化联系紧密程度和行政隶属关系的影响，城市与其所辖城镇之间的出行客流量往往大于城市与无隶属关系（或经济联系不紧密）的其他城市（镇）之间的出行客流量。因此，一般两城市之间的城际客流分布特征为中间小、两头大的哑铃状，这与而城市轨道交通断面客流为两头小、中间大的纺锤状特征显著不同。

按照客流需求，各时段旅客出行都要满足公交化运营需要，这就要求客流交换站全覆盖，统筹考虑动车组站站停、大站停、交替停站、一站直达等各种开行方案。根据客流密度分布特征，在制定列车开行方案时，可以采取大站套小站的停站方式，对于与区域中心城市经济联系紧密的周边小城市（镇）适当增加停站，对于处于两大城市之间与周围城市客流交流量小的小城市（镇）适当减少停站；这样可以适当地提高列车的旅行速度，但同时要兼顾沿线客流，适当增加沿途停站，可以采取“交错停站”的方式来协调“提速”（减少停站）和“加密”（同到站列车密度）二者之间的关系，尽可能方便城市群区域城际旅客的出行。另外，还要重视在一城多站情况下旅客换乘的时间，充分考虑其便利性。

(5)动车组运用和运行图编制

列车开行方案要与动车组运用方案相结合，在满足客流需求的基础上，尽量减少动车组的需求量，各动车组要尽量均衡利用。同时，各时段动车组的列车编组，要结合区段客流需求的不均衡特征，合理设计单组与重联开行，提供足够的运输能力保证旅客运输。特别要注重高峰时段运输能力的安排，如，沪宁城际铁路列车开行可考虑实行周末运行图，列车编组由平日 8 辆扩编为 16 辆，以适应客流的波动性。

(6)运能配置要求与供给能力

在客流密度变化幅度较大区段，可设计不同的列车开行方案，使方向上开行方案提供的运能与运量相适应。同时，列车开行方案的制定要从既有线基于运输能力的传统模式转向基于客流需求的模式，体现公交化运营的特点，方便旅客出行，在车站可随到随走。考虑到客流需求具有不确定性，可在适应客流需求的基础上，适当调整开行方案使其具有适度超前性的特征。

列车开行方案的制定会受到铁路基础设施设备条件的限制。在制定列车的停站方案时，必须要考虑铁路基础设施设备的能力限制，主要体现在区间通过能力和车站接发车能力。城际铁路旅客列车每停一站会增加停站时分和起停附加时分，相对不停车通过的高速列车，其额外占用的时间将对通过能力产生不利影响。一般来说，城际铁路旅客列车在站停留时间越长，停站次数越多对通过能力的扣除也就越大，通过能力就越小，因此，停站方案设置还受到区间通过能力的影响。车站能力主要受限于车站到发线数目，即在一定的时间内在车站停靠的列车不能超过一个常数（这个数值可以根据车站的协调作业能力以及车站的到发线数目进行确定）。

(7)开行方案的场景设计

城际铁路在产品设计面临的场景可以说较为复杂。为提高列车开行方案的可实施性、稳定性以及系统的整体优化效果,反映客流需求情况,不同各阶段客流需求和运力配置匹配,需要场景设计。通常采用运行仿真设计,要求仿真系统的输出结果能静态显示城际铁路场景,特别是跨线列车和本线列车协调运行的可视化场景、高峰时段通过能力利用情况以及扰动条件下列车运行计划调整优化设计和突发事件发生条件下等的情况。

5.3.2 设计内容的确定

列车开行方案的编制可归为确定旅客列车运行区段(即起讫点、运行径路和停靠车站)、确定列车种类与对数两个过程。城际铁路列车开行方案是根据城际铁路客流情况和设备条件,确定高速列车和中速列车的起讫点、经由线路、经停站及对数。

1. 跨线和本线列车设计

随着城际铁路(高速铁路)的发展,考虑到每开通新线均有可能与既有高速铁路线路连接成网,列车开行方案按照跨线列车方案、本线列车方案两类编制。

城际铁路和既有铁路共同承担旅客运输任务,但又发挥着各自不同的作用。在设计城际铁路与既有线铁路的旅客列车开行方案时,必须合理分配在同一通道内客流输送任务,并考虑跨线列车在运输组织上的协调问题。若同一铁路运输通道内还有如城际线路等其他铁路,也应综合考虑其中。具体到实际操作上,首先对同一通道内城际铁路与既有铁路的客流输送承担比例进行合理分配;其次应同时编制跨线列车开行方案,以合理协调跨线列车在客运专线和既有铁路上的运输组织工作。

2. 确定列车开行对数

城际铁路除了开行全区段列车外,在断面流量较大的客流区段还需开行短程列车。一般情况下,凡大城市之间客流密度大致相同的地段,即可作为一个客流区段。不同客流区段有不同的客流密度,客流密度是指各客流区段通过的客流量,应分别计算相应的列车开行对数。城际铁路各运行区段客流量存在着差异,为充分利用列车运能,减少席位虚糜,需要统筹考虑客流量、上座率、动车组运用方式,分析流程如下:

Step1:城际铁路某一区段内,设待考查的客流区段客流密度为 N_i ,其中最小客流区段断面流量 $N_{\min}$,并以此作为断面流量的初始标准。

Step2:判断各断面客流差异大小,计算各断面流量与最小断面流量 $N_{\min}$ 之比,即:

$$\beta_i = \frac{N_i}{N_{\min}} \tag{5.5}$$

Step3:设列车定员为 A ,设计上座率为 λ ,令

$$N_0 = \left[\frac{N_{\min}}{A \cdot \lambda}\right] A \tag{5.6}$$

式中,[ ]表示取整数,即 N_0 是动车组定员 A 的整数倍,可定义为开行短程列车的阈值。i 区段开行短程列车的必要条件是:

$$N_i > N_0 \tag{5.7}$$

该区段满足单独开行列车的必要条件,但还需检验是否符合开行的充分条件,如短程列车的始发或终到站是否满足列车检修、入库等作业条件,并将该区段定义为尚未确定的客流

区段。

Step4:将 $N_i \leqslant N_0$ 的区段定义为已确定的客流区段,并将相邻客流区段合并为一个新的客流区段,并令全区段确定的基本列车数 n 为:

$$n = \left[\frac{N_{\min}}{A \cdot \lambda}\right] \tag{5.8}$$

Step5:将 N_0 作为基数,计算 $N_i(N_i > N)$ 的剩余断面流量,即

$$N_i' = N_i - N_0 \tag{5.9}$$

再返回 Step1,找出剩余断面流量的最小流量,再按相同方法循环确定,直至待考查的客流区段全部计算完毕。

另外,列车开行数量是指在一定客流量、和客流分析的基础上,采用某一列车定员,一昼夜必须开行不同种类旅客列车对数,一般认为区段上下行客流量相等,列车数相同,故以“对”来表示。可采用铁科院高速总体组给出的客运专线旅客列车开行数量计算方法来确定列车开行数量,旅客列车开行数量计算公式如下:

$$N_i = \frac{T_i}{a_i \cdot k_i} \tag{5.10}$$

式中 N_i ——第 i 种客运产品的开行数量,对;

T_i ——第 i 种客运产品的客流量,人/d;

a_i ——第 i 种客运产品的平均列车定员数,人/列;

k_i ——第 i 种客运产品的席位利用率。

在列车不超员的条件下,$k_i \in (0,1]$。

在“黄金周”、春暑运等客流高峰期,考虑到客流的波动,此时的列车开行数量较往常应有所增加,计算方法为:

$$N_{i(\text{高峰})} = N_i \cdot R_{\text{波}} \tag{5.11}$$

式中 $R_{\text{波}}$——客流波动系数。

主要考虑平日时开行对数的确定,因此暂不考虑客流波动系数 $R_{\text{波}}$。

3. 列车停站方案设计

可以旅行时间消耗最小为目标,主要表现在旅客平均候车时间和停站时间消耗最小。

①旅客平均候车时间

如可参考 Newell(1971)等人的研究成果,不同发车间隔对应的单位旅客等待时间可用下式表示:

$$\omega_{ij} = \frac{t_{ij}}{2} \tag{5.12}$$

式中,ω_{ij} 为单位旅客在 i 站乘坐到达 j 站列车的等待时间;t_{ij} 为 i 站到 j 站不同的发车间隔时间。

采用平均等待时间描述旅客的总的平均等待时间 t_f:

$$t_f = \frac{\mu_{ij} T_z}{2 n_{ij}} \tag{5.13}$$

式中,μ_{ij} 为从 i 站到 j 站间旅客人数;T_z 为某段时间,n_{ij} 表示 i 站至 j 站的列车数。

②旅客在途停站时间

通过旅客在途停站时间包括停站时间和起停车附加时间,时间消耗为:

$$t_r = \mu_{pq}(h + \tau_t + \tau_q)\frac{\sum_r^R x_{ijr}f_r}{n_{ij}} \tag{5.14}$$

式中,μ_{pq} 表示列车在中间站 i 停站时车上旅客人数,决定于在 i 站之前车站 p 上车旅客人数和在 i 站之后车站 q 下车旅客人数; R 为列车种类总数; x_{ijr} 表示 i 站至 j 站 r 种列车停站数量;f_r 为对应的服务频率; h 、τ_t 、τ_q 分别为平均停一站时间、停车和起车附加时间。

为讨论方便,令

$$\bar{x}_{ij} = \frac{\sum_r^R x_{ijr}f_r}{n_{ij}} \tag{5.15}$$

式中,$\bar{x}_{ij}$ 表示 i 站至 j 站每列车平均停站次数(若为一站直达列车,停站次数为0);则有旅行时间消耗最小化的目标函数:

$$\min Z_1 = \sum t_f + \sum t_r \tag{5.16}$$

约束条件:

$$\sum_{r=1}^R \mu_{ijr} = \mu_{ij} \geqslant D_{ij} \tag{5.17}$$

$$\sum_{p=s}^{i-1}\sum_{q=i}^{z} \mu_{pq} \leqslant Qf_r \tag{5.18}$$

$$\sum_{i=s+1}^{z} x_{ijr} \leqslant (z-s)x_{szr} \tag{5.19}$$

$$f_r \leqslant Mx_{szr} \tag{5.20}$$

$$\mu_{ijr} \leqslant Mx_{ijr} \tag{5.21}$$

$$k \leqslant \sum_{i=1}^{n} x_{ijr} \leqslant k' \tag{5.22}$$

$$\sum_{r=1}^R f_r \leqslant E \tag{5.23}$$

$$\sum_{r=1}^R \sum_{i=2}^{n-1}\left(\sum_{p=s}^{i-1}\sum_{q=i}^{z} \mu_{pq}x_{ijr}/Qf_r\right) \geqslant \lambda \tag{5.24}$$

式(5.17)使各种类列车的服务旅客人数的总和等于客流需求,μ_{ijr} 表示从 i 站到 j 站 r 种类列车数量; D_{ij} 为 i 到 j 之间的客流需求量;式(5.18)保证所有旅客都能在旅行过程中有座位,即某一方向全部旅客流量必须满足列车定员的约束, Q 为每列车的定员;式(5.19)、(5.20)是列车开行方案的结构约束,M 表示很大的数,每个子方案中列车都要从一个始发站出发,列车在站不停车,子方案不成立;式(5.21)表示列车在站不停车,则没有上车或下车的旅客;式(5.22)表示列车停站次数的下限 k 和上限 k' ;式(5.23) E 表示线路和车站能力约束;式(5.24)列车在各区段平均上座率满足一定的阈值 λ 。(备注:本例给的公式只是停站方案设计的某种模型)。

5.3.3　列车开行方案编制流程

列车开行方案能够反映城际铁路的经营效率,能够提高旅客运输的经济效益和服务水平。

列车开行方案是客运产品的载体,反映城际铁路的经营策略和服务水平,同时也是铁路客运组织过程的前提条件,因此旅客列车开行方案必须以客运市场需求为基础并综合考虑铁路设施设备技术条件和运输组织过程等进行编制。

具体表现为:客流计划是设计客运产品的前提,客流构成的三要素(流量、流向、流程)则是确定列车开行方案的基本条件;客运产品生产过程是组织旅客列车的运行过程,而列车开行方案的内容及结构会直接影响运输组织计划(运行图)的编制。

一个合理、完整的列车开行方案编制流程,能分阶段、分层次地处理有关要素并有机合成,更易于实际操作,这一流程对于形成城际铁路列车开行方案编制理论具有重要意义。列车开行方案制定需要在前期相关准备工作,后期调整才能投入实际应用。可以说,列车开行方案编制流程与方法直接影响并制约着列车开行方案的质量和优化理论体系的形成。列车开行方案的优化应体现编制流程与步骤。编制流程如下:

Step1:宏观客流分析。根据客流需求发展趋势制定路网规划、运输基础设施和移动设备配置方案;预测铁路吸引客流总量。

Step2:路网客流 OD 生成。将客流总量转化为路网客流 OD 分布,然后将客流分配到对应路径上,这种配流模式基于路网分级节点进行,分级节点决定了列车开行种类、停站方案和运行径路。

Step3:备选集生成。列车开行方案优化时将从备选集中选取部分列车组合成最终方案,是所有可能开行列车的一个合理全集,备选集的生成基于路网客流 OD 分布,给出可能开行列车起讫点、运行径路,以及服务频率和编组辆数的可选值范围,根据移动设备技术特性,列车编组可被灵活地视为变量和常量。

Step4:开行方案优化。根据运输资源的稀缺性特点决定了需要通过优化手段缩小备选集规模,使其满足特定的目标函数,如直达客流最大、运营成本最小、总旅行时间最短等,还要满足客流、运输能力的约束。

Step5:动态调整。模拟旅客对列车服务的选择行为,对列车开行方案进行评价和调整,使其很好地满足客流需求并合理地利用运输资源。通过仿真方法,使运输需求、开行方案与运输装备之间能协调匹配。

5.3.4 系统优化过程

城际铁路列车开行方案的设计与优化,涉及旅客列车方案运行图的编制问题和 OD 客流的预测及分析。其中,OD 客流的预测及分析是旅客列车开行方案制订的前提和基础,而旅客列车方案运行图的编制则属于方案的具体实施,同时它还决定了车底运用、停站时间、运行时间等内容。城际铁路列车开行方案优化的程度直接影响到开行方案的优劣,而且优化贯穿于方案形成的整个过程中。列车开行方案的优化方式较多,但是按照方案的形成过程,可以分为以下四种情况:

(1)旅客列车开行方案制订过程中的单独优化。是指在给定 OD 客流的情况下,生成列车的运行特性及列车性质的优化方案,它属于静态优化。

(2)列车开行方案制订与 OD 客流生成两个阶段的综合优化。列车开行方案是以客流为依据的,而客流预测中诱发运量的生成又以列车的运行特性(起讫点、停站方案、运行径路、服务频率)为一定的基础,因此两者间存在综合优化的关系。一般在进行实际开行方案的设计时，大部分的研究工作都会进行两者的结合，但是其工作思路并不是综合优化的方式，只是一种研究路线上的延续和参数的制定。

(3)列车开行方案制订与客车方案运行图编制两个阶段的综合优化。由于运行图是开行方案的具体实现，两者相互之间关系密切，且互为因果，因此需要进行综合优化。

(4)客流预测、列车开行方案制定、列车运行图的编制三者之间关系紧密，互为因果，是一个综合的整体，三者需要综合优化。三个阶段的整体综合优化是列车开行方案优化最完整的形式，表现为各个阶段顺序优化、调整参数、循环迭代的过程，其优化过程如图 5.2 所示。在城际铁路列车开行方案优化制定的过程中，开行方案所包含的各项内容是在不同的形成环节中得到的，各个形成环节相互联系，都有各自对不同数据信息的处理和计算工作，也都产生不同的参数。各个形成环节所完成的工作及得到的方案参数见表 5.2。

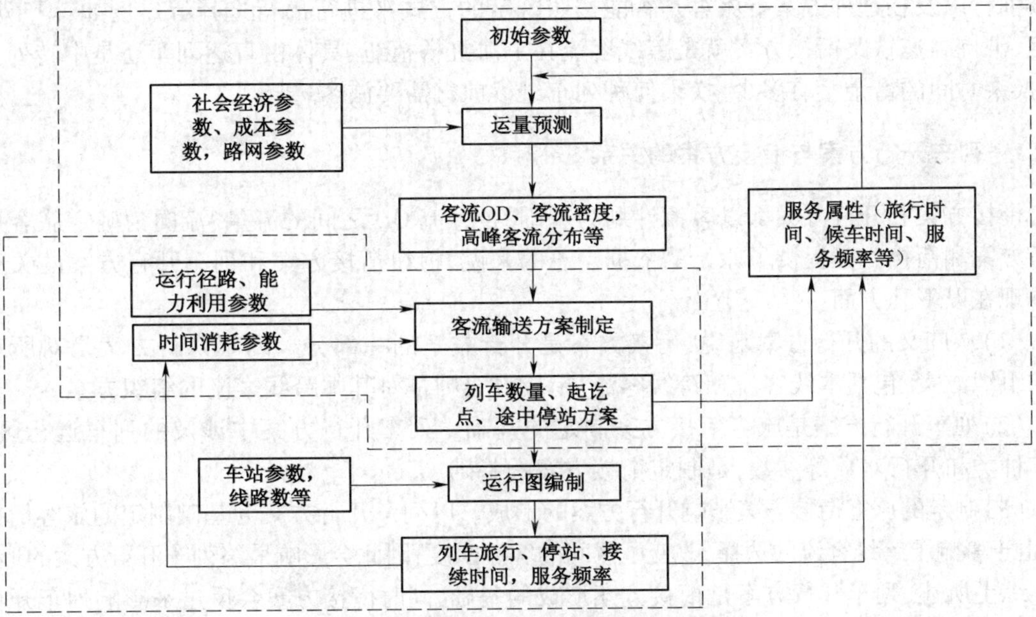

图 5.2 城际铁路列车开行方案优化过程关系

表 5.2 城际铁路列车开行方案优化过程及对应相关工作

子过程	需要相关参数	相关优化内容	相关优化结果
运量预测	服务属性(旅行时间、候车时间、服务频率等)	客流量预测、路网配流	客流 OD、客流密度、高峰客流分布等
客流输送方案制定	客流参数、运行经路、列车能力利用参数、时间消耗等	列车输送方案、客流搭乘方案	列车数量、起讫点、途中停站方案
运行图编制	列车参数	运行图铺画、动车组周转	列车旅行、停站、接续时间、服务频率、动车组周转及数量

从系统优化的角度来讲，在每次循环的周期内都必须完成三个阶段的优化，用一个统一的综合优化模型和算法来实现是最好的。但是，此项工作面临着较多的困难。因为三项内容都是比较复杂的优化问题，任何一个都具有相当大的复杂度。把三者统一到一起，不但工作难度大，而且系统的复杂程度将大大提高，有可能产生系统无法控制的行为。另外，目前我国铁路对于这样的工作都是分由不同的机构、部门来分别完成这三项工作的，每一项工作基本上都是

相对独立的,要将其融为一体难度也较大。

5.4 跨线旅客在枢纽站的衔接方案

城市群区域铁路中涉及多条铁路的情况下,除了每条线路的运力资源需要优化配置外,各条线路之间的衔接配合程度的好坏,会很大程度地影响到这个区域内铁路运能的配置。因而,在多线相交的枢纽站处,跨线客流的特点和列车衔接方案的研究,也是优化城市群区域城际铁路运力资源配置的重要内容。

在城际铁路运输组织模式确定的情况下,衔接方案就是为每支跨线客流指定的运送方式,即跨线客流具体由何种列车担当、在哪个枢纽换乘、换乘时间的富余量有多少、换乘何种列车继续前行以及在这种方案下旅客是否能按照既定的方式来进行出行选择等。例如,沪宁城际铁路、沪杭高速铁路衔接方案就是跨线客流在上海虹桥枢纽,具体由直达列车还是中转列车担当、换乘时间的富余量有多少、换乘何种列车继续前行需要旅客选择。

5.4.1 列车开行方案与衔接方案的关系

衔接方案和开行方案都以客流计划为基础,各客流 OD 之间的流量、流向为确定旅客列车开行方案和衔接方案提供了原始的依据。总的来说,枢纽衔接方案和列车开行方案的关系主要体现在以下几方面:

(1)从广义的开行方案来说,衔接方案是开行方案的一部分。列车开行方案是对所有客流的组织方案,包括本线客流和跨线客流,衔接方案则是对其中跨线客流的组织方案。

(2)列车开行方案是旅客衔接方案制定的基础。列车开行方案中涉及的列车运行区段、列车种类和开行对数等参数,是制定衔接方案的基础。

(3)制定的旅客衔接方案影响开行方案的形成。以列车开行方案为基础制定的旅客衔接方案,由于影响了跨线客流的选择,改变了区间的客流密度,因此会影响最终列车开行方案的形成。

综上所述,列车开行方案是衔接方案形成的基础,同时衔接方案会反过来影响列车开行方案编组,两者相互影响、相互作用,融于跨线客流组织过程之中。

5.4.2 跨线客流衔接方案

(1)若满足开行直达列车条件的跨线流,尽量安排直达列车。城市群区域内的短距离出行,若出现中转换乘的过程,会使得运输的舒适便捷度大大下降,降低高速铁路的服务水平,旅客可能因此选择其他运输方式。因此,为方便城际间旅客出行,在客流满足开行直达列车条件的情况下,应该组织跨线直达列车,使得这部分跨线客流可以乘坐高速铁路列车直达目的地。同时,这样做也可以有意识地引导旅客乘坐直达列车,减少旅客换乘的麻烦,也减小枢纽站客流组织的难度。综合考虑区域铁路特点,涉及城市群区域两条城际铁路可采用长短交路套跑形式,增加车底运用率,提升服务质量。

(2)考虑完善高速、普速线客流对接方案。例如,进一步方便普速线地区的旅客出行,宁启铁路针对 K8594 次列车到达海安县站后中转旅客对接不上海安县站 16:11 往南京的动车组列车,调整了 K8594 次列车运行时刻,将该次列车开车时间从原先 15:09 提前到 14:53,使海洋线客流能够在海安县站中转换乘至南京的动车组;同样,为方便东台市、如东县旅客能坐上到南京的动车组,分别制定了东台和如东汽车站至海安县火车站间增开汽车流水班次方案,缩短了东台、如东旅客到南京的乘车时间。

(3)需要换乘的情况下,在换乘枢纽站,到达列车和接续列车的时间衔接要合理。不同城市群由于自身特点,其跨线旅客情况不尽相同,需根据不同城市群自身特点确定跨线旅客衔接方案。需要有便捷的换乘设施供跨线旅客换乘,以增加其旅途舒适度。例如:没有直达列车时,客流只能通过在虹桥站下车换乘另外的列车进行中转,有意识地安排到达列车的到点和接续列车的发点,留出合适的换乘时间(考虑到达包括后续车票购买时间、换乘走行时间等因素),让换乘旅客能够顺利实现换乘,又不会让他们等待太久。若能实现不出站换乘,可大大减少换乘时间,可能会增加第二种自愿换乘客流的数量。

对于第一种必然换乘的客流,要尽量减少换乘时间,并使换乘更加方便快捷,才能提升换乘方案对于跨线客流的吸引力;否则,这部分客流可能选择其他的运输方式,如乘坐高速公路直达大巴从苏州到杭州需要两小时左右,票价约 73 元,全天一共 11 班次。与高速公路直达大巴模式相比,高速铁路换乘模式并没有特别的时间或者票价上的优势,但是高速铁路班次多、乘坐舒适度远超大巴,因而必须在换乘方面保障便捷,才能争取更多客流。

若能实现站内换乘,换乘时间可以减少至 15 min 之内,目前有部分数量的旅客在与车站工作人员说明情况后,成功实现下车后不出站直接到达出发层,进行站内换乘。同时,在实现站内换乘的基础上,若能进一步实现同站台换乘,可以使换乘更加便捷。同站台换乘的实现就需要将到达列车和接续列车的停车股道安排在同站台的两股道上,如此对车站的接发车进路安排也会影响到换乘的效率。

5.5 方案评价

5.5.1 指标体系的建立

建立评价体系是综合评价的基础,体系的合理性在很大程度上取决于所建立体系的结构和指标内容,要求能够充分反映被评价对象不同侧面的属性及系统的整体功效。影响因素很多,对旅客来说主要是运输服务产品质量,对运输企业需要考虑运营成本和效益,即产品成本和效益。城际列车开行方案要提供低成本、高质量的服务,要从服务质量、运营成本两个主要方面来评价方案。同时,城际铁路具有企业属性、公益属性,相应列车开行方案的评价体系应当从安全、效益、能力、技术、旅客服务指标等方面体现出来。这些指标能够反映列车开行方案的各方面特征。由于整体评价不易看出每一次列车对运营效益的影响,因此应结合方案逐次进行效益分析,在建立指标体系时,也应考虑对开行方案同时建立总体和个体指标。针对以上分析,建立城际列车开行方案指标体系,如表 5.3 所示。

表 5.3 城际铁路列车开行方案指标体系

一级指标	二级指标	三级指标	
		总体指标	个体指标
安全指标	安全指标	事故率	事故率
		事故伤亡人数	事故伤亡人数
		设备故障率	设备故障率

续上表

一级指标	二级指标	三级指标	
		总体指标	个体指标
效益指标	成本与经济效益	运营收入	运营收入
		运营成本	运营成本
		运营收益	运营收益
		列车平均保本上座率	列车平均保本上座率
	社会效益	各站空间覆盖率	各站空间覆盖率
		各站空间覆盖率	各站空间覆盖率
	市场竞争力	列车到发时刻	列车到发时刻
		列车停站次数	列车停站次数
		列车正点率	列车正点率
能力指标	输送能力	平均列车发送能力	平均列车发送能力
		平均列车运送能力	平均列车运送能力
		高峰时段列车发送能力	高峰时段列车发送能力
	周转量指标	客座周转量	客座周转量
		平均旅客周转量	平均旅客周转量
		列车平均运距	列车平均运距
		旅客平均运距	旅客平均运距
技术指标	速度指标	平均技术速度	平均技术速度
		平均旅行速度	平均旅行速度
		旅行速度系数	旅行速度系数
	动车组运用指标	车底需要数量	车底需要数量
		车底周转时间	车底周转时间
		车底平均走行公里	车底平均走行公里
		车底总旅行时间	车底总旅行时间
旅客满意度指标	经济指标	旅客票价总支出	旅客票价总支出
		旅客总换乘时间	旅客总换乘时间
		旅客总旅行时间	旅客总旅行时间
	便捷指标	列车服务频率	列车服务频率
		旅客出行方便度	旅客出行方便度
	列车服务指标	列车平均旅客直达率	列车平均旅客直达率
		高峰时段发车率	高峰时段发车率
		列车停站次数	列车停站次数
		列车平均停站距离	列车平均停站距离
		旅客平均换乘次数	旅客平均换乘次数
		旅客旅行时间损失	旅客旅行时间损失
		相同始发终到站的列车数	相同始发终到站的列车数
		中转衔接方便程度	中转衔接方便程度
		列车直达、通达性	列车直达、通达性

可见,影响列车开行方案优选的因素包括多个方面,每个方面又有若干个评价指标,它们分别从某一侧面反映了列车开行方案的某个特征。在众多评价指标中,一些指标不能量化,能够量化的评价指标,其量纲也不尽相同。在实际评价过程中,可结合城际铁路运营输入和输出指标的实际,通过筛选和分析,确保各输入和输出指标不相互独立,优选出几项指标综合衡量城际铁路列车开行方案。但指标中,为精细管理需求,例如在城际铁路每一区段、时段、站与站之间,各次列车的上座率统计,要评估出站间各时段的利用率,分上下行、全区间的平均上座率,才能真实反映出某次列车上座率的情况。

5.5.2 评价方法

列车开行方案评价是优化城际铁路列车开行方案的重要手段之一,同时也是一个复杂的多指标综合评价问题。相应的,对城际铁路列车开行方案进行评价分析和研究就显得至关重要。关于列车开行方案评价目前有多种方法,常见的主要有层次分析法、主成分分析法、数据包络分析法和模糊评价法,各种评价模型都具有一定的代表性和实用性。

要使评价结果符合科学评价规则,必须具备两个条件:一是能提供多个备选方案;二是能提供从多个备选方案中挑选最优方案的科学方法。原则上,对同一类对象,一个属性集与一种评价方法相结合,可产生一个评价方案;对同一个属性集,若采用多种评价方法,便可产生多个评价方案。因此,能否建立一个判断评价方案优劣的标准,便成为能否实现科学评价的关键。

列车开行方案从实施的角度,可分为实施前和实施后评价。从列车开行方案总体特性角度出发,评判各备选方案的优劣,选出最优方案,用于开行方案实施前的必选;从单个列车角度出发,分析列车运营的效果。主要用于列车开行方案后的效果评价。其中,经济效益最核心的指标,反映列车开行方案的盈利水平;技术指标反映列车开行方案对旅客出行的核心需求;旅行时间的满意程度,列车服务能力指标指列车开行方案对旅客服务的能力,与技术指标综合反映列车开行方案对客流的吸引能力。旅客服务效果指标指从客流角度评价列车开行方案实施后吸引客流的实际效果。

5.6 列车开行方案调整与优化

列车开行方案的调整是城际铁路适应旅客市场的必经阶段和过程。特别是随着我国经济的快速发展,人民生活水平的显著提高,旅客出行需要更高质量的运输服务供给。但是,我国目前的列车开行方案调整方法大都根据旅客总体的需求趋势,在宏观上进行调整,而在针对旅客实际的选择上,缺少相应的方法与手段。

客运产品的设计方案更加重视方案与客流间的信息反馈和客运产品的及时性调整,以提高列车开行方案对市场的适应能力,进而提高客运产品的运输效益。在列车运行图编制过程中还会根据运输资源配置和技术条件限制不断进行修订反馈,直至其最终编制成相应的各类客运产品,并以运行图文件的形式予以公布执行。

5.6.1 调整与优化原因

(1)适应客流需求和季节性客流波动需求

①考虑到城际铁路沿线季节性客流波动非常明显,大幅度波动的情况下,列车开行方案也

需要相应地进行调整,以满足客流的季节性需求。

例如,2017 年"长三角"地区春游、清明节旅客运输方案。春游运输期限为 3 月 18 至 4 月 16 日,计 30 天。上海铁路局预计发送旅客 5 200 万人,日均 173.3 万人,较去年同期多发送 447.2 万人。清明节运输期限为 4 月 1 日至 4 日,预计发送旅客 920 万人,较去年同期多发送旅客 82.4 万,预计客发最高日为 4 月 2 日,发送旅客 255 万人。客流以踏青旅游为主,扫墓祭祖为辅,周末客流总量较大,出行时段相对集中,其中管内客流比重大。春游运输期间,共安排增开动车组列车 14 对,包括:上海、上海虹桥至无锡 4 对;上海至苏州 4 对;上海、上海虹桥至无锡东 2 对;上海至常州北 2 对;上海虹桥至丹阳 1 对;上海、上海虹桥至合肥南 1 对。在此基础上,清明小长假运输期间,再安排增开 24 对管内旅客列车,全力确保旅客顺畅出行。

②城际铁路列车开通运营后,旅客会根据自身的出行需求,在列车时刻表中选择适合的车次来完成旅行。在经过一段时间的运营后,旅客在整体上形成了出行习惯或者是出行规律,而原有列车开行方案如何适应旅客的出行习惯和规律是列车开行方案调整的基本机理。开行方案制定后,还应紧随客流变化,不断调整,以进一步适应客运市场的需求。开行方案调整的主要目的有两个:适应客流变化和引导客流变化。当某种产品的上座率等相关指标达到一定阈值时,就应进行有预见性的调整,以进一步吸引客流。

③列车开行方案的优化设计可以提供更加方便的乘车条件,确保适应客流需求的服务频率,满足各时段的客流需求。方案的优化是一个动态的调整过程,需要在实践中根据客流变化情况不断完善,以最大程度方便旅客出行、提高旅客服务质量和列车秩序。城际铁路拉动沿线城市经济快速发展,不仅带动客流量的提升,而且也增大了旅客的出行频率,而相对固定的列车开行结构与实时变化的客流需求存在的较大差距。

④在列车开行方案设计中,需要考虑动车组运用及检修、司乘组织、通过能力、在站作业时间等铁路内部因素,列车开行方案的编制受这些内部因素的影响,致使与客流需求不相适应。

(2)新线列车开行方案优化需要

新线列车开行方案编制是根据预测的理论客流量和客流出行的基本规律,这与旅客出行的实际选择,如始发时间、票价、在途时间、起讫点等存在的较大差距。由于新建城际铁路开行方案的客流依据是根据各种交通方式的客运量综合预测而来,开行方案是根据客流情况等一系列因素制定的。客流预测具有不确定性,所以,开通初期的开行方案不一定会适应实际沿线各站的客流需求。因此,为适应各地客流需要,需要对列车运行区间、停站方案、列车编组等开行方案的部分内容进行调整。新建的城际铁路开行方案的客流依据是根据各种交通方式的客运量综合预测而来,客流预测在一定程度上具有不确定性,这样会导致开通初期的开行方案不适应实际沿线各站的客流需求。随着客流发展稳定,并呈现周期化特征后,需要对列车开行区段、停站方案以及列车编组等开行方案部分内容进行调整。

(3)运力资源优化配置

列车开行方案是列车运营组织的核心,所涉及的列车运行区段、种类、开行对数、中途停站以及始发、终到时间等方面,均影响着旅客出行过程中对列车选择,出现了有些车次上座率极高,有些车次严重虚糜,致使高速铁路列车开行方案与旅客需求不相匹配。受限于高速铁路开行技术条件限制,现行的列车调整方案还不能完全适应客流的波动。造成能力有时紧张有时虚糜,需要采取营销手段。客流需求的不均衡性,致使配置客运能力成为一道难题,按高峰流量需求设计,存在淡季时运能浪费。沪宁城际和沪杭高铁列车线条能力均按照最大值进行铺画，但在高峰期内、时段仍然很难满足客流需求，采取其他技术手段去引导客流错峰出行，达到平谷削峰的目的。

(4)衔接新线开通与增加跨线列车

随着衔接新线的开通，一方面，使得部分旅客可以更方便到达本线外的某些节点；另一方面，可以使得本线外节点的旅客更方便地到达本线节点，则可能会产生一部分额外的诱增客流，导致本线与跨线客流都会发生变化，便需要增开部分本线与跨线列车，以使得开行方案适应本线与跨线客流需求。

(5)增加设备投入或改造

对于线路设备的改造与新增，直接会影响到动车组列车的开行。例如，200~250 km/h 提速到300~350 km/h，需要相应的对车底进行调整，新站的开通，需要增加相应停站，客流也会发生相应的变化，需要对开行方案进行调整。再如，某些线路的信号模式是 LKJ 模式，无法开行300 km/h 动车组，当进行了设备改造后，可以满足开行更高速列车，则需要相应的对使用车底进行调整；新站的开通，需要增加相应停站，客流也会发生相应的变化；对车次进行贯通，贯通前，无法开行 300 km/h 动车组，开到中途需要停车转换，耽误时间、影响效率，贯通后，300 km/h动车组可以直接通过，需要对开行方案进行调整。

(6)经济效益最大化需要

城际列车开行方案确定时，要确保运输企业的经济效益。并且，当运输收入等于运输成本时，处于盈亏平衡状态，根据以上公式可计算得出盈亏平衡时上座率的数学模型(未考虑所得税)。城际列车的经营风险可以通过盈亏平衡条件下的城际列车上座率来衡量。盈亏平衡点越高，表明运输企业经营该城际列车时，达到盈亏平衡所需的上座率就越高，企业的经营风险就越高。在决定是否开行某一线路城际列车时，要综合考虑和权衡经营效益和经营风险两个方面。通过一段时间各种类列车在各个时段内盈亏点的分析，可适当调整列车开行方案，确保列车开行效益最大化。对市场调查收集得到的有关数据科学归类分析，借助营销分析软件，做好数据积累、对比和预测，确保市场预测的准确性和可参考性。可重点围绕动车组列车，按交路做好日常客座率、发送人数、票款收入等统计与分析工作，更好了解现行列车开行方案是否满足市场需求，为优化、调整列车开行方案提供重要参考。

5.6.2　调整与优化策略和方法

编制的列车开行方案的基础是客流，同样，列车开行方案调整也要遵循客流至上的原则，适应客流需求。

(1)为能更加有针对性对列车开行方案进行调整，以列车运行图为依托对各车次的列车运行区段结合旅客对列车的实际选择进行分析。旅客对列车选择的直接体现是在作业车站旅客上、下车作业的人数，所形成的列车运行区段客座率(列车运行区段内客流量与列车定员的比值)，这项指标能够反映列车在该运行区段的运输供给与客流需求，以及所创造的运输经济效益。客流区段密度显示图可以直观地反映出旅客对列车的选择和出行习惯，以列车区段密度作为调整目标选择的标准。所以，依据列车运行区段的客座率，对列车开行方案的调整进行分析。

(2)针对选择出来的目标车次，利用调整策略及原则进行相应的调整。城际铁路列车开行方案的调整主要由铁路客运部门制定，根据列车上座率对列车的始发终到站、开行对数等因素进行调整,比如沪宁城际铁路开通初期,由于上海的始发终到站是虹桥站,离市中心较远,不方便旅客出行,开通后无法达到预期客流量,通过将始发终到站移至上海站的调整后,其客流量显著上升。关注重点车次上座率,提升关键车次收入率,将收入率高的车次作为关键车次,通过分站、线、分方向大数据积累和统计分析,定期选定关键车次,密切盯控票额分配,车票预售,运能利用等情况,不断提升关键车次收入率。

(3)以服务旅客为出发点。任何列车开行方案调整都以满足客运市场客流需求为目标,根据季节、线路性质及分工特点,实行不同季节内工作日与周末按流开车原则。例如,停开部分上座率低的始发终到列车,同时增加直达列车停站以提高上座率。除了通过调换列车编组,取消相邻同质客运产品是解决列车区段密度低的另一个解决途径。例如,沪宁城际铁路周一至周五早晨上班高峰时段,苏州至上海客流一直居高不下,周末客流更是比平时增加20%左右。据统计,苏州至上海间固定通勤客流量在"长三角"地区排名居首。2017年3月20日起,又增开往返1对车。

(4)保持列车运行线规律。为便于旅客记忆列车时刻,尽量避免影响列车开行方案的整体框架,保证客运产品服务质量。维持整点列车框架,便于旅客记忆列车时刻,尽量避免影响列车开行方案的整体框架。充分应用节拍式、正点、半点等运行线,高峰时段保证较高的服务频率。非高峰时段按30或60 min较为均衡分布每个方向的运行线。

(5)体现客运产品方面差异性。我国城际铁路主要有200 km/h和300 km/h两种速度等级的客运产品,两种客运产品在票价、运行速度、停站设置、开行数量等方面均存在差异。在不降低线路通过能力的前提下,需要提高客运能力,以最大程度地满足旅客的出行需求。单一的铁路产品不能满足旅客的要求,必须努力创新客运品牌,不断改善旅客出行体验。例如:合肥是中部省会城市,近年发展势头强劲,商旅高端客流增长较快。为锁定高端客流,合肥向上海、杭州、北京等重点方向开行一站直达列车方案。如合肥南至上海G7228次,运行时间由3 h 10 min缩短为2 h 8 min,途中仅停靠南京南站,2016年日均上座率由原来的86%提高到117%,收入日均增加3.2万元,全年预计增加收入1 180万元。

(6)充分对运能利用进行分析。目前城际铁路列车客座率主要呈现以下特点:一是同一天的不同时段,出发时间好的列车上座率居高不下,而时段不好的列车上座率较低;二是同一趟列车不同站间的客座率也是不同,例如,沪宁城际铁路,上海站到苏州站、无锡站间的客流很大,到中间其他站的客流相对较少。营销部门注意到这个特点,努力在周末增开一些临时列车或是动车重联运行;淡季进行一些甩车动作,减少运能。

(7)明确运能调整的难点。一是旅客习惯当日或者提前一日购票,旅客发售量很大,列车票额实行预分管理后车票分散式发售到各个车厢,加之动车组车型较多,定员席位差别很大,临时调整给运营管理压力很大;二是高峰时段能力基本达到了饱和,车底利用率很高,各个动车组存放所都按计划存放动车组,能力基本上达到了饱和。临时加开列车很难找到合适的车底。若涉及跨线列车,可统筹考虑以使跨线旅客更快速准时到达目的地;提高高峰时段的列车开行密度,形成高峰时段的列车开行集群;调换列车编组,8辆编组列车重联。在基本图的基础上,单组、重联或长短编调整,采取抽线或增开临客等措施。

实际运营中可采取以上几种调整优化的综合手段,现举例如下:

(1)延伸区段。例如,随着2013年7月1日宁(南京)杭(杭州)高速铁路开通运营,"千年陶都"宜兴一举跻身宁杭高速铁路沿线的"高速铁路城市群",全方位融入了"长三角""1 h 经济都市圈”。以前,从宜兴到上海只有一早一晚两趟动车组列车,且都是过路车。将原先杭州至上海虹桥的 1 对列车运行区段延伸,调整为宜兴始发至上海虹桥,车次改为 G7317/20、G7319/8 次,从而结束宜兴至上海方向无始发动车组列车的历史,为当地百姓出行提供了便利。再如,为保证动车组列车的运行方向、区段所辐射区域,在充分考虑本线列车的基础上,引入部分跨线列车,延伸了宁启铁路的通达范围。如南通-重庆北的 D2268 次,南通-汉口的 D3152、D3156,由宁启线接入宁蓉线宁渝段,在合肥南站接合福高速铁路、汉口(武汉)接京广高速铁路,或是满足旅客换乘需要,这样可以辐射区域安徽、湖北、四川等省。

(2)增加车次。例如,①2015 年 12 月 26 日,金温铁路开通运营,拉近了旅游城市浙江丽水与其他城市的时空距离,丽水是养生福地,自然环境优美。丽水通动车后,方便了杭州、上海的市民到丽水度假休息,也吸引了合肥、武汉、济南等地的游客前往丽水旅游。上海铁路局开行丽水至温州南的 D5591 次列车,该趟列车 07:41 从丽水站始发,途经青田站(08:01 到,08:03 开),抵达终点站温州南站的时间是 08:23。此趟列车的开行不仅方便了两地的上班族,更可喜的是,旅客在温州南站可换乘 D3219 次列车(温州南 08:52 开)前往厦门旅游,这为爱旅游的朋友带来更多选择。此外,增开 G7348 次列车,11:19 从丽水站始发,终点站是上海虹桥站,它填补了丽水站 10:00 至 12:00 间无上海方向列车开行的空当,为往上海方向的旅客提供更多便利。②皖江重镇芜湖加开多趟动车。南京至安庆高速铁路开通运营后,它与合福、合宁、合武、京沪等高速铁路连通成网,苏皖沿江铁路客流呈现爆发式增长,芜湖至南京南 D5642 次,全年客座率达到 96.6%;安庆至温州南 G7594/1 次,全年客座率 88.5%。随着宁安高速铁路沿线旅客对列车开行方案的适应,上下班通勤旅客和商务旅客对高速铁路通勤、商务出行提出了更高要求,为此,此次调图增开多趟从芜湖始发至上海的旅客列车。③2014 年 12 月 10 日,杭(杭州)长(长沙)高速铁路开通,义乌正式迈入高速铁路时代。义乌站作为沪昆线上的一等客运站,高速铁路日均发送旅客一万多人次,可直达广州、南宁、长沙、上海、北京等城市。义乌作为世界上最大的小商品批发中心,每天来自世界各地的顾客在万人以上,之前只有一趟 G1898 次列车从义乌站始发至西安北,其余均为过路车,因此前往杭州、南京方向的旅客经常买不到票。为了满足商务客流出行需求,增开了义乌始发至南京南的 G7644 次列车和上海虹桥到义乌的 G7347 次列车。

再如,为适应客流需求,沪杭高铁列车开行方案精细化的综合调整建议如下:

(1)按月动态安排方案。根据沪杭高速铁路在一年中各个月出现的客流波动情况,应针对每个月份客流的特点编制对应的列车运行图。对于客流明显上升的时间段,诸如暑运、法定节假日等应提前做好应对大客流的准备,及时增开列车数量或增加列车编组;而对于客流较小的月份,则应根据实际调整列车的编组,及时分析客流较小的原因并加强对动车组的维护以及高速铁路服务人员的培训。

(2)日常客流的组织改进方案。在对沪杭高速铁路全线一周的全日客流进行统计后发现,工作日中周一的客流量要明显高于周二至周四,但在实际的开行方案中周一并未与其他工作日进行区分,而是统一划分在日常开行方案中,尚未考虑工作日各天客流量也存在不同的特点。因此,可以针对沪杭高速铁路工作日中周一客流较大的特点,对日常开行方案进行进一步细分,即周二至周四仍采用原开行方案,而对于周一采取早高峰时缩短列车发车间隔以及适当增加列车编组的做法。

(3)节假日客流组织改进方案。根据上海铁路局统计的客流数据可知,节假日期间沪杭高速铁路的客流量较平时有明显的激增,且客流一般从节前一天开始增长,并与节后逐渐回落至平常。以三天节假日为例,铁路部门针对节假日客流的变化特点,一般从节前一天就采取增开列车以加大运能的形式,而且从列车增开的数量上来看,节前这一天增开的列车数量最多,而节日放假的三天中增开的列车对数则明显下降,并较为平均。但是根据沪杭高速铁路在三天节假日期间的实际客流变化情况来看,客流经历了增长、平缓、再增长这样三个变化阶段,且客流最高点普遍出现在节日的最后一天,这就说明实际的运输组织并未与客流需求充分吻合。因此,应根据最后一天返程客流较大的需求,及时调整增开的列车数量,即在原先增开对数的基础上对节假日最后一天进一步增开晚高峰时段的列车,而考虑到返程高峰大部分集中在16:00~18:00这一时段,因此加开列车的开行时段也应集中在这一时段。

(4)按旅客出行时段需求调整开行方案。在沪杭高速铁路旅客的问卷调查中,旅客对于8:00~10:00以及14:00~16:00这两个时段有着较高的出行意愿,然而在实际的列车开行方案中,反而是10:00~12:00以及18:00以后的列车开行数量较多,需求与实际两者在时段上不太匹配。为了更好地满足旅客的出行时段意愿,可将部分10:00~12:00时段开行的列车提前至8:00~10:00时段开行,相应的8:00~10:00时段的列车发车间隔调整至平均7 min一列,其次对18:00以后的列车开行数量可以进行适当减少。

每种列车开行方案均需要实际运营的检验,特别是不同时段、不同出行需求情况下选择的列车开行方案,要通过实际运营效果分析,这也可为不断优化列车运行图铺画提供有益参考。城际铁路列车开行方案的调整,是城际铁路适应客运市场变化不可避免的过程和阶段。为了满足旅客需求、提升铁路经济效益,应根据客流变化对列车开行方案不断调整。而在列车开行方案的实际调整中,还需考虑动车组运用及检修、司乘组织、通过能力、在站作业时间等铁路内部因素。

5.7 案例分析:沪宁城际铁路列车停站改进方案和评价方案

5.7.1 列车停站改进方案

结合沪宁城际铁路近几年在列车停站方案方面所取得的成效及其存在的问题,提出采用系统聚类法根据客流量确定车站分级改进列车停站方案的思路和方法,并通过优化设计各站平均服务间隔时间,按照“公交化”的理念提出了沪宁城际铁路基于高峰和平峰时段车站不同平均服务间隔的停站改进方案和改进建议。

1. 城际列车种类和停站方式分析

为研究方便,不妨将城际铁路列车按以下4种类别分类,即:

(1)A类列车即一站直达列车。城际高速铁路两端站一般都连接大的中心城市,在两个中心城市间开行一站直达列车。如沪宁城际铁路高速铁路两端联系上海和南京两个特大城市客流量大,可开行A类列车,承担两端大城市的交换客流。为便于旅客掌握运行规律,始发站尽量在整点或半点安排,对列车运行时刻进行有规律的排列,方便旅客记忆。

(2)B类列车即大站停列车。主要是满足区域内主要城市旅客出行需要,承担沿线主要城镇及其与中心城之间的交换客流,在中心城市站点及主要城镇站点办理停车作业。

(3)C类列车即大站套小站停车。主要是满足城镇与沿线小站间的客流需求,解决小站旅客的出行问题。此种列车在大站停的基础上，小站通常采取交错停站的方式。

(4)D 类列车即站站停列车。主要是满足各站之间旅客出行之间的需要，可满足各站间到发客流的需要。显见，该类列车对区间通过能力影响大。

2. 沪宁城际铁路停站存在的主要问题

沪宁城际铁路高速铁路在上海、江苏之间形成已经形成 1 h 交通圈，构建了一个现代化的快速客运网，按照公交化运营的理念，采用 8 节编组或是 16 节重联的动车组列车，高峰时段 3~4 min发出一列，既满足中小车站旅客出行的需要，又满足大站旅客直达需要。2010 年 7 月开通运营以来，截止到 2016 年 1 月，沪宁城际铁路高速铁路为不断适应客运市场需求，列车运行图经过了 21 次调整，目前沪宁城际铁路高速铁路客运市场基本成熟，客流性质、特点和规律基本稳定。沪宁城际铁路客流分布以上海为中心，向外呈辐射状逐渐递减，而且上海、苏州、无锡间客流交换明显大于其他地区。列车开行方案相应安排加密了这个区段的列车，增加了上海到苏州、上海到无锡的高速动车组列车，促使旅客双城生活变为现实。几年来，围绕客流调查、客流需求变化，通过合理设计各时段的列车对数和停站方案，基本上形成了日常和周末两种列车运行图，并对高峰时段运营组织规律有了一定的掌握。历年沪宁城际铁路高速铁路调整列车运行图统计表和 2017 年 1 月列车运行图统计停站表如表 5.4、5.5 所示。

表 5.4　沪宁城际铁路高速铁路调图统计表

序号	执行日期	总开行列车对数	直达列车对数	相 关 说 明
1	2010. 7. 01	98	2	正式开通运营
2	2010. 7. 11	98	15	增加直达列车对数
3	2010. 8. 12	80	20	增加直达列车对数，优化上海站与虹桥站分工，优化列车停站方案
4	2010. 10. 26	85	15	因沪杭高速铁路开通运营，安排宁杭高速动车组 5 对，减少直达列车对数
5	2011. 1. 19	85	15	跨线动车组调整
6	2011. 3. 1	87	8	含宁杭高速动车组 5 对及 1. 5 对上海(虹桥)—常州 250 km/h 动车组列车，增开 D 字头动车组列车，实行站站停方案
7	2011. 07. 01	87	2	7 对备用线，并实施分号运行图
8	2011. 8. 28	80	2	减少直达列车数
9	2012. 3. 20	74	2	实施日常、周末分号运行图，直达列车旅行时间减少 79 min
10	2012. 7. 1	77	2	增加小交路列车对数
11	2012. 9. 28	81	2	调整部分动车组径路至沪宁城际铁路高速铁路
12	2012. 12. 21	80	2	减少 1 对 250 km/h 动车组列车
13	2013. 07. 01	82	0	取消直达列车，而后 7 点至 21 点逢整点南京，上海各开行三站直达列车，途中停靠苏州、无锡、常州，旅行时间 99 min。其余非整点本线列车采用大站、小站交错停靠，途中停 6、7 站，总旅时在 2 h 左右

续上表

序号	执行日期	总开行列车对数	直达列车对数	相关说明
14	2014.07.01	104	0	增加开行数量,优化列车停站方案
15	2014.12.10	108	0	杭长高速铁路开通、合肥南启用后关联调整,增加上海虹桥至成都、合肥方向动车数量
16	2015.7.1	108.5	0	合福高速铁路开通后关联调整,增加开行数量,优化列车停站方案
17	2015.12.6	109.5	0	宁安客专12月6日开通,初期跨沪宁1对
18	2016.1.10	113	0	全路调整图,结合宁安、金温开通,增开列车
19	2016.5.15	114.5	0	全路调整图,增加高峰线
20	2016.9.10	120	0	郑徐高速铁路开通,增加高峰线
21	2017.1.5	121	0	沪昆高速铁路开通关联调整,增加1对250 km/h动车组列车

表5.5 沪宁城际铁路列车停站统计表

停站数量(次)	上行(列)	下行(列)
0	0	0
1	3	0
2	3	5
3	18	20
4	9	8
5	22	26
6	37	36
7	8	10
8	1	0

3. 列车停站方案存在的主要问题

列车停站方案关系到旅客出行便利性和快速性。根据表5.4、5.5可知,沪宁城际铁路高速铁路列车停站次数逐步增加,采取大站与大站、大站与小站交错停站的方式,尽量缩短大站和小站的发车间隔。已采取的相关方案和摸索的相关规律如下:

(1)列车停站设计主要有一站直达、大站停、交错停站等方式;直达列车数量逐步减少直至取消,在停站方案设计中,根据2014年7月列车运行图,下行有70种列车停站方案,上行有67种列车停站方案,停站的优化设计决定了各站之间通达性。客流大的周末、节假日逐步安排列车重联运行。

(2)2013年“7.1”图对沪宁高速铁路的列车开行结构有重大调整,首先取消了南京至上海的一站直达列车,而后7点至21点逢整点南京,上海各开行三站直达列车,途中停靠苏州、无锡、常州,旅行时间99 min,将客流量的较大的苏州、无锡、常州和两端站上海和南京定位是沪宁城际铁路高速铁路的骨干列车。其余非整点本线列车采用大站、小站交错停靠,途中停6、7站,总旅时在2 h左右。

然而,沪宁城际铁路位于我国经济活跃的“长三角”城际轨道交通网主轴之一,列车密度为世界之最,城际旅客乘距短,平均距离为 86~90 km,而且旅客上下车人数频繁,各时段各站间客流分布不均衡,需要根据客流不均衡情况设计列车的停站分布再加上客流变化是动态的,每个时段客流需求都处于动态的变化之中,科学合理地安排好各站停站方案具有一定的难度。沪宁城际铁路高速铁路列车开行方案一直面临以下需要进一步优化的内容,以便不断满足动态变化的客流需求,其主要问题如下:

(1)列车开行方案不能较好地适应客流需求,根据统计数据分析,主要表现为各次列车上座率不均、动车组重联规律待摸索;客座利用率超过 80% 以上列车仅占列车总数的 15.9%,而客座利用率在 60% 以下的列车超过了 36%。列车停站存在一定问题,需进一步提高客座利用率。

(2)平衡旅行速度和停站次数始终是一对矛盾,呈现正负相关。

(3)列车停站方案对客流形成的影响值得深入分析。

(4)不同等级列车速差影响区间通过能力利用,在一定的情况下,速度差越大,通过能力越低,需要设计提高通过能力的各种列车停站组合来消除速差的影响。

4. 列车停站方案改进的思路和方法

因沪宁城际铁路车站众多,而且各站交换客流量差异非常大,部分车站的停站列车数量又明显减少,吸引客流量不大,为确保实现公交化运营的模式,需要根据各站间交换的客流量,确定相关车站的分级,在同一级别内的车站可采取停站数量相同的方式,这样就可以简化列车停站方案的设计及优化。

具体车站分级确定方法,可以采取采用系统聚类法,系统聚类法是聚类分析中最常用的一种方法。其步骤如下:

Step1:通过各站日均到达人数采用系统聚类法对其进行分类,在优化过程每类中的车站停站次数中相同。

根据某方向各站客流交流表,确定各站到达人数,将各站按照日到达人数进行聚类分析。优点在于可以指出由粗到细的多种分类情况,按如下方式分类:首先将 n 个样品看成 n 个类,然后将性质最接近的两个类合并为新类,得到 $n-1$ 个类,再从中找出最接近的两类合并形成 $n-2$ 类,如此进行下去,直到所有样本全在一类。

系统聚类法的关键是类与类之间距离的确定,通常有最短距离法、最长距离法、中间距离法、重心法、类平均法等,这里采用最短距离法。首先将类 G_1 与类 G_2 间的距离规定为

$$D(G_1, G_2) = \min_{\substack{x_i \in G_1 \\ x_j \in G_2}} \{ d(x_i, x_j) \} \tag{5.25}$$

式(5.25)的直观意义为两个类中最近两点间的距离。

其聚类步骤如下:

Step2:规定样品间的距离,计算样品两两间的距离得到距离矩阵 $D(0)$,即

$$D(0) = \begin{bmatrix} 0 & & & & \\ d_{21} & 0 & & & \\ d_{31} & 0 & 0 & & \\ \cdots & \cdots & \cdots & & \\ d_{n1} & d_{n2} & \cdots & d_{n,n-1} & 0 \end{bmatrix} \tag{5.26}$$

Step3:选择 $D(0)$ 中最小非零元素,设为 d_{kl},将 G_k,G_l 合并为新类 G_r,即

$$G_r = \{G_k, G_l\} \tag{5.27}$$

Step4:计算新类 G_r 与其他各类之间的距离:

$$D(G_r, G_p) = \min_{\substack{x_i \in G_r \\ x_j \in G_p}} \{d_{ij}\} = \left\{ \min_{\substack{x_i \in G_k \\ x_j \in G_p}} \{d_{ij}\}, \min_{\substack{x_i \in G_l \\ x_j \in G_p}} \{d_{ij}\} \right\} \tag{5.28}$$

得距离矩阵 $D(1)$。

Step5:对 $D(1)$ 重复步骤 2、3 作法得距离矩阵 $D(2)$。

Step6:对 $D(2)$ 重复步骤 2、3 作法,直到所有样品合并为一类为止。

若某一步 $D(\mathrm{k})$ 中最小非零元素不止一个,则对应这些最小元素的类可以同时合并成新类。

5. 车站分级及停站改进方案

沪宁城际铁路高速铁路因 D 类列车对通过能力影响很大,沿线一些车站综合交通配套尚不健全,客流量不大,目前运营暂不安排,列车开行种类为 A、B、C 三类。根据某年某月份上海铁路局客运票据数据库所取的售票日平均数据,预测其客流密度如表 1 所示;基本动车组列车为 8 节编组,定员为 558 席,实际运营中是单组和重联相结合。上海(虹桥)站至上行各站列车列数表如表 5.6 所示。

表 5.6 各站之间上行日均客流交流表 人/日

车站	昆山南	苏州	无锡	常州	丹阳	镇江	南京	始发合计
上海(虹桥)	7 508	11 700	8 577	5 725	1 066	2 972	17 269	54 817
昆山南	0	1 454	799	493	114	249	1 197	4 305
苏州	0	0	2 773	1 687	336	579	3 805	9 180
无锡	0	0	0	2 128	327	595	3 577	6 628
常州	0	0	0	0	443	827	3 678	4 948
丹阳	0	0	0	0	0	230	1 133	1 364
镇江	0	0	0	0	0	0	3 104	3 104
其他小站	34	66	152	128	32	62	425	899
到达合计	7 542	13 220	12 300	10 161	2 318	5 515	34 188	85 245

根据表 5.6,将 6 个站各记为一类:即昆山南站记为 G_1,下同。

$G_1 = \{7\,542\}$,$G_2 = \{13\,220\}$,$G_3 = \{12\,300\}$,

$G_4 = \{10\,161\}$,$G_5 = \{2\,318\}$,$G_6 = \{5\,515\}$

计算任两类之间的距离,这里用欧式距离,即

$$d(X,Y) = \left[\sum_{k=1}^{p} (x_k - y_k)^2 \right]^{1/2} \tag{5.29}$$

整个聚类过程(略)结束,聚类图如图 5.3 所示。

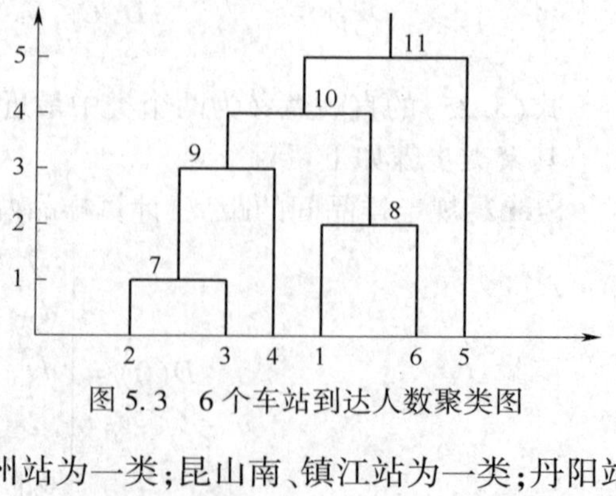

图 5.3 6 个车站到达人数聚类图

可将 6 个车站分成三个类别,即苏州、无锡、常州站为一类;昆山南、镇江站为一类;丹阳站

为一类。其他车站客流聚类分析略，通过以上方法，可得以下 21 个车站的 5 分级方案，如表 5.7 所示。其中，高峰和平峰时段各站平均服务间隔时间是通过客流调查，为满足公交化运营需要得到的数值。平均间隔时间是衡量车站服务水平的一个主要因素之一。其车站分级方案如表 5.7 所示。

表 5.7 沪宁城际铁路车站分级方案表

车站等级	车站	高峰时段列车平均服务间隔时间(min)	平峰时段列车平均服务间隔时间(min)
一级	上海、南京、苏州、无锡、常州	10	20
二级	上海虹桥、昆山南、镇江	15	30
三级	苏州园区、无锡新区、丹阳	30	60
四级	上海西、惠山、戚墅堰	60	90
五级	南翔北、安亭北、花桥、阳澄湖、苏州新区、丹徒、宝华山、仙林	90	120

对比目前的列车停站方案，沪宁城际铁路列车停站方案优化建议如表 5.8 所示。

表 5.8 沪宁城际铁路列车停站方案 次/h

等级	车站	既有停站方案		建议停站方案	
		高峰时段列车停站次数	平峰时段列车停站次数	高峰时段列车停站次数	平峰时段列车停站次数
一级	上海	6	4	6	3
一级	南京	6	4	6	3
一级	苏州	8	5	6	3
一级	无锡	6	4	6	3
一级	常州	6	4	6	3
二级	上海虹桥	5	4	4	2
二级	昆山南	6	3.5	4	2
二级	镇江	5.5	3.5	4	2
三级	苏州园区	2	1	2	1
三级	无锡新区	2	1	2	1
三级	丹阳	4	3	2	1
四级	上海西	0.5	0.5	1	0.7
四级	惠山	1	0.5	1	0.7
四级	戚墅堰	0.5	0.5	1	0.7
五级	南翔北	0.5	0	0.7	0.5
五级	安亭北	0.5	0	0.7	0.5
五级	花桥	0	0	0.7	0.5
五级	阳澄湖	0.5	0	0.7	0.5
五级	苏州新区	0.5	0	0.7	0.5
五级	丹徒	0.5	0	0.7	0.5
五级	宝华山	0.5	0	0.7	0.5
五级	仙林	0.5	0	0.7	0.5

可见,该方案具有一定的适用性。通过建议停站方案与既有停站方案的比较安排,可以提出各种类列车相关的列车停站方案优化的建议。为进一步优化停站方案,还要在以下几个方面下功夫:

(1)考虑到整点列车深受欢迎,可以将其列为品牌产品,在列车停站设计上不断提高核心竞争力,并且有要在车底交路要进一步优化,保证有弹性,确保品牌列车整点开行。

(2)为提高车辆运用效率,要根据客流动态变化情况,及时重联或解编动车组,确保动车组运用灵活。

(3)在每一个等级内,各站停站方案可以在根据客流到发情况,进一步细化停站方案,通过增加客流量大的车站停站次数,或减少客流量小的车站停站次数。

(4)公交化运营满足乘客随到随走的车站平均间隔时间是根据客流需求调查情况确定,但同时这个间隔时间又是对客流形成的吸引因素。各站列车平均服务间隔时间设置有一定的超前性以满足公交化运营需要。在实际运营组织中,针对每一趟列车上座率的实际情况,进一步提出改进建议。

(5)通过建议的停站方案与既有停站方案比较,可知是否满足乘客需求情况,可在实际方案中做调整。例如,一级站中,苏州、无锡和常州站的高峰和平峰时段平均停站次数均能满足旅客需求,但苏州站,因所有列车均停站,高峰平均停站次数超过 8 次,建议适当减少停站次数。而五级站中,需要增加该级别站的高峰和平峰时段的平均停站次数,以吸引更多的客流。当然,这种增加和减少既有停站次数的具体做法还需要根据实际客流量确定。

通过沪宁城际铁路高速铁路各站客流量,将车站划分为五个等级,并根据客流需求调查分别定义不同的车站平均列车服务间隔时间,根据划分等级计算各站需求的理论停站次数和各站实际停站次数对比,提出了各站需要改进的停站次数方案。应该看到,列车停站改进方案是不断适用客流满足客流需求并吸引客流的一个不断追求的目标,需要在运营组织的实践中不断完善,同时也是一个长期追求的目标。

5.7.2 列车开行方案的分析评价

本例采用集对熵权评价法。

1. 集对分析方法

(1)集对分析

集对分析(Set Pair Analysis,简称 SPA)是我国学者赵克勤 1989 年提出的一种新的系统分析理论。其核心思想是把确定、不确定视作一个系统,二者相互联系、相互影响、相互制约,并在一定条件下相互转化,它利用联系度的同、异、反分量刻画两个事物之间不同类型的内在联系,对模糊、随机、中介和信息不全所致的不确定性实现了统一处理。所谓集对就是具有一定联系的两个集合所组成的对子。利用联系度表达式会更加全面地反映系统的确定和不确定、同一和对立等性质,且思路简明,方法简便,易于操作。在一定问题的背景下,对集对中两集合的特性作同异反分析,用式子表示为:

$$\mu = a + bi + cj \tag{5.30}$$

式中,μ 称为两个集合的联系度,严格地说是问题背景和分析过程中的一个函数;i 为差异度标记;j 为对立度标记。但在运算时,i 和 j 又同时作为系数参加运算。规定 j 恒取值-1,而 i 在 $[-1,1]$ 区间视不同情况取值。

显然，a、b、c 三个数满足归一化条件，既有关系式

$$a + b + c = 1 \tag{5.31}$$

本文假设列车开行优化方案比较上在量上不考虑差异度，可利用集对理论中突出同一、对立关系的联系度表达式，将被评价对象与理想方案构成一个集对，进行集对分析。

即 $a + b + c = 1$，所以，$b = 0$，可得

$$c = 1 - a \tag{5.32}$$

(2)熵权系数

权重向量表示的是各影响因素在决策过程中所占的重要性程度，权重确定方法通常有主观和客观确定法。为减少决策中的主观因素，采取客观权重法中的熵权系数法来确定指标的权重向量，该模型同样具有计算过程简单、使用起来方便等特点。

在信息论中，熵是系统无序程度的度量，它还可以度量数据所提供的信息量，其过程如下：

第 j 个优化目标的熵为

$$H_j = -\frac{1}{\ln n}\sum_{i=1}^{n} k_{ij}\ln k_{ij}, j = 1,2,\cdots,m \tag{5.33}$$

式中，

$$k_{ij} = \frac{d_{ij}}{\sum_{i=1}^{n} d_{ij}}, i = 1,2,\cdots,n; j = 1,2,\cdots,m \tag{5.34}$$

其中，d_{ij} 为评价的指标属性值，且当 $d_{ij} = 0$ 时，令 $k_{ij} = 0$

则第 j 个优化目标的权重

$$w_j = \frac{1 - H_j}{m - \sum_{j=1}^{m} H_{ij}}, j = 1,2,\cdots,m \tag{5.35}$$

则目标函数的权重向量

$$W = \{w_1, w_2, \cdots, w_j\}, j = 1,2,\cdots,m \tag{5.36}$$

在多目标决策中，对各个方案关于某一指标的分值而言，可将属性值进行归一化后再进行熵值计算作为该指标的客观权重。

(3)集对熵权评价方法

设有 $M_1, M_2, \cdots, M_n$，共有 n 个待选对象组成被评价对象集，每个对象 $C_1, C_2, \cdots, C_m$ 共 m 各评价指标，每个评价指标均有一个评价值 $f_{ij}(i = 1,2,\cdots,n; j = 1,2,\cdots,m)$。

构造多目标评价矩阵 A 为：

$$A = \begin{bmatrix} f_{11} & f_{12} & \cdots & f_{1m} \\ f_{21} & f_{22} & \cdots & f_{2m} \\ & & \vdots & \\ f_{n1} & f_{n2} & \cdots & f_{nm} \end{bmatrix} \tag{5.37}$$

设理想方案为

$$A_0 = (f_{01}, \ f_{02}, \ \cdots f_{0i} \cdots \ f_{0m}) \tag{5.38}$$

其中 f_{0i} 为理想方案中的第 i 个指标的理想值。

比较评价矩阵的各项指标值与理想方案中对应的指标值,构成被评价对象与理想方案的同一度 d_{ij},有

当 $f_{ij} < f_{0j}$(效益型)时,$d_{ij} = \dfrac{f_{ij}}{f_{0j}}$;

当 $f_{ij} > f_{0j}$(成本型)时,$d_{ij} = \dfrac{f_{0j}}{f_{ij}}$ (5.39)

(4)模型一——对评价指标属性值进行集对分析

构造被评价对象与理想方案之间不带权的联系度矩阵 U

$$U = \begin{bmatrix} d_{11} & d_{12} & \cdots & d_{1m} \\ d_{21} & d_{22} & \cdots & d_{2m} \\ & & \vdots & \\ d_{n1} & d_{n2} & \cdots & d_{nm} \end{bmatrix} \tag{5.40}$$

计算各属性的权重,确定各评价对象 A 与理想方案 A_0 带权重的联系矩阵 R:

$$R = U \times W = (u_1, u_2, \cdots, u_n) \tag{5.41}$$

其中,

$$u_i = \sum_{j=1}^{m} w_j d_{ij} (\ i = 1,2,\cdots n, j = 1,2,\cdots m) \tag{5.42}$$

根据 u_j 值的大小,可以确定被评价对象的优劣次序。u_j 越大,说明被评价对象越接近理想方案,评价对象就越好。联系度最大的评价对象,即为最优的方案。

(5)模型二——对评价指标属性值和权重均进行集对分析

将各个待评价方案中每项评价指标的属性值归一化后,分别构造待评价方案与理想方案的相近度联系矩阵 U_{A}

$$U_{\mathrm{A}} = \begin{bmatrix} d_{A11} & d_{A12} & \cdots & d_{A1m} \\ d_{A21} & d_{A22} & \cdots & d_{A2m} \\ & & \vdots & \\ d_{An1} & d_{An2} & \cdots & d_{Anm} \end{bmatrix} \quad U_{\mathrm{C}} = \begin{bmatrix} d_{C11} & d_{C12} & \cdots & d_{C1m}, \\ d_{C21} & d_{C22} & \cdots & d_{C2m} \\ & & \vdots & \\ d_{Cn1} & d_{Cn2} & \cdots & d_{Cnn} \end{bmatrix} \tag{5.43}$$

式中 $d_{Aaj} + d_{Cij} = 1$,若 d_{ij} 为同一度,则 $d_{Aij} = d_{ij}$;若 d_{ij} 为对立度,则 $d_{\mathrm{C}ij} = d_{ij}$

根据熵权计算方法,分别计算相近度联系矩阵 U_{A} 和 U_{C} 的权重,有

$$W_{\mathrm{A}} = \{w_{\mathrm{A}1}, w_{\mathrm{A}2}, \cdots, w_{\mathrm{A}j}\} \quad W_{\mathrm{C}} = \{w_{\mathrm{C}1}, w_{\mathrm{C}2}, \cdots, w_{\mathrm{C}j}\}, j = 1,2,\cdots,m \tag{5.44}$$

再计算各评价对象 A 和 C 与理想方案权重的联系矩阵

$$R_{\mathrm{A}} = W_{\mathrm{A}} \times U_{\mathrm{A}} = (u_{\mathrm{A}1}, u_{\mathrm{A}2}, \cdots, u_{\mathrm{A}m}) \ R_{\mathrm{C}} = W_{\mathrm{C}} \times U_{\mathrm{C}} = (u_{\mathrm{C}1}, u_{\mathrm{C}2}, \cdots, u_{\mathrm{C}m}) \tag{5.45}$$

因同一度为正向指标,越大越好。对立度为逆向指标,越小越好。方案最终排序可采取贴近度方法进行,相对贴近度及方案排序

$$R_i = \frac{R_{\mathrm{A}}}{R_{\mathrm{A}} + R_{\mathrm{C}}}, i = 1,2,\cdots m \tag{5.46}$$

其值越大,表示方案越接近最优方案,故可按照大小进行方案优劣进行评价。

模型二实质上时将式(5.35)分解成两部分,从整体与局部的关系来衡量系统的不确

定性。

符合城际铁路列车开行方案输入和输出指标体系建立如表 5.9 所示。

2. 实例应用

为充分满足客流需求,在可持续发展的基础上,希望在资金短缺的情况,对现有沪宁城际铁路开行方案进行优化调整以充分利用运输资源。根据不同时期总投入运营成本,通过深入的调查研究,现提出不同时期阶段的 6 个列车开行方案进行模拟分析与评价,各方案的输入和输出指标考察值如表 5.9 所示。其中,旅客满意程度可采取抽样调查方式获得,其他指标体系均可从给定方案样本中计算取得。根据以上资料,需要评价不同运营成本各个阶段列车开行方案的可行性。

表 5.9 城际铁路列车开行方案输入输出指标值

指标	指标值及单位		方案					
	指标值	单位	1	2	3	4	5	6
输入指标	总运营成本	亿元	185	190	195	220	225	230
	动车组需要总数量	组	34	36	40	45	46	48
	列车数量	对	95	98	100	102	103	105
	平均停站次数	次	6	6	5	6	6	6
	列车平均间隔时间	min	11.4	11	10.8	10.6	10.5	10.2
输出指标	总运营收入	亿元	84	85	80	90	95	100
	平均技术速度	km/h	295	290	290	295	285	290
	平均旅客周转量	亿人 · km	9	9.2	10	11	11.2	11.3
	列车平均上座率	%	95	90	97	90	90	85
	平均旅客满意程度	%	82.5	84.3	80.5	85.2	84.5	86.4

评价过程步骤如下:

建立决策矩阵为:

$$A=\begin{bmatrix} 185 & 190 & 195 & 220 & 225 & 230 \\ 34 & 36 & 40 & 45 & 46 & 48 \\ 95 & 98 & 100 & 102 & 103 & 105 \\ 6 & 6 & 5 & 6 & 6 & 6 \\ 11.4 & 11 & 10.8 & 10.6 & 10.5 & 10.2 \\ 84 & 85 & 80 & 90 & 95 & 100 \\ 295 & 290 & 290 & 295 & 285 & 290 \\ 9 & 9.2 & 10 & 11 & 11.2 & 11.3 \\ 95 & 90 & 97 & 90 & 90 & 85 \\ 82.5 & 84.3 & 80.5 & 85.2 & 84.5 & 86.4 \end{bmatrix}$$

模型一

步骤 1 标准化处理的决策矩阵为

$$d_{ij}=\begin{bmatrix}1.000&0.974&0.949&0.841&0.822&0.804\\1.000&0.944&0.850&0.756&0.739&0.708\\0.905&0.933&0.952&0.971&0.981&1.000\\0.833&0.833&1.000&0.833&0.833&0.833\\0.895&0.927&0.944&0.962&0.971&1.000\\0.840&0.850&0.800&0.900&0.950&1.000\\1.000&0.983&0.983&1.000&0.966&0.983\\0.796&0.814&0.885&0.973&0.991&1.000\\0.979&0.928&1.000&0.928&0.928&0.876\\0.955&0.976&0.932&0.986&0.978&1.000\end{bmatrix}$$

步骤 2　各指标的权重值为

$$w=[0.068\quad 0.114\quad 0.091\quad 0.076\quad 0.111\quad 0.088\quad 0.127\quad 0.096\quad 0.107\quad 0.120]$$

步骤 3　联系度矩阵

$$R=(0.923,\quad 0.921,\quad 0.934,\quad 0.928,\quad 0.928,\quad 0.934)$$

可知,方案从优到优劣排序顺序为:6、3、5、4、1、2,其中 6 和 3、5 和 4 方案评价相同。

模型二

步骤 1　标准化处理的决策矩阵为

$$d_{Aij}=\begin{bmatrix}0.000&0.026&0.051&0.159&0.178&0.196\\0.000&0.056&0.150&0.244&0.261&0.292\\0.905&0.933&0.952&0.971&0.981&1.000\\0.167&0.167&0.000&0.167&0.167&0.167\\0.105&0.073&0.056&0.038&0.029&0.000\\0.840&0.850&0.800&0.900&0.950&1.000\\1.000&0.983&0.983&1.000&0.966&0.983\\0.796&0.814&0.885&0.973&0.991&1.000\\0.979&0.928&1.000&0.928&0.928&0.876\\0.955&0.976&0.932&0.986&0.978&1.000\end{bmatrix}$$

$$d_{Cij}=\begin{bmatrix}1.000&0.974&0.949&0.841&0.822&0.804\\1.000&0.944&0.850&0.756&0.739&0.708\\0.095&0.067&0.048&0.029&0.019&0.000\\0.833&0.833&1.000&0.833&0.833&0.833\\0.895&0.927&0.944&0.962&0.971&1.000\\0.160&0.150&0.200&0.100&0.050&0.000\\0.000&0.017&0.017&0.000&0.034&0.017\\0.204&0.186&0.115&0.027&0.009&0.000\\0.021&0.072&0.000&0.072&0.072&0.124\\0.045&0.014&0.068&0.014&0.022&0.000\end{bmatrix}$$

步骤 2　各指标的权重值为

$$W_A = \begin{Bmatrix} 0.027, & 0.140, & 0.057, & 0.027, & 0.089, 0.108, \\ 0.155, & 0.118, & 0.132, & 0.147 \end{Bmatrix}$$

$$W_C = \begin{Bmatrix} 0.187, & 0.100, & 0.116, & 0.097, & 0.141, & 0.048, \\ 0.138, & 0.072, & 0.083, & 0.116 \end{Bmatrix}$$

步骤 3　各指标的权重值为

$$R_A = (0.750,\quad 0.751,\quad 0.758,\quad 0.795,\quad 0.798,\quad 0.805)$$

$$R_C = (0.449,\quad 0.446,\quad 0.448,\quad 0.397,\quad 0.396,\quad 0.390)$$

步骤 4　计算贴近度

$$R = (0.626,\quad 0.628,\quad 0.629,\quad 0.667,\quad 0.668,\quad 0.674)$$

可知,方案从优到优劣排序顺序为:6、5、4、3、2、1。

从模型一、二还可知,不同的模型得到的最优方案是不同的。可以根据不同的环境条件下寻找相关的模型方案,这样得到的最优方案才可靠。另外,从两种模型的评价结果分析,因各方案评价相差不大,可知随着投入的不同运营成本的不断增加,该方案的评价指标值也在不断增加,各方案都可行,符合可持续发展需要。集对熵权分析决策是一种具有实用价值的评价方法,同时也可以看做是处理多输入、多输出问题的多目标评价方法,适用于多指标复杂系统,具有一定的适用性。考虑到系统评价过程是一个复杂的计算过程,同时也是一个反复修正的过程。

6 列车运行图编制与调整

6.1 列车运行图概述

列车运行图是铁路经济效益和社会效益的源头。列车运行图是列车开行方案的落实体现,是运营方案的基本参照,也是客运产品的完整体现。列车运行图是组织运输生产的依据,是实现"按图行车"的技术组织措施,也是确保运输产品质量的基础。城际铁路列车运行图一方面是实现列车安全、正点运行和经济有效地组织运输工作的列车运行生产计划。它将整个城际铁路的运输生产活动联系成为一个统一的整体,把所有与行车有关的单位组织起来,严格按照一定的程序有条不紊地进行工作,协同运转。

城际铁路列车运行图是用以表示列车在高速铁路区间运行及在车站到发或通过时刻的技术文件,它规定城际铁路各次列车占用铁路区间的先后顺序、列车在每个车站的到达和出发(或通过)时刻、列车在铁路区间的运行时分、列车在车站的停站时间,列车在折返站的折返时间,列车交路及出入段时刻等。

城际铁路列车运行图是铁路运输生产的一个综合性计划。城际铁路运营组织与管理强调工电供一体、机辆一体、动车所内运输、机务、车辆、客运作业一体、站车一体等,通过列车运行图把各部门联成一个统一的整体,各部门须严格按照运行图规定的程序进行工作,如机务部门根据运行图的要求确定动车组运用交路、安排动车组的整备和乘务员的作息;其他部门(如工务、电务等)也都根据运行图的规定来安排线路和设备的施工和检修。车站要根据运行图所规定的列车到达和出发时刻,安排本站接发列车作业和客运工作。

此外,城际铁路列车运行图是城际铁路运输生产和产品供应销售的综合计划,是铁路运输生产联结社会生活的纽带。列车运行图又是铁路运输企业向社会提供运输供应能力和承诺运输服务质量的一种有效形式。列车运行图还能为旅客提供较为方便的乘车条件,包括满足不同旅客对出行时间的要求。例如,针对上下班客流及早出办事(旅游)并在傍晚返回的客流,应安排早(6:30~9:00),晚(16:30~19:00)列车密集到发。同方向同等级的列车在运行图上应尽可能均衡开行,比如每间隔 0.5 h 或 1 h 1 趟,便于旅客记忆。从这个意义上讲,向社会公布的城际铁路旅客列车时刻表,实际上就是城际铁路服务供给运输产品的目录。它对铁路来说是铁路运输产品的供销计划,而对社会用户来说,则是旅客安排旅行计划的依据。

6.2 列车运行图分类

城际铁路可根据客流规律铺画多种版本的列车运行图以更好的满足客流需求。城际铁路列车运行图按需调配,可以分为日常运行图、周末运行图和节假日高峰运行图。日常运行图为周一至周四实行的运行图,周末运行图为周五至周日实行的运行图,如沪宁城际铁路、沪杭高铁;也有采用日常运行图为周一至周五实行的运行图,周末运行图为周六、周日实行的运行图。节假日运行图是指针对客流量波动较大的主要节假日编制的列车运行图。节假日高峰运行图为春暑运、黄金周、小长假等运输期间实行的运行图。如果在日常和周末遇有突发客流,也可开行节假日高峰运行图中未开行的列车,并根据旅游旺季、特殊社会活动等可编制春游图、清明扫墓等列车分号运行图。

也有的城际铁路列车运行图主要有三种,一是节假日使用的列车对数最多的运行图,又称基本运行或高峰运行图;二是周末(周五至周日)使用的运行图,从基本运行图抽减一定数量的运行线,列车对数较少的运行图;三是日常(周一至周四)使用对数最少的列车运行图。

6.3 列车运行图要素

城际铁路列车运行图要素包括:列车区间运行时分、动车组起停车附加时分、列车在中间站停留时间、动车组在折返站和动车段(所)停留时间、列车追踪间隔时间、列车开行时段、分时段行车密度、综合施工维修天窗时间等。

(1)列车区间运行时分及起停车附加时分

列车区间运行时分是指列车在两相邻车站(线路所)之间的运行时间标准。它由机务部门采用牵引计算及试运转或采用动力试验车加以检验的方法确定。列车区间运行时分影响因素很多,其中主要有:动车组类型及列车编组、线路允许速度、线路平面及纵断面、桥隧(涵)限速情况、接触网分相位置等。

列车区间运行时分是按车站(线路所)中心线之间的距离进行计算的。列车不停车通过区间两端车站所需的运行时分,称为区间纯运行时分。动车组列车由车站起动出发比不停车通过车站所增加的运行时分,称为起车附加时分。动车组列车到站停车比不停车通过车站所增加的运行时分,称为停车附加时分。

(2)列车在中间站停留时间标准

列车在中间站停站时间主要是指动车组列车在中间站上办理必要作业所需要的最小时间。目前,高速铁路动车组的上水、排污等作业通常在动车段(动车运用所)、拥有相关吸污设备的始发站进行,中间站一般只办理旅客乘降作业(有时有待避等其他技术作业),动车组在中间站的停车作业过程具体包括:

①动车组在到发线上规定位置停稳后司机开启车门;

②旅客上下车;

③列车长在旅客乘降完毕后,通知司机关闭车门;

④车站开放发车信号,列车起动出发。

从以上动车组停站流程可以看出,影响动车组在中间站停站时间的因素主要有:

①开启车门时间;

②中间站旅客的乘降量;

③单位旅客平均上车时间;

④单位旅客平均下车时间;

⑤列车长通知司机关门的时间;

⑥发车确认时间。

旅客上、下车应分别安排在每节动车组车辆前后车门同步进行(仅有一个门的车厢除外),这样可提高旅客乘降组织效率。

(3)动车组在折返站和动车段(所)停留时间标准

动车组列车在折返站的停留时间标准和在动车段(所)的维修时间标准是体现动车组运用效率和运营组织水平的重要参数,是列车运行图铺画的基本要素之一。

城际铁路动车组列车开行密度较大,为提高动车组运营效率,动车组往往需要连环套跑或往复立折运行。在动车组终到站变更运行方向,即进行折返作业,动车组列车在折返站内办理必要技术作业所需的最小时间即为动车组在折返站停留时间标准。动车组折返时间与动车组在站折返的方式、具体作业内容、作业流程等相关,应根据实际情况确认折返时间标准。动车组在折返站的作业内容大致包括以下内容:列车停稳至车门开启、旅客下车、吸污作业、保洁作业、司机换乘、旅客上车、发车确认、关门、列车出发。

动车组库内检修作业时间是指动车组列车从进入动车段(动车运用所)到出段(所),在动车段(动车运用所)内的最小停留时间。其时间标准与动车段(动车运用所)布局、检修作业内容、检修作业流程等相关。

(4)追踪列车间隔时间标准

在自动闭塞区段,一个站(所)间区间内同方向可有两列及其以上列车,以闭塞分区间隔运行,称为列车追踪运行。追踪运行的列车之间最小间隔时间,称为追踪列车间隔时间。影响追踪列车间隔时分的因素主要包括列车运行速度、同方向列车间隔距离、列车控制系统,列车的起动性能和制动性能、线路的坡度及曲线、站场咽喉区的布置、车站信联闭设备以及供电分相设置等。

在城际铁路中,常用的追踪列车间隔时间有:发车追踪列车间隔时间、区间追踪列车间隔时间、到站追踪列车间隔时间、到通追踪列车间隔时间、通发追踪列车间隔时间。

(5)综合施工维修天窗

城际铁路综合施工维修主要指对线路、信号、供电等固定设备进行日常维护和检修。在列车运行图上预留的用于施工维修所需要的行车“空隙”,称为“天窗”。它是解决城际铁路列车运行与设备维修施工之间矛盾的技术保障措施。在高速度、高密度行车条件下,综合施工维修天窗开设形式和施工维修时间的确定,对铁路通过能力、行车组织方式有很大的影响。城际铁路综合施工维修所需的时间一般为4~6 h,一般开设在0:00~4:00(6:00)之间,且综合施工维修天窗内禁止行车。

6.4 城际铁路运行图特征

(1)不同速度值的高速列车混跑。城际铁路是铁路网的重要组成部分,除了承担本线运输任务外还承担着大量的跨线客流运输任务,不同速度等级(300~350 km/h、200~250 km/h)的高速列车共线运行在相当长的时间内存在。多种速度列车共线模式,列车之间扣除比既有线大,不同等级列车之间速度差大;跨线列车的存在,使得运行图的框架结构受到限制。

(2)城际铁路列车运行图具有鲜明的时段特性。为旅客出行提供快捷、舒适的旅行条件是高速铁路运输组织的出发点,列车运行线的安排必须满足旅客出行规律的要求。高峰时段大量列车密集到达,造成运力资源利用极不均衡。例如,6:30~9:30 和 17:00~20:00 形成列车密集到发的高峰时间带。列车运行线的安排必须满足旅客对出行时间的需求,形成列车晨间密集发车及晚间密集到达的早晚高峰时间带。由于高峰时段大量列车的密集到发,而非高峰时段列车较少,造成运力资源利用极不均衡,在高峰时段全部投入运用,而非高峰时段大量闲置。以上因素造成各时间段内运行线分布不均衡。

(3)城际铁路列车运行线应具有较高弹性。列车运行图必须要有足够的应变能力,即具有高度的弹性。当列车运行紊乱时,要能尽快恢复正常,以保证能经常处于按图行车的状态。列车运行线要预留一定的冗余时间,以减少个别列车晚点的影响;或者预留一定数量的备用线,让晚点列车按就近的备用线运行。为保证列车的高正点率,列车运行线之间要预留一定的缓冲时间或通过能力,使得列车运行秩序发生紊乱时,能够尽快恢复正常,减少列车之间的晚点传播。

(4)旅行速度要求高。旅客对缩短旅行时间的期望很高。在一定的技术条件下,列车旅行速度与停站频次和停站时间有关,应尽可能提高使用动车组的旅客列车旅行速度,充分体现动车组的速度优势。旅行速度与停站次数直接相关,减少停站次数和停站时间可提高旅行速度,但通常会减少客运服务频率和客运收入。因此,应在保证一定服务频率和旅客上下车的前提下,尽量提高旅行速度。

(5)列车开行与综合施工维修天窗统筹安排。城际铁路建成运营后,均在夜间设置综合施工维修天窗,且综合施工维修天窗时间内禁止行车,就要统筹安排好列车开行。

(6)有效时间带的出现。0:00~6:00为施工维修天窗时间内,由于天窗多采用矩形,列车只能在6:00以及以后出发,0:00及其以前到达,因此对不同运行距离的列车就形成了有效时间带。城际电气化铁路垂直矩形维修天窗的设置,城际铁路列车运行图铺画列车的时间带较普速铁路大为减少,并在天窗附近形成三角区。可利用该区域组织短途列车开行。例如,沪宁城际铁路21:40上海虹桥到南京、南京南为每日最后一班列车,增设该列车的目的主要是配合虹桥机场旅客乘车需要。有效时间带如图6.1所示。

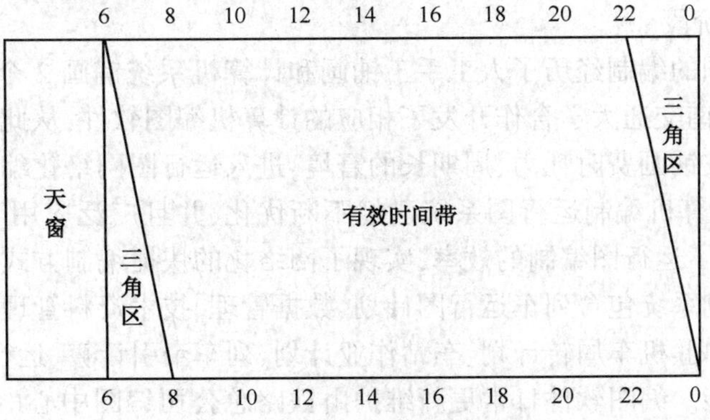

图6.1　有效时间带示意图

6.5　列车运行图的编制

列车运行图的编制质量和管理水平的高低直接影响铁路运输组织的效率和安全,也是最严谨的技术性工作,在很大程度上决定了铁路运营组织的质量和服务水平。编制列车运行图也是为了更好地适应运输市场变化,挖掘运力,让旅客出行更方便,目前已采取了运用大数据分析方法,挖掘市场新的增长点。

6.5.1 国外列车运行图的编制

国外编图贯彻以人为本的编制理念:客流特点是城际铁路列车运行图编制的重要参考因素,国外相对固定运行秩序,减少旅客换乘等待时间,不同方向的旅客列车采用整点或半点开车等措施,便于旅客记忆。在不同季节、不同时段,客流呈现出明显的波动性。国外通常以季节性运量作为编制基本图时的参考,采用分号运行图是通用做法。

目前,编图方式朝向动态编图方式趋势,也就是客流量、列车开行方案和列车运行图三者之间是一种动态关系。一方面,客流变化影响列车开行方案与列车运行图设计;另一方面,列车开行方案与列车运行图设计也会导致客流的变化。发达国家广泛采用客流预测与列车开行方案、列车运行图一体化设计的思想来编制列车运行图,并且研制出了基于这种一体化设计思想的软件系统。

例如,日本在运用计算机编图初期主要采取人机对话的形式,编图人员使用光笔进行列车运行图的编制和调整。编制原则是从高级列车开始一列一列地铺画。当编图人员向计算机输入车次、始发车站及始发时刻等数据后,由计算机自动计算该列车在区段内各站的到发时刻,但纯人机对话形式的计算机编图只能缩短编图时间,减少编图计算机工作量,难以提高编图质量。后来,日本在研究人工智能的基础上进行列车运行图编制专家系统的开发,采用搜索树原理和经验制约作为知识规则进行驱动,以列车运行带代替列车运行线,考虑各列车之间的相互约束及各车站间的列车组合顺序,利用人工作业中以经验为依据的所谓启发式手段,找出"满足条件程度尽可能高的选择标准",从而把人的判断能力和计算机的高速运行能力结合起来,开发了列车运行图编制系统(DIADS)。

6.5.2 我国列车运行图的编制

1. 编制经历的阶段

我国列车运行图的编制经历了人工手工铺画和计算机系统铺画 2 个阶段。20 世纪 90 年代初,原铁道部与西南交通大学合作开发了相应的计算机编图软件,从此铁路运行图编制工作摆脱了原有铅笔橡皮铺画费时耗力、周期长的窘境,进入运行图网络化编制和管理时代。经过 20 多年不断完善,计算机编制运行图系统已经不断优化,并且广泛应用于铁路列车运行图编制工作中,大大提高了运行图编制的效率,实现了网络化的快捷编制方式,功不可没。

列车运行图编制系统包含列车运行图计划、数据管理、技术资料管理、车底(动车组)交路计划、车辆分配计划、机车周转计划、车站作业计划、列车牵引计算、运行仿真、列车运行图信息共享与查询等功能。编图软件日常更新维护由铁路总公司编图中心(西南交大编图研发中心)完成,列车运行图编制软件系统结构如图 6.2 所示。

由于列车运行图涉及面广、影响因素繁杂,难以用特定的模型进行描述,有些因素还难以用数学公式表达,甚至有些因素本身之间后就是相互矛盾和相互制约。对于这样一个多目标、复杂的 NP 问题,难以通过数学模型和相应的求解算法得出满意且都符合实际的列车运行图。

(1)列车运行图编制系统相对独立封闭,与其他数据平台信息共享不足。每次新图公布后,编图系统的数据不能直接全部交换到调度系统、铁路客票系统、铁路客服系统、车站股道编制系统,运行图系统与其他系统间的数据交换均需由人工操作导入,未能真正实现与其他系统

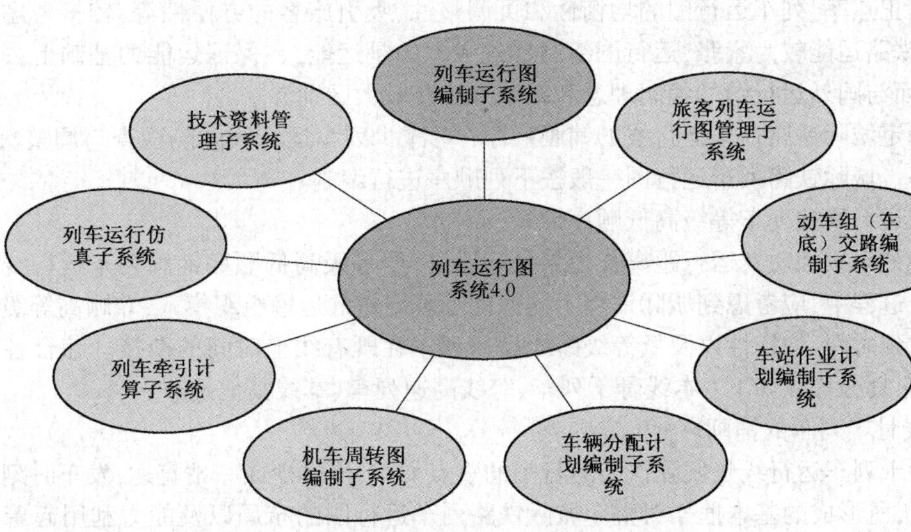

图 6.2　列车运行图编制系统结构图

数据信息的全面共享,自动化作业程度较低,数据交换过程中的安全风险增大。

(2)完善系统线路通过能力的汇总计算。目前软件尚不能提供准确的线路通过能力计算汇总以及自动生成线路通过能力效率计算等,对于各线的能力使用计算尚需人工复核计算,不仅耗时费力,而且对编图系统的自我优化计算也是障碍。后期对编图系统技术资料的计算、整理、汇总有待于进一步的研发。

(3)优化系统天窗设置。目前天窗的编辑、更改指向性较差,特别是枢纽地段,需要人工在整个线路区段的天窗列表里寻找,下一步需优化相关算法设置,改变现有系统的天窗编辑逻辑,采用鼠标操作可视模式,提高鼠标所在区段的天窗指向性。

2. 编制原则

①城际铁路列车运行图的编制原则上纳入全路编图工作,全路定期性的列车运行图编制工作,由铁路总公司负责;局管内的列车运行图编制工作,由铁路局负责。

②严格遵守各项技术作业标准,保证城际铁路列车运行安全。

③适应城际铁路客流特点,最大限度满足旅客出行的需求,做好城际铁路列车运行线与客流的结合。

④要做好城际铁路与既有线的衔接,最大限度地提高城际铁路及既有线的通过能力。

⑤高速列车运行与高速客运站的技术作业过程相结合,合理安排列车停站,以提高列车旅行速度。

⑥充分利用线路和车站的通过能力,合理安排城际铁路综合施工维修天窗。

⑦合理勾画动车组运用交路,最大限度地提高动车组的运用效率。

⑧均衡铺画的原则,处理好列车密度、列车种类、动车组交路等方面的关系,减少各种列车间的越行与避让,同时使列车运行图保持合理的弹性。

3. 编制顺序

国外高速铁路一般是对某条线或者局部铁路的列车运行图进行优化,而我国铁路往往涉及较多的跨线。特别是跨局长途运输,编图情况较为复杂。其次是国外铁路运能充足,其编制目标是列车正点率、列车运行图的均衡性和可调整性、吸引旅客的方便性等,较多考虑换乘衔接;而我国铁路运能较为紧张,运行图编制首先考虑的是运能,在保证运能的基础上去优化其他目标,故而与国外运行图的编制理念和编制方法有较大区别。

合理确定城际铁路列车运行线的铺画顺序,可减少列车运行线间隔检查与调整次数,提高编图效率。城际铁路列车运行图一般按下列顺序进行编制。

①列车运行线按列车等级高低顺序铺画

首先将列车按性质及运行距离长短划分等级,按照等级高低顺序铺画列车运行线。在列车等级划分过程中,应考虑到城际铁路不同速度等级混跑的运输组织模式,兼顾高等级高速列车的有利发到时间、均衡性以及低等级跨线高速列车在既有线上时间的衔接。综合各类列车性质,将列车划分等级如下:本线骨干列车、跨线高速列车、本线其他列车。

a. 本线骨干列车的铺画

本线骨干列车运行线是城际铁路运行图的重点列车,停站少或一站直达,发车时刻要求整点或是半点,所形成的基本框架对整个城际铁路列车运行图的布局以及能力利用起着决定性的影响。因此,其分布应尽量做到均衡,为本线其他列车运行线的铺画创造良好的条件。

b. 跨线列车运行线的铺画

铺画跨线列车运行线需符合列车开行方案的要求,并要保证一定的旅行速度,但又受所衔接的其他线路运行时刻限制。

c. 其他列车运行线的铺画

其他列车运行线一般利用本线列车和跨线列车运行线之间的空隙插入铺画。为了不影响已建立的整体框架,原则上不调整已铺运行线,只在特殊情况下,允许进行微量调整。

②同等级列车按出发时刻先后顺序铺画

对于同等级列车,首先按出发时刻先后进行排序,然后顺序取出列车进行铺画。

③高等级及先铺画列车具有优先权

在列车运行线铺画及间隔调整的过程中,当前铺画的列车与已铺画列车发生冲突时,先调整当前列车,然后再调整与其冲突的列车。这样可减少检查、调整次数,提高编图效率。

4. 铺画方式

考虑运行线铺画通过能力有影响作用,城际铁路列车运行图的铺画方式如图 6.3 所示,可将速度较高的列车称之为 A 类列车、速度较低的列车称之为 B 类列车。

(1)同类列车成组铺画。成组铺画 A 类列车的追踪列数越多,每一列车占用运行图的时间越少,对 B 类列车的影响越少,可铺画的总列数越多,如图 6.3 所示。

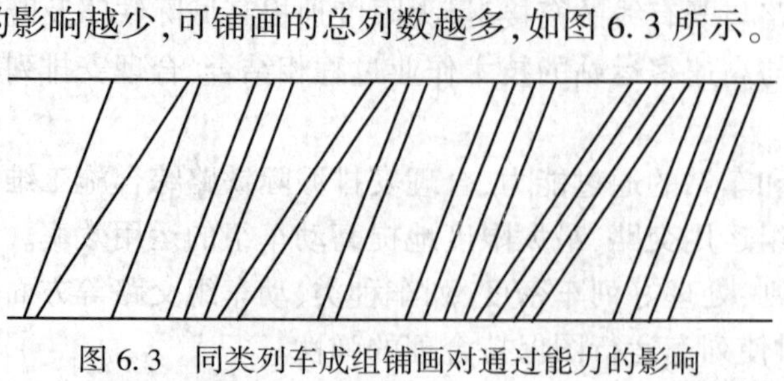

图 6.3 同类列车成组铺画对通过能力的影响

(2)A(B)类列车采用交替停站的方式,停站顺序可由远而近,也可由近及远,但两种方式对高速铁路通过能力的影响不同,如图 6.4 所示。

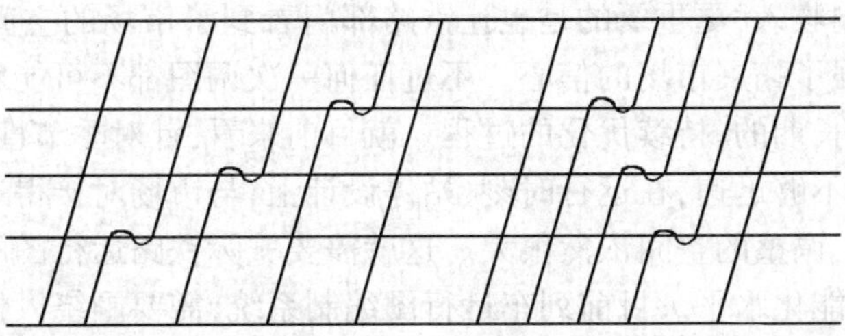

图 6.4 停站方式对通过能力的影响

(3)减少越行与待避的次数。A 类列车不越行过多的 B 类列车,以减少运行图的空费时间,B 类列车待避次数不宜过多,否则将严重影响 B 类列车的旅速,如图 6.5 所示。

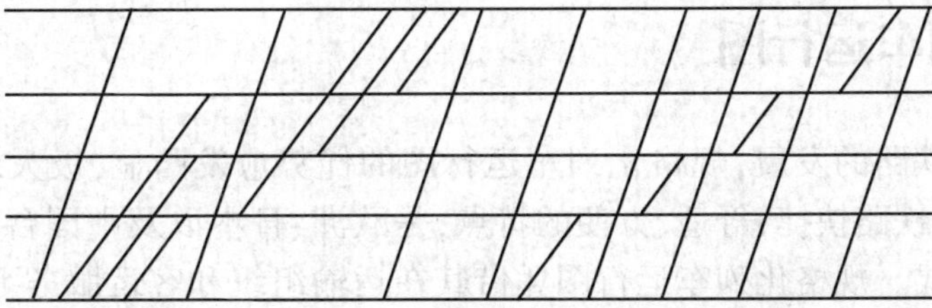

图 6.5 越行与待避过多的铺画方式

5. 需解决的问题

城际铁路列车运行图的编制在技术上也有其特定要求,需解决的问题主要包括以下几个方面:

①本线列车运行线与跨线列车运行线的协调优化。城际客流具有客流量大、客流集中、跨线客流所占比重大等特点,为缩短旅行时间及提高服务质量,必须合理安排本线高等级列车运行线与跨线低等级列车运行线,减少不同速度等级列车间的运行干扰。

②列车运行线与综合施工维修天窗的协调优化。随着全国高速铁路逐渐成网,长距离跨线高速列车开行的数量越来越多,以及为丰富客运产品开行夕发朝至高速列车,须组织高速列车利用夜间开行,跨部分城际铁路线,因此,城际铁路列车运行线的铺画应与综合施工维修天窗的开设方式综合优化。

③城际铁路列车运行线与动车组运用计划的协调优化。城际铁路列车开行数量受动车组运用数量的制约,同时,城际铁路列车运行线的分布决定了动车组需承担的运输任务,单从动车组运用计划的优化问题着手,并不能从根本上解决动车组的运用数量的问题,必须将动车组运用与列车运行线综合优化,才能提高动车组的运用效率和列车运行计划的质量。

④城际铁路列车运行图的稳定性。运输的方便、快捷、舒适以及运营的安全、正点、可靠是城际铁路吸引旅客的主要优点,要保证这个目标,除技术上须提供必要的保障外,运输计划编制是否科学合理也是极为重要的。编制城际铁路列车运行图时,要在保证运输能力的基础上,合理安排各列车的到发时间,并在适当的时间与空间加入缓冲时间,使列车运行图具有较好的抗干扰性与自我恢复能力。

⑤运行图调整及反馈。城际铁路通常实施的是列车动态调图策略。列车运行图对于铁路而言,涉及面广,牵一发而动全身。城际铁路的每一次调图,是在调查分析客流、跟踪市场、广泛听取各方面意见的基础上进行的,调图背后是无数铁路人辛劳的付出。大量客运新产品的

推出,不仅增加了运输收入,更重要的是也让铁路部门看到了市场的空间和自身的潜力,找到了市场的突破口,增强了拓展市场的信心。不过任何一次调图都不可能解决所有问题,所以编图与调图注定是一个长期的、持续优化的过程。就目前来看,针对季节性、节点性的客流变化,铁路客运市场反应还不够迅速,在运行时刻、站停设计上,与市场对接得还不够充分,有些潜在客流还没有挖掘出来,调整的空间依然很大。这就需要城际铁路运行图的不断调整。

⑥列车运行图智能化水平。目前列车运行图编制系统,需要围绕人机交互的形式展开,缺少一定的智能化。未来的列车运行图编制,需要不断提高计算机编制列车运行图的智能化水平,并要在适应市场需求、施工天窗设计优化以及协同智能优化列车运行方案和停站方案的协同智能方面优化。

6.6 规格化列车运行图

随着世界高速铁路的发展,规格化列车运行图的优势愈发凸显,极大地方便了旅客的出行,充分体现了高速铁路快捷、舒适、方便的特点,是欧洲、日本以及中国台湾地区高速铁路普遍采用的运行图模式。规格化列车运行图凭借其在运输组织和客运服务上的明显优势,已在日本、欧洲等发达国家或地区实施运行。随着欧洲一体化的加速,欧洲各国的铁路联系越来越紧密,并且逐渐形成“泛欧高速铁路网”,列车规格化的运行模式也将进一步在欧洲高速铁路网上推广。

规格化运行图是在运输能力合理负荷下,以一定时间间隔(单元时间)为单位,循环重复铺画的饱和运行图。所谓规格化是指单元时间内的高、中速列车开行方案及停站方案基本相同。例如:以小时为单元时间,则运行图上每小时内的高、中速列车种类数量以及停站地点、时间基本相同。

6.6.1 规格化列车运行图优缺点

规格化运行图具备列车开行密度大,开行时刻、停站方案在各时段内相对固定,各单元时间内列车衔接方案相同等特点。因此,规格化运行图下的旅程组合非常灵活,后续旅程又顺畅衔接,极大方便了旅客的出行,充分体现了高速铁路快捷、舒适、方便的特点。

规格化运行图是在运输能力合理负荷下以一定时间间隔(单元时间)为单位,循环重复铺画的饱和运行图。在运量需求较大的近远期,采用这种运行图具备以下优点:

(1)规格化运行图开行列车密度大、开行时刻、停站方案在各时间段内相对固定,极大地方便了旅客的出行,充分体现了高速铁路快捷、舒适、方便的优点,并带动相关工作如售票、车站服务方式的转变和完善,有利于提高铁路运输企业在客运市场上的竞争力。

(2)方便旅客记忆。由于列车具备相对固定的到达、出发时间,停站时的站台位置也相对固定,因此旅客的乘车与换乘的规律性强,便于旅客记忆,以规划、把握合适的出行时刻。而方便旅客出行,也是高速铁路旅客列车运行计划的编制目标之一。

(3)运输组织规律。规格化运行图下,由于列车开行数量、运行速度、越行或待避车站等多个要素基本相同,因此列车的运行和管理在一定程度上被简化,运输组织具有较强的规律性,因而在客运服务工作、车辆运用、乘务计划的制定等方面存在规律性,有利于铁路运营企业的有序管理。

(4)有利于与其他交通方式衔接。规格化的运行图具备规律性的列车到达、出发时刻,因此为高速铁路与其他交通方式的有效衔接提供了便利。各种交通方式的有效衔接,一方面能使旅客有效地把握出行时间,进而减少其在高速铁路客运站候车的时间;另一方面能使到达旅客及时疏散,减少其在客运站聚集与停留的时间。

(5)规格化运行图的使用具有“以不变应万变”的特点,可为运营创造了最大的自由度。由于铺画的运行图是合理负荷下高、中速列车饱和运行图,对于旅客出行高峰期,运行图中已铺画了最大行车密度的运行线,可以用来开行长短途的高、中速列车,如果仍然满足不了旅客的运输需求,只能靠扩大高速列车编组或延长高峰期运行时间予以解决。对于非高峰期,多铺画的列车运行线可以作备用线使用,这样较好地解决了高峰期与非高峰期的列车运行线如何确切铺画问题;

(6)规格化运行图较好地解决了晚点列车运行调整问题。晚点列车的运行调整就是规格化运行图在该优势上的典型体现。由于列车晚点的随机性较大,对于非规格化运行图,备用运行线设置的数量、种类、时间和停站方案等均难以确定。对于规格化饱和运行图,由于在各单元时间内高、中速列车的开行方案基本相同,晚点列车可在等待最大不超过一个单元时间的间隔内找到与原运行线相同的备用线,给运行调整提供了多种选择,较好地解决了晚点列车的运行调整问题。

(7)线路能力利用率高,便于评价高速铁路的运输能力。规格化运行图能实现列车开行密度的最大化,因而线路能力的利用率被提高,大大缓解一些繁忙干线上的客流需求。若采用非规格化运行图时,高速铁路的区间通过能力将随着计算区段的长短不同而不同,造成在评价高速铁路运输能力时出现多种不确定性,使得对高速铁路的能力大小众说不一。采用规格化运行图尽管各区段高、中速列车实际开行的数量不同,但作为能力评估,各区段可以采用同样的行车模式和计算方法,因此,规格化运行图为高速铁路能力计算分析提供了可确定性前提。

编制合理的规格化运行图虽然不易,但为运行图的铺画提供了可遵循的方法,通过合理编制单元时间内的高、中速列车运行方案,就可以完成全图的运行图编制,简化了高速铁路运行图铺画过程中由于列车等级及长短途列车不同形成的复杂铺画程序。规格化列车运行图虽然优点显著,但也存在一些缺点:

(1)固定停站方案导致相对单一化的客运产品,规格化运行的列车停站方案相对固定,部分旅客的出行要求难以满足,并且可能额外增加停站。

(2)增加了部分旅客的换乘次数。为实现规格化的运行线铺画,需要调整部分列车的起讫点。因此,列车开行频率较低的列车可能被取消,导致这部分旅客需要换乘。由于规格化运行图中列车的运行线路,运行时间相对固定,也不能充分利用线路的通过能力,造成能力的浪费。

(3)由于列车的停站方案相对固定,为照顾部分旅客需要额外增加停站。因此在铺画运行图前,必须充分了解客流和线路特点,在充分利用能力的条件下,选择合理的开行时段和停站方案。

(4)为满足方案周期性,以较少的列车开行方式满足众多的旅客出行需要,就要结合旅客出行规律,保证运行线间良好的接续关系。模型中增加了周期化的变量和约束,因而增加了模型的复杂度和求解难度。

(5)甚至因具有很强的规律性,较难与实际客流需求相匹配。

6.6.2 规格化列车运行图编制流程

规格化列车运行图的特点在于一个单元时间内,列车的种类、开行数量、停站等要素均一致。因此,需要调整、合并部分列车的起讫点,并尽量实现运行线的饱和铺画。规格化旅客列车运行图的编制流程如下:

(1)调整开行方案:规格化列车运行图中列车开行的起讫点方案很少,必须首先对既有的列车方案进行合理调整、合并。

(2)确定单元时间内高峰小时列车开行方案:确定铺画单元时间(如1 h)内的高峰小时列车开行频率、起讫点;根据客流和运输组织需要,确定单元时间内列车的相互关系,如停站、运行顺序、越行与待避等,尽可能实现开行列车对数的最大化。

(3)编制规格化列车运行图:根据高峰小时列车开行方案,铺画周期列车运行图,其为饱和的运行图。

(4)编制全日列车运行图:根据日客流波动规律,确定全日各单元时间内的列车开行数量,并在周期列车运行图的基础上,取消部分运行线或者实施不同的编组方案(动车组联运或分解),微调部分运行线,将周期列车运行图扩展为全日列车运行图。

(5)编制周列车运行图:根据周客流波动规律,确定每日列车开行方案,形成周列车运行图。

(6)特殊时期列车开行图:根据对季节、特殊活动影响下的客流预测结果适当调整运行图,形成特殊时期列车开行图。

(7)统计分析和评估:对列车运行图指标统计,分析运行图编制质量。

在实现过程中,规格化运行图从列车开行方案的准备到客流波动的适应都需要进行必要的处理。铺画运行图时,通常以高峰时段为标准安排列车运行线,其他时段采取抽线的方式进行,其步骤如下:

Step1:取一个时段(通常是1~2 h),将这个时段上列车的相互关系(列车运行顺序、运行时间、越行等)都用一定图形固定下来,尽可能使该时段内铺画的列车对数最多。

Step2:依照该时段的列车运行方式,按时间顺序逐段重复铺画。

因城际客流一天内不同时段的分布不同,对于公务、商务流比重大的城际铁路,早晚流量大,形成早晚时段的集中式到发,高峰小时和非高峰小时列车数量差异较大,所以以1 h作为时间单元,并以高峰小时设定的开行方案为基准,对于非高峰期,富余的列车运行线可以作为备用。

在实际实施过程中,并不是严格要求各时段运行图完全相同,而是考虑客流在不同季节、周内不同日以及一日内不同时段的波动情况,对列车开行方案作相应的调整。

(1)日运行图的编制。根据每日客流波动规律,确定一日内各周期列车的开行数量,在高峰周期列车运行图基础上,取消部分运行线或考虑不同动车组编组方案(如重联或分解)微调部分运行线,形成周期列车运行图,就将周期图扩展为日运行图。

(2)季节运行图的编制。不同地方、不同季节、特殊活动都会带来客流的变化,根据对这些特殊季节客流的预测,适当调整列车运行图,形成季节列车运行图。

6.6.3 我国城际铁路规格化列车运行图的适应性分析

规格化列车运行图的优势明显,但其存在的缺点也不能被忽视。应考虑客流的实际情况,选择合适的列车运行图模式与运行线铺画方法。我国城际铁路运行图的复杂性,不能完全照搬国外经验,周期化与非周期化相结合的运行模式将是一个研究方向,也是一个难点问题。如,广深城际、京津城际等,运行的列车种类相对单一,客流以通勤、通学为主,对规格化的列车运行模式具备较好的适应性,因此借鉴了部分规格化运行图的理念,取得了良好的运营效果。但是,我国城际铁路不能全部适应规格化列车运行图铺画方式,主要表现在以下几个方面:

(1)规格化运行图的实施需要具备相适应的运营条件。例如:日本高速列车极少跨线运行,全程运行时间较短,且高速铁路上只运行速差较小的高速列车,运输组织相对简单;欧洲虽然运行大量的跨线高速旅客列车,但列车的开行密度较小,列车运行距离较短,且很多与高速铁路衔接的既有铁路也采用规格化列车运行的模式,为规格化旅客列车运行图的实施创造了良好条件。

我国部分城际铁路采取本线列车和跨线列车共线运行模式,本线列车速度为300~350 km/h,跨线列车200~250 km/h。例如,2010年沪宁城际铁路列车运行图中安排上海虹桥-北京间有8列跨线列车集中在21:30~22:00时段,上海-武汉方向12对跨线列车分布在各时段,高峰、非高峰时段都有相应的运行线,跨线列车运行线不易形成周期,形成的周期较长,同时可能按照传统的周期列车运行图,由于跨线列车和多个运行区段的特点,造成能力浪费较大。沪宁城际铁路跨线列车比例较高,现今的沪宁城际铁路一列车还输送区域客流。列车运行图结构受到限制。

我国城际铁路采用本线高速列车和跨线中速列车共线运行的组织模式,跨线列车分布在各个时段,加上城际铁路存在多个运行区段,因此,我国城际铁路采用严格的周期运行模式有一定的困难,但是在有条件的短途或重要区段可以采取周期性列车开行方案,使列车的停站更加有规律。可见,我国城际铁路运营组织复杂,全面实施节拍式运输存在一定的难度,需根据具体的客流区段合理设计。

(2)我国城际铁路客流波动性在日常(周一至周四)、周末(周五至周日)和节假日长假表现明显,尤其是春节期间,学生流、民工流和探亲流叠加严重,在此情况下,实施规格化就会受到一定限制。

(3)客流需求的不均衡。城际铁路高平峰时段开行车次差别较大,高峰时段高密度接发车,而虚糜时段,列车开行密度又较低,这样的运行图结构很难适应规格化列车运行图。同时,按照高峰客流需求配置,不仅存在客流淡季时的运能浪费,而且还有线路通过能力的限制。目前,沪宁、沪杭的线条能力均按最大值进行铺画,但是在高峰期、时段很难满足客流需求。因此,需要通过票额分配等手段调整客流,去引导客流错时、错峰出行,达到平谷削峰的目的。

(4)存在多个运行区段。部分城际铁路存在多个始发和终到站(以下简称短程列车),如沪宁城际铁路除上海(虹桥)-南京全区段有大量运行线外,根据客流需求,上海(虹桥)-昆山南、苏州、无锡、常州4个区段都开行了始发、终到列车,各运行区段安排的列车对数也不易形成周期。

我国城际铁路运行图部分具有周期性的特征。比如,在整点开车、半点开车方面,沪宁城际铁路把停苏锡常三个站的列车作为重点列车,实行周期性运行。同时,充分应用节拍式、正点、半点车等运行线,高峰时段保证有较高的服务频率,非高峰时段按30 min或60 min较均衡分布每个方向的运行线。宁杭、沪杭高速铁路还开行了环形或半环形动车组列车,并加强了动车组运用组织,注重市场需求、开车方案、车底调配三者结合的深化研究。目前掌握的编图规律是:考虑到高峰时段以及节假日的列车开行,编图要贯彻一次铺画、按需开行的理念,全盘考虑图的整体,把所有列车数量都安排好,在实际运营组织中,可结合每日的客运需求状况,根据日计划合理安排好开行列车对数。

6.7 列车运行图评价

列车运行图的编制质量主要通过相应的运行图指标来评价。主要包括基本评价指标、旅客服务质量评价指标、均衡性评价指标、可调整性、经济性评价指标和实施后评价指标。列车运行图评价技术可以评价运行图编制的质量、评估铁路运输效益与服务水平,同时对合理编制列车运行图也有反馈与指导作用。

6.7.1 指标体系

(1)生产性指标:直接反映运输生产效率和效益,包括列车运行速度、技术速度、旅行速度等速度指标,列车运用数量、周转时间、接续时间、运用均衡度等运用指标,以及乘务员费用、乘务组工作时间、乘务员工作强度的均衡性等乘务指标。

(2)服务质量指标:直接反映城际铁路的服务水平和效率。具体包括列车正点率、平均晚点时间、旅客服务频率、旅客平均出行成本。

(3)可调性指标:包括能力利用率、平均缓冲时间等。

列车运行过程中,由于各方面的因素影响,不能完全按图行车时,难免会发生晚点现象。一旦列车晚点,列车调度员就会采取调整措施,尽可能减少列车运行晚点的影响。列车运行调整的难易程度与运行图的铺画结构紧密相关,有的运行图在实际运行中较容易实现,有的运行图虽然满足各项技术作业标准,但在实际运行中很难实施。因此,运行图实施过程中的可调性应当作为衡量运行图质量的重要部分,因列车缓冲时间对于缓解列车晚点以及对后行列车运行的影响有重要意义,因此是评价运行图可调性的主要指标之一。

例如,要想对区段列车运行状态作出可靠的评价,必须把整个区段作为一个单一的系统来研究。例如,某一双线自闭区段上行列车运行图如图 6.6 所示,以描述每一列区间占用时间的整个区段列车运行图为出发点,在这种运行图中可以查定出位于两占用时间之间的缓冲时间,可对每一区间按照各时段或各时段内选定计算占用时间总值 $T_{总}$ 和缓冲时间总值 $T_{缓}$,并据此计算占用率和缓冲率。在列车运行图上以上行列车为例,设该区段有 m 个区间和 $m+1$ 个车站,并沿上行方向,区间记为 $Q=\{Q_1,Q_2,\cdots,Q_i,\cdots,Q_m\}$,车站记为: $S=\{S_1,S_2,\cdots,S_i,\cdots S_{m+1}\}$,在区段内始发站将各次列车按照发车的先后顺序来描述区间的缓冲时间用矩阵来表示,得矩阵。

$$R=\begin{bmatrix} r_{11} & r_{12} & \cdots & r_{1n} \\ \vdots & \vdots & \vdots & \vdots \\ r_{m1} & r_{m2} & \cdots & r_{mn} \end{bmatrix} \tag{6.1}$$

若列车运行过程中发生被越行的情况,那么在越行站后前行列车已发生变化,这里只要求该次列车与前发列车的缓冲时间;如果动车列车在终到站 S_i 站,那么 $Q_i \sim Q_m$ 的缓冲时间可写作为 ∞ 。于是得到的矩阵 R 的每列表示每一列车在该计算时间的区段内运行的缓冲时间,每行表示每一区间的各次列车的缓冲时间。通过每列的缓冲时间的比较,把存在最小值的缓冲时间的列车定义为关键列车，而每行最小值缓冲时间的列车可以定义为该区间的重点列车，这些数据可以为列车运行调整提供依据。如图 6.6 所示。

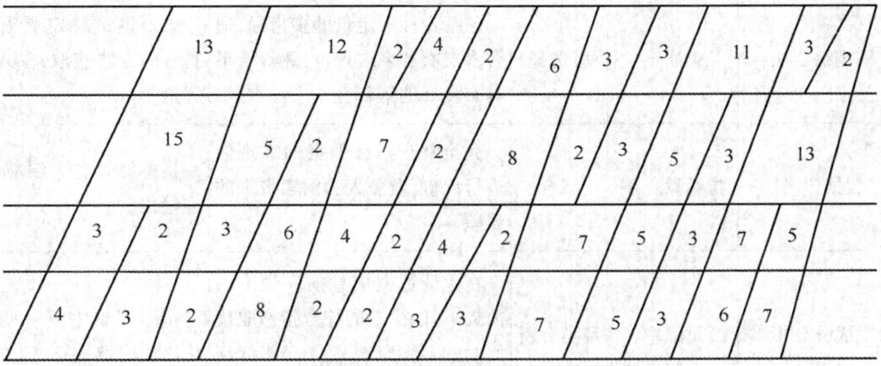

图 6.6 某城际铁路上行区段缓冲时间说明图

按这一方法推算区段每一区间缓冲时间的总值 $T_{缓}^{Q_i}$，缓冲率为 $p_{缓}^{Q_i}$，占用率为 $p_{占}^{Q_i}$，则有：

$$p_{缓}^{Q_i} = \frac{T_{缓}^{Q_i}}{T_{总}},\ p_{占}^{Q_i} = 1 - p_{缓}^{Q_i} \qquad (6.2)$$

如果 $P_{缓}^{Q} \geqslant P_{缓}$（参考缓冲率），可以认为该区间的缓冲时间设置可取。

对于某一城际铁路，列车运行图的稳定性主要取决于列车运行图冗余时间的布局、列车停站方案和列车运行受到的干扰。列车运行图冗余时间是指实际铺画在列车运行图上的列车区间运行时分、列车停站时分、列车追踪间隔时分和车站间隔时间等图定作业时分与标准作业时分之间的差值。

（4）均衡性指标：列车运行线的均衡性，间接反映车站设施设备利用率和服务水平。虽然城际铁路运营组织强调时段能力，但从每一时段看，在时段内部也需要均衡性的指标。而且，再从运行图各个时段的整体看，也有一个均衡指标的问题，需要去衡量。

6.7.2 评价方法

目前，列车运行图评价方法如表 6.1 所示。

表 6.1 列车运行图评价方法

序号	评价方法	评价值	综合方式	优点	缺陷
1	专家咨询法	分值	求和	评价因素有重点和非重点，能突出主要问题	凭借主观经验，很难准确反映客观实际情况
2	层次分析法	分值	权重	形式简单，可解决定性问题	未对信息的重复部分做处理，且主观赋权确定指标间的重要性，与实际情况不一定相符
3	灰色关联法	关联度	求平均	着重研究外延明确、内涵不明确的对象，比较适合主观、定性的指标	没有很坚实的数学基础，不能凸显评价问题中其主要作用的指标和因素，同时受指标量化和算子选择的限制

续上表

序号	评价方法	评价值	综合方式	优点	缺陷
4	模糊综合法	隶属度	可选择	包括定性和定量的多指标，适合多层次的系统评价，评价结果具有良好的解释性	隶属度的确定更需要通过专家打分的方法获取，参入人为的主观因素
5	数据包络	指标量化值	综合	完全基于指数数据的客观性进行评价，避免人为因素带来的误差	指标涵盖各个领域，必须经过标准量化
6	主成分分析	贡献率	聚类分析	在保证数据信息损失最少的前提下，以少数的综合指标取代原始的多维变量，适用于指标定量化方便的评价体系	实际困难中将一些定性指标量化比较困难
7	神经网络法	评价因素值	因素间复杂函数关系	能够较好地解决其他方法中存在的受主观因素影响的问题	评价结果单一，评价过程处于黑箱中，结果对实际的意义小
8	计算机模拟	综合	—	模拟仿真，可获得大量具体数据，速度较快	具有一定的局限性

6.8 案例分析：沪杭高速铁路列车间隔时间分析

沪杭高铁正线全长 169 km，设计时速 350 km，目前最高运营时速为 300 km。作为沪宁杭高速铁路“1 h”经济圈的一部分，在高铁逐步成网的背景下，繁忙的共线区段通过能力已不能满足路网开行对数的需求，提高沪杭高速铁路的通过能力已成为当务之急。沪杭高速铁路途中车站同一股道接发列车时，同向列车间的发到间隔时间对通过能力产生较大影响，若继续沿用既有铁路 7 min 间隔时间，将严重阻碍运能的提升。目前，沪杭高铁的通过能力已经接近或达到饱和状态，增加列车开行对数已越来越困难。考虑到沪杭高速铁路承担沪昆通道客流和本线区域客流的双重需要，随着杭长高速铁路开通运营后，沪杭高速铁路与甬台温、杭长两条高速铁路汇集，沪杭高速铁路高速列车开行密度越来越大，通过能力越来越紧张，已成为上海南向进出通道的瓶颈。2015 年底金丽温高速铁路、杭州至杭州南 4 线的开通，沪杭高速铁路的运能矛盾进一步凸显。因此，在高速铁路逐步成网的背景下，繁忙区段通过能力已不能满足路网开行对数的需求，提高通过能力已成为当务之急。

列车间隔时间是指在车站上办理两列车的到达、出发或通过作业所需要的最小间隔时间。列车间隔时间是列车运行图的重要组成要素，是计算区间通过能力的重要参数，也是规范 CTC 列控系统开发和应用的重要依据。

高速铁路已经装备 CTCS-2 和 CTCS-3 级系统和调度集中设备等，车载信号作为行车凭证的前提下，按一次连续速度模式曲线监控高速列车运行。

列车间隔时间包括：追踪间隔时间、车站间隔时间。追踪间隔时间是指自动闭塞区段同一方向追踪运行的两列车间的最小间隔时间。车站间隔时间指车站办理相邻两列车到达、出发和通过作业所需的最小间隔时间。

高速铁路的追踪间隔时间类型与普速铁路相同,包括区间追踪间隔时间 $I_{追}$、车站发车间隔时间 $I_{发}$、车站到达间隔时间 $I_{到}$ 和车站通过追踪间隔时间 $I_{通}$。其中最大者即为追踪间隔时间:

$$I = \max\{I_{发} + I_{追} + I_{到} + I_{通}\} \tag{6.3}$$

高速铁路列车追踪间隔时间是限制列车通过能力以及列车开行密度的重要因素。但至今高速铁路追踪间隔时间参数的确定尚不明确,部分时间标准沿用既有铁路的方法,缺少完整的理论体系,部分时间参数的取值偏大,不利于运能的进一步提高。列车运行图中相关技术标准的计算方法也需要完善。以沪杭高速铁路为例,此高速铁路线途中车站除嘉兴南站外,其余7个站车站每个方向仅为一条到发线,同一股道接发列车时,同向列车间的发到间隔时间,对通过能力产生较大影响,却依然沿用普轨的7 min间隔时间,严重阻碍了运能提升。本案例通过现场采集该线动车组司机操控信息分析系统(EOAS)所记录的列车实时运行数据,进行筛选分析,证实可将该线原先使用的7 min发到间隔时间压缩至6 min,研究压缩列车间隔时间后对通过能力的提升及其效益。

1. 列车间隔时间概念与类型

列车间隔时间是指列车运行图中相邻列车运行线间应保持的最小间隔时间,高速铁路列车间隔时间是指在采用调度集中(CTC)行车指挥方式和CTCS-2/3级列控系统控车条件下,列车间必须保持的最小运行间隔时间。列车间隔时间是列车运行图的组成要素,是计算区间通过能力的重要参数,也是规范CTC系统开发和应用的重要依据。与普速铁路相比,由于控车模式的不同,使得列车间隔时间的计算方法也不相同。国内目前尚无规范的高速铁路列车间隔时间计算方法。

列车间隔时间包括列车追踪间隔时间(简称追踪时间)和列车在车站的间隔时间(简称车站间隔时间)。追踪间隔时间指在自动闭塞区段,同一方向追踪运行的两列车间的最小间隔时间。车站间隔时间指车站办理两列车到达、出发或通过作业所需的最小间隔时间。

高速铁路追踪间隔时间类型与普速铁路相同,包括列车区间追踪间隔时间、列车出发追踪间隔时间、列车到达追踪间隔时间、列车通过追踪间隔时间。其中最大者即为追踪间隔时间。车站间隔时间包括:同方向列车到通间隔时间、同方向列车通发间隔时间、同方向列车不同时到发间隔时间 $\tau_{到发}$、同方向列车不同时发到间隔时间 $\tau_{发到}$、敌对进路相对方向列车不同时到发间隔时间 $\tau_{敌到发}$、敌对进路相对方向列车不同时发到间隔时间 $\tau_{敌发到}$、相对方向列车不同时到达间隔时间 $\tau_{不}$等。

2. 列车发到间隔时间的组成

列车发到间隔时间 $\tau_{发到}$ 是指自列车由车站发出时起,至同方向另一列车到达该站时止的最小间隔时间,它包括出发列车从车站发出至出清股道时间、办理同方向另一列车到达作业时间和列车从进站监控制动距离运行至站内停车的时间。$\tau_{发到}$ 分不同股道不同时发到间隔时间和相同股道不同时发到间隔时间,这里着重研究相同股道不同时发到间隔时间。

同一方向仅设有一条到发线时,出发列车与到达列车共用同一条到发线,需要考虑出发列车从车站出发至出清股道的时间。因此,在相同股道情况下,$\tau_{发到}$ 的计算公式可表示为(参见图6.7):

$$\tau_{发到}=t_{作业}+t_{出站}+t_{进站}=t_{作业}+3.6\times\frac{L_{标}+L_{列}}{v_{发}}+3.6\times\frac{L_{制}+L_{防}+L_{进站}}{v_{到}} \quad (6.4)$$

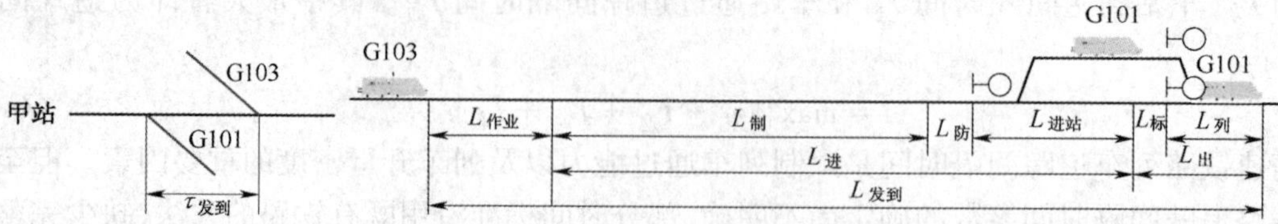

图 6.7　相同股道同方向列车不同时发到间隔时间示意图

式中，$\tau_{发到}$ 为同方向列车在同一股道不同时发到间隔时间，s；$t_{作业}$ 是指车站为列车到达办理作业时间，s；$t_{出站}$ 为列车出站耗费时间，s；$t_{进站}$ 为列车进站耗费时间，s；$L_{标}$ 为列车停车标至出站信号机间的距离，m；$L_{列}$ 为列车长度，m；$L_{制}$ 为列控车载设备监控制动距离，m；$L_{防}$ 为安全防护距离，m；$v_{到达}$ 为列车到站停车的运行速度，km/h；$v_{出发}$ 为列车从车站出发的运行速度，km/h。

3. 基于 EOAS 数据的发到间隔分析

(1) EOAS 系统简介

电动车组司机操控信息分析系统(EOAS)是通过共享列控系统车载设备信息采集装置所采集的与动车组运行及司机操控有关的信息所开发的系统。

EOAS 系统所记录的数据有：时间、DMS 时间、事件、ATP 等级、ATP 模式、速度(实时速度)、常用(合理速度)、紧急(限制速度)、走行距离、间隔距离、里程、载频、信号、越过信号机、前方信号机、前方车站、行别、线名隔离开关、ATP 方向、牵制、WTD 手柄级位、制动、车门状态、受电弓状态、主断路器状态、WTD 方向、DMI 文本、司机操作、ATP 故障。

EOAS 系统为用户所提供的可查询数据种类繁多，本文选取时间、速度、里程、前方车站、线路名称进行分析。里程即为列车所在位置的里程标；由于 EOAS 系统中包含其他线路列车信息，故而需对线路名称进行筛选，选取沪杭线相关信息。

下面以沪杭高速铁路 EOAS 系统采集数据为例，对该线上下行途中各车站发到间隔时间进行分析。

(2) EOAS 数据筛选

现场提供的 EOAS 数据为 xlsx 格式，可将其批量导入 matlab 进行分析，剔除异常采集数据(数据缺失及数值偏大或偏小)及非理论发到运行状态数据(列车在站外停车或制动进站时加减速交替)。嘉兴南站单方向到发线超过一条，所以不考虑嘉兴南站发到时间。

由于列车制动进站及加速出站是一个较为复杂的变速运动，无法直接计算得出间隔时间，但可根据线路及列车基础资料，确认各距离起讫点里程标，通过速度变化及位置信息，判别列车运行状态(加速出站、减速进站、停站、通过车站)，利用 EOAS 系统所记录的列车实时运行数据，筛选得出其余各站上下行的进站时间、出站时间、制动初速度、出站末速度等。

(3) EOAS 数据实例分析

现场以站外 7 km(即距进站信号机 7 km)为列车进站制动点，制动初速度即列车行至制动点时的速度，该站共筛选出 69 组进站时间和初速度数据，对这两种数据作散点图，如图 6.8 所示。

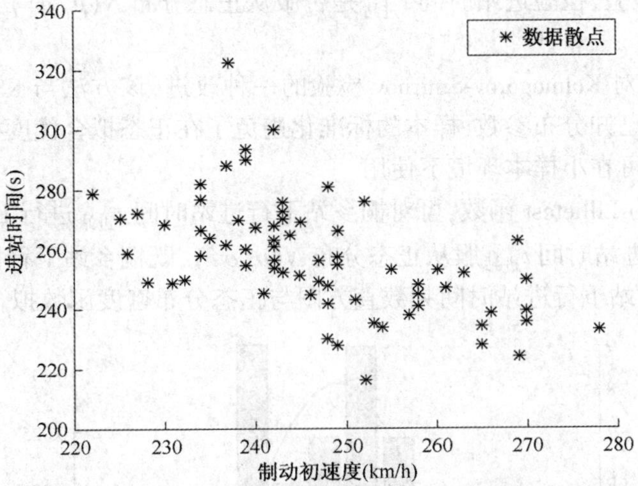

图 6.8 桐乡站下行进站时间、制动初速度数据散点图

由图可见,进站初速度范围覆盖 220 km/h 至 280 km/h,是由于沪杭线站间距较短以及行至制动点前提前制动所致。除此之外,同一初速度下进站时间离散程度较大,可见列车驾驶员的操作对进站时间影响较大,需要消除由驾驶习惯不同所产生的异常数据。

进站时间和初速度应符合下式中的非线性关系:

$$t_{进站} = a * \frac{2s}{v_0} + b \tag{6.5}$$

式中,$t_{进站}$ 为进站时间;v_0 为制动初速度;s 为进站停车距离。

拟合残差 δ 服从正态分布 $N(0,\sigma^2)$,将残差 δ 进行标准化,得到标准化残差 δ^* 服从标准正态分布 $N(0,1)$,根据 2σ 法则,标准化残差分布在(-2,2)区间中的概率为 95.44%,取 95%置信度,若标准化残差落在(-2,2)区间外,则视为异常值进行剔除。

将异常值进行剔除后,如图 6.9 所示。

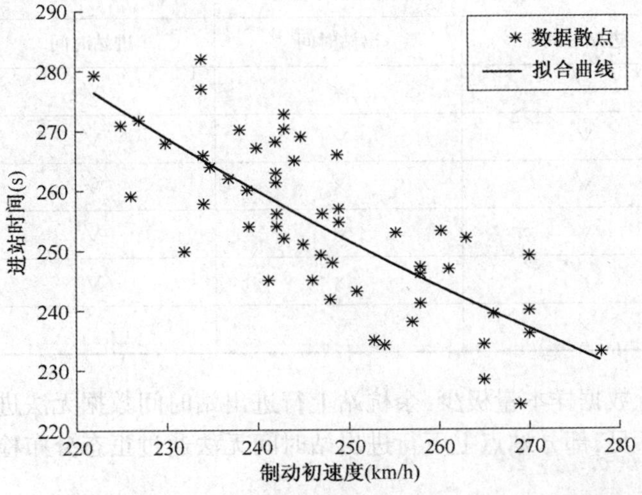

图 6.9 桐乡站下行进站时间、制动初速度最终拟合图

进行异常值剔除后的进站时间观测值,均值 $\mu = 254.12$,标准差 $\sigma = 13.66$。

采用 Lilliefors 检验，检验进站时间 $t_{进站}$ 是否服从正态分布 $N(\mu,\sigma^2)$，如服从，则可用均值 μ 作为标准时间。

Lilliefors 检验是对 Kolmogorov-Smirnov 检验的一种改进，该方法与 KS 检验法的最大不同之处是，检验不需要已知分布参数，样本的标准化避免了在正态拟合优度检验之前对分布参数的估计，因此该方法可在小样本环境下使用。

利用 matlab 中的 Lillietest 函数，可对桐乡站下行进站时间 $t_{进站}$ 进行 Lilliefors 检验，返回值 $h=0$，即桐乡站下行进站时间 $t_{进站}$ 服从正态分布 $N(\mu,\sigma^2)$，既桐乡站下行标准进站时间可取均值 $\mu=254.12$ s，桐乡站下行进站时间频数直方图与正态分布密度函数拟合图见图 6.10。

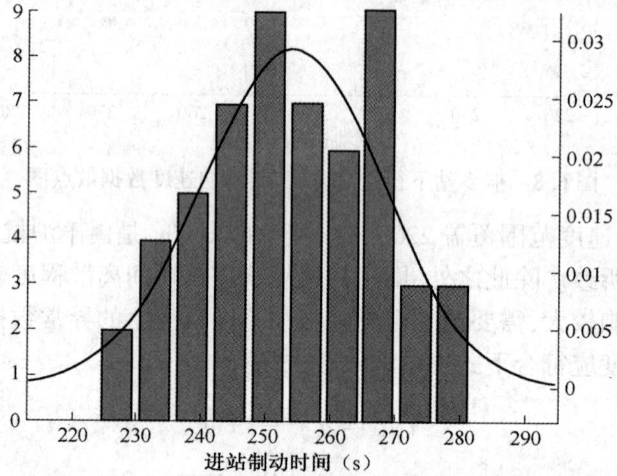

图 6.10 桐乡站下行进站时间频数直方图与正态分布密度函数拟合图

采用处理桐乡站下行进站时间相同的数据筛选分析与检验方法，对沪杭高速铁路上下行其余各站进出站时间进行分析检验，检验结果见表 6.2。

表 6.2 沪杭高速铁路上下行各站进出站时间 Lilliefors 检验（正态分布检验）结果

正态分布检验	下行		上行	
	进站时间	出站时间	进站时间	出站时间
松江南	√	×	√	×
金山北	√	√	√	√
嘉善南	√	×	√	√
桐乡	√	√	√	√
海宁西	×	×	√	√
余杭	×	√		

由于余杭站上行数据样本量极少，余杭站上行进出站时间数据无法进行正态分布检验，同时由于数据样本量不足，部分站点上下行进出站时间无法通过正态分布检验，既不服从正态分布 $N(\mu,\sigma^2)$。

例如海宁西站下行进站时间并不服从正态分布，其频数分布见图 6.11。

可见海宁西站下行进站时间服从偏态分布，可用中位数 $M=244$(s) 作为标准时间。其余

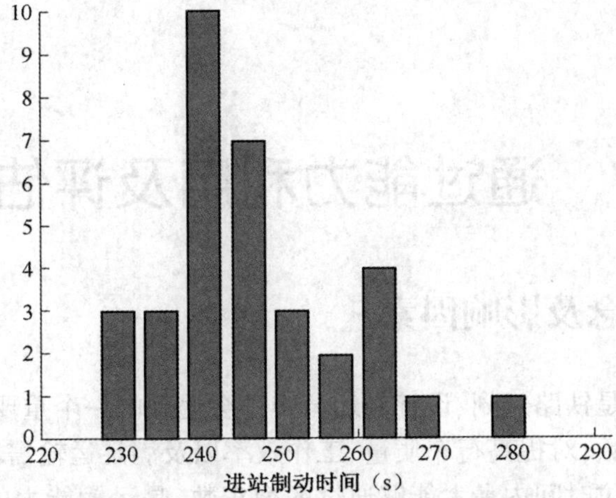

图 6.11 海宁西下行进站时间频数分布直方图

无法通过正态分布检验的站点上下行进出站时间亦呈偏态分布，可用中位数作为标准时间。各站上下行进出站标准时间见表 6.3。

表 6.3 沪杭高速铁路上下行各站进出站标准时间

时间(s)		松江南	金山北	嘉善南	桐乡	海宁西	余杭
下行	进站	259	266	254	254	244	255
	出站	48	50	42	48	53	45
	合计	307	316	296	302	297	300
上行	进站	260	270	246	265	249	
	出站	43	50	45	45	50	
	合计	303	320	291	310	299	

进出站时间总和最大值位于上行金山北站，所需时间 320 s。即 $t_{出站}+t_{进站}=320$ s，$t_{作业}$ 取固定值 36 s。由此：

$$\tau_{发到}=t_{作业}+t_{出站}+t_{进站}=320+36=356\ \text{s}<6\ \text{min}$$

因此，沪杭高速铁路列车同股道同方向发到间隔时间可取 6 min。

我国铁路发展速度迅猛，但部分时间间隔标准依然沿用既有铁路，参数取值偏大，成为提高运能的瓶颈。本案例着眼于同方向列车不同时发到间隔时间，分析确定其理论组成。以沪杭高速铁路线为例，对该线高速铁路电动车组司机操控信息分析系统（EOAS）所记录的列车实时运行数据，进行筛选分析，证实可将该线原先使用的 7 min 发到间隔时间压缩至 6 min，若需要进一步压缩发到间隔时间，则需要通过提高车辆性能缩短列车制动距离以及提高过岔速度等技术手段实现，可进一步研究压缩列车间隔时间后对通过能力的提升及其效益。

7 通过能力利用及评估

7.1 通过能力概念及影响因素

铁路通过能力研究是铁路规划、设计和运营中都会遇到的一个重要问题，也是确保其良好行车组织的重要技术参数，对提高行车质量、工作效率以及满足运输需求等意义重大。

通过能力是指在单位时间内最大能够通过的列车数，是运输能力的基础。通过能力包括线能力和点能力。线能力主要通过区段表现，因而一般意义上的线路通过能力即指区段通过能力；点能力又可以分为单个车站的能力和整体的枢纽通过能力。

通过能力重点研究领域如表 7.1 所示。运输能力也是铁路系统最重要的参数之一，对运输能力的计算和评价是铁路运输规划与管理工作的重要基础。研究铁路运输能力有助于铁路规划部门从宏观上评价运输线路，从而制订新建或改扩建方案；有助于运输管理部门根据线路能力的利用情况，调整车流径路，优化车流组织方案。运输能力一直是铁路运输组织研究的核心问题，涉及区间通过能力、车站通过能力、枢纽通过能力、路网运输能力等各种概念，以及高速铁路、重载铁路、单线铁路、城际铁路等各类研究对象。因此，通过分析运输能力的研究现状，并结合目前铁路运输市场的形势变化和运输组织新特点预判铁路运输能力的研究方向，将有助于运输能力的研究成果为运输生产提供服务。输送能力直接决定线路在单位时间内能转移的旅客客运量，是运输能力的最终体现。本章重点讨论区段和车站通过能力。

表 7.1 运输能力计算方法重点研究领域

概念范畴	含　义	分类	研究重点
区段通过能力	区段通过能力是区间通过能力的整体反映，指在采用特定的机车车辆和行车组织方法条件下，铁路区段的各种固定设备在单位时间内（通常指一昼夜）所能通过的最大列车数或对数	相关概念包括：设计通过能力、标准通过能力、使用通过能力、实用通过能力、最大小时通过能力	不同种类线路通过能力计算方法和影响因素、既有线能力释放计算、基于服务水平的能力计算
车站能力	以安全合理的技术作业过程为前提，充分发挥现有车站设备的效能，一昼夜内所能通过的无改编列车数和改编列车数（或车辆数）	分为通过能力和改编能力（解体能力、编组能力）	不同种类线路的车站能力查定和计算方法
枢纽通过能力	在一定的枢纽设备、车流组成及合理作业组织条件下，枢纽内各类设备在一昼夜内能够完成的来自各方向和枢纽内部的始发、终到及通过的最大车流数量		枢纽通过能力计算方法及仿真实现
输送能力	一条铁路线在一年内所能通过的最大客流量（以万人计）		输送能力的计算方法

7.1.1 区间通过能力影响因素

城际铁路区间通过能力是指在一定客流需求条件下,采用一定类型的动车组和规定的运输组织方法,在满足一定服务水平条件下,铁路区段和车站的各种固定设备在可以办理旅客列车作业的规定时间内所能通过或办理的最多列车数或对数。在动车组类型和线路条件一定时,高速铁路的通过能力主要受运输组织模式、列车种类、速度、停站、运行图铺画方式、车站间距、天窗设置等设备和运营因素的影响。

不同运输组织模式对通过能力的影响不同。日本的纯高速铁路运输组织,只运行三种旅客列车,这些列车的技术速度相同(纯区间运行时分相同),不同的只是停站次数及其停站时分。德国高速铁路属于客货混行的运输组织模式,在运行图上,通过能力的利用呈现三个不同的时间段差异:昼间主要运行旅客列车,有高速列车、城际快速列车和普通旅客列车三种,其技术速度也不相同;夜间主要运行快速货物列车,种类和速度单一;昼夜交替时段则是客货混行,客货列车速度不同,在占用区间能力上的相互影响也比较复杂。

从列车运行图铺画角度来看,影响城际铁路区间通过能力的主要因素有追踪列车间隔时间、不同速度的列车比例、列车速差、列车运行图铺画方式、列车停站数量及停站模式。

(1)追踪列车间隔时间。追踪列车间隔时间是影响区段通过能力的重要因素之一,追踪列车间隔时间越小,区间通过能力越大。高速铁路基础设施、通信信号系统的改善,追踪列车间隔时间逐渐缩短,为进一步挖掘能力提供了可能。

(2)不同速度列车的比例。我国高速铁路采用不同速度列车混跑的运输组织模式,不同速度列车之间的运行会产生相互干扰,不同速度列车的比例不同,列车之间的影响程度不同,导致对区间通过能力的影响存在差异。一般而言,两种速度等级列车比例相近的情况下,不同速度列车之间的相互影响较大,区间通过能力较小。

(3)列车速差。列车的速差对通过能力也有很大的影响,如图 7.1 所示,(a)图中列车速度分别为 300 km/h、250 km/h;(b)图中列车速度分别为 300 km/h、200 km/h。通过对比铺画列车运行线数量的差异,可以看出列车速差越大,高速铁路区间通过能力越小。不同种类列车间的速度差异和停站时间影响通过能力。不同 A 类列车之间因停站次数及其时间不同产生相互间的能力扣除,旅行速度不同的列车之间(如 A 类列车与 B 类列车间、A 类列车与快速货物列车间等)因速度差异(本质上是区间运行时分差异)而产生相互间的能力扣除,而且速差越大,能力扣除越大。

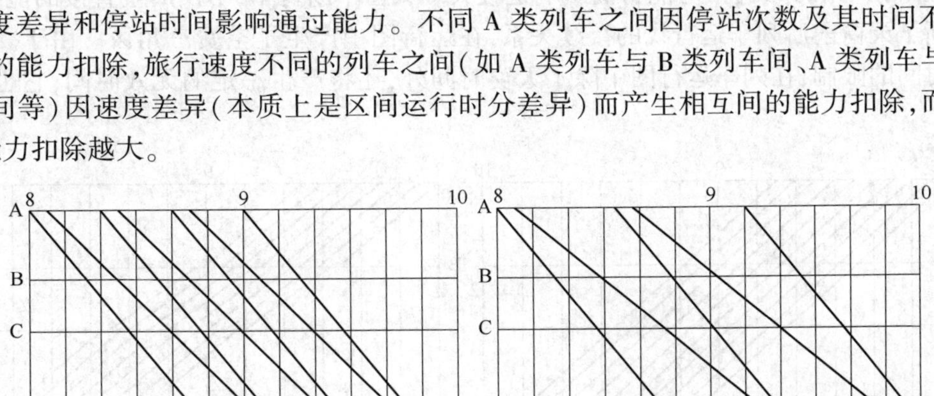

图 7.1 列车速差对区间通过能力的影响

(4)列车运行图铺画方式。在不同速度等级列车混行的运输组织模式下,列车运行图铺画方式一般包括集中铺画、相对集中铺画和均衡铺画三种方式，如图 7.2 所示，300 km/h、250 km/h 列车集中铺画时，区间通过能力最大；均衡铺画时，区间通过能力最小；相对集中铺画时，区间通过能力介于两者之间。一般来说，采用不同列车分区集中铺画方式时，相同速度的列车间可以集中地平行铺画，不同速度的列车在占用区间能力上的相互影响较小，而对不同速度列车采用均衡铺画方式时，情况正好相反。

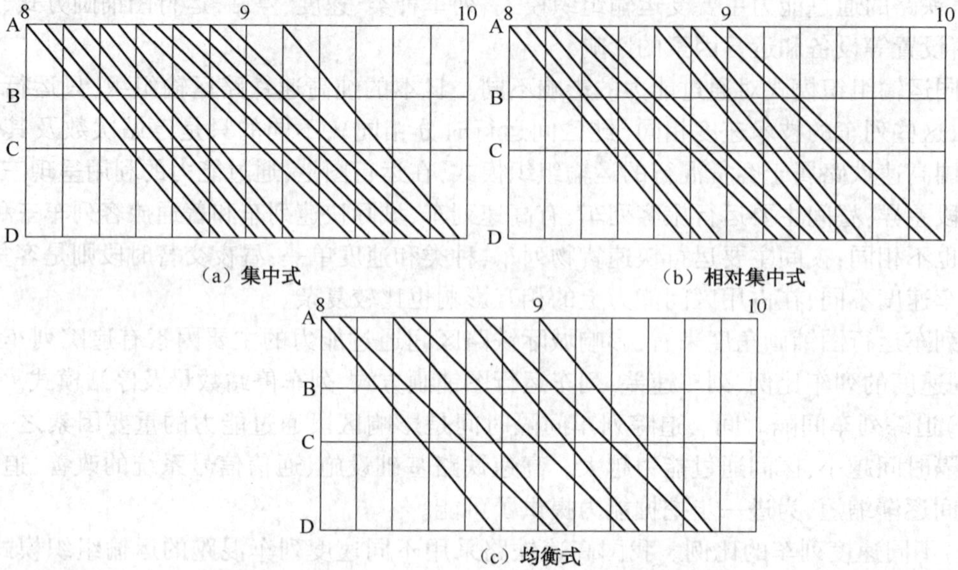

（a）集中式　（b）相对集中式

（c）均衡式

图 7.2　列车运行图铺画方式对区间通过能力的影响

(5)列车停站。列车停站数量会影响高速铁路区间通过能力，列车停站次数越多，对区间通过能力影响越大，区间通过能力越小，如图 7.3 所示。同时，列车停站模式也会影响区间通过能力，如图 7.4 所示。为了保证一定的服务频率，高速铁路一般采用交错停站的方式来减少停站对区间通过能力的影响，同时停站顺序由远而近，前行列车停远方站，后行列车停后站。

(6)城际铁路的“天窗”对能力的影响也较大。天窗中断行车，不仅产生直接的能力损失，而且切断了天窗前后列车运行线的接续关系，在运行图中产生了空费三角区。由于受旅客有效到发时间的限制，在列车运行图中除了天窗时间外，还将产生一定的无效时间，它也会影响能力。

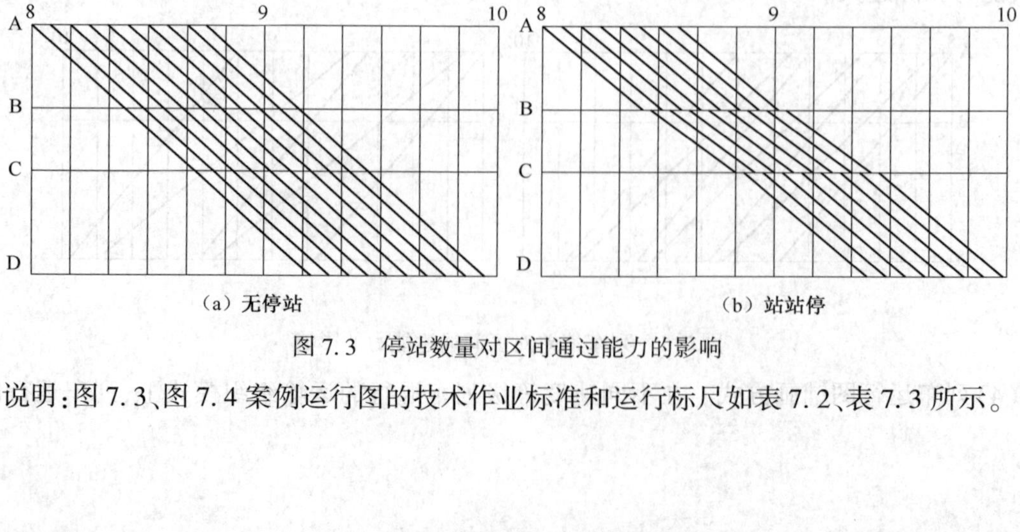

（a）无停站　（b）站站停

图 7.3　停站数量对区间通过能力的影响

说明：图 7.3、图 7.4 案例运行图的技术作业标准和运行标尺如表 7.2、表 7.3 所示。

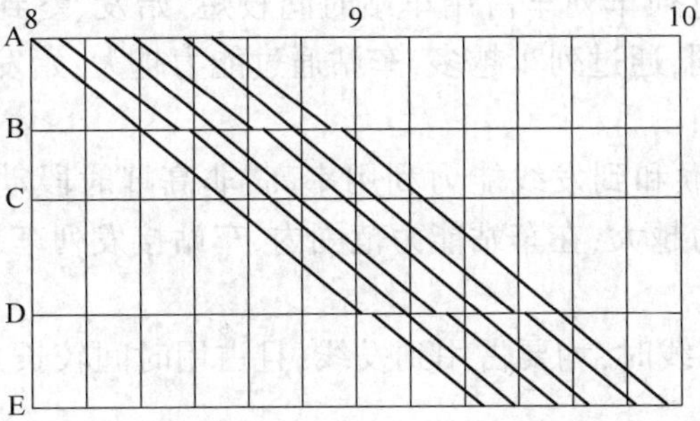

(a) 停站顺序由远及近

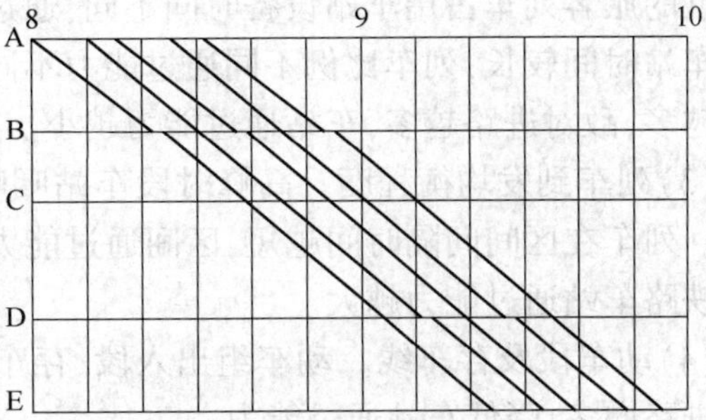

(b) 停站顺序由近及远

图 7.4 停站模式对区间通过能力的影响

表 7.2 运行图技术作业标准 min

时间/速度	起车附加时分	停车附加时分	始发站最小发车间隔时间	到达最小间隔时间	追踪间隔时间	到通间隔时间	通发间隔时间	中间站停站时间
300 km/h	2	3	5	4	3	3	2	2
250 km/h	2	2	5	4	3	3	2	2
200 km/h	2	2	5	4	3	3	2	2

表 7.3 运行图区间运行标尺

区间	区间距离(km)	下行		
		300 km/h	250 km/h	200 km/h
		通通时分	通通时分	通通时分
A-B	80	16	20	24
B-C	60	12	15	18
C-D	100	20	24	30
合计	240	48	59	72

7.1.2 车站通过能力影响因素分析

车站通过能力与众多因素有关,主要有车站站型布置形式、列车等级、速度及比例、列车停站方案、列车到发均衡程度(区间通过能力)、动车段及存车线、维修天窗、列车长度和列车进路解锁方式。

(1)车站站型布置形式。车站站型形式不同,导致咽喉区布置和到发线数量、动车段位置不同,咽喉区道岔的不同型号的选择和不同形式的配置对车站通过能力有很大影响。道岔允许列车通过的侧向的最高速度对通过能力的影响很大,同时咽喉区的长度对通过能力也有很大影响,长度越短,列车通过的时间越少,通过能力越大。到发线数目越多,接发列车越多。车站咽喉区的复杂程度越高,同时道岔数目也会增多,会使咽喉区长度增大。动车段位置对列车出入段的时间和与其他列车进路是否冲突影响很大,从而影响城际铁路车站通过能力。

(2)列车等级、速度、比例及停站方案。列车速度等级不一样,占用车站的列车到发线和咽喉区的时间标准不同,速度等级低的列车在站通过和作业时间更长,导致通过能力降低;不同类型的旅客列车占用车站设备时间不同,通过列车列车占用车站时间较短,始发、终到列车占用车站时间较长;列车比例不同通过能力不同,通过列车越多,车站通过能力越大;始发终到列车越多,敌对进路越多,车站通过能力越小。

(3)列车到发均衡程度。高峰时段车站咽喉和到发线能力利用率高,非高峰时段动车组减少。列车在区间间隔时间越短,区间通过能力越大;在车站能力范围内,车站接发列车越多,城际铁路车站通过能力越大。

(4)动车段及存车线。动车组出入段、存车线时,均要占用到发线,且占用时间较长,造成敌对进路增多,降低车站通过能力。

(5)维修天窗(见134页维修天窗相关内容)。

(6)列车进路解锁方式。部分高速铁路车站既开行普速列车也开行高速列车,普速列车和高速列车进路解锁方式不同,高速列车进路为分段解锁,普速列车进路为一次性解锁。分段解锁相对一次性解锁效率高,普速列车和高速列车的比例对城际铁路车站通过能力影响较大。

(7)列车长度。在计算车站通过能力时,需要准确考虑列车长度对车站通过能力的影响。一般来说,在保证一定的高速能力的条件下缩小站间距离有利于提高较低速度列车的开行能力。

7.2 通过能力利用特点

(1)昼夜能力利用不均衡。城际铁路主要为客运服务,旅客的出行活动在其始发站一般都发生在昼间。一年之内,不同季节之间客流生成和变化规律有所不同;一周之内,工作日与双休日的客流特点不同;一日之内,旅客出行的频率也不同,往往形成旅客出行活动的高峰和低谷。

(2)理论计算能力与实际可利用能力差距较大。尽管理论上可以在高速铁路运行图上铺画较多的列车运行线,而实际上,各条运行线由于所处的实际时段不同,所能吸引并完成的旅客输送量却大不相同。

(3)旅客列车停站及其起停车附加时分对能力影响增大。在高速铁路上,旅客列车停站和起停车附加时分所造成的影响已超过追踪间隔时间的影响,高速列车因停站而产生的能力扣除已经成为高速铁路能力计算中的组成部分。

(4)以区段别计算通过能力。城际铁路以客运站为客流的主要始发和终到站,旅客列车通常以客流区段为单位制定开行方案。因而,高速铁路通过能力应以客流区段为单位,计算客流区段别的通过能力。

(5)速度较低的列车对能力产生扣除。在城际铁路上开行运行速度较低的列车,停站次数较多,占用列车运行图时间较长,将对通过能力产生不利影响。因此,与既有铁路能力扣除不同,在高速铁路上较低速度等级的列车要对高等级列车进行扣除。

(6)天窗的设置对运行图和能力造成较大影响。“天窗”不仅缩短了可供列车运行的时间段,而且人为地将列车运行图分割为两个隔开的时间段,致使在列车运行图上不能组织列车24 h循环运行,对通过能力造成了相当大的影响。

(7)通过能力具有明显的时段特性。高速铁路上运行的旅客列车,由于受市场需求和旅客出行的调节,列车运行线并不是24 h均匀分布的,往往一个时段密集开行,而另一个时段则相对稀疏,使高速铁路通过能力具有明显的时段特征。

7.3 现有通过能力计算评估方法

城际速铁路通过能力计算方法具有以下特点。

(1)组合能力的特点。普速铁路以一昼夜可通过的最大列车数作为理论能力的标准值,在高速铁路有了“长线”和“短线”能力之分后,已经不存在一个确定的数值,即使可以按各客流区段分别确定其通过能力,由于“长线”和“短线”能力之间一般不具有可比性,不同运程的列车数不能简单进行数值累加而得出一个固定的通过能力计算值,所以只能区别不同种类和不同运程的列车,分别累计构成不同列车及其数量集合,以及组合能力的概念和方法反映高速铁路的能力构成特点。

(2)以方向能力为基础。常规铁路通过能力以各区间能力计算为基础,以区段内通过能力最小的区间即限制区间能力作为该区段的通过能力,而以方向上通过能力最小的区段即限制区段能力作为该方向的通过能力这种自下而上的推算逻辑已不适用于高速铁路。反之,高速铁路的能力计算必须首先以方向上的高速列车运程可达的最大客流区段为基础,从大到小确定其所包含各个客流区段可能的各种长线和短线能力,因此将形成满足不同客流需求、各具特色的长、短线能力组合方案。

城际铁路区间通过能力应计算高峰小时通过能力,区间通过能力计算可采用图解法和分析计算法,精确计算时宜采用图解法。

车站通过能力应根据车站布置形式、设备规模和运输组织,最大限度利用平行进路和均衡、合理使用股道,计算高峰小时车站到发线通过能力、咽喉通过能力和折返能力。根据车站布置形式、列车运行控制方式、道岔型号等分布计算确定各项作业占用车站设备的时间标准。

现有的通过能力计算方法包括:扣除系数法、最小间隔法、利用率法、直接计算法和计算机模拟法。其中,扣除系数从原苏联引入,最小间隔法从德国引入,使用比较广泛。

7.3.1 扣除系数法

采用扣除系数计算方法计算高速铁路区间通过能力时,通常需要先计算平行运行图的通过能力,然后根据开行不同速度列车对基准列车的影响,利用其扣除系数,结合列车开行数量,扣除由于受这种影响而不能开行的列车数,即可求得高速铁路的通过能力。

1. 高速铁路平行运行图通过能力

$$N = \frac{1\,440 - T_{\mathrm{w}}}{I} - \frac{60S}{vI} \tag{7.1}$$

式中 N——平行运行图通过能力(对数或列数);

T_{w}——维修天窗时间(min);

I——列车最小追踪间隔时间(min);

S——客运区段长度(km);

v——表示旅客列车平均运行速度(km/h)。

2. 全高速非平行运行图区间通过能力

$$N_{全} = \frac{N}{\varepsilon_{高}} \tag{7.2}$$

$$N_{全}^{时} = \frac{60}{I\varepsilon'_{高}} \tag{7.3}$$

式中 $N_{全}$——全高速列车的区间最大通过能力；

$\varepsilon_{高}$——高速列车扣除系数；

$N_{全}^{时}$——全高速列车的小时区间最大通过能力；

$\varepsilon'_{高}$——计算时间内高速列车扣除系数。

3. 多种速度列车共线运输组织模式的区间通过能力

$$N_{混} = N_{高} + N_{中} = N_{全} - N_{中}\,\varepsilon_{中} + N_{中} \tag{7.4}$$

式中 $N_{混}$——多种速度列车共线运行条件下区间最大通过能力；

$N_{高}$——较高速度列车数；

$N_{中}$——较低速度列车数；

$\varepsilon_{中}$——速度较低列车扣除系数。

由于城际铁路的特殊性，扣除系数计算法存在一定的局限性。

①扣除系数计算法计算出的能力分布对任一时间单元都是均匀的。对于高速铁路来说，这样的能力概念已难以满足其运输组织要求。

②扣除系数计算法属于静态的确定型计算法，它只有在严格“按图行车”、设备无故障、工作不中断、列车占用时间均等及运行无延误的条件下才是正确的。但以上条件很难具备。

③扣除系数取值恰当与否，决定了计算出的通过能力的准确性。扣除系数与诸多因素相关，不同线路区段、不同列车结构，其扣除系数应是不同的。采用事先给定的扣除系数，难以保证计算结果的准确性和合理性。

④扣除系数计算法是以最大限度地发挥铁路运输设备潜能为理论依据所建立的方法，其计算结果表现为理想条件下铁路最大通过能力。当全负荷使用该能力时，列车运行图将成为不具有弹性，无应变能力的刚性运行图。

7.3.2 利用率法

日本铁路新干线为客运专线，有些既有线为客货混跑线路。日本铁路将通过能力区分为极限通过能力和实用通过能力，实用通过能力是以极限能力乘以能力利用率求得，有简易式和山岸式等多种计算方法。

单线区间的实用通过能力广泛使用简易式算法，其公式为：

$$N = \frac{1\,440}{\bar{t} + s} \times f \tag{7.5}$$

式中 N——区间通过能力；

$\bar{t}$——列车站间平均运行时分；

s——办理接发列车作业时分，根据闭塞方式取值，自动和半自动闭塞为 1.5 min，其他闭塞方式为 2.5 min；

f——能力利用率，在 0.55~0.70 间取值，一般为 0.6。

这一公式按每一区间计算，未考虑与邻接区间的配合，也没有考虑快速列车的通过能力，精度不高，但计算简单，易于掌握。

双线区间通过能力的简易式算法，采用公式：

$$N = \frac{1\,440}{hV' + (\gamma + \mu + 1)V} \times f \tag{7.6}$$

式中　N——单方向的区间通过能力，应按上下行方向分别计算；

h——列车追踪运行间隔时间，一般取4~6 min；

γ——低速列车（先到）与高速列车（后到）之间的连续到达最小间隔时间，一般取3~4 min；

μ——高速列车（先到）与低速列车（后开）之间的连续出发最小间隔时间，一般取2.5 min；

V——高速列车比重；

V'——低速列车比重；

f——通过能力利用系数，按区段性质确定，一般取0.6~0.75。

照列车速度分为①特快②快客③普客④快货⑤直货⑥摘挂等级，低速列车指⑤，高速列车指①~④。

上述计算公式是由比较复杂的山岸公式演化出来的，山岸会雄对双线自动闭塞区段的区间通过能力建议用下式计算：

$$N=\frac{1\,440}{hV'+d\sum V} \times f \tag{7.7}$$

$$d = \frac{P}{2g} \times (t_n' - t_n) + \gamma + \mu - \left(1 - \frac{P}{2g}\right) \times (s' - s) \tag{7.8}$$

式中　d——越行平均延误时分；

P——区段的车站总数；

g——可供列车越行的站数（包括区段始点和终点站在内）；

t_n'——低速列车平均区间运行时分；

t_n——高速列车平均区间运行时分；

s'——低速列车在各站规定的停站时分。

这里，$\frac{P}{g}$表示两越行站之间包括的区间数，$t_{差}=t_n'-t_n$，越行延误的最大值为$\frac{P}{g}\times(t_n'-t_n)+\gamma+\mu$，最小值为$\gamma+\mu$，平均值为$\frac{P}{2g}\times(t_n'-t_n)+\gamma+\mu$。两越行站间各站如有规定停站时间，此$t_{差}$值应考虑途中站$\left(\frac{P}{g}-2\right)$个的高速和低速列车停站时间差$(s'-s)$的影响。由此得出：

$$d = \frac{1}{2}\left[\frac{P}{g} \times (t_n' - t_n) + \left(\frac{P}{g} - 2\right) \times (s' - s) + 2(\gamma + \mu)\right] \tag{7.9}$$

化简即得(7.8)式。

根据一般条件，$\frac{P}{g}\approx 1.0$，$t_n'-t_n\approx 1.5$，$s'-s\approx -0.5$，代入可得山岸简易公式。

车站通过能力计算研究综合分析也是采用利用率法进行,主要从咽喉通过能力、到发线通过能力、车站一体化通过能力研究。一般有分析计算、图解法和计算机模拟法。车站通过能力计算分析,目标函数通常采取包括:车站在一整天时间内能安排进行的各项作业量的最大值、各方向接发列车数最大、列车在站内消耗时间最少、平行进路最大化等。

限制条件如下:敌对进路约束;平行进路约束;作业时间占用约束;能力占用约束;间隔时间约束;天窗时间约束;到发线时空占用唯一性约束等。

7.3.3 平均最小列车间隔法

依据列车晚点概率、列车平均晚点时间和平均最小列车间隔时间,按给定反映列车运行工作质量要求水平的允许列车后效晚点时间总值等条件计算区间通过能力。

1. 平均最小列车间隔时间计算方法的特点

(1)平均最小列车间隔时间计算法得到的结果与给定的列车运行工作质量要求水平密切相关,随列车运行工作质量要求水平的变化而变化。无疑,铁路区间通过能力平均最小列车间隔时间计算法的动态特征,更能反映铁路区间通过能力的客观计算条件和实际运用条件,而区间通过能力计算数值的不确定性特征,可借以确切地反映客观运输市场的要求,从而可增强铁路运输对国民经济发展的适应程度。

(2)平均最小列车间隔时间计算法是以排队论为理论基础,以保证实现一定列车运行工作质量要求为决策依据所建立的方法,它的计算结果表现为在一定主客观条件下可实现的区间通过能力。

2. 计算步骤

采用非平行运行图平均最小列车间隔时间计算法计算区间通过能力时,一般可按如下程序进行:

(1)按照列车性质、速度和等级划分列车种类;

(2)确定类别运行列车组数及出现相同运行列车组的概率;

(3)确定每种运行列车组的最小列车间隔时间和平均最小列车间隔时间;

(4)确定晚点列车平均进入晚点时间和出现列车进入晚点概率;

(5)查定平均必要列车运行图缓冲时间;

(6)计算确定区间通过能力。

3. 最小列车间隔时间

列车间隔时间是指从运行列车组第一列车由区间一端站出发或通过之时起,至运行列车组第二列车由区间同一车站或另一端站出发或通过时止的时间。如图7.5所示,必有

$$I = I_f - t_r \tag{7.10}$$

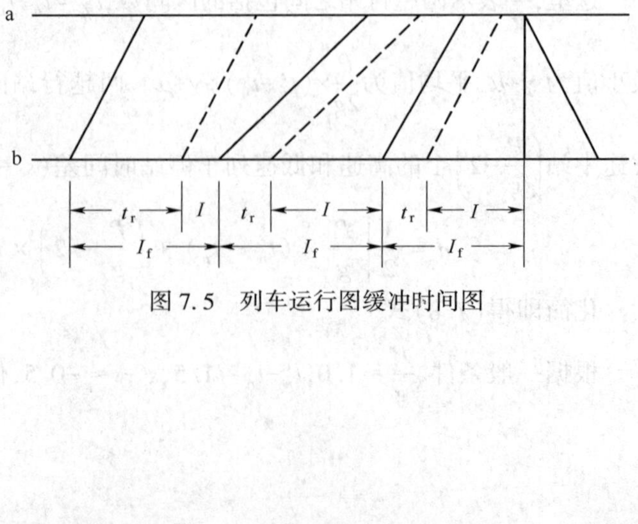

图7.5 列车运行图缓冲时间图

式中 I_f——列车间隔时间,min;

I——最小列车间隔时间,min;

t_r——列车运行图缓冲时间,min。

4. 平均最小列车间隔时间

平均最小列车间隔时间是指运行列车组最小列车间隔时间的平均值。平均最小列车间隔时间的计算有运行图相关法和运行图不相关法两种。

(1)运行图相关法

运行图中的列车组数为 n_{ij} 相应的最小间隔时间为 I_{ij},平均最小列车间隔时间为

$$\bar{I} = \frac{\sum_i \sum_j n_{ij} I_{ij}}{N} \tag{7.11}$$

(2)运行图不相关法

当研究区段没有列车运行图可供利用时,可认为各种运行列车组的出现都是随机事件,平均最小列车间隔时间可按下式计算。

$$\bar{I} = \frac{\sum_{i,j=1}^{m} n_i n_j I_{ij}}{\sum_{i,j=1}^{m} n_i n_j} \tag{7.12}$$

5. 通过能力计算

计算区段通过能力时为确保一定的列车运行质量要求而采用的缓冲时间称为必要平均缓冲时间 $\bar{r}_{erf}$,其值的大小与平均最小列车间隔时间 $\bar{Z}$,出现相同种列车运行列车组概率 ω_g,列车平均进入晚点时间 P_m,发生列车晚点的概率 g_e 和列车晚点允许值 P_F、区间通过能力利用率和列车运行速度等有关。

(1)区间通过能力

区间通过能力 L 是指根据安排的列车运行顺序确定的最小列车间隔时间,按方向和密度确定的列车数、列车等级顺序、区间列车晚点时间标准和运输质量标准,一个区间在一天内所能通过的列车数。

$$L = \frac{T}{\bar{Z} + \bar{r}_{erf(q)}} \tag{7.13}$$

(2)最小通过能力

最小通过能力 L_{min} 是指包括所有列车在区间内发生任意大晚点时间的最不合理列车运行条件下所能实现的通过能力。按照 $U=0$、$g_e=1$、$P_F=200$ 的条件,确定 $\bar{r}_{erf(\omega)}$,并计算 L_{min}。

$$\bar{r}_{erf(\omega)} = \bar{Z}(1.99 - 0.54\omega_g) \tag{7.14}$$

$$L_{min} = \frac{T}{\bar{Z} + \bar{r}_{erf(\omega)}} \tag{7.15}$$

(3)黄金时段通过能力

黄金时段 T_{gst} 是指最适合旅客出行和旅客列车始发终到的时段。黄金时段通过能力 L_{gst} 是指保持正常列车运行条件下,在黄金时段区间所能放行的列车数。

$$L_{gst} = \frac{T_{gst}}{\bar{Z} + \bar{r}_{erf}} \tag{7.16}$$

(4)高峰时段通过能力

高峰时段 T_{hst} 是指由于客货运输需求以及为了方便旅客出行而使列车运行线分布不均匀所造成的能力最紧张时段。高峰时段通过能力 L_{hst} 是指保持正常列车运行条件下,在高峰时段区间所能放行的列车数。根据最密集列车束理论,L_{hst} 按最密集列车束缓冲时间 $\bar{r}_{erf(K)}$ 和平均最小列车间隔时间 $\bar{Z}$ 计算。

$$L_{hst} = \frac{T_{hst}}{\bar{Z} + \bar{r}_{erf(K)}} \tag{7.17}$$

(5)平缓时段通过能力

平缓时段 T_{dst} 是指某线路区段扣除黄金时段和高峰时段后余下的时段。平稳时段通过能力 L_{dst} 是指根据安排的列车运行顺序确定的最小列车间隔时间,按方向和密度确定的列车数、列车等级顺序、区段列车晚点时间标准和运输质量标准,一个区间在平缓时段所能通过的列车数。

$$L_{dst} = \frac{T_{dst}}{\bar{Z} + \bar{r}_{erf(q)}} \tag{7.18}$$

(6)没有缓冲时间的高峰时段通过能力

没有缓冲时间的高峰时段通过能力 L_{hsto} 是指在不考虑高峰时段列车等级顺序、列车运行质量要求条件下,按运行列车组比例关系紧密安排列车运行,在高峰时段区间所能放行的列车数。

$$L_{hsto} = \frac{T_{hst}}{\bar{Z}} \tag{7.19}$$

(7)常量缓冲时间的高峰时段通过能力

常量缓冲时间的高峰时段通过能力 L_{hstc} 是指在一定最小列车间隔时间和常量缓冲时间条件下,根据列车等级顺序、区段列车晚点时间标准和列车运行质量标准,一个区间在高峰时段所能放行的列车数。L_{hstc} 按缓冲时间服从负指数分布条件下的通过能力计算。

$$L_{hstc} = \frac{T_{hst}}{\bar{Z} + \bar{r}_{erf(K)}} \tag{7.20}$$

7.3.4 直接计算法

按照能力共享时间和空间的原则,依据固定运行图结构下的列车排列组合方式得出对应的不同列车组单元占用运行图的最小列车间隔时间计算公式,再综合推演出列车不同组合的平均最小间隔时间,最后利用平行运行图通过能力计算公式求算出通过能力值。该方法研究的关键在于刻画列车运行图的整体结构,在从横向(列车种类、数量及按照时间顺序组合成的不同列车比例)和纵向(不同列车速度和车站分布条件下,每种排列方式的列车间隔时间)2个维度上进行分析研究后,建立合理、直观的通过能力计算方法。

7.3.5 计算机模拟法

随着计算机编制列车运行图研究的深入,计算机模拟法已经达到广泛应用。计算机模拟法就是列车运行图的图解法，是由计算机模拟人工铺画列车运行图，严格按铺图标尺，通过紧密铺画各种列车运行线，进而精确确定区段通过能力的方法。目前，由于各种列车扣除系数难以精确确定，因此，计算机模拟法都是在某种特定条件下进行的，是根据某种原则，在固定某些种类列车数量（当然这些列车可能有不同的铺画方案）的前提下，通过计算机模拟人工铺画满表运行图，确定其他种类的列车数量。例如，一般可在按设计能力确定高城际铁路本线骨干列车和跨线列车数量需求的前提下，首先铺画满足需求数量的城际铁路本线骨干列车和跨线列车运行线，然后再在剩余时空域内，从长线到短线尽可能铺画其他本线列车运行线，在模拟系统中全面考虑各种影响因素，反映各因素之间的协调关系，从而获得某种高等级列车的方案下，即不同行程本线骨干列车和跨线列车数量集合下由不同行程的本线其他列车数量构成的一个通过能力集合，不改变不同行程本线骨干列车和跨线列车的数量和比例关系，而只变换其铺画方案，重复上述过程，可以获得多种不同的本线其他列车能力集合，对足够多的集合方案考察其需求发展和其他质量指标，可以从中选择确定出适合需求而质量较优的本线其他列车集合。

以上几种方法都是基于列车运行图的时间和空间共享原则，结合列车运行图整体结构和横向、纵向的分布特征，在计算过程中考虑了运输组织模式、列车种类、列车速度、停站次数和停站时间、运行图铺画方式、站间距、天窗设置方式等设备和运营因素，计算原理基本相同。但是，几种方法又各有特点：

（1）最大不同之处在于选定的计算基础不同，扣除系数法先选定作为基准的列车，平均最小列车间隔法和直接计算法则是分别以运行列车组和列车组单元为计算单位。

（2）扣除系数法以基准列车为框架，在对大量实际区段的资料统计和图解基础上试图得到通用性的结论，平均最小列车间隔法和直接计算法没有通用的公式或计算表，不同线路和区段的计算过程较为复杂和繁琐。

（3）利用率和直接法虽然简单易行，但不容易确定两种计算法中的参数和修正系数，不适合计算城际铁路客运站的通过能力。图解法比较精确，但作业量大，比较繁琐，需要花费较多的时间，且新建车站因为缺少原始资料而不能使用。计算机模拟法能够避免现有数据中由于列车到发的不均衡产生的影响，可反映车站各设备配合下的实际能力。

7.4 通过能力研究方向

铁路运输组织学科的重要研究领域，与各条线路的设备设施、行车组织和运输需求密切相关，并需要理论研究和实际经验的充分结合，研究难度较大。尤其在我国经济发展进入新常态后，新的运输市场格局和竞争形势导致运输组织模式发生根本性转变，组织型运输组织模式逐步向规划型运输组织模式过渡、客运产品数量越来越多、运输能力的时段性特征越来越明显等变化使运输能力研究面临着更严峻的挑战。对运输能力中的若干关键问题进行深入研究，如兼顾运行距离和客货运需求的运输能力表示方法、不同线路特征运输能力的计算方法、客运产品谱系化条件下运行图弹性的确定、大规模调查主要区段运行图参数后细化扣除系数取值、对测算输送能力的关键参数重新取值等，并在此基础上提出适用性强的运输能力理论体系，以便为运输线路能力评价和制定运输组织方案提供更科学的数值依据。

城际铁路通过能力计算方法应适应我国城际铁路运营特征，充分考虑各种影响因素，其适应性主要体现在以下几个方面：

1. 运输组织理论的完善

城际铁路运输组织理论已从既有线基于运输能力的传统模式，转向基于客流需求的模式。扣除系数法基于充分发挥运输设备效能为出发点，属于静态确定型的计算方法，追求铁路运输设备的最大发挥，计算结果与实际利用情况往往脱节，造成铁路能力在实际运用中利用率过大，未能达到如实评价能力利用状况的作用，而且难以解释和处理复杂的运输系统能力利用与协调。用确定型方法计算的通过能力一般很难实现，从而导致超负荷运输，列车晚点多、运输秩序混乱、运输质量下降，这种状况已不适应城际铁路运输组织的需要。可借鉴扣除系数法的分析过程，即保留不同种类列车越行关系的分析，针对不同种类列车扣除的分析转变为对列车运行结构的分析。

2. 能力计算和利用的有机结合

通过能力计算不仅要考虑各种运输设备的数量、时空配置、运营特点以及生产过程中的组织管理，而且要考虑各种变化条件下能力的可实现性，即与能力利用相结合。城际铁路高峰时段能力利用的主要特征体现在：各时段通过能力利用的不均衡性；部分同类列车连续追踪运行；不同等级列车的排列顺序及其越行关系等。以上各种因素相互影响和相互制约。

平均最小列车间隔时间计算法以排队论为理论基础，属于动态不确定型计算方法，主要优点是不以某种列车为计算基础，而是考虑各种列车在运行图上相互配置的种种可能性（各种列车的开行数量和运行线排列顺序的随机组合因素）进行综合计算，能反映客观计算条件和实际运用条件，确切反映客观运输市场的要求。因此，可借鉴平均最小列车间隔时间计算法以及各种列车随机组合的合理因素。

3. 确保必要的运输质量

一定的服务水平一般通过工作质量表现出来。平均最小列车间隔时间计算法在分析研究各区段实际列车运行状态的基础上，依据列车进入晚点概率、平均进入晚点时间和列车类别平均最小列车间隔，按给定反映列车运行工作质量要求水平允许列车后效晚点时间总值等条件计算区间通过能力的方法，该方法规定有足够的能力后备，即通过能力实际利用率一般不超过75%，也就是说为能力富裕条件下如何合理有效地利用通过能力、保证必要的运输服务质量提供了理论依据。

其研究方向如下：

1. “一体化”研究方向

车站通过能力包括咽喉通过能力和到发线通过能力，是车站在现有设备条件下，采用合理的技术作业过程，一昼夜能够接、发各方向的列车数。城际铁路客运站通过能力是指在一定设备条件下，一定的列车开行方案和列车运行图和采用合理的作业方法下，客运站一昼夜能接发（通过）的动车组数。车站通过能力计算方法主要采用的是分析计算法、图解法、计算机模拟法，综合比较可知，计算机模拟法计算车站通过能力较为科学合理。国内外专家对车站通过能力的研究主要为单独到发线通过能力或咽喉通过能力研究，将咽喉通过能力和到发线通过能力进行简单的叠加得出车站通过能力；将到发线和咽喉通过能力进行合并，以整个车站为研究对象，对车站“一体化”进行计算，存在以下问题：

①列车在车站内走行尚未精确计算，不能准确计算车站通过能力；

②不同车场的通过能力不能通过单纯的叠加得出车站通过能力，需要当量换算；

③车站通过能力是一个区间数值,或是一个范围值,不是一个固定的数值,需求出能力范围。

④不同列车停站方案不同,不同的停站方案对车站通过能力影响较大。为准确计算车站通过能力,需要综合考虑各影响因素,将车站看成一个整体,在现有的研究成果中,对车站通过能力的计算主要是对车站作业、咽喉、到发线进行优化,通过对列车在车站的时间和空间上进行约束,求解出车站最大通过能力,但尚未将车站通过能力的影响因素全部考虑。

⑤主要集中于既有线车站通过能力,对高铁车站通过能力研究较少。

2. 时段性能力利用研究

城际铁路时段性特征比较显著。因此,运输能力应尽可能使列车的始发终到时刻在合理的时间域内。首先,旅客列车的运输能力应在宜于旅客出行和旅客列车始发终到的时段内进行计算,在这个合理到发时间域内,可以根据旅客出行时刻分为高峰时段能力和平缓时段能力,不同时段的能力相互间不能转移和替代。同样,针对零散"白货"市场的货运产品最终会根据货主对运到时限的需要分为当日达、次晨达、次日达等产品谱系,与供应链密切衔接的货运产品对于运行线和通过能力布局的要求将进一步提高。即使对于同一条线路,随着不同列车比例、运行图结构、设备设施改造升级等变化,运输能力也会发生变化,呈现出动态性。

3. 缓冲时间分配方式需要深入研究

为便于列车运行调整,我国铁路在历次运行图调整时已经为运行图预留了缓冲时间,然而高速铁路和既有线分配缓冲时间的方式不同。既有线并没有明确定义缓冲时间,但铺画运行图时采用区间撒点方式已经将缓冲时间包含在运行时间和运行间隔中;高速铁路对列车运行速度的要求高,运行图严格按照时间标尺和运行图参数铺画,冗余时间较少。由于我国铁路的列车正点率、晚点赔付等缓冲时间的研究前提还未明确,因而学术界对缓冲时间也未提出确定数值。缓冲时间可以设在线路或车站作业时间中,分为区间运行缓冲时间和在站作业缓冲时间 2 种,缓冲时间的主要研究重点是缓冲时间的大小和分布位置。UIC(国际铁路联盟)建议的区间运行缓冲时间设置方法为:缓冲时间需要同时考虑运行距离和运行图标尺,与距离相关的缓冲时间为机车牵引的旅客列车每 100 km 设置 1.5 min,动车组旅客列车每 100 km 设置 1 min;与运行时间相关的缓冲时间设置在运行图最小标尺的 3%(慢车)到 7%(快车)之间,在某些情况下,依赖于运行时间的缓冲时间也可以由附加的根据距离确定的缓冲时间所代替。例如,荷兰铁路这种缓冲时间近似取运行图最小标尺的 7%;瑞典铁路缓冲时间包括 3 部分:针对运行时间的缓冲时间(旅客列车为运行时间的 7%,货物列车为运行时间的 11%)、特殊的附加运营缓冲时间(如客流量大、使用频率较高的节点),以及每运行 30 min 增加 1 min 的缓冲时间。特殊情况下,遇有较多旅客的列车、运行线关键节点、长线、使用强度大的固定设施、高峰时段、干扰较多时,为列车运行图分配较多的缓冲时间。

4. 对通过能力系统进行研究

铁路通过能力计算包含某种不确定性和模糊性。通过能力计算不仅要考虑各种运输设备的数量、时空配置、运营特点以及生产过程中的组织管理,而且要考虑各种变化条件下能力的可实现性,即同能力的利用以及运输质量要求有机结合起来的有效能力。UIC2004 年出版的 UIC406 能力手册,将铁路能力定义为:在定义的时间段内,考虑实际的列车混合径路等条件下所有可能的列车径路的总数。它认为:铁路线路能力与能力利用场景密切相关,能力利用场景主要包括列车数量、列车速度、运行图结构及稳定性等内容。

UIC 提出实用通过能力、有效通过能力等概念是在考虑服务水平的基础上对理论通过能力进行修正。我国交通运输界能力研究常用理论能力、实际能力、已使用能力和储备能力四种。理论能力是系统理论上最大的能力,假定所有列车构成等级都相同,系统没有任何外部扰动,不考虑实际运营中外部需求及运营条件等变化;实际能力是考虑外部需求变化及日常运营条件满足一定系统性能条件下的铁路最大运输能力;已使用能力为实际运营中已实现的运输量;储备能力为实际能力与已使用能力的差值,其大小表示铁路系统在保持一定效率和安全情况下还能附加完成的运输量。最常用的实际能力,它给出铁路运输资源与需求间的最优配置方案。但这两种分类方式,针对城际铁路通过能力方面,都没有得到深入研究。

7.5 案例分析:沪宁城际铁路通过能力评估

城际铁路高峰时段通过能力的确定具有一定的复杂性和不确定性,目前计算方法主要有扣除系数法、平均最小列车间隔时间法和计算机模拟法。其中,扣除系数法的精确性主要取决于扣除系数取值精度,但实际列车运行图是各类列车越行方式的综合,扣除系数的精确度最终难以确定;平均最小列车间隔时间法充分考虑各类列车的开行数量和运行线排列顺序等随机组合因素,但确定平均必要缓冲时间的步骤较为烦琐;计算机模拟法一般要应用智能专家或决策支持系统寻求问题的近似解或最优解,但满表铺画的运行图受列车运行结构影响包含过多的条件判断。我国城际铁路高峰时段为满足客流需求,列车密度较大。同时,平均最小列车间隔计算法利用指数分布易于解析处理的优点,确定了具有足够后备能力条件下确保一定运输质量的平均必要缓冲时间。然而,广泛使用的经典随机模型在一定程度上牺牲了模型的真实性和实际应用价值换得解析处理的方便,其结果应用到城际铁路,需要综合考虑我国城际铁路的运营实际,即部分同类列车追踪运行又无足够能力储备,但必须具备一定工作质量以便调度应急调整。

1. 影响因素分析

客流区段是指旅客列车对数相同区间所组成的区段,列车运行图通常由若干客流区段构成。本节所提出的高峰时段通过能力计算方法适合客流区段。影响高峰时段通过能力因素主要有:

(1)客流需求特征。城际铁路具有强大的运输能力,采取"高密度、小编组、公交化"的运输组织模式,公交化运营特征主要通过较高的服务频率表现出来,服务频率是指某方向一日内提供给旅客乘车选择的车次数量。高峰时间一般在8:00~10:00和16:00~18:00,该时段为动车组客座利用率较高的"黄金时段",为满足高峰时段旅客公交化出行需求,这个时段的列车服务频率相应较高。

(2)列车运行模式。我国已开通运营的城际铁路,如京津和沪宁城际铁路,本线列车运行速度为300~350 km/h,跨线列车运行速度为200~250 km/h,因速差不同,不同种类列车之间不可避免地产生越行。有时,考虑到动车组交路安排等原因,300~350 km/h列车之间也可能产生越行,只不过概率较低。

(3)列车停站方案。为满足不同性质旅客出行需求,300~350 km/h列车可进一步细分为一站直达A、大站停B、大站带小站C和站站停D列车。B类列车由于要考虑跨线需要,为提高旅行速度,一般采取大站停的方式,不再进行细分。

(4)列车排列顺序。主要表现为部分同类列车连续追踪、不同种类列车排列顺序以及各种类列车所占比例等,这些因素之间相互影响、相互制约。

2. 研究原则

(1)整体性和分解性的结合。从列车运行“时空”两个层面,将运行图划分为时段和区段,通过分析时段之间的相互衔接、列车运行图整体与区段、区段和区间的关系,整体上把握通过能力的计算。

(2)能力计算和利用相结合。通过能力利用的主要特征体现在各时段通过能力利用的不均衡性、部分同类列车连续追踪、不同等级列车排列顺序与越行关系等,以及各种因素相互影响和相互制约。因此,通过能力计算需要与能力利用紧密结合。

(3)均值和概率方法结合。通过能力计算离不开均值方法,均值代表着等可能性。在具体设计通过能力计算方法时,均值与概率方法紧密联系在一起,从而求得符合实际而又有一定精确度的通过能力理论计算值。

3. 列车运行结构分析

(1)列车间隔时间分析

双线区段列车运行图上,同一方向两相邻列车所组成的运行图单元称为运行列车组。列车间隔时间是指从运行列车组中第一列车由区间某站出发或通过之时起,至第二列车由同一车站出发或通过时止的时间,由最小列车间隔时间和列车缓冲时间组成,有:

$$I_f = I + t_r \tag{7.21}$$

式(7.21)中,I_f 为列车间隔时间;I 为最小列车间隔时间,是指运行列车组两列车由区间同一车站出发或通过的最小必要间隔时间;t_r 为列车缓冲时间,是列车间隔时间扣除最小必要间隔时间的剩余部分,一是由于运行图的铺画结构使得某些时间无法利用而形成;二是编图制过程中为增大运行图的弹性而设置。显然,当组织同种类列车追踪运行时,其列车缓冲时间为 0 min。如图 7.6 所示。

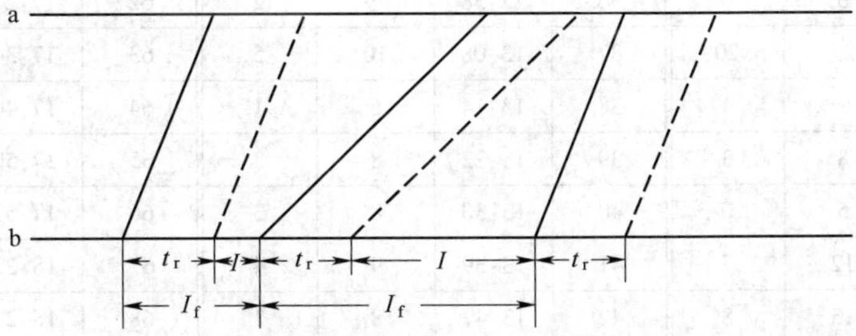

图 7.6 列车运行图缓冲时间图

从集合的角度分析,列车间隔时间集合是最小列车间隔时间集合和列车缓冲时间集合的并集。只要相邻两列车顺序确定后,最小列车间隔时间即可确定。而列车缓冲时间是一个随机变量,需要从这一随机变量出发,确定客流区段每一时段列车运行图平均必要缓冲时间。

通过大量列车运行图缓冲时间分析发现,小值缓冲时间出现的频率通常大于大值缓冲时间出现的频率,一般认为缓冲时间的概率分布可用负指数分布来表示。采用点统计法,对城际铁路列车缓冲时间分布服从这一规律加以验证,该法对观测数据进行如下预处理:

$$\hat{\delta} = \frac{\sqrt{S^2(n)}}{\bar{x}(n)} \tag{7.22}$$

其中,$\hat{\delta}$ 为变异系数的似然估计值;$\bar{x}(n)$ 与 $\sqrt{S^2(n)}$ 分别为观测数据的均值和标准差。

若 $\hat{\delta}$ 越接近 1,则可假设分布服从负指数分布。

现根据 2010 年 10 月 26 日列车运行图,验证车站列车发车缓冲时间服从负指数分布。将苏州城际站 6:00~21:00 时间段的 78 列上行发车时刻作为基本数据,求得 77 列车的间隔时间,再减去最小列车间隔时间,得到缓冲时间,如表 7.4 所示。再将缓冲时间聚类进行频数计算,如表 7.5 所示。

由表 7.5 数据易于计算:$\bar{x}(77)=6.286, S^2(77)=41.680$

从而可得:$\hat{\delta}=\dfrac{\sqrt{S^2(77)}}{\bar{x}(77)}=\dfrac{6.456}{6.286}=1.027$

因 $\hat{\delta}$ 接近 1,可以假设观测数据服从负指数分布,其参数 $\hat{\beta}=\bar{x}(77)=6.286$。

表 7.4 苏州城际站高速列车缓冲时间计算表

min

序号	发车时刻	间隔时间	缓冲时间	序号	发车时刻	间隔时间	缓冲时间	序号	发车时刻	间隔时间	缓冲时间
1	06:26	—	—	27	11:27	5	0	53	16:04	8	3
2	06:38	12	7	28	11:39	12	7	54	16:09	5	0
3	07:06	28	23	29	11:49	10	5	55	16:22	13	8
4	07:22	16	11	30	11:58	9	4	56	16:27	5	0
5	07:27	5	0	31	12:30	32	27	57	16:40	13	8
6	07:33	6	1	32	12:35	5	0	58	16:45	5	0
7	08:00	27	22	33	12:40	5	0	59	16:52	7	2
8	08:10	10	5	34	12:45	5	0	60	17:04	12	7
9	08:22	12	7	35	12:51	6	1	61	17:22	18	13
10	08:27	5	0	36	12:58	7	2	62	17:27	5	0
11	08:52	25	20	37	13:08	10	5	63	17:34	7	2
12	09:01	9	4	38	13:14	6	1	64	17:40	6	1
13	09:09	8	3	39	13:22	8	3	65	17:50	10	5
14	09:14	5	0	40	13:30	8	3	66	17:59	9	4
15	09:26	12	7	41	13:39	9	4	67	18:22	23	18
16	09:39	13	8	42	13:47	8	3	68	18:27	5	0
17	09:52	13	8	43	14:05	18	13	69	18:37	10	5
18	10:01	9	4	44	14:22	17	12	70	18:53	16	11
19	10:08	7	2	45	14:43	21	16	71	19:09	16	11
20	10:22	14	9	46	14:52	9	4	72	19:20	11	6
21	10:28	6	1	47	15:05	13	8	73	19:44	24	19
22	10:39	11	6	48	15:10	5	0	74	19:53	9	4
23	10:50	11	6	49	15:20	10	5	75	20:22	31	26
24	10:59	9	4	50	15:26	6	1	76	20:27	5	0
25	11:08	9	4	51	15:45	19	14	77	20:35	8	3
26	11:22	14	9	52	15:56	11	6	78	20:53	18	13

表 7.5 苏州城际站缓冲时间频数计算表 min

缓冲时间	0	1	2	3	4	5	6	7	8	9	10	11	12	13
数据个数	14	6	4	6	9	6	4	5	5	2	0	3	1	3
缓冲时间	14	15	16	17	18	19	20	21	22	23	24	25	26	27
数据个数	1	0	1	0	1	1	1	0	1	1	0	0	1	1

(2)同类列车追踪运行分析

列车区段追踪是指客流区段内每个区间相邻同类列车都追踪运行;若仅有一个或若干个区间(不是全部区间)追踪运行,可称为部分区间追踪运行。

设$0\leqslant\alpha\leqslant1$,形如$F(x)=1-\alpha e^{-\lambda x}(x\geqslant0)$的全体分布函数称为修正的指数分布族,特别地,若$\alpha=0$退化为集中于原点的分布,其分布函数记为:

$$F(x)=(1-\alpha)U_0(X)+\alpha(1-e^{-\lambda x}),\ x\geqslant0 \tag{7.23}$$

其中:$U_0(X)=\begin{cases}0, & x<0\\1, & x\geqslant0\end{cases}$ (7.24)

式(7.23)、式(7.24)表明,指数分布族中的任何分布都是集中于原点分布与一个标准指数分布的混合。$F(x)$以概率$(1-\alpha)$集中于原点上的退化分布,以概率α集中于一个标准指数分布。

进一步分析可知,以概率α服从参数λ的标准指数分布具有指数分布的无后效性。在$(0,+\infty)$上具有不完全概率密度函数和数学期望:

$$f(x)=\alpha\lambda e^{-\lambda x},x>0 \tag{7.25}$$

$$E(X)=\frac{\alpha}{\lambda} \tag{7.26}$$

可设定$\alpha(0<\alpha\leqslant1)$是城际铁路某客流区段某高峰时段同类列车区段非追踪运行概率,则列车缓冲时间以α服从负指数分布,部分同类列车追踪运行可视为以$1-\alpha$服从原点分布。

有:

$$\alpha=N_f/N \tag{7.27}$$

式中,N_f、N分别为某客流区段某高峰时段同类非区段追踪运行列数和总列车数。显见,若$\alpha=1$,则表示不存在同类列车区段追踪运行。

由表7.4可知,有14列动车组采取追踪运行的方式,其间的缓冲时间为0,则有:$\alpha=\frac{78-14}{78}=0.82$。

(3)列车越行分析

不同类列车因列车等级和区间运行速差等因素需在越行站越行。在城际铁路高峰时段内,运行列车组中A类列车要越行E类列车,则将出现一个被加大了的运行图空隙,若区间越行次数有一定限制,则A、E类列车从车站的发车数将得到一定程度的限制,如图7.7所示。

有:

$$I_s=I_f-I \tag{7.28}$$

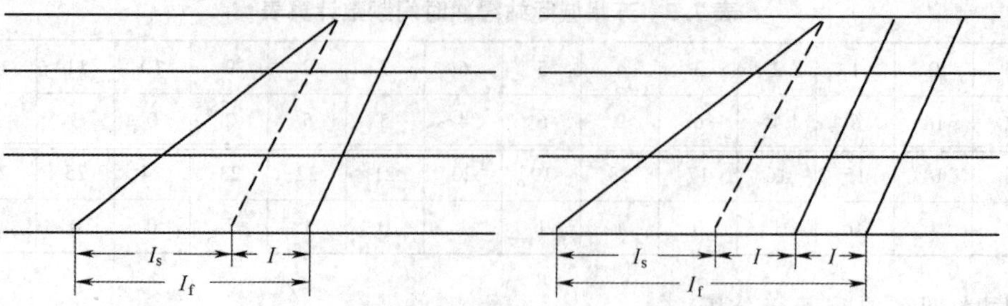

图 7.7 不同种类列车越行图

式中，I_s 为前后行列车运行时间差。在不同类列车运行过程中，出现前为列车 A 后为 E 的列车运行组概率，也就是出现 I_s 的概率：

$$P_{AE} = \frac{N_A N_E}{N^2} \tag{7.29}$$

式中，N_A、N_E 分别表示某客流区段内某高峰时段 A、E 类列车数量。为简化计算，还可从不同类列车区间旅行时间分析，有

$$I_s = T_E - T_A \tag{7.30}$$

式中，T_A、T_E 分别是某客流区段内某高峰时段 A、E 类列车区段旅行时间。

同种类列车因停站方式的不同可采取追踪运行方式，也可采取越行方式。例如，A 可越行 B、C、D，C 可越行 D。

4. 评估方法的提出

(1)列车运行平均必要缓冲时间计算

为满足 A 类列车区间越行的要求，不妨设其某时段内出现一定数值缓冲时间的概率服从修正的负指数分布，有平均必要缓冲时间：

$$\bar{r} = E(r) \tag{7.31}$$

结合式(7.29)、式(7.30)，有概率密度：

$$p_r = \frac{\alpha^2}{\bar{r}} e^{-\alpha r/\bar{r}} \tag{7.32}$$

对函数 $f(r)$ 在 $r = R \sim \infty$ 的范围求积分，可得出超过一定数值 R 缓冲时间的概率，即：

$$p_r = f(r) = \int_R^{\infty} f(r)\,\mathrm{d}r = \alpha e^{\frac{-\alpha R}{\bar{r}}} \tag{7.33}$$

$$\bar{r} = -\alpha R / \ln \frac{p_r}{\alpha} \tag{7.34}$$

考虑充分利用通过能力的要求，有：

$$R = I_s \tag{7.35}$$

再令：

$$p_r = p_{AE} \tag{7.36}$$

由此可得，客流区段某高峰时段内，由不同类列车组成的运行列车组影响的列车运行图的平均必要缓冲时间，即可分别求得 A 类列车越行 E 类列车运行图平均必要缓冲时间。该时间可以理解为从某类列车被越行次数出发，为测定缓冲时间给出的一项边界条件，即要求平均列车运行图缓冲时间的数值必须达到使该类列车被越行次数限制在可接受的范围内。最后从实

际列车运行安全的角度出发,取其中的最大的必要缓冲时间值作为该客流区段该高峰时段列车运行图平均必要缓冲时间。

(2)最小列车间隔时间计算

某客流区段某高峰时段内,因列车在各区间排列顺序不固定,统筹考虑各区间的运行情况,根据客流区段内是否有列车运行图提供情况,采用德国铁路方法计算最小列车间隔时间,得到客流区段高峰时段的平均最小列车间隔时间,即:

$$\bar{I}_1 = \frac{\sum_{i,j=1}^{m} n_{ij} I_{ij}}{\sum_{i,j=1}^{m} n_i n_j} \tag{7.37}$$

$$\bar{I}_2 = \frac{\sum_{i,j=1}^{m} n_i n_j I_{ij}}{\sum_{i,j=1}^{m} n_i n_j} \tag{7.38}$$

式中,$\bar{I}$ 为平均最小列车间隔时间;i 为列车种类组合的前行列车;j 为列车种类组合的后行列车;n_{ij}和 I_{ij}分别为前行 i 后行 j 的列车数量和列车间和没有列车运行图提供时的最小列车间隔时间计算方法。

(3)通过能力计算评估

将高峰时段组织不同类列车无越行方案的通过列车数作为该时段的通过能力。因为在该时段内,虽然增加列车越行的数量可以提高个别区间的通过能力,但受式(7.3)影响,该高峰时段通过能力已近饱和,不能得到提高,故可将无越行组织的最多列数可作为客流区段该时段理论通过能力数值。即在列车运行图某客流区段某高峰时段内,有:

$$N = \frac{T}{\bar{I} + \bar{r}} \tag{7.39}$$

式中,N 为高峰时段通过能力;T 为高峰时段时间长度。

5. 实例分析

以沪宁城际铁路常州-南京段(包含 6 个车站、1 个线路所)上行线 8:00~10:00 高峰时段为例加以分析。因部分中间站公交设施尚未配套,运营初期无站站停列车,但后期将开行站站停列车。不同时期各种类列车开行列数见表 7.6;各类列车区间纯运行时分见表 7.7;各种类列车运行最小间隔时间见表 7.8;初期列车运行图中安排各种类列车排列顺序见表 7.9。其他参数如下:动车组列车 $I_{追}=3$ min;$t_{起}=2$ min、$t_{停}=1$ min。旅客列车办理客运业务停站时间标准:常州、丹阳、镇江停 2 min,其他站停 1 min。列车运行方案其他规定如下:A 列车在常州站通过且一站直达终点南京站,其他种类列车均在常州停车;当 B 列车采取追踪运行时,要求不被 A 列车越行,途中安排停 2 站,其中丹阳和镇江任选一站、其他中间站任选一站;E 列车安排

表 7.6　初期、后期区段各类列车数量

时期	A	B	D	E	合计
初期	2	8(4)	0	3	13
后期	3	5(2)	2	2	12

注:括号内数字表示区段追踪运行列数。

在丹阳、镇江停 2 站，其他中间站不停车。另外，为提高通过能力，C 类列车在高峰时段不安排（该区间小站包括丹徒、宝华山和仙林站）。

表 7.7　各类列车区间纯运行时分

站名及代号		区间	纯运行时分(min)	
			350 km/h	250 km/h
南京城际场	h			
		g-h	03:28	04:26
仙林线路所	g			
		f-g	01:30	01:55
仙林	f			
		e-f	02:50	03:25
宝华山	e			
		d-e	08:13	10:02
镇江	d			
		c-d	03:27	04:30
丹徒	c			
		b-c	03:27	03:38
丹阳	b			
		a-b	10:06	11:41
常州	a			
		合计	33:01	39:37

表 7.8　各类列车最小间隔时间　　min

列车种类	A	E
A	3	3
E	5	5

表 7.9　初期各类列车相互排列数量表

列车种类	A	B	E	合计
A	1	3	0	4
B	1	4	2	7
E	0	1	1	2
合计	2	8	3	13

(1)初期运营高峰时段通过能力

①平均最小间隔时间。可求得平均最小间隔时间为 3. 62 min。

②列车越行方式。显见,列车越行方式有三种 A/B、A/E、B/E,平均必要缓冲时间计算见表 7. 10。

表 7. 10 初期高峰时段列车运行图平均必要缓冲时间计算表

越行方案	I_s	p_{AE}	α	$\bar{r}$
A/E	18. 6	0. 036	1. 000	5. 60
B/E	7. 6	0. 142	0. 692	3. 32
A/B	11. 0	0. 095	1. 000	4. 69

③高峰时段通过能力

选取缓冲时间最大值为高峰时段运行图缓冲时间,可计算得到高峰时段通过能力 13 列,从而可知该时段通过能力利用已经饱和。

(2)后期运营高峰时段通过能力

①平均最小间隔时间。因无列车运行图提供,平均最小间隔时间为 3. 44 min。

②列车运行方式。列车越行方式有 6 种,即 A/B、A/E、D/E、A/B、A/D、B/D,平均必要缓冲时间计算见表 7. 11。

表 7. 11 后期高峰时段列车运行图平均必要缓冲时间计算表

越行方案	I_s	p_{AE}	α	$\bar{r}$
A/E	18. 6	0. 03	1	5. 3
B/E	7. 6	0. 059	0. 833	2. 39
D/E	—	0. 023	1	—
A/B	11	0. 089	1	4. 55
A/D	25	0. 036	1	7. 53
B/D	13	0. 059	0. 833	4. 09

③高峰时段通过能力。选取缓冲时间最大值为高峰时段运行图缓冲时间,可计算得到高峰时段通过能力 11 列,从而可知该时段通过能力利用已经饱和。注意到 D/E 为不可行方案,因为 D 列车等级高,但旅行时间又比 E 列车长,故不安排该越行方案。从计算结果可知,若安排 D 开行,对通过能力影响是很大的。在高峰时段内,同时安排 D 和 E 类列车共存,列车运行图铺画难度也增加。可采取将 E 类列车不安排在该时段运行,或减少 D 列车数量,以提高高峰时段通过能力。

城际铁路高峰时段通过能力根据运营实际提出,探讨了一种新的思路和方法,引入运行图缓冲时间的概念,并取各种列车最大缓冲时间作为运行图的缓冲时间,该运行图具有一定的调整余地和应变能力,同时考虑的区段整体和局部的关系,得出的通过能力实际上是各种列车组合的虚拟关系,是可以在实际工作中实施的运行图,可作为高峰时段列车开行计划的衡量标准。从编制列车运行图的整体上看,若某客流区段通过能力薄弱,可在能力富裕的客流区段多组织列车越行,尽量增加紧张客流区段无列车越行数量,有目的地提高整个区段的通过能力。

8　动车组运用及乘务组织

8.1　动车段、所与车站的布局

通俗地说,动车段是动车组维修的“4S”店。动车段、所客观要求一般依托始发站设置,在车站附近选址并与车站接轨。城际铁路动车组交路采用交路接续套跑、立折运行,一般非高峰期或夜间才进入动车段(所、存车场),故需因地制宜选择站址。一般遵循以下原则:

1. 共享原则。在大型枢纽,有条件利用高速铁路的动车组设备时,可集中设置动车段(所、存车场),资源共享,集约土地资源,采用委托整备、检修方式。这种模式需要城际铁路与高速铁路干线始发站建立物理联系,修建必要的联络线等,对城际始发站选址产生制约。这种模式运用比较广泛。

2. 独立设置原则。即城际铁路自成体系,独立运营,设置自身的动车段所。这种模式不需要城际铁路与干线高速铁路建立物理联系,灵活、方便。当城际铁路成网时,更显优势。独立设置动车组设备的模式包括:

(1)始发站设置:即类似于高速铁路干线,城际铁路动车组设备依托城际始发站设置,通过走行线与始发站直接连接。

(2)分离设置:即针对城际铁路动车组多为早晚出入段所的特点,动车组设备不拘泥于始发站设置,在其前后适当的车站或区间接轨设置动车段所等。

由于动车段所占地巨大,远远大于车站本身,选址往往十分困难,机械地与始发站捆绑一体,可能反而制约城际车站的选址,导致车站远离城市或城市中心区域,这就属于主次不清、本末倒置。分离设置原则是在段址与站址矛盾较突出时,结合城际铁路设站较密的特点(必要时加站),动车段所设置于邻近中间站,以适当增加动车组空走行长度的“退而求次”的折中方式来换取城际始发站的功能性和合理性。

根据上述原则动车段、所与车站的布局有如下类型:

1. 终端式终点站与段、所成顺列布局

如图 8.1 所示,终端式车站与段、所顺列式布局能使车站咽喉作业均衡,一端咽喉接发列车,另一端咽喉动车车底进出动车段,两者无交叉干扰。此布局不需修建车底进出段走行线与正线的立交疏解,故工程投资也是较省的。条件许可时应选用此种布局形式。如日本山阳线的博多和北陆新线的长野两个终端站。东北线的盛岡和上越线的新潟终点站预留了干线的延长。

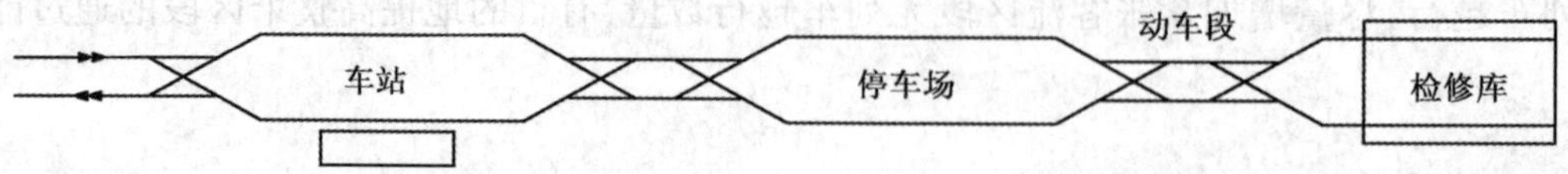

图 8.1　终端式车站与段、所顺列式布局

2. 终端式终点站与段、所成反向布置

如图 8.2 所示，终端式车站与段、所成反向布局的形式，是由于车站已在市区，顺车站方向延伸地带位于密集的市内甚至是城市中心地区，无法按顺列式布局而采用的。如日本东海道新干线的东京站与车辆基地和我国上海站均只能采用反向布局。这种形式的主要缺点在于列车到发和车底进出段都在一端咽喉，造成咽喉能力紧张且一部分到发列车和车底进出段必然产生平面交叉。因修建走行线与正线的立交疏解，工程投资较大。有时因在市区客观条件不允许修建此种立交疏解，走行线只能与正线并行引入车站，咽喉交叉干线更为严重。不过由于高速列车车底使用，正常情况白天都不进段，车底是“早出晚归”。故交叉干扰多在早开始发车时和夜接近停运时，可采取一定的行车组织措施减轻交叉干扰。

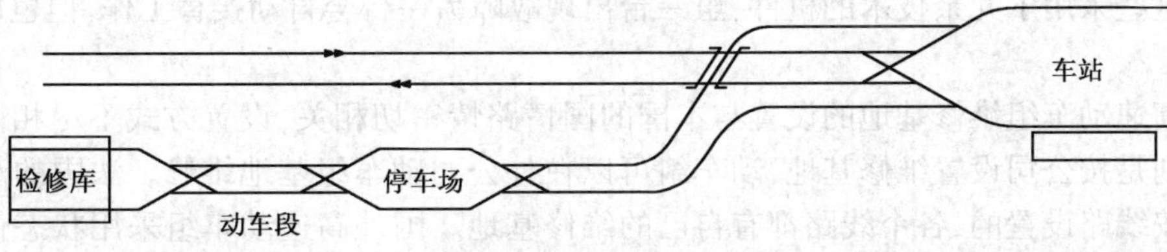

图 8.2　终端式终点站与段、所布局示意图

3. 贯通式车站与段、所的顺列布置

如图 8.3 所示，贯通式车站与运用维修所的顺列布局是常用的形式，南京等站运用维修所均属此种布局。

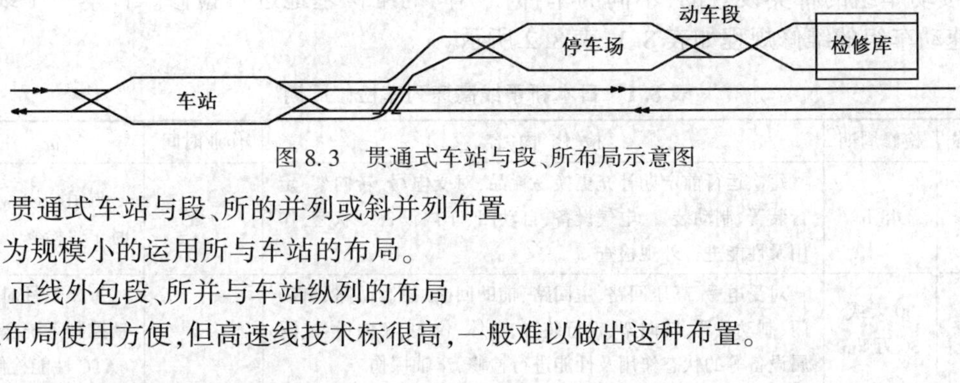

图 8.3　贯通式车站与段、所布局示意图

4. 贯通式车站与段、所的并列或斜并列布置

多为规模小的运用所与车站的布局。

5. 正线外包段、所并与车站纵列的布局

此布局使用方便，但高速线技术标很高，一般难以做出这种布置。

8.2　动车组的运用与管理特点

(1)运营效率

动车组的牵引动力与运输载体联成一体，担当旅客列车运行的全过程，不需要在途中换挂机车，因此缩短了换挂机车的作业时间，既有利于提高列车的旅行速度，又减少了工作环节，提高了工作效率。而且牵引动力(机车)和运输载体(客车车底)的管理合二为一，减少了管理机构和相应的管理人员，同样也提高了运营效率。

动车组运用的效率一般会超出既有线机车的运用效率，形成所谓的联程交路运用方案。在动车组则完全可以实现连续完成多个不同运程服务的联程交路运用方案，这不仅是由于动车组设备的高可靠性可以保证联程运用，而且也是强化利用动车组、提高运营效率的必然选择。

(2)整备和维修体系

维修方式是指对设备维修时机的控制,也就是说对维修时机的掌握是通过采用不同的维修方式来实现的。动车组的维修方式有定期维修、状态修和故障修三种。

定期维修是以使用时间作为维修期限,只要设备到了预先规定的时间,不管其技术状态如何,都要进行规定的维修工作,这是一种强制性的预防修理。状态修是按实际技术情况来确定维修时机。它不对机件规定维修期限,不固定拆卸分解范围,而是在检查、测试其技术状况的基础上确定各机件的最佳维修时机。这种维修方式是靠不断定量分析和监测机件的某些参数和状态数据来决定维修时间和项目。故障修是在机件发生故障之后才进行修理,已不控制维修时机。实践证明,有些机件即便发生故障也不会危及安全造成恶果,采用事后维修则更经济。对于这些采用了冗余技术的机件,虽一台出现故障另一台会自动接替工作,但也应采用故障修方式。

各国高速动车组维修基地的设置与本国的国情路情密切相关,设置方式不尽相同。日本的动车组则是按公司设置维修基地,动车组可以在外公司动车组基地维修。法国的动车组维修基地是按线路设置的,各个线路都有自己的维修基地。国外高速动车组采用状态修与定期修相结合,以状态修为主的检修体制。如上所述,实行状态修,主要依据动车组上的先进检测设备、故障诊断设备及其与维修中心联网的信息传输系统,可以准确预知动车组的设备状态和故障情况,有针对性地进行检修作业。而定期修则主要以定期检查、维护和更换重要的零部件为特征。所谓定期,是以高速动车组的实际走行公里或运用时间划定的。德国的动车组维修基地是按动车组的种类设置的,不同的车种在不同的维修基地进行检修。日本新干线、德国ICE 高速动车组的维修规程如表 8. 1、表 8. 2 所示。

表 8. 1　日本新干线高速列车检修周期

检修名称	检修周期	检 修 内 容	作业时间	备　注
日常检修	48 h	每次运行前定期补充更换易耗品,对受电弓、转向架、走行装置、制动装置、电气设备、自动门、车内设备等状态、作用及性能进行外观检查	1 h	每 10 万 km 或必要时车轮检修
定期检修	30 天或30 万 km	对受电弓、高压回路、主回路、辅助回路、控制回路、自动门、制动装置、转向架、走行装置、车体、仪表、车内设备、附属设备等的状态作用及性能进行检修,车轴探伤	4 h	每 3 个月对车上自动控制系统全面检修(ATC 性能检修)
架修	1 年或45 万 km	对转向架、牵引电动机、传动装置、走行装置、弹簧装置、制动装置等主要部件解体后进行全面仔细检修,车轴探伤	9 h	
大修	3 年或90 万 km	拆卸分解动车组的主要部件,做全面仔细检查和修理,车轴探伤	11 天	

注:除上述检修类别外,还根据需要进行运转检查和临时性检修;新近将对检修周期延长,架修延长至 1.5 年或 60 万 km,大修延长至 3 年或 120 万 km。

表 8. 2　德国 ICE 高速列车检修规程

维修名称	走行公里/km	检 修 内 容	作业时间	维修场所
走行装置检修(L 级)	3 500	日常检查及整备等(轮对、走行装置、受电弓及制动系统;列车内部清洗、厕所排污、上水补充备品和餐车上料)	1 h	汉堡维修段、慕尼黑维修段

续上表

维修名称	走行公里/km	检 修 内 容	作业时间	维修场所
全面检修（N级）	2万	L级检修全部工作；制动装置检查；驱动单元维护保养	2 h	同上
1级定期修(F1级)	6万	N级检修全部工作；主要部件和整列车各项功能的检查，列车内部清洗，制动机检修，空调设备保养等	18 h	同上
2级定期修(F2级)	12万	F1级检修全部工作；列车内部清洗，检查配电柜、油冷却器、通风机、空调、过滤器等	22 h	同上
3/4级定期修(F3/F4级)	24/48万	F2级检修全部工作；车轴超声波探伤；车钩及通过台检查；列车清洗；制动机检修	26 h	同上
简易大修	120万	F3/4级检修的全部工作；转向架检查、分解和更换；制动机检修；车辆在隧道内压力监测；压力保护设备功能检查	4天	组伦堡修理厂
大修	240万	整个列车分解；全面清洗（包括部件、空气管道等）；车体重新油漆；部件检查；更换地毯等	13.5天	同上

(3)我国动车组分级检修状况

动车组一、二级为运用检修，在动车组运用所内进行；三、四、五级检修为高级检修，在具备相应车型检修资质的检修单位进行。

①动车组一级修

动车组一级检修是对运用动车组的车顶、车下、车体两侧、车内和司机室等部位实施快速例行检查、试验和故障处理的检修作业，动车组运用达到48 h或一级修里程上限前，必须在动车所检查库内实施一级修，检修时间不得少于4 h。备用动车组累计备用时间超过48 h、检修动车组修竣后，上线运营前必须进行一级检修。

其中新车型CRH5A、CRH380D型动车组一级修里程上线为5 000+500 km，其他动车组为4 000+400 km；动车组按交路计算一级修里程，在京沪高速线运行里程大于等于列车交路里程50%时，一级修里程可延长至5 000+500 km；部分动车组交路经总公司同意后，可按5 000+500 km进行一级修试验。

动车运用所分布对动车组列车交路衔接形成刚性约束；动车组一级修里程直接影响动车组单位时间内可走行距离，对动车组列车交路公里提出限制条件；动车组检修时间周期由自然48 h调整为运用48 h，对城际铁路动车组列车检修计划有积极影响。

动车运用所夜间一级修能力不足时，势必将采取白天检修方式，而由于夜间客流不足、高速铁路客专线路检修，白天检修方式带来的直接结果是缩短车辆可运用时间，甚至增加运用数量，降低动车组使用效率。

目前，白天一级修是夜间检修能力不足时的无奈之举。面对既有动车所检修能力不足、新造动车组陆续出厂，要解决检修与运用矛盾，只有挖掘白天检修能力。安排白天一级修，需要对既有交路进行拆分调整，一般均需增加运用车底数量。白天一级修牺牲了白天上线时间，一定程度上降低动车组运用效率，属补救性措施。

②动车组二级修

二级检修是对动车组各系统、零部件实施的周期性保养、检测、试验，不得漏项、超期。日常按照周客流波动规律安排车底上线，就是以周二至周四为平峰、周五至周一为高峰，灵活安排保有动车组车底上线计划。提前一周掌握下周天气、大型活动等因素进行分析,对下周客流波动曲线进行预判性修正,据此安排周末重联、增开列车计划,车辆部门安排二级修时尽量避开周末,确保保有动车组上线率最大化。这种做法既遵循客流规律,同时也对临时性事件进行预判,可实现车辆运用里程的有效走行。

③动车组高级修

动车组三、四、五级修为高级检修,是以走行公里周期为主、时间周期为辅的检修模式。目前按车型分为两种检修周期,一种是三级修60±10万km或1.5年、四级修120±10万km或3年、五级修240±10万km或6年,主要为青岛四方厂CRH2、CRH380A系列动车组;另一种是检修里程或检修时间周期均为第一种的2倍。

动车组高级修由于需往返空送、检修时间长、出厂后需上线实验,因此将大大占用可运用周期,影响车底长期运用计划,节假日等客流高峰时如遇大量动车组高级修,将错失增运增收契机。

动车组高级修计划遵循客流规律,车底逢客流旺季上线、淡季检修,是满足客流需要、提高列车开行效率的核心策略。每年春运、暑运、9月、10月期间,确保动车组上线率维持在较高水平;利用好春运结束后3~6月、11月~次年春运前客流低谷时期,通过适当提前或滞后措施,尽量在客流淡季完成高级修检修工作。如此,实现高级修与客流规律的融合,为动车组上线与客流需要的匹配奠定坚实基础。

(3)实现了动车组运用与整备、维修一体化

动车组的整备、维修是保证动车组有效使用和运用质量的前提条件,而动车组的运用计划同时是合理安排整备、维修工作的重要依据。在国外高速铁路,列车运行图中动车组运用交路安排,即动车组周转图必须按照动车组实际走行公里数和定检期限及时安排相关的入段或入厂检修作业,并符合整备、维修作业时间标准的要求,以保证动车组在运用中的高质量和高可靠性,而动车组的整备、维修作业又必须严格按照动车组周转图的要求来进行计划和安排,以保证动车组按图行车,有效利用。在列车运行图调整时,更应注意其间的相互关系。这就是动车组运用计划与整备、维修计划一体化的含义。

高速动车组的维修作业一般在专门的维修中心(或维修基地)进行。维修中心的主要设备包括:整备维修库、电器测试装置、轮对踏面诊断装置、不落轮旋轮设备、车轴探伤装置、轮对及转向架更换中心、动车组外部清洗设备、动车组内部清洗和整备设备等。在维修中心,动车组是作为一个整体来进行整备和维修综合作业的。德国ICE设置在汉堡-埃德尔施塔特动车组的整备维修车间是按整备维修一体化思想进行设计的典型。该车间凭借动车组上的先进检测、故障诊断设备和信息传输系统,可以准确预知动车组的设备状态和故障情况,因此可以提前计划作业内容并做好各项准备工作,包括人员、设备、材料、工具、零部件、备品及必要的图纸、资料等。该车间按上、中、下三层空间合理布局和配置生产线,设置有三个不同高度的作业平台和合理、流畅的备品、材料等运输通道,创造了良好的作业环境,既可以保证在同一时间对多个动车组进行综合作业,也可以保证同一动车组整备和维修的平行作业,既消除了动车组在作业过程中的调移转线,也减少了不同作业及同一作业不同工序之间的交叉干扰,大大压缩了整备维修作业的总时间,将动车组一次入段整备、维修的总时间标准从原来的150 min降低到60 min。

根据动车组运用与整备、维修一体化的思路,动车组的运用和整备、维修计划是统一编制、

统筹安排的,这使运载设备的运用和管理从既有线的分散化走向集中化,使动车组摆脱传统客车车底的固定运用方案模式,采用更为高效的运用方案。也就是可以根据运用期间的所有动车组数量、设备状态、所在位置、累计运营里程和定检期限,安排滚动式的运用方案,在保证完成运输任务和按期进段检修的前提下,使动车组的利用效率达到最高。

可见,动车组检修与运用同等至关重要,工作核心是动车组利用效率,主要途径是动车组检修计划与客流规律的融合,主要工作方法包括按月度客流安排高级修,按周客流规律安排保留动车组上线,并通过增加必备设施、灵活车底套用、用好白天检修等方法,用好用足检修能力,实现检修与运用工作的齐头并进。

8.3　动车组运用方式

8.3.1　动车组运用方案

根据动车组运用与整备、维修一体化的思想,高速动车组的运用方案主要有三种:

(1)固定运行区段的使用方式(简称固定使用方式)

这种方式与既有铁路客车车底的运用方式一致,高速动车组只在固定的区段内往返运行。固定方案又分为站间固定周转方式和两区段套跑周转方式,如图 8.4 所示。

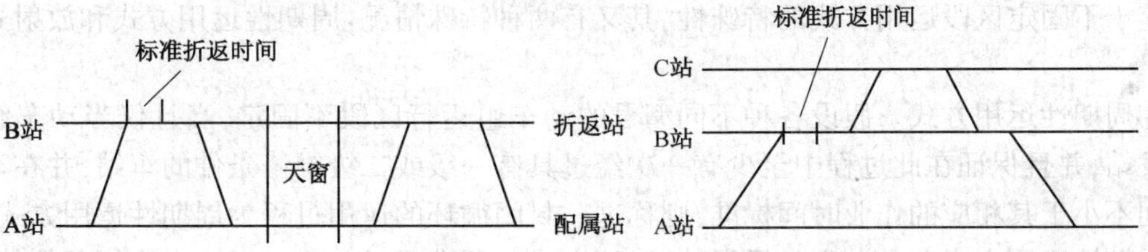

图 8.4　动车组固定使用方式示意图

采用固定区段方式,动车组在固定的区段内运行,有利于动车组的管理,可以根据区段内客流特点采用不同的编组方案,动车组的运用组织相对比较容易。但这种运用方式不利于动车组的检修。主要表现为:

①在动车组检修期间需要有一定量的备用车组来代替,如果备用车组由各区段分别配备,则备用动车组数量较大且利用率不高。

②由于动车组的维修技术复杂、设备昂贵,只能集中配置,所有动车组的维修作业都将集中在维修中心,对与维修中心不相邻的区段,需要维修的动车组必须专程送检,事后又需专程送回。

(2)不固定运行区段的使用方式(简称不固定使用方式)

不固定使用方式以全线(或高速线路网)为系统,统筹考虑动车组的使用与维修来安排动车组的运用。它的含义是,在假定各动车组无差别的前提下,不固定各动车组的运行区段,而是根据需要和可能,可以在任何高速区段之间运行。如图 8.5 所示。

在图 8.5 中,位于第 4 站的动车组 1 可根据需要运行编号为 24、38、35、53、42 等 5 条运行线,也可根据需要运行编号为 24、50、37、40 等运行线,可以运行的区段没有限制。动车组可以连续运行不同运行线的基本原则是满足动车组在变更车次即担任新的运输任务时可能需要的

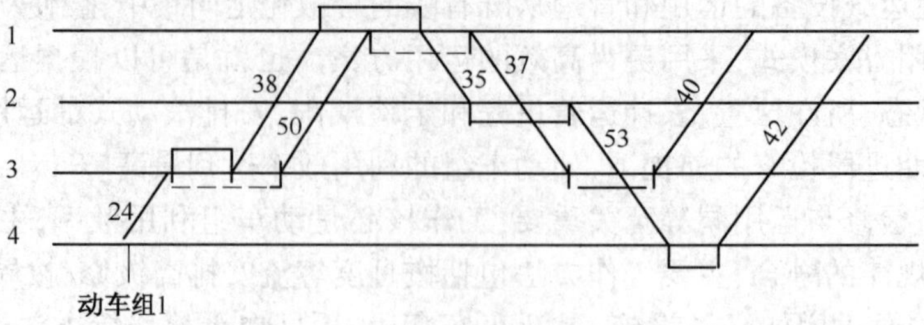

图 8.5　动车组不固定使用示意图

转线(改变运行方向时)、整备作业等接续时间要求。

不固定区段运用方式能够比较灵活地解决运行与维修的配合问题。该方式可以在使用过程中根据其运行状态,对必须进行维修作业的动车组预先在适当时间安排一条终到维修中心的运行线,保证其及时维修。此外,由于动车组有多种运行线可以选择,就有可能提高动车组的使用效率,减少动车组的使用数量。

对比图 8.4 和图 8.5 所示两种不同运用方式,对于上述相同的列车运行任务,动车组按固定区段运用方式需要 4 组完成列车运行任务,而按不固定区段运用方式则只需要 2 组。不固定区段运用方式有利于提高动车组使用效率,减少动车组数量,是比较合理的动车组运用方式,这种运用方式在国外已经被广泛采用。

鉴于不固定区段运用方式的特殊性,其又有两种特殊情况:周期性运用方式和放射式运用方式。

①周期性运用方式。假设各种不同型号的动车组运行区段不固定,当且仅当动车组回到其始发站,并且保证在此过程中至少有一次经过具有一级或二级维修条件的车站,并在车站停留时间不小于其相应的作业时间标准,则称这一封闭循环的运用过程为周期性运用方式。

周期性运用方式存在一定的局限性:①该方式只要求经过一级或者二级维修条件的车站,导致动车组维修计划也局限在一级和二级维修上,对运用计划的编制周期较短;②该方式动车组从始发站出发,经过若干交路段后,又返回其始发站,这就要求每个始发站都有一定的存车能力和一定数量的动车组。

②放射式运用方式。它是以一个动车段或区域调度所为中心,发散式地运用动车组。在该方式下,动车组围绕所隶属的动车段或调度所进行不固定方式的运用,其不仅具有不固定运用方式的优点,而且还可依据本区域的地理、气候等特点,配置不同种类的动车组。

(3)半固定运行区段的使用方式(简称半固定使用方式)

半固定使用方式是一些动车组采用固定使用方式,而其余动车组采用不固定使用方式。它是介于固定式方式和不固定使用方式之间的一种方式。

研究表明,当动车组运用和整备、维修计划统一编制时,按不同时期的需要能力确定高速列车的使用数量,采用固定区段运用方式所需的动车组数量比不固定运用方式多 31.7% ~ 60.7%,采用半固定运用方式所需要的动车组数量也多于不固定运用方式。

日本高速铁路动车组也采用不固定区段运用方式,下面以日本东北、上越新干线为例,分析高速铁路动车组的运用情况。日本东北、上越新干线线路示意图,如图 8.6 所示。日本东北新干线从东京到盛冈,全长 496.5 km,主要技术站有上野第一运转所、仙台综合车辆所、盛冈第一运转所;上越新干线从东北新干线的大宫站接轨,由大宫到新潟,线路全长从东京算起为

300. 8 km,主要技术站为新潟第一运转所。

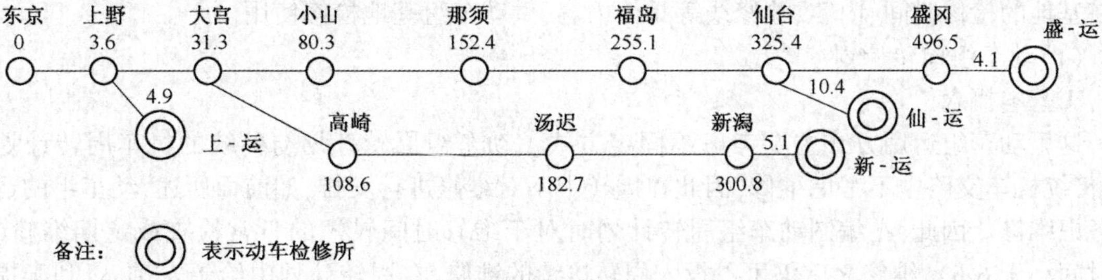

图 8.6　日本东北、上越新干线线路示意图

东北新干线的车辆运用基地在仙台综合车辆所,检修完毕后,分别投入到东北和上越新干线上运营。选取从仙台综合车辆所出库的动车组 E1 系列车为例,分析日本高速列车动车组的运用和维修情况,其运用交路如图 8.7 所示,动车组每日运营结束后进入车辆运转所,根据车辆状态和技术作业需要进行相应的技术作业,包括日常检修作业、转向架检修作业、交替检修作业,为第二天运行做准备。

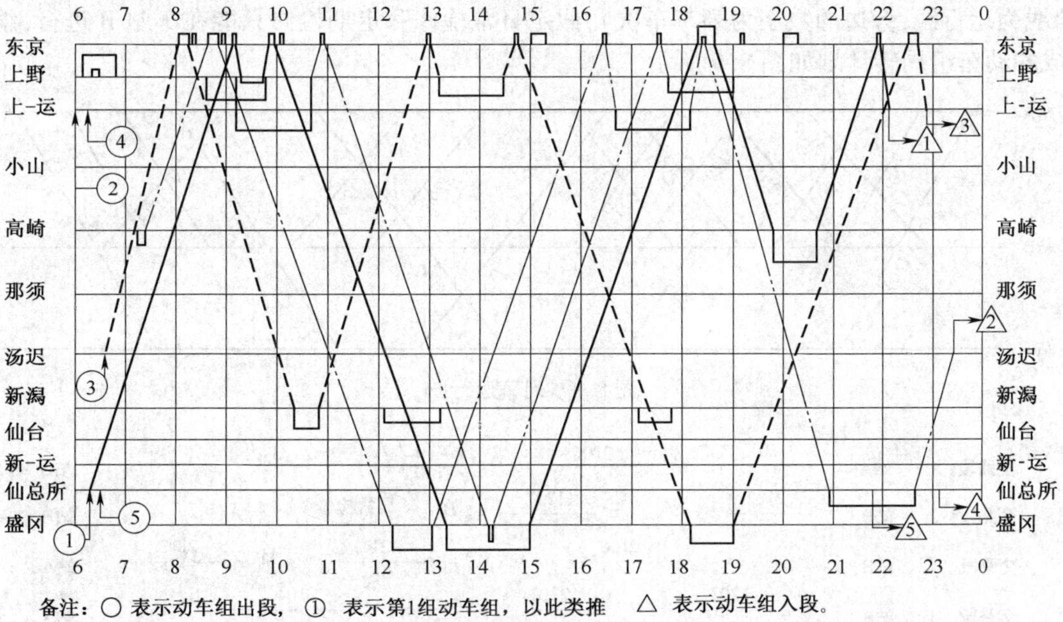

图 8.7　新干线动车组运用交路示意图

法国高速动车组采用不固定区段运用方式,采取高速列车下既有线的运输模式,注重动车组运用方案的优化,运用长短交路相结合,多次循环使用,提高动车组使用率。但是,由于该方式动车组接续安排比较紧密,在出现较大的运行干扰时,动车组运用所受到的影响也比较大。由于假定各动车组之间无差别,动车组的编组也不能根据不同区段的客流特点而加以改变,为也可能造成运输能力的浪费。

8. 3. 2　动车组运用计划

动车组的运用主要由动车组周转计划、动车组分配计划和动车组检修计划构成。周转计划主要规定了按什么顺序担当列车,但并不规定具体的动车组。分配计划指定具体的动车组担当周转计划中的具体交路，保证每个交路有质量良好的动车组完成。检修计划规定了动车组在基地的检修时间、内容、检修线等具体内容，供动车组基地检修使用。

(1)动车组周转计划

①基本概念

这里动车组运用方式主要考虑不固定方式。动车组周转计划与传统的机车周转计划不同，传统机车交路中不考虑维修，因此在周转中不对维修进行安排，如前面所述，动车组的运用则考虑维修。因此，在编制动车组周转计划时对于维修时间较短的日常检查或定期维修(维修时间小于 6 h)，维修之后仍可以投入周转接续的维修，在周转计划中给予安排，以利于提高动车组的运用效率。因此，这里所说的动车组周转计划是指动车组周转接续和维修的综合计划，也就是根据给定的列车运行图、有关动车组检修修程的法律规定以及检修基地条件等，对动车组在什么时刻、在哪个车站、担当哪次列车、在什么时间、什么地点、进行哪种类型的检修等作出具体安排，以确保用状态良好的动车组实现列车运行图。在列车运行图调整的同时，动车组周转计划也将被重新编制。

下面用简单的例子说明动车组周转计划及运用方法。设图 8.8 为需要完成的列车运行图(斜线为运行线，旁边的数字为列车车次)，假定日常检修和定期检修只能在车站 B 进行，编制完成的动车组周转计划如图 8.9 所示。

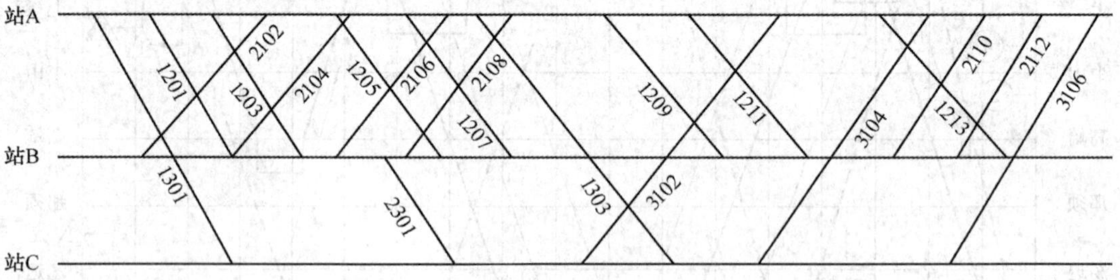

图 8.8　列车运行图

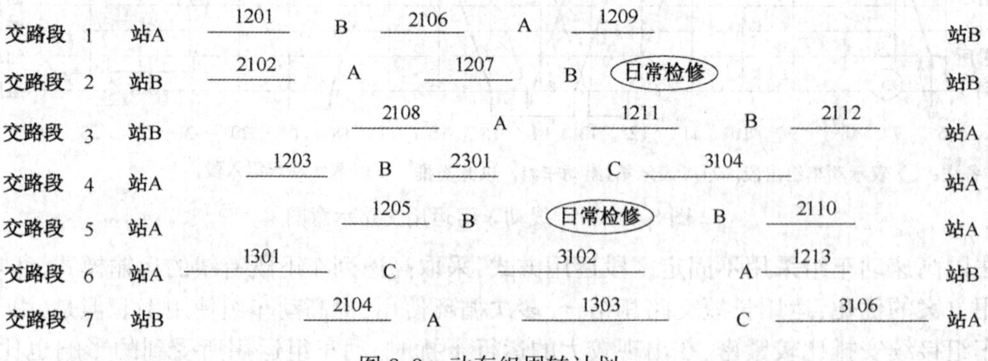

图 8.9　动车组周转计划

图 8.9 中每一行称为一个交路段，它规定了一个动车组一天的运用内容，每条横线上面的数字为列车车次。例如，某天动车组 1 按交路段 1 的计划运行，其过程是：首先从车站 A 担当 1201 次列车运行到车站 B，在车站停留一段时间之后，从车站 B 担当列车 2106 次运行到车站 A，最后作为列车 1209 次运行到车站 B，夜里在车站 B 驻留；第 2 天，按交路段 2 的计划运行，担当完列车 1207 次任务后，在车站 B(或相连的维修基地)进行日常检修；检修完毕后，第 3

天,按交路段 3 的计划运用;然后按交路段 4、5、6、7 的计划运用,当按交路段 7 运用完以后,再按交路段 1 的计划运用。在动车组 1 按交路段 1 计划运用时,其他的动车组也按照同样的规则按交路段 2、3、4、5、6、7 的计划运用,可见,需要 7 个动车组。交路段 1~7 构成整体运用计划。一般对应同一运行图,可以编制出许多不同的动车组运用方案。

编制动车组周转计划时,不仅编制列车间的接续,动车组的日常维修计划(根据动车组的种类,通常每 72~144 h 以内进行一次,需要在特定场所进行 4 h 左右)和定期检修计划(每 50 天以内或 3 万 km 以内进行一次,在特定场所进行 7 h 左右)也同时编制,上述例子中没有给出定期维修计划。而大修计划需要较长的检修时间,在编制动车组周转计划时不予考虑。

②动车组周转计划的种类

由于旅客需求、动车组归属、动车组种类等不同,动车组周转计划更进一步可以分为不同的类型。

a. 平日运用计划与假日运用计划。平日和节假日旅客的需求不同,体现在出行的时间、密度、方向等各个方面,为适应这种需求,在平日和节假日分别采用不同的运行图,因此动车组周转计划也自然地分为平日计划和节假日计划,动车组平日按平日计划运用、节假日按节假日计划运用。

为保证动车组在平日和节假日之间过渡和检修计划的实施,先编制平日计划;编制节假日计划时,保证节假日计划的交路段结构(交路段的始发站、终到站及检修的种类)与平日计划的相应交路段一致。

b. 单基地与多基地动车组周转计划。列车运行图由 1 个动车组基地配属的动车组担当,所作的运用计划为单基地动车组周转计划。如果列车运行图由 2 个以上基地配属的动车组担当,相应的计划为多基地动车组周转计划。在编制多基地动车组周转计划时,运行图中的哪些列车由哪个基地的动车组来担当一般没有具体规定,由编制人员综合考虑各基地的情况和动车组的运用效率而定。

c. 单车种和多车种动车组周转计划。列车运行图上的列车采用同一种类型的动车组担当,所对应的计划为单车种动车组周转计划,如果运行图上的列车由不同种类的动车组担当,所对应的计划为多种类动车组周转计划,在编制多车种动车组周转计划时,运行图中的哪个列车由哪种动车组担当没有完全规定。

d. 各种种类的组合。上面各种种类组合。例如,单车种单基地平日计划、单车种多基地节假日计划等,其中单车种单基地的形式是最为广泛采用的方式。

③编制动车组周转计划的约束条件

编制动车组周转计划时,一些物理的、法律的以及逻辑上的因素必须予以考虑,主要包括:

a. 列车运行图的约束

列车运行图规定的所有列车必须分配到一个状态良好的动车组,而且列车的始发、终到时刻及始发、终到车站不能有任何的变动(但如果始发、终到时刻仅作微小变动能够改变动车组的使用效率,也可以向运行图编制人员提出协调)。

b. 检修的约束

检修场所,日常检修和定期检修必须在规定的地点进行;

检修周期,定期检修和日常检修必须在法律规定的检修周期内进行;

检修所需时间,必须保证日常检修和定期检修所要求的时间;

检修可能的时段,日常检修和定期检修必须在规定的时段内进行。

c. 交路的约束

对动车组始发、终到的车站车站,交路中相邻的两个交路段,前一日交路段的最后终到站必须与后续日交路段的始发站一致;最后一个交路段的终到站必须与第一个交路段的始发站一致。

d. 交路段的约束

地点的约束,同一交路段中前行列车的终到站必须与后续列车的始发站一致;当给定的运行图是不完全状态(不成对运行图)的时候,即在某车站始发的列车数与在该站终到的列车数不相等时,必须通过设置回送列车的方式满足这一要求。

时间的约束,后续列车的始发时刻晚于前行列车的终到时刻,而且其时间差必须大于最小折返时间。

e. 其他约束

线路容量,在各车站以及车辆基地停留的动车组数量不能超过规定的数量;动车组数量,计划中所使用的动车组数量不能超过规定的动车组数量;清扫周期,列车清扫的种类、周期、地点等条件;运用人员的意图,计划中要反映使用者的一些意图。例如,希望编制的计划能较好地适应运输波动;希望用最少的动车组;希望在某个时段内确保一组预备车等。

下面举几个具体的运用人员意图的例子。

希望某次列车和某次列车接续。主要为了使动车组在检修时段内有足够的时间。例如,图8.10中虽然6次列车和3次列车在车站A可以接续,但如果6次列车和5次列车接续的话,则在车站A可以有更充足的时间进行检修,因此,希望6次列车和5次列车接续。

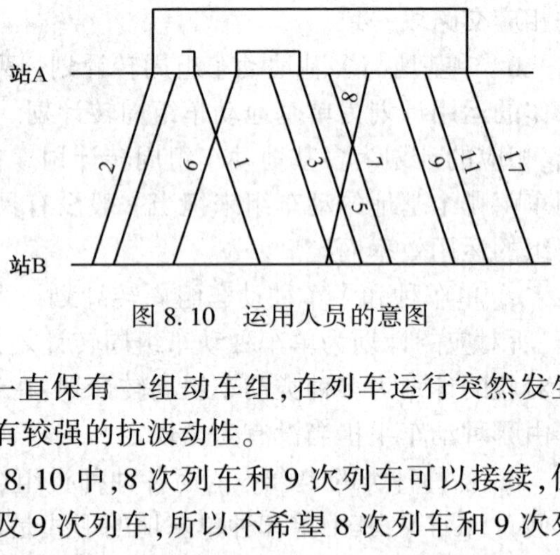

图 8.10　运用人员的意图

从某时刻到某时刻,希望在某个车站有一组备用车组。例如,在图8.10的车站A,如果2次列车和17次列车接续的话,这一时段内,车站A一直保有一组动车组,在列车运行突然发生紊乱时,可以作为临时列车来运用,使运用计划具有较强的抗波动性。

不希望某次列车和某次列车接续。例如在图8.10中,8次列车和9次列车可以接续,但由于一些原因,估计8次列车容易晚点,为了不波及9次列车,所以不希望8次列车和9次列车接续。

④动车组周转计划评价标准

动车组本身比较昂贵,完成同样的列车运行图,所使用的动车组数量越少越好;虽然一些回送列车的设置是不可避免的,但回送列车不能运送旅客,不仅不能直接带来收入而且需要人力、电力等资源,回送列车开行的次数越少越好;定期检修和日常检修需要人力、时间、费用等,在满足法律规定的要求情况下,一般进行的次数越少越好。因此,一般采用下面几个指标来评价运用方案:使用的动车组数;定期检查次数和日常检查的次数;回送列车的次数和里程。这些指标值越小越好。

⑤编制动车组周转计划的需要数据

列车运行图数据;动车组基础数据(类型、数量);检修基地及运用所的有关数据;动车组运用、检修规则；车站动车组折返、整备作业时间；动车组出入基地及运用所的时间；车站夜间动车组驻留能力。

(2)动车组分配及检修计划

①动车组分配计划

动车组周转计划中对列车周转接续进行了安排，形成了周转交路，但并没有指定具体的动车组。在实际运用中，每个周转交路必须有实际的动车组担当，分配哪个动车组具体担当哪个交路的计划就是动车组分配计划。

动车组分配计划根据实施列车运行计划、动车组交路计划、动车组检修规程和作业时分标准、动车组履历等编制，包括动车组号、编组、运行交路、出入段时间、动车组回送及接运计划，动车组车辆解除备用及转入备用计划等。

动车组分配计划要充分考虑动车组的位置、累积走行公里、已进行过的各类检修情况等条件，一般是在模拟未来使用计划基础上编制的。动车组分配计划编制流程如图 8.11 所示。

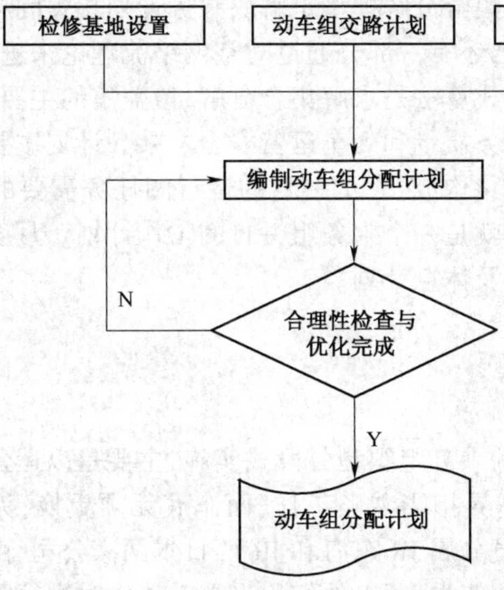

图 8.11 动车组分配计划编制流程

合理性检查主要针对动车组的位置、累积走行公里、已进行过的各类检修情况等，在编制动车组分配计划时，还要进行如下项目的检查：a. 列车重复检查；b. 列车间关系检查；c. 检修信息检查；d. 未分配动车组检查；e. 分解/重联检查；f. 编组位置检查；g. 运用类别/列车类别对应性检查；h. 未分配列车检查；i. 车辆运用出入库数量检查；j. 接续运用检查；k. 编组类别对应性检查。

动车组分配计划的编制结果必须以适当形式表示，并明确动车组编号、初始位置、担当的交路编号、运用后的驻留位置、运用后的状态等内容。

②动车组检修计划

对动车组的检修地点、检修项目等所作的计划称为动车组检修计划。动车组检修计划根据交路计划、车辆分配(动车组运用)计划、动车设备履历、修程、修制、列车走行统计数据和列车故障情况、检修基地的作业能力等实际情况编制。

如果动车组检修时间较短(小于 8 h)，在检修日不进行检修的时段内仍可作为运用车使用,因此,这样的检修计划结合交路计划和动车组分配计划已经安排。但一些检修时间较长的检修,在检修日不能作为运用车使用,该类的检修计划单独编制。这类计划即为动车维修计划。动车组检修计划的主要依据为:动车组检修的长期规划、检修基地的检修能力、动车组的实际状态。动车组检修分配计划的编制结果必须以适当形式表示,并明确动车组编号、检修项目、检修地点、检修时间等内容。

8.4 乘务组织运用计划

乘务计划问题(Crew Planning Problem,CPP),作为运筹学研究的经典问题,国外相关研究起步较早,并且已经取得了一定的成果。相对于其他集中运输方式,在航空领域取得的成果最多,也相对成熟。铁路在这方面的研究起步较晚,比航空和城市交通等领域发展滞后,但是仍然取得了一些宝贵研究成果。解决问题的手段和技术更为先进和高效,在乘务问题的解决方面出现了运用大量的数学优化和建模方案。集合分解模型是解决乘务计划相关问题的主流方法之一,此外,覆盖集模型的运用也较为普遍,还有一部分通过时空网络流理论来进行研究,采用列生成算法、遗传算法、最小生成树等启发式算法是求解集合分解、覆盖集的主要解决途径。

乘务计划的合理与否直接影响到客运服务质量和列车运营安全。乘务计划主要分为乘务日计划及月度计划。日计划是由全体乘务交路构成,表示一日的运行图任务需要的乘务员数量以及各乘务员担当的乘务交路。乘务交路就是一个乘务组一日的工作计划。月度计划描述各乘务组在指定月度中各日担当的乘务交路及休息计划。

8.4.1 国外乘务组织模式

(1)日本模式

与我国乘务担当模式不同,日本新干线的乘务组织是分段式实施,主要是以运营公司管界为范围,人员在自己公司的管理范围内,不越界担当乘务工作,而车底无须更换,为直通。例如,东海道、山阳新干线的直通列车,司乘人员分属JR东海和JR西日本两家公司,由于列车可以跨公司和线路运行,但乘务人员不能跨公司值乘,所以他们担当乘务工作时进行乘务担当交接的地点为新大阪。

日本铁路乘务组的接续交路计划编制由乘务交路的编制和乘务员运用计划的编制,前者由JR公司本部的计划部门编制完成,后一部分是对每个交路进行乘务组的合理分配,并确定交路接续表,这一阶段是对前一阶段工作的细化,由下属乘务段完成。新干线的乘务组结构一般为一长两员,为列车长、中部车厢乘务员、后部担当。日本东海道新干线列车的乘务班组结构为此种构成。

(2)法国模式

法国高速铁路的乘务担当模式与我国现有的乘务担当模式是相近的,即在同一条线路上,同时存在多个客运段在担当乘务工作。与我国城际铁路现有模式相同的是,法国因线路里程普遍较短,一般为单个乘务组全程值乘,不进行中间站进行换乘。

法国的铁路部门在编制乘务交路计划时,由于工人组织在维护劳动权益方面较为敏感,严禁超劳是计划编制的第一考虑因素,即乘务员的劳动时间不能够超过法律规定的工时,并坚持高效、公平以及区别对待等原则。

具体编制过程分两步:第一步是确定乘务交路计划;第二步是确定人员交路计划。后者主要在前者的基础上得出。两个阶段相比,前者起到了更为重要的作用,对于乘务效率的影响是决定性的。

法国铁路司机和乘务员都是采用轮乘制。法铁 TGV 列车单编组 8 辆,重联时为 16 辆。与我国现有的车型 CRH380B 型车相类似,单编运行时,配备 1 名乘务员;重联运行时,因为车体之间不能互通,两头各配 1 名乘务员,如果是双层运行时,则人员翻倍。

8.4.2 国内乘务组织模式

当前我国城际铁路的乘务组织工作编制程序为列车运行图调整方案确定后,各铁路局按照车底交路将列车值乘担当任务进行下达,各乘务基地(客运段)根据实际情况,进行乘务交路的编排,按照车底交路配备相应数量的乘务员,制定最终的乘务计划。对客运段来讲,承担的乘务工作相对固定,即每天都要担当固定车次组合的乘务任务,但是节假期期间会有小范围临客的开行和交路的小幅度调整。城际铁路乘务交路示意图如图 8.12 所示。

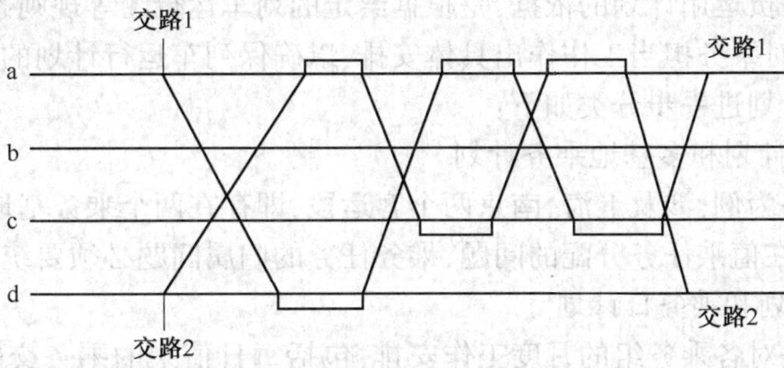

图 8.12 城际铁路乘务交路组织形式

在日常的乘务担当和工作分配上,为便于乘务人员集中休息,在乘务排班上对乘务员的使用,即作业时间较为灵活,每月法定工时为 166.7 工时。若果存在乘务员超劳的情况,可以通过安排乘务员进行补休的方式补回。乘务作业时间以工时为主要标准和限制条件,其他时间规定都根据实际需要进行调整,因此,主要是根据人员情况和交路编制的情况来把握连续乘务时间,在乘务员连续劳动时间和出勤情况方面存在着部分主观因素。城际铁路乘务组织工作要向着智能信息化方向发展,通过算法的研究应用,以提高乘务组织效率,降低运营成本,提高经济效益。

8.5 乘务计划编制

8.5.1 基本概念

1. 值乘区段

值乘区段是以乘务基地(一个完整乘务交路的始发车次所在车站,一般为客运段所在地车站)或折返站为分割点,根据动车组的运行交路,进行合理的划分和接续,形成一个能够使乘务组连续值乘的最小区间单元,称为值乘区段。若干个值乘区段组成一个完整的乘务交路。

如图 8.13 中,乘务作业片段 G6 次、G18 次、G5 次分割成{a1,a2,a3}、{b1,b2,b3} 和{c1,c2, c3}等几个片段。值乘区段不以车次划分,其划分标准是以车底开行方案为标准,其终点或者起点一般为乘务员换乘站。

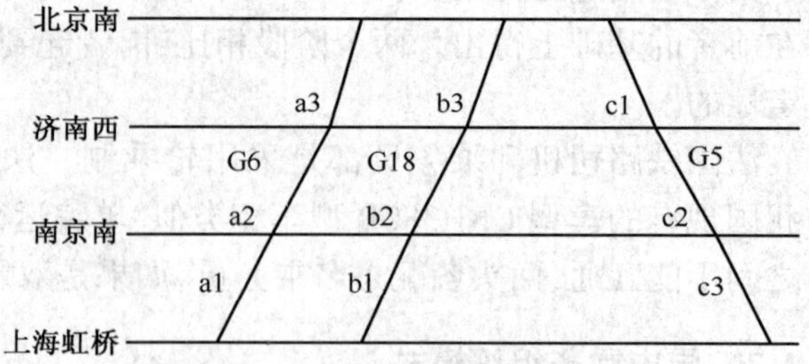

图 8.13 高速列车值乘区段示意图

2. 乘务交路

乘务交路是一个乘务组在一个周期内值乘的区段;一个乘务交路由若干个值乘区段组成。一个完整的乘务担当过程,是从基地出发,按照乘务交路的接续完成需要担当的车次的值乘任务,并最终返回乘务基地的过程。乘务交路的制定影响因素包括:连续值乘时间、换乘接续时间、纯乘务时间等各项规则。

3. 乘务计划

乘务计划是乘务员运用计划的依据,是根据给定的列车运行图等规则条件,按照既定的高效均衡等优化目标,对乘务担当工作作出具体安排,以确保列车运行计划的顺利实现。

城际铁路乘务计划进一步分类如下:

(1)单基地乘务计划和多基地乘务计划

以沪宁城际铁路为例,涉及上海、南京两个客运段,即存在两个乘务基地,分别负责编制各自列车乘务计划,存在值乘任务分配的问题,乘务任务的归属问题必须要统筹考虑、协商完成。

(2)月度乘务计划和乘务日计划

月度乘务计划是对各乘务组的月度工作安排,包括每日值乘的乘务交路、休班计划、培训计划等;月度乘务计划具体到每一天就是乘务日计划,是对乘务班组每天工作的具体安排。其质量的好坏能够直接地反映乘务月度计划质量的高低。

(3)乘务交路计划和乘务值乘计划

乘务运用计划编制优化主要包括两个方面,交路计划和值乘计划的优化,它是乘务计划的核心。乘务交路计划根据列车运行计划和车底交路计划来划分确定,通过追求目标费用最小,将值乘区组合成若干个满足乘务规则的交路;乘务值乘计划是第二步,即根据乘务交路计划安排具体的乘务组进行值乘。

4. 乘务排班

乘务排班是指将乘务交路把乘务交路分配给乘务班组再具体到个人,对乘务交路中每一天的工作任务作出安排。一般情况下,由于不同的乘务交路工作和休息时间并不完全相等。因此,在编制计划时,在满足国家法定工作时限的前提下,需要考虑到工作强度的均衡性。影响乘务排班的主要因素有:

(1)乘务班组人员结构。即乘务班组的组成结构,需要考虑值乘车厢的人员数量安排以及乘务基地人员备率等因素。

(2)值乘区段结构。主要是其长短决定了乘务时间的长短,影响区间之间的衔接。

(3)乘务规定。乘务规定是具体的工作要求,包括值乘休息时间、培训休假等都有具体的规定和要求。

(4)列车晚点和计划调整。对班组的休息时间和接续换乘时间会造成影响,如果晚点较多,会导致班组无法换乘,甚至是班组之间不能有序衔接。

区别于既有车,高速铁路在乘务管理方面呈现出不一样的特点:

(1)单班值乘作业,日勤为主。我国现有的高速铁路列车以日间运行为主,值乘方式为单班作业制。

(2)乘务交路接续紧凑,折返时间短。

表8.3以××客运段"G204/G167/G168/G203"交路为例,列出一个月度的乘务值乘排班表。

表8.3　××客运段2016年4月G204交路及乘务排班表

班组＼日期	1/6/11/16/21/26	2/7/12/17/22/27	3/8/13/18/23/28	4/9/14/19/24/29	5/10/15/20/25/30
1	G204/G167 温州南	G168/G203	休	休	南京南
2	南京南	G204/G167 温州南	G168/G203	休	休
3	休	南京南	G204/G167 温州南	G168/G203	休
4	休	休	南京南	G204/G167 温州南	G168/G203
5	G168/G203	休	休	南京南	G204/G167 温州南

注:表中车站为乘务组交班后的住宿车站。

8.5.2　影响因素分析

在城际铁路乘务计划的编制问题上,我国起步较晚,而国外在这一领域的研究方面,已经取得了较为成熟的理论成果和实践经验。我国具有特殊的国情,城际区域人口众多,出行需求较大,列车开行密度较大,因而不能简单照搬,需要结合我国实情以及线路特点,对影响乘务计划的各项因素逐一分析。

(1)列车运行计划

列车运行计划是乘务计划编制的基本依据,主要根据列车运行图内容确定。列车运行图调整完成后,列车运行计划可在此基础上得到,列车运行计划中所包含的线路、区间、列车等级等信息会影响到整个乘务计划的编制。列车运行计划不是一成不变的,例如我国的沪宁城际铁路线路,在列车运行计划上采用日常运行计划和周末运行计划两种,在乘务交路的编制上有相应的区别。如周末加开临客或者节假日临客等。乘务班组的值乘安排也将发生变化。此外,列车的交路接续也将发生变化,车班的接续情况和时间都将发生变化。

(2)动车组运用计划

动车组运用计划是城际铁路的基本运营计划,是对动车组运用的具体安排,包括对始发终到、担当情况、运行线路及入库检修等工作都做出明确的安排,动车组的车底交路直接影响到乘务计划的编制。动车组运用计划的合理制定对于提高车底使用效率,科学合理地安排乘务担当计划,提高经济效益,具有重要意义。

(3)乘务基地及换乘站的布局及规模

高速铁路乘务基地和换乘站的布局、规模和动车段所在的位置,这些因素都是决定乘务组织工作质量高低的重要因素,对于乘务员换乘地点、值乘时间、是否便乘及异地住宿等产生重要的影响。要想提高运力资源,实现动车组使用的科学高效,必须以减少换乘、减少便乘、提高人员运用效率等为原则,对乘务基地、换乘站、动车段等进行合理的布局和乘务担当的任务分配。

(4)其他因素

主要是乘务制度的选择以及相关的规章制度,也将对乘务计划的制定造成影响。

8.5.3 乘务计划编制

1. 编制乘务交路计划

本过程主要应用对乘务交路段的组合,使其形成一个完整的乘务交路计划。按照国家法定工作制,我国为 8 h 工作制,周末双休,但是铁路因其特殊的行业特性,通常采取集中作业和集中休息的方式安排工作任务。理想情况下,每个车班每月的工作天数大约为 20 天,休息 10 天,即工作 2 天,休息 1 天。但实际情况中,因编制过程中自动生成的交路段长度存在长短不一的情况,需要对其进行组合,使其成为一个合理的模式,导致单次交路值乘时间长短有较大差别,加之乘务员出退乘在乘务基地需要提前进行出乘准备作业或者退乘作业,占用大量的时间,且高速铁路存在异地值乘情况,便乘工时为折半计算,无法保证乘务员的休息日得到完整的休息。因此,在实际编制过程中,多采取“上二休二”、“上二休三”、“上一休二”或者“上二休四”的形式,通过延长单日出乘的工时,将休息时间进行集中的办法进行乘务交路的编排。

按照铁路核定的高速铁路乘务人员月度工时标准,规定月乘务额定工时为 166.7 h[按照法定(劳动法规定)的月工时是(365−52 ∗ 2−11)= 166.7 h/月];按照每月平均 30.41 天进行计算,日均工时为 5.48 h。根据“上二休二”(单日完成 2 日工时)、“上二休三”(单日完成 2.5 日工时)、“上一休二”(单日完成 3 日工时)、“上二休四(单日完成 3 日工时)”等排班方案,乘务班组需要单日完成 2~3 个工作日的工时,即单日工时达到 10.96 h~16.45 h 之间。

2. 编制乘务月计划

调图方案确定后,路局根据值乘区间、出退乘地点等因素将乘务担当任务下达至相应的客运段,客运段根据交路情况进行任务划分,将乘务担当任务划分给相同的车队或者不同的车队,并在乘务交路的编排过程中,根据需要在车队范围内进行换乘接续的调整。针对在上述算法中尚未解决的只包含一个车次的交路段,可综合乘务组的工作、休息时间,热备乘务组等信息添加到某一交路中,并对该交路进行重新编排,测算出所需要的车班数量,产生乘务员的月度工作交路表,即乘务月计划。简单说,对乘务交路计划进行优化调整后,生成的月度工作计划就是乘务月计划。沪宁城际铁路“×次调图”×车队接续交路分布如表 8.4 所示。

表 8.4 沪宁城际铁路“×次调图”×车队接续交路分布

<table>
<tr><th>序号</th><th colspan="4">接续交路</th></tr>
<tr><td rowspan="2">1</td><td colspan="4">G7033-G7084/5-G7142/39-G7120-休-休-G7105-G7106-G7115-G7116-G7123-G7128-热备-休三</td></tr>
<tr><td>6:06 宁开</td><td>20:09 到</td><td>8:38 开</td><td>23:03 到沪</td></tr>
</table>

续上表

序号	接续交路			
2	G7032/G7045/G7046/G7057/G7208/G7207/G7062-休二			
	6:18 沪开	21:33 到南京		
3	G7035/G7038/G7049/G7276/7/6/G7275/8/5/G7210(宿苏州)-G7209/G7206/G7205/G7044-休二			
	6:31 南京开	22:47 到	7:27 开	12:44 到南京
4	G7037/G7202/G7201/G7244/5/G7246/3/(G7204~G7203)(宿上海)-G7076/7/G7082/79/G7052/G7065/G7030-休三			
	6:44 南京开	18:31 到 (18:52/21:09)	6:23 开	22:52 到南京
5	G7001/G7006/G7009/G7014/G7017/G7022/G7025(宿上海)-G7004/G7007/G7012/G7015/G7020/G7023/G7028-休三			
	7:00 南京开	20:39 到	8:00 开	21:39 到南京
6	G7003/G7008/G7011/G7016/G7019/G7024/G7027(宿上海)-G7002/G7005/G7010/G7013/G7018/G7021/G7026-休三			
	8:00 南京开	21:39 到	7:00 开	20:41 到南京
7	G7121/G7124(宿车队)-G7039/G7040/G7051/G7050-休二-G7103/G7136/7/G7086/3/G7068-休一			
	16:52 南京开/21:28 到南京	7:14 南京开	16:36 到南京	7:25 南京开 22:19 到南京

8.5.4 乘务计划优化

乘务计划优化主要包含交路的优化以及值乘计划优化。其中,前者主要是要在各种乘务方案中做出选择,确定从始发站,即乘务基地出发,经由哪些值乘区段,最终返回基地,形成一个完整的交路;后者,主要是根据交路计划,确定由多少个车班,多少人员进行值乘。这两个问题是乘务计划所要解决的两个主要问题。前者是前提和核心,起着决定性作用。

1. 工作效率对乘务交路成本的影响

乘务交路优化问题,即在符合条件的乘务交路集合当中选择一个最优的方案。达到预期成本最低,包括支付给乘务班组的在法定工时内的工资报酬、乘务费以及加班工资、便乘支出、异地公寓住宿、班车等一系列成本达到综合最低,提高人员和设备的使用效率,提高运营的收益水平。

乘务交路编排过程中的成本支出主要包含以下方面:

(1)与乘务组数量有关的成本

在乘务计划编制过程中,在成本支出方面,乘务组的工资支付占到了一个相当大的比例,所以乘务组数量对成本支出的影响最为突出。一个交路编制的好坏直接决定了所需要乘务组数量的多少。随着高速铁路建设的发展以及国民素质的提升,旅客对于服务水平要求也越来越高。高品质的服务需要设施设备的改进,同时也需要人力的保证,相应的,乘务成本的支出也将相应增加。用最少的乘务员数量满足乘务交路和服务品质的需求,是高速铁路运营需要重点解决的问题之一。

(2)与工作效率有关的成本

乘务工作效率,即纯乘务时间占交路总时间(含接续时间)的比例。与此有关的一些成本,并不能够直接体现出来,而是以隐性成本的方式存在,分为以下 3 种:

①从劳力组织调配的角度上看,在符合国家法定工时的前提下,提高乘务员的利用效率,加大调配和使用力度,减少闲置情况的出现,能够有效降低乘务员的使用数量。

②从安全管理的角度上看,在固定工时的前提下,接续、便乘等非乘务时间越少,乘务员劳作的总时间就越少,乘务工作效率就能大大提高,休息时间也能够更加充分,进而以更好的工作状态投入工作,为安全生产提供保证,降低劳动事故,降低成本支出。

③从乘务计划编制的角度看,一个好的乘务交路方案可以长期使用。在运行图不做调整的前提下,就不需要对其进行改变,减少了因为变化带来的相应的成本支出及各项费用。

表 8.5 为××客运段城际铁路一车队乘务计划中的部分乘务效率表,从表中可以看出 G7121 次交路乘务效率最高,另外两个交路的乘务效率偏低。

表 8.5 ××客运段城际铁路乘务计划部分乘务效率表

交路	乘务时间	劳动时间	乘务工作效率
G7121 交路	24 h 45 min	28 h 52 min	85.74%
D2281 交路	28 h 23 min	39 h 27 min	71.95%
G7355 交路	25 h 53 min	37 h 36 min	68.84%

2. 工作效率对乘务交路集合的影响

乘务交路的工作效率即交路内的纯乘务时间和整个持续时间的比值,其数值的高低代表了该乘务交路的质量。持续时间包含了出退乘时间,便乘时间,接续时间以及值乘时间。

(1)出乘时间,即开展值乘工作前的整备时间,用来完成人员点名,业务学习、任务布置、备品请领和摆放等工作。一般为固定一个时间长度。高速铁路出乘准备时间为一小时。

(2)退乘时间,主要是对趟乘务的相关工作,与接班班组进行交接,并完成趟工作总结点评、票款的解缴等工作。

(3)值乘时间,是纯乘务时间,具体就是按照给定的列车运行图上,所有值乘车次运行时间的总和。

(3)接续时间,是指一个乘务交路中,车班完成一个车次的值乘任务,进行一定的时间休整和车厢卫生保洁工作之后开展另一个车次值乘。值乘的两个车次之间衔接时间就是接续时间。

(4)便乘时间,车班为了完成乘务担当任务,从一个车站通过乘坐其他列车到换乘站,担当所需要值乘的车次的乘务工作,这期间所需要的时间。便乘时间的出现根据实际情况而定,并非一定出现。

由于可以选择接续的车次很多,可通过缩短值乘区段间的接续时间来提高乘务员的工作效率,提高劳力调配使用效率。在进行乘务交路的优化编排时,应该优先将接续时间短的值乘区段进行组合,形成乘务交路。

必要时,因城际铁路的广泛开通运营需要乘务员在便乘上面更加便捷快速。因此,在编制计划时,可通过必要的便乘来提高编制工作的灵活性,有利于客运段更好地进行人员的调配使用,提高人员的使用效率。但是,由于便乘是以旅客身份在乘车,并未产生实际的工作成果,其距离的长短和次数的多少对交路的工作效率影响十分明显。因而在选择时,编制乘务计划更倾向于选择效率高、便乘少的方案。

由于每次运行图的调整,客运段根据分配的乘务担当情况,将产生大量的满足约束条件的可行交路,最终选择出一个高效的乘务交路,乘务工作效率是最好的衡量标准。例如图 8.14 所示,假设有 A、B、C 三个城市建设有城际铁路,城市 B 为客运段所在地,为乘务班组办理出退乘作业的地点。根据动车组车底的运行计划,现有10个值乘区段,单个区段的值乘时间为2 h左右,完成趟乘务工作所需要的总时长约为8 h左右。从图中可以看出,区段{1,3, 5, 7}、{2, 4, 6, 8}、{9,10}满足各项要求构成可行乘务交路,共同形成一个完整的乘务交路计划。

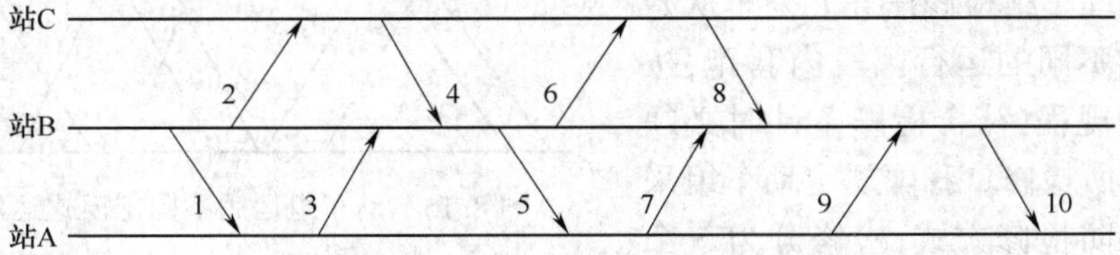

图8.14 乘务区段继续图

由于乘务日计划与月度计划考虑的问题不同,其评价尺度也不同。日计划主要考虑在完成运行图任务的基础上,使用的乘务员数量越少越好,即交路越少越好;对于日计划中的每个乘务交路,它的各种指标越接近理想值越好。月度乘务计划主要是考虑乘务组间劳动时间越均衡越好、各乘务组的劳动时间越接近给定值越好、编制的月底计划与前一个时期的月度计划差异性越小越好等。

如何科学、合理的安排乘务人员的乘务计划,实现对乘务人员值乘情况的科学分析和统筹管理,是乘务计划管理中需要重点解决的问题,运用先进的计算机自动辅助技术,实现乘务排班的可视化、智能化,提高乘务计划管理的效率和准确率,为合理安排乘务人员交路提供科学的依据。

8.6 案例分析:沪杭高速铁路动车组运用计划优化

城际铁路动车组运用计划优化研究一直是学者研究的重点和热点问题。伴随着我国高速动车组运用维修体制的健全,在统筹考虑动车组运用时间和里程"双修制"条件(以走行公里周期为主、时间周期为辅的检修模式,以先到者为准),本例提出了"双修制"条件下城际铁路动车组运用计划不固定运用模式优化模型,并以动车组列车接续关系互换为核心,使用紧凑指派算法、矩阵、表上作业法相结合和基于运用时间、里程均衡交路段互换的方法,建立城际铁路动车组运用计划周期模型,可以得到满意结果。

1. 影响动车组运用的主要因素分析

(1)运用模式和运用内容

从运用模式分析,动车组运用计划通常采用不固定模式。相比固定模式,不固定模式指运行区段不固定,此时动车组利用率较高,可充分发挥动车组快速灵活的特点,是编制计划时优先考虑的运用模式。从运用内容分析,可将运行线、接续环节形成每套动车组每天的运用计划,该计划则称为动车组交路段。再按照满足检修要求的接续规则,将几个可用交路段连接起来,形成每套动车组一个运用检修周期内的运用计划,该交路计划称为动车组运用交路。动车组交路计划就是为开行的列车确定其归属的交路,是动车组运用的基础和核心。不固定模式如图8.15所示。

图8.15中,不固定模式的交路由两个交路段组成,表示某一动车组第一天从A站始发按交路段1(4-5-10)运行后在C站停留;第二天从C站始发按交路段2(1-6-9)运行后在A站所在的运用所进行一级检修。

(2)检修基地和检修规则

城际铁路在始发和终到站一般设有动车组基地或运用所,并按照其分工,分别负责不同型号的动车组检修任务。列车从始发站出发并在不同的运行区段内套跑,按照动车组检修规程,符合检修条件时必须到规定的运用所检修。我国规定动车组采用计划性的预防检修方式,检修分为5个等级,一、二级为运用检修,在动车组运用所或基地进行;三~五级为定期检修,需要在基地进行。一级检修属于日常检修,以定检里程或定检时间作为检修依据,相应维修周期为4 000 km或48 h。可见,动车组运用只要达到维修周期两个条件之一时就要进行检修作业(可称为"双修制")。编制动车组运用计划时可仅考虑一级检修作业,其他级别的检修可采取启用备用动车组的方式进行。

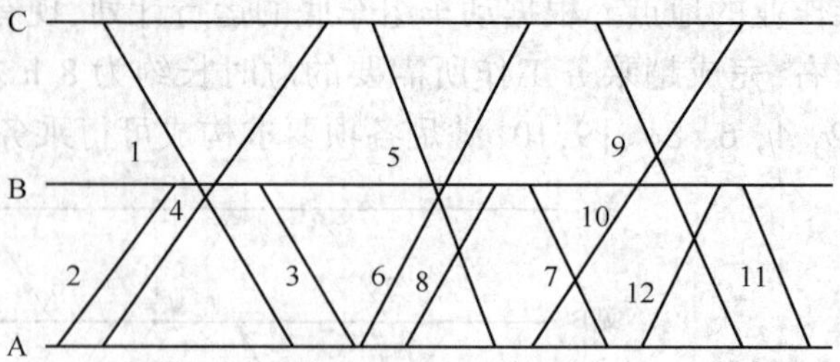

图 8.15 动车组运用不固定模式运用示意图

(3)动车组运用特征

①运用时间和周转时间分析。城际铁路运营时间一般为6:00~23:00,在保证完成给定的运输任务和必需的检修作业情况下,通常以投入的动车组数量最少为目标作为周转运用最佳的方案。

动车组的运用时间(定义1)是指在担当某交路过程中在区间的旅行时间(包括在中间站停留时间)和接续时间的总和,但不包括在动车运用所的停留时间。因动车组数量等于运用时间的总和与运行图周期的比值,而且旅行时间和运行图周期是定值,所以动车组数量最少又可用动车组周转接续时间总和最少来表达。

动车组周转时间(定义2)是指某一动车组从运用所或基地出库时起完成所规定的担当交路后再次回到该运用所或基地进行必要的一级检修作业的整个过程的时间,包括出、入所时间、运用时间、在外所停留的非生产时间。

动车组运用时间和周转时间关系如图8.16所示。其中,$t_{周}$、$t_{运}$分别表示某一动车组的周转时间和运用时间;$t_{出}$、$t_{入}$分别表示动车组从运用所到始发站和从终到站到运用所的走行时间;$t_{停}$、$t_{续}$分别表示动车组在车站停留时间和接续时间;$t_{非}$表示动车组在非所属运用所的停留时间(进行检修作业)。

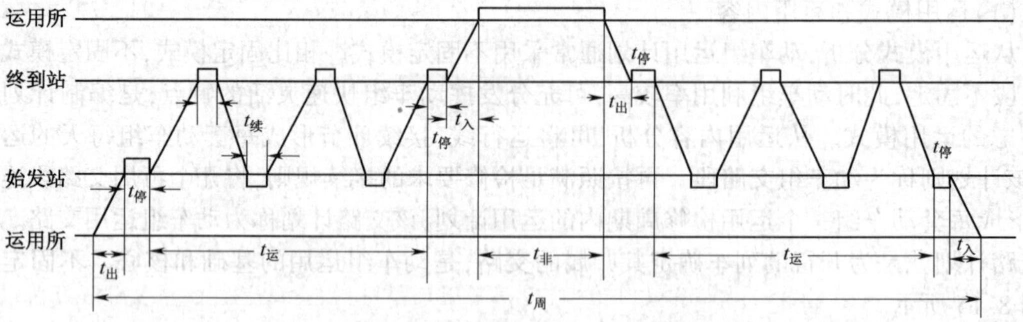

图 8.16 动车组运用时间和周转时间关系

②城际铁路综合维修天窗通常设为垂直天窗形式,时间一般设在0:00~4:00。天窗开通

后，因第一趟列车不准放行动车组列车，需要安排动检车试运行，俗称“压道”。动检车可采用备用车组担当，也可套用安排正常交路，即完成“压道”任务后，担当列车运行交路。

③在同一站列车的接续关系可以互换，其互换条件如图 8.17 所示。其中，左图表示动车 1、2 到某站后，按照先到先发的原则，满足接续关系分别折返 3、4 列车；右图表示若 2 折返 3 满足折返作业时间标准，可采取互换的方式，即 1 折返 3、2 折返 4。交路互换后，列车在该站总停留时间不变，存在：

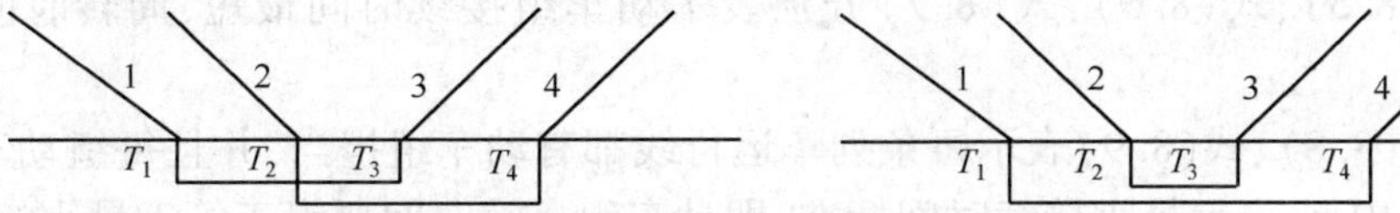

图 8.17 列车接续互换交路示意图

$$T_{总} = (T_3 - T_1) + (T_4 - T_2) = (T_3 - T_2) + (T_4 - T_1) \tag{8.1}$$

式中 $T_{总}$ 表示在该站总的接续时间；T_1，T_2 表示到达动车 1、2 的达到时刻；T_3，T_4 表示出发动车 3、4 的出发时刻。

可推断得知，在同一车站多个到达列车接续相同数目的出发列车时，在满足最小折返时间的基础上，无论接续何种出发车次，各列车总的在站总的接续时间不变，这就是互换交路的充要条件。

2. 优化模型和算法

(1)优化模型建立

给定列车开行方案或列车运行图，假设 k 动车组担当 l_i 运行线终到某站，并担当 l_j 运行线的接续时间为 t_{ij}^k，存在：

$$\sum t_y^k = \sum t_{yy}^k + \sum t_{ij}^k \tag{8.2}$$

式中：t_y^k 表示动车组 k 的运用时间；t_{yy}^k 表示其旅行时间；t_{ij}^k 表示接续时间。

$$t_z^k = \sum t_y^k + \sum t_t^k + \sum t_r^k + \sum t_c^k + \sum t_f^k \tag{8.3}$$

式中：t_z^k 表示动车组 k 的周转时间；t_t^k、t_r^k、t_c^k、t_f^k 分别表示其运用、停站、出入库、非生产时间。

引入 0-1 变量，$x_{ij} = \begin{cases} 1 & 动车组担当(l_i, l_j)任务 \\ 0 & 其他 \end{cases}$

设 t_j^d、t_i^a 分别表示在同一车站 j 出发时间和 i 到达时间，有：

$$t_{ij}^k = \begin{cases} t_j^d - t_i^a & t_j^d - t_i^a \geqslant t_{ij} \\ t_j^d - t_i^a + 1\,440 & t_j^d - t_i^a < t_{ij} \end{cases} \tag{8.4}$$

模型建立如下：

$$\min \sum t_z^k \tag{8.5}$$

$$\min \sqrt{\sum_k (t_z^k - \overline{t}_z)^2} \tag{8.6}$$

式中，$\overline{t}_z$ 表示平均周转时间。

$$\min \sqrt{\sum_k (m_y^k - \overline{m}_y)^2} \tag{8.7}$$

式中，m_y^k、$\overline{m}_y$ 分别表示 k 动车组的运用里程和所有动车组的平均运用里程。

s. t.

$$\sum_{i=1}^{n} x_{ij} = 1 \tag{8.8}$$

$$\sum_{j=1}^{n} x_{ij} = 1 \tag{8.9}$$

$$t_{bf} \geqslant t_{ij} \geqslant t_{zf} \tag{8.10}$$

$$y_{ij}^{k}=1, \text{当 } s_b-\alpha \leqslant \sum s_j \leqslant s_b+\alpha \text{ 或 } l_b-\beta \leqslant \sum l_j \leqslant l_b+\beta \tag{8.11}$$

目标函数式(8.5)、式(8.6)、式(8.7)分别表示动车组接续时间最短、周转时间和里程均衡。

限制条件,式(8.8)、式(8.9)表示每条列车运行线都有动车组担当,并且每组动车组仅担当一次;式(8.10)中,t_{zf}表示最小接续时间标准,即动车组接续时间要大于等于最小接续时间,同时小于某一设定的时间 t_{bf}以提高运用效率;式(8.11)中,y_{ij}^{k}表示动车组 k 的检修的决策变量,表示时间或里程若达到相关检修标准,就要安排其进行一级检修;$\sum s_j$、$\sum l_j$ 表示动车组 k 在某交路内的周转时间和运用里程;α、β 表示检修修程时间和里程标准的上下浮动时间。

(2)求解方法

求解动车组交路是典型的 NP-hard 问题,直接求解比较困难,根据动车组交路图中存在很多组始发站和终到站都相同的交路段,可以将动车组交路问题简化为分步处理,即交路段求解和交路段生成交路两个阶段,其整个过程如下:

Step1:问题初始化。将列车运行图中各次列车划分为车站始发和终到两个子集合,并按照分层聚类的原则,将同一车站始发和终到的列车划分为一个集体单元。

Step2:列车运行线匹配。按照在每一个层次的车站最早到优先安排出发的原则,紧凑排列算法要求每个交路段内列车接续时间尽量短,遵循先到先走的原则,进行列车运行线的匹配,即按照到达车站时刻顺序,依次指派最早出发的动车组列车运行线,以提高动车组利用率。

Step3:求解交路段。将有方向的列车运行线配对组合,求得动车组不固定模式的初始交路段。根据动车组运用的主要因素,进行初始交路段调整,调整的原则是采取动车组接续关系互换的方法,求得满足实际运营的交路段。

Step4:求解交路生成。以动车组运用时间和运用里程均衡为限制条件,采取交路段互换的方式分组配对求解,不断迭代,直到满足一定的均衡条件或终止条件为止。必要时再调整交路段,整合交路,得到满意解,将交路段组合形成完整的不固定模式动车组交路。

Step5:计算动车组数量。根据动车组交路数量,确定需要的基本动车组数量。方法是:若从始发站(通常为动车组基地或运用所所在地)当日返回到该始发站可安排 1 组,若不返回第二日从终到站作为始发站可计算为 2 组(不重联,8 组组成 1 列),汇总后计算总的动车组数量。再根据实际问题要求,看是否有动车组重联要求,若有,则将重联的组数为基本组的 2 倍。

3. 实例分析

×年×月沪杭高速铁路采用 380A 型动车组,均为 8 节编组,不重联,分别归属两端站负责检修该型号的动车运用所,即南翔和杭州运用所,并遵循回本所检修原则。每日基本列车运行图安排城际列车 50 对,按照不固定模式的交路运行,包括杭州-虹桥 40 对、杭州-上海 5 对、杭州-南京 5 对;且杭州-虹桥站间每日 5:00 时天窗开通后对开动检车,到达终点站后并担当城际列车运行线交路。其他技术参数如下:$t_{zf}=15$ min,$t_{bz}=60$ min,$s_b=40$ h,$\alpha=2$ h,$l_b=4\ 000$ km,$\beta=300$ km,$t_{入}=t_{出}=60$ min;各站间里程如下:杭州-虹桥站 196 km、杭州-上海 202 km、上海(虹桥)-南京为 301 km。其中,杭州-南京间动车组列车由沪杭城际经虹桥站跨线运行方式到沪宁城际铁路高速铁路运行。杭州-虹桥(包括一对动检车)、上海、南京间动车组始发、终到时刻表如表 8.6、表 8.7、表 8.8 所示。

试确定:①确定动车组不固定运用交路。②求解动车组所需最少数量并分配到各运用所。

表 8.6 杭州-虹桥站间动车组始发、终到时刻表

序号	车次	始发时刻	终到时刻	车次	始发时刻	终到时刻
1	DJ5585	05:26	06:15	DJ5586	05:52	06:40
2	G7302	07:00	07:45	G7401	06:32	07:32
3	G7402	07:38	08:38	G7301	07:00	07:45
4	G7304	08:00	08:45	G7403	07:19	08:11
5	G7404	08:20	09:20	G7405	07:38	08:31
6	G7406	08:38	09:38	G7303	08:00	08:45
7	G7306	09:00	09:45	G7407	08:39	09:39
8	G7408	09:20	10:19	G7305	09:00	09:45
9	G7410	09:40	10:40	G7409	09:17	10:16
10	G7308	10:00	10:45	G7411	09:38	10:31
11	G7412	10:34	11:26	G7307	10:00	10:45
12	G7414	10:40	11:40	G7413	10:20	11:13
13	G7310	11:00	11:45	G7415	10:40	11:32
14	G7416	11:19	12:18	G7309	11:00	11:45
15	G7312	12:00	12:45	G7417	11:30	12:30
16	G7418	12:17	13:09	G7419	12:30	13:22
17	G7420	12:40	13:32	G7311	12:00	12:45
18	G7314	13:00	13:45	G7313	13:00	13:45
19	G7422	13:41	14:40	G7421	13:20	14:19
20	G7316	14:00	14:45	G7423	13:33	14:33
21	G7424	14:20	15:13	G7315	14:00	14:45
22	G7426	14:37	15:36	G7425	14:20	15:13
23	G7318	15:00	15:45	G7427	14:38	15:30
24	G7428	15:20	16:20	G7317	15:00	15:45
25	G7430	15:38	16:37	G7429	15:21	16:13
26	G7320	16:00	16:45	G7431	15:40	16:32
27	G7432	16:20	17:20	G7319	16:00	16:45
28	G7434	16:33	17:32	G7433	16:20	17:20
29	G7322	17:00	17:45	G7435	16:38	17:38
30	G7436	17:17	18:09	G7321	17:00	17:45
31	G7438	17:41	18:40	G7437	17:10	18:03
32	G7324	18:00	18:45	G7439	17:40	18:40
33	G7440	18:20	19:20	G7323	18:00	18:45

续上表

序号	车次	始发时刻	终到时刻	车次	始发时刻	终到时刻
34	G7442	18:38	19:38	G7441	18:17	19:17
35	G7326	19:00	19:45	G7325	19:00	19:45
36	G7444	19:16	20:15	G7443	19:10	20:02
37	G7446	19:40	20:33	G7445	19:30	20:24
38	G7328	20:00	20:45	G7327	20:00	20:45
39	G7448	20:17	21:09	G7447	20:20	21:09
40	G7450	20:39	21:31	G7449	20:40	21:32
41	G7330	21:00	21:45	G7329	21:00	21:45

表 8.7 杭州-上海站间动车组始发、终到时刻表

序号	车次	始发时刻	终到时刻	车次	始发时刻	终到时刻
1	G7361	07:50	09:08	G7362	06:12	07:22
2	G7363	09:01	10:22	G7364	13:10	14:27
3	G7365	14:50	16:08	G7366	16:41	18:07
4	G7367	18:29	19:39	G7368	18:28	19:54
5	G7369	20:19	21:39	G7370	20:08	21:31

表 8.8 杭州-南京站间动车组始发、终到时刻表

序号	车次	始发时刻	终到时刻	车次	始发时刻	终到时刻
1	G7382	08:14	11:21	G7381	07:52	10:40
2	G7384	10:09	13:07	G7383	11:43	14:40
3	G7386	11:38	14:47	G7385	15:22	16:40
4	G7388	16:09	18:54	G7387	15:22	18:18
5	G7390	17:23	20:08	G7389	19:25	22:13

(1)求解交路段

将某站到、发列车按接续时间先后顺序排列，满足动车组接续最小时间，建立系数矩阵具有明显的规律性，故采取紧凑使用排序、矩阵和表上作业法相结合的方法加以简化计算。

Step1：排序

在动车组始发、终到站将到达列车时刻由小到大排序，构成向量 $D=(d_1,d_2,\cdots,d_m)^T$，出发列车时刻由小到大排序，构成向量 $F=(f_1,f_2,\cdots,f_n)$。因讨论成对运行情况，故 $m=n$。

Step2：构造接续时间矩阵表

表的左表头和上表头分别填记 $d_i(i=1,2,\cdots,m)$ 和 $f_j(j=1,2,\cdots,n)$，令表中元素

$$t_{ij}=f_j-d_i$$

若 $t_{bf}\geqslant t_{ij}\geqslant t_{zf}$，标记实际数值，表示第 i 号到达列车可接续开行第 j 号出发列车；若 $t_{ij}<t_{zf}$，标记"-"，表示接续时间不够；若 $t_{ij}>t_{bf}$，标记"+"，表示接续时间超过既定阈值。

Step3：求初始动车组交路段并作调整

从表中第一行、第一列开始，首先本行移动，直至遇有数字列，将该数字用( )标记，表明该行到达列车接续该列列车；然后跳到下一行次列，进行本行移动，直至遇有数字列，( )标记；循环往复直至 n 行、n 列矩阵结束。( )内的数字便是初始的列车接续关系。本例中，因涉及杭州与三个站及“一对多”的情况，故从杭州站着手，杭州站部分终到和始发动车组列车指派矩阵表如表 8.9 所示。

表 8.9　杭州站部分终到和始发动车组指派矩阵表

车次	始发	DJ5586	G7362	G7302	G7402	G7304	G7382	G7404	G7406	G7306	G7408	G7410
终到	时刻	05:52	06:12	07:00	07:38	08:00	08:14	08:20	08:38	09:00	09:20	09:40
DJ5585	06:15	–	–	(45)	53	+	+	+	+	+	+	+
G7401	07:32	–	–	–	–	(26)	40	46	+	+	+	+
G7301	07:45	–	–	–	–	15	29	(36)	53	+	+	+
G7403	08:11	–	–	–	–	–	–	–	(27)	49	+	+
G7405	08:31	–	–	–	–	–	–	–	–	(29)	41	+
G7303	08:45	–	–	–	–	–	–	–	–	15	(35)	55
G7361	09:08	–	–	–	–	–	–	–	–	–	–	(32)

按照列车先到先走原则确定初始方案，其他有关配对说明如下：

①始发列车对应的矩阵列中若全标记“–”，表示无到达列车可接续，可安排交路开始列车，即车底从动车运用所出库担当的第一个列车，如 DJ5586 和 G7362 次；或行列中虽有数字，但没有“( )”标记，表示无到达列车提供，可称为“奇异点”，也要考虑车底从动车运用所出库担当的第一次列车，如 G7402、G7382 次。

②始发列车对应的矩阵列中仅有一行有数字标记，其余均标记“–”，则仅有唯一交路，即仅有一列到达列车担当其交路，如 G7302 次。

③若某列中有连续两行或多行出现数字，表示可以采取交路互换的方式，如 G7401、G7301 和 G7304、G7382 次，在该站总停留时间不变，此时，对应的四个数字的矩阵中，对角线数字和相等，即出现多重解，因初始方案遵循先到先走的原则，交路互换需要在调整交路段时使用。

再将终到虹桥、上海和南京站列车时刻和始发时刻作同样处理后，再将四个站( )内列车接续关系依次连接起来，同时将某站始发列车后到某站的接续关系也连接起来，最终组成初始交路段。最终，初始交路段如表 8.10 所示。

表 8.10　杭州-虹桥、上海、南京间动车组列车初始交路段表

序号	始发站	初始交路段	终到站
1	杭州	G7402-7305-7384-7385-7436-7325-7370	上海
2	杭州	DJ5686-G7405-7306-7413-7312-7423-7318-7433-7438-7443-7448	虹桥
3	杭州	G7362-7361-7410-7309-7420-7425-7320-7437-7440-7327-7330	虹桥
4	杭州	G7382-7383-7428-7435-7324-7445-7450	虹桥
5	杭州	7424-7431-7322-7441-7446	虹桥
6	南京	G7381-7416-7421-7426-7319-7390	南京
7	上海	7363-7414-7419-7422-7317-7432-7439-7326-7449	杭州

续上表

序号	始发站	初始交路段	终到站
8	虹桥	7401-7304-7409-7412-7311-7364-7365-7434-7323-7444-7329	杭州
9	虹桥	DJ5685-G7302-7407-7308-7417-7314-7427-7388-7389	杭州
10	虹桥	7403-7406-7307-7386-7487-7442-7447	杭州
11	虹桥	7303-7408-7415-7418-7315-7430-7321-7368-7369	杭州
12	虹桥	G7301-7404-7411-7310-7313-7316-7429-7366-7367-7328	虹桥

根据城际铁路运营组织实际,按照实际问题的需要对初始交路段做调整,调整的原则是采取互换列车接续关系的原则进行,从而求得符合问题实际的调整交路段。从表 8.10 分析,交路段 6 要调整,因始发是南京站,终到也是南京站,这与实际不符,因动车运用所设在南翔或杭州,需进一步查找 G7416 次的可互换接续列车,即 G7310 次,如表 8.11 所示。

表 8.11　G7416 次互换接续表

始发车次	始发时刻	到达车次	到达时刻
G7310	11:45	G7313	13:00
G7316	12:18	G7421	13:20

采取 G7416 和 G7310 原接续关系互换,将初始交路段 6 和 12 分别调整为: G7381-7416-7313-7316-7429-7366-7367-7328 和 7301-7404-7411-7310-7421-7426-7319-7390。

(2)交路生成方案

从表 8.10 中显见,交路段 1、7 可进行配对,因为 1 的终到站是上海站,7 的始发站也是上海站,可连接;并按照运用时间和里程检修标准进行交叉配对,得动车组交路,将各个交路段进行组合,按照运用时间和运用里程加以检验,最终求得交路的满意解,如表 8.12 所示。

表 8.12　动车组交路表

序号	始发站	交　路	终到站	运用时间(h. min)	周转时间(h. min)	运用里程(km)
1	杭州	G7402-7305-7384-7385-7436-7325-7370——G7363-7414-7419-7422-7317-7432-7439-7326-7449	杭州	26. 31	39. 54	3 750
2	杭州	DJ5686-G7405-7306-7413-7312-7423-7318-7433-7438-7443-7448——G7303-7408-7415-7418-7315-7430-7321-7368-7369	杭州	28. 56	41. 43	3 932
3	杭州	G7362-7361-7410-7309-7420-7425-7320-7437-7440-7327-7330——G7403-7406-7307-7386-7387-7442-7447	杭州	29. 23	41. 07	4 142
4	杭州	G7382-7383-7428-7435-7324-7445-7450——G7401-7304-7409-7412-7311-7364-7365-7434-7323-7444-7329	杭州	28. 30	39. 31	4 142
5	虹桥	DJ5685-G7302-7407-7308-7417-7314-7427-7388-7389——G7424-7431-7322-7441-7446	虹桥	22. 58	41. 07	3 346
6	上海	G7301-7404-7411-7310-7421-7426-7319-7390——G7381-7416-7429-7366-7367-7328	上海	27. 01	41. 45	3 358

从表 8. 14 中,显见需要 12 组动车组,其中 4 组归属南翔运用所,8 组归属杭州运用所。

实际运营中,因南翔运用所的动车组运用时间不均衡,为使得运用时间和里程均衡,在×年×月列车运行图中,将南翔运用所交路 6 和 7 中部分互换,即 G7424-7431-7322-7441-7446 和 G7416-7429-7366-7367-7328 互换,分别为:

DJ5685-G7302-7407-7308-7417-7314-7427-7388-7389—7416-7429-7366-7367-7328 (23 h21 min, 3 358 km)和 G7301-7404-7411-7310-7421-7426-7319-7390—G7381-G7424-7431-7322-7441-7446(25 h49 min,3 346 km),也是 G7381 接续关系互换的结果,将运用时间进一步均衡,得到满意解。

综上所述,采取了紧凑使用算法、矩阵和表上作业法相结合的方式进行求解动车组运用计划,具有直观计算的特点,避免了启发式算法较为烦琐的程序编制,在城际铁路两端站存在"一对多"的情况下,以动车组互换接续关系进行交路段的调整为核心进行交路段的组合,通过运用时间和里程的检验,得到满意解。城际铁路动车运用过程中还存在着城际铁路两端站"多对多"的情况,较为复杂,例如沪宁城际铁路,存在上海(虹桥)-南京站(南京南站,互相套跑动车组的方式,有关运用优化模型和算法需进一步研究。

9 施工天窗设置及综合维修组织

9.1 维修作业内容

维修天窗的开设时段受多种因素影响,主要有运输组织模式、本线客流日分布情况、跨线客流的分布情况。高速铁路线上一般在 0:00~6:00 开设综合维修天窗。表 9.1 为国内外高速铁路天窗设置情况。

表 9.1 国内外高速铁路天窗设置形式及长度

线路	天窗形式	天窗长度	开设时段
新干线	垂直矩形	4 h	0:00~6:00
TGV	垂直矩形	3~4 h	0:00~6:00
ICE	垂直矩形	2.5~3 h	3:00~6:00
AVE	垂直矩形	5 h	夜间
俄罗斯提速线路	垂直矩形	3~4 h	夜间
我国高速铁路	垂直矩形	4 h	0:00~6:00

高速铁路天窗的开设时长与工务维修作业、电务维修作业、接触网维修作业时长以及辅助作业时长有关。在旅客对交通运输所提出的各式各样的需求中,安全性是最为重要的。为确保旅客出行安全,不管城际铁路的通过能力多么紧张,都需要预留足够的时间定期检修线路、信号以及供电等固定设备。而这些养护维修工作都需要综合维修天窗一定的时间长度和连续性作为保证。

1. 工务维修

列车运行的轨道,直接关系到列车运行的安全性、平稳性,以及旅客乘坐的舒适性,故轨道维修是工务维修工作的重中之重。工务维修作业时间长短主要与轨道类型、维修设备、维修机构、维修周期、维修内容、最大单项作业时间、维修方式等因素有关。无砟轨道的维修时间为 2.5 h 左右。

国外高速铁路发达国家轨道维修的实际经验丰富,普遍利用维修效率较高的大型机械在夜间进行,各自天窗的设置方式不同,施工维修的作业时间也略有差异。但是,由于白天线路繁忙,行车密度高,基本没有间隔时间施工维修,故通常在夜间行车量小的 0:00~6:00 时段内开设垂直天窗,有的也在白天增设一定时长的天窗,如法国 TGV 等,主要进行一些补修工作。

借鉴国外高速铁路的运营成果,我国同样也主要利用大型维修机组对线路设备施工维修。结合我国高速列车速度高且密度大,以及线路通过能力的实际情况,0:00~6:00 是开设综合维修天窗的最佳时段。不同时长的天窗对大型路养机械维修的平均作业效率的影响关系如图 9.1 所示。

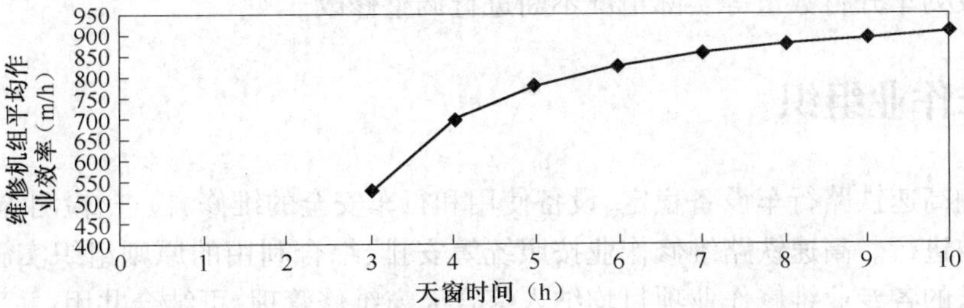

图 9.1　天窗开设时长与大型维修机组平均作业效率的影响关系

从图中可以直观的看出天窗开设的时间越长,大型维修机组的平均作业效率越高,但是曲线斜率(即维修作业效率的增幅)略有变化,天窗开设时长为 4~5 h 时增幅最大;5~6 h 时稍小;大于 6 h 时增幅不明显。若大型维修机组的平均作业效率最低取 700 km/h 时,则必须开设 4 h 以上时长的综合天窗;同时为确保列车在线路上足够的运行时间,综合天窗时长不能超过 6 h。综上,在确保能够开行足够数量的列车满足客流需求的前提之下,为了便于大型维修机组平均作业效率的充分利用,有砟轨道较为合理的天窗维修时长为 4~6 h。

2. 接触网维修

现阶段,电力牵引是我国高速铁路最主要的牵引方式,接触网的维修工作与既有线并无太大出入,唯一区别的就是维修作业标准。随着维修技术设备的不断进步,高速铁路也采取大型机械对接触网进行检修。接触网维修作业内容主要是绝缘子清洗、零部件质量检查换修、架线作业、调整接触悬挂、日常巡检等;整段更换接触网导线。高速铁路线上的接触网维修工作内容与既有线上作业基本一致,作业时长为 2. 5~3 h。

3. 通信信号维修

高速铁路上的通信信号维修作业时长与既有线上的作业内容基本一致,主要是对沿线设备点、电容和应答器、融雪装置控制柜、道岔牵引点、信号机等进行维修;同时也需要对信号、轨道中间设备的防护设施检修和更换。通信信号维修作业时长一般为 2 h 左右。

通信信号设备的养护维修以预防为主,整修为辅,主要包括大修、中修和维修三部分。大修是对设备进行整修,确保信号设备的质量;中修是对现场的规定设备进行集中修,和可以替换的通信信号设备进行大修;维修就是对信号设备进行日常的养护维修工作,保证其设备状态良好。由此可以看出,我国高速铁路通常将平日通信信号设备的养护工作和维修工作分别开来进行,以确保通信信号设备的维修效率与维修质量。对信号的检修工作是在天窗内完成的,它直接关系行车检修内容;而对于一些大型的较为困难的检修工作,耗时较长,天窗内时间不允许,故需要安排在月计划里时间较为充裕的时候进行。此外,就线路中影响列车运行安全的信号设备,一定要及时发现及时处理,最大可能的避免由于设备隐患造成的行车事故。

综合以上分析得出,在有砟轨道前提条件下,综合维修天窗的时长主要由工务维修决定,而工务维修的作业内容要求充分考虑天窗对通过能力的影响以及列车开行速度高、密度大的特点。对于高速铁路线上的天窗作业时长而言,在有砟轨道条件下,综合维修天窗时间的长度取决于工务维修作业的需要,需要开设 4~6 h 的天窗;在无砟轨道条件下,综合维修天窗的时长也是决定于工务维修作业的需要,有条件的可开设 3 h 或 4 h 的综合维修天窗。我国高速铁路主要在夜间 0:00~6:00 开设 4~6 h 时长的综合维修天窗,以保证工务、接触网和通信信号等设备检修工作的顺利进行。需要明确的是,天窗时长并不是一成不变的,它需要根据技术设备的状况以及列车开行数量等实际情况不断进行调整修改。

9.2 维修作业组织

所有影响高速铁路行车设备稳定、设备使用和行车安全的维修、检查、检测等作业，都必须在天窗时间内进行。高速铁路维修作业按照统筹安排、综合利用的原则组织实施。符合在天窗内维修要求的各专业维修作业项目均纳入综合天窗维修管理，可结合共用，并采取有效的安全防护措施同步实施。

1. 维修单元划分

①原则上按全站范围和两站间上、下行线区间分别划分为车站、区间作为基本单元。为方便作业车开行和实际操作，可按区间、站内分设，"垂停"和"V停"双模板单执行。

②接触网检修作业按供电臂划分停电单元执行。

③普速铁路和高速铁路并行的车站，应细化站内作业区域的划分，并按划分后的作业区域组织实施。

2. 天窗使用原则

高速铁路维修作业原则上应在"垂直天窗"内进行。非天窗作业时间严禁各类人员上道（当日上、下行最后一列动车组均通过后，作业人员可添乘作业车进入作业地点）。人员和机具进入高速铁路封闭栅栏应严格遵守总公司、局各项规章制度。同时，为提高综合维修天窗利用效率，规定如下：

①综合工区利用作业车进入区间配合维修作业时，在当日上、下行最后一列动车组列车均通过后，列车调度员应及时安排作业车开行（须满足相关规章规定的开行技术条件）；动车组确认列车通过前30 min，作业车须返回驻地站。

②作业单位需在站内停车上下人员、机具时，准许在信号机开放进行信号的情况下，作业车以自停自开方式运行。

③维修当日，根据作业需要、作业准备及列车运行实际情况，维修作业驻所（驻站）人员应与列车调度员主动联系，在登记申请天窗时注明："工作量饱满，请求增加天窗时间"，在条件具备、确保安全前提下，列车调度员应积极组织安排综合维修天窗作业提前开始、延迟结束，增加作业天窗时间，以提高单位天窗作业效率。

3. 维修作业驻所（站）防护及登销记

①维修作业前必须按规定设置驻站（调度所）联络员、防护员，驻站（调度所）联络员或现场防护员不得临时调换。

②进行维修作业时，施工负责人应确认已做好一切施工准备，于开始前60 min，由维修负责人（驻调度所联络员）在调度所调度台《行车设备施工登记簿》内登记，列车调度员签认。因维修需要转为非常站控模式时，维修负责人（驻站联络员）应在车站进行登记。

③现场防护员应根据施工作业现场地形条件、列车运行特点、施工人员和机具布置等情况确定站位和移动路径，并做好自身防护。

④作业过程中，驻站（调度所）联络员与现场防护员必须保持通信畅通并定时联系，确认通信良好。一旦联控通信中断，作业负责人应立即命令所有作业人员下道。

4. 维修作业安全把关

综合天窗维修作业期间各单位必须认真执行总公司、局有关规定，加强维修作业期间的安全把关。

下列情况车务站段中间站长（副）或运转车间主任（副）必须提前 60 min 到行车室进行安全把关，重点控制维修天窗作业开始前最后一趟列车、结束后第一趟列车运行和作业车进出安排，并协调联系进行天窗维修的各设备管理单位，指导作业点的登、销记工作。

①办理登销记时，遇有作业车配合，或需频繁扳动道岔，或结合施工进行维修作业的；

②维修日计划明确需转为车站控制方式的，及在车站办理登销记的。

5. 维修项目是指作业开始前不需限速，结束后须达到正常放行列车条件，并且在维修天窗时间内能完成的项目。高速铁路按照作业复杂程度和设备影响范围，维修项目分为Ⅰ级维修和Ⅱ级维修。

6. 每日天窗结束后，开行动车组前，必须开行确认车，确认车的开行纳入列车运行图。

9.3 天窗设置方式

为了保证列车的行车安全，高速铁路一般在夜间设置 4～6 h 的综合维修天窗。综合维修天窗是指：运输生产过程中固定预留的，可供工务、电务、通信等部门对设备进行施工和维修的时间，按用途可分为施工天窗和维修天窗。高速铁路天窗是指：列车运行图中固定预留的一段无列车运行的“空隙”时间，对线路、供电、通信信号等固定设备进行维护和检修，是解决列车运行与设备维修施工之间矛盾的技术措施，具体包括天窗开设时段、时间长度和开设方式三个基本要素。天窗是指列车运行图中不铺画列车运行线或调整、抽减列车运行线为施工和维修作业预留的时间。

城际铁路在 0:00～6:00 几乎是没有客流的，在这个时间段开行列车没有经济意义。天窗的开设方式主要有“V”形和矩形两种基本形式，在此基础上相互组合可演化出各种不同的天窗开设形式，以满足不同线路的综合施工维修作业需求。

天窗的开设形式主要有两种，垂直和“V”形天窗，该天窗的应用范围较为广泛，通过这两种天窗的组合和演化，目前常见的天窗形式可分为垂直矩形天窗、“V”形、“Y”形、“r”形窗、“X”形、平行矩形窗、隔日单向矩形窗、双向分隔式矩形、分段垂直矩形天窗。其中垂直矩形和“V”形天窗是高速铁路线上常用的天窗模型。

1. 垂直形矩形天窗

垂直型矩形天窗是指在 0:00～6:00 时间范围内，确保其中 4 h 上下线均停电，进行全线上下行方向同时施工的天窗作业。

其优点是综合维修时不受列车影响，维修作业效率和安全性相对较高。缺点是对夜间列车运行的影响较大，降低了列车的旅行速度，造成通过能力的下降。同时区域内的所有列车都需在车站等候天窗，这对车站的到发线等设备通过能力有极高的要求，而且在天窗结束后，大量高速列车在车站停靠，需要对高速列车密集发车，致使车站工作组织更加复杂。图 9.2 为垂直型矩形天窗的示意图。

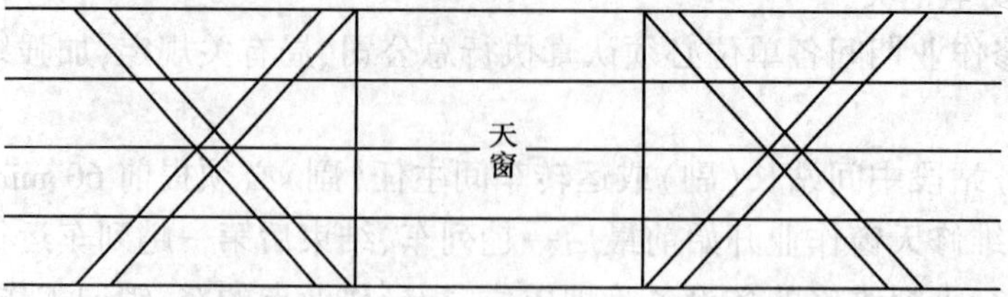

图 9.2　垂直形天窗示意图

2. "V"形天窗

开设"V"形天窗是指在天窗时间内,运行图的上、下行方向安排一线组织列车按单线行车,另一线进行维修施工天窗。在运行图上,上下行共存在两个综合维修天窗时间段。

"V"形天窗在天窗时段内提供了单线行车通道,可保证全天内均可以行车,便于日常运行调整,同时也降低对夜间行车的影响。但由于上下行一线维修、一线行车,将会产生如下问题:

(1)导致两线作业相互干扰,降低了维修作业和列车运行的安全。

(2)采取"V"形天窗的开设形式并不能解决渡线检修问题。

(3)上下行分别进行天窗时间,会增加天窗维修作业的总时间,导致影响区变长,可能会影响日间高速列车的日间发车。

(4)"V"形天窗的开设会导致极大的影响逆天窗运行方向列车的旅行速度。图 9.3 为"V"形天窗的示意图。

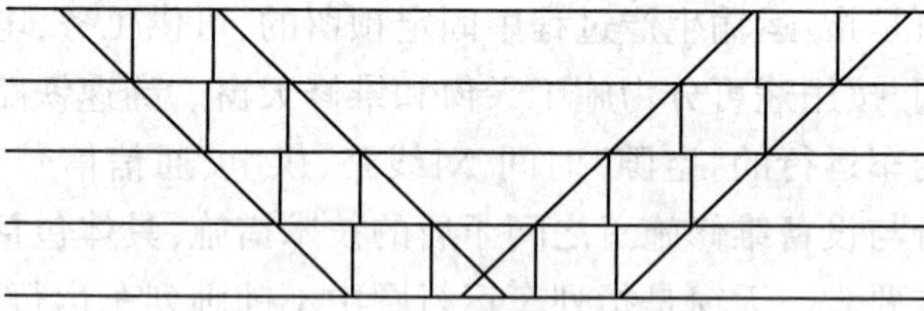

图 9.3　"V"形天窗示意图

3. 混合型天窗

(1)"Y"形天窗、"r"形天窗和"X"形天窗

天窗的基本形式为垂直形天窗和"V"形天窗,除此之外还有其他形式的天窗。例如"Y"形天窗、"r"形天窗和"X"形天窗。上述三种形式的天窗均为垂直形天窗或"V"形天窗的组合或变形所得,具有两种基本天窗的特点 ,多为既有线天窗的选择形式。

其中"Y"形天窗是将天窗分为两端,分别开设矩形天窗和"V"形天窗。此天窗的优点是利用列车间隔在天窗内,天窗时间无列车运行,增加了维修作业时间。其缺点是重合矩形天窗与"V"形天窗相邻处有较多的时间浪费,通过能力损失较大。"Y"形天窗示意图如图 9.4 所示。

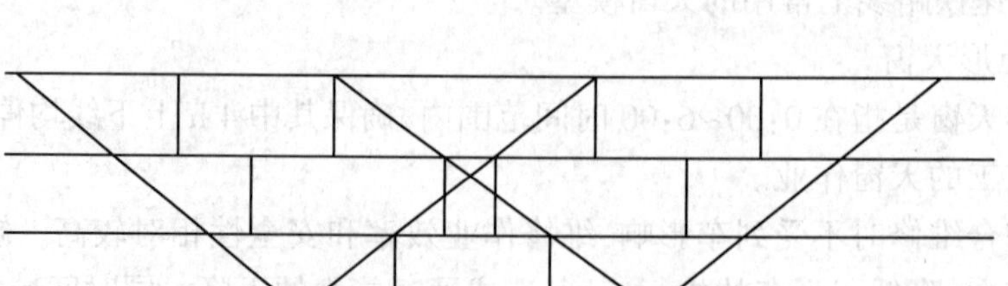

图 9.4　"Y"形天窗示意图

"r"形天窗是指在整个区段中,按上下行方向分别设置天窗,其中一方向为矩形天窗,另

一方向为有重合的阶梯形矩形天窗。使用这种天窗类型可以确保其中一个方向的列车运行速度得以提高,而缺点则是组织反方向行车时,由于天窗内有列车运行,存在安全隐患,同时对另一方向的列车旅行速度存在影响。“r”形天窗示意图如图 9.5 所示。

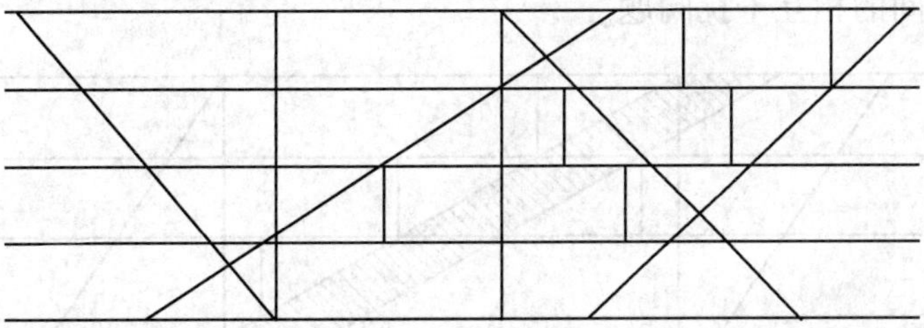

图 9.5　“r”形天窗示意图

“X”形天窗把高速铁路线上的某个区段或是全线分为两段,分别开设“V”形天窗,因此它具有“V”形天窗的优点和缺点,但它比“V”形天窗占用的相邻天窗开设时段的范围要小,适合在较长的线路或区段上使用。“X”形天窗示意图如图 9.6 所示。

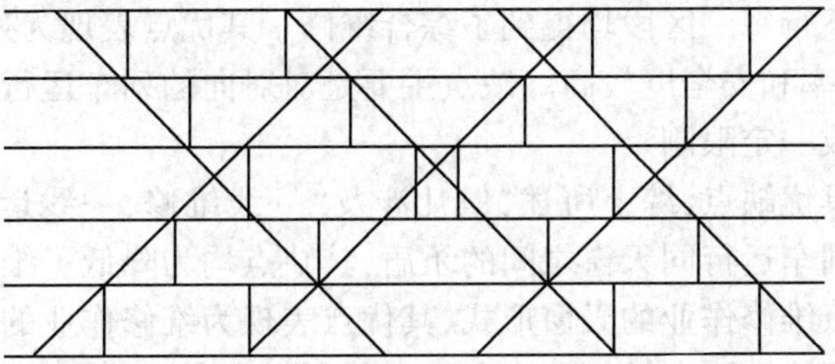

图 9.6　“X”形天窗示意图

(2)平行矩形天窗

在某一个区段上,分上下行方向分别构成两个互不重合的矩形天窗,这一天窗形式可解决列车运行线铺画的问题,全天都可以运行列车,但是由于占用了较多的日间发车时段,不利于白天发车,同时维修作业会对行车作业造成一定的影响。平行矩形天窗示意图如图 9.7 所示。

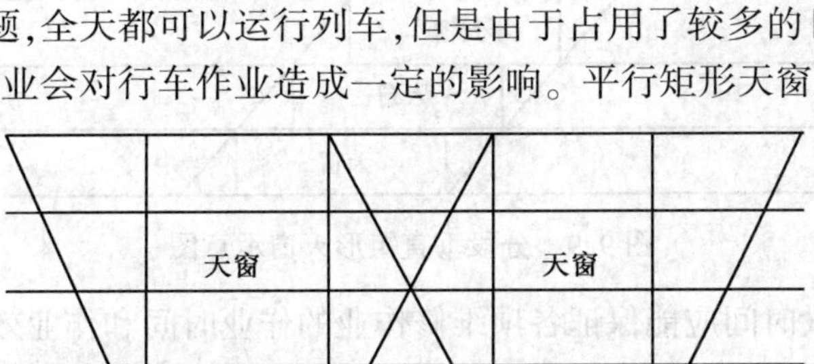

图 9.7　平行矩形天窗示意图

(3)隔日单向矩形天窗

这种天窗具有矩形天窗的优点,使用该天窗形式时,运行图将上下行维修施工工作按单双日分开,一线单线组织列车运行,另一线进行天窗施工。这种形式存在维修作业与临线行车之间的相互干扰问题。

(4)双向分隔式矩形天窗

图 9.8 为双向分隔式矩形天窗示意图,天窗时间上下行均提供 1 h 时间安排需要通过的

列车运行,如图 9.8 中阴影部分所示。其余时间用于维修天窗。该形式具有垂直矩形天窗和"V"形天窗的特点。解决了"V"形天窗开设范围太大以致影响白天发车的问题,而且组织一线施工、一线行车也解决了列车运行图铺画的问题。但这同隔日单向矩形天窗一样,存在维修作业与临线行车之间的相互干扰问题。

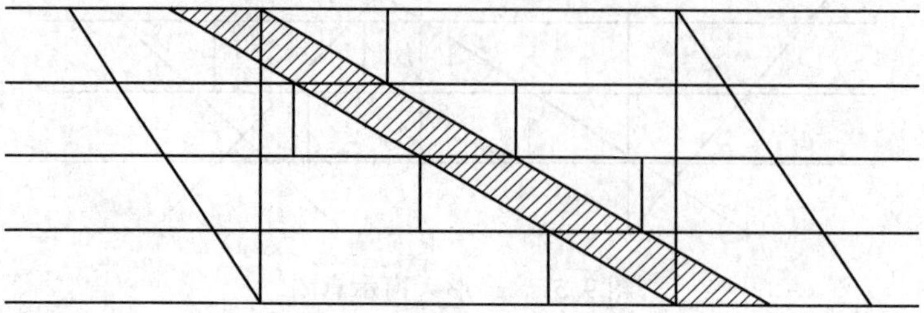

图 9.8 双向分隔式矩形天窗示意图

(5)分段垂直矩形天窗

分段垂直矩形天窗是指将高速铁路线分为多段,分别开设垂直矩形天窗,并按照一定的倾斜方式排序,确保上、下行每一区段均得到了综合维修。其优点表现为列车运行与天窗时间不相互干扰,维修作业效率和安全度较高。缺点主要是对对向的列车运行的影响程度较大,且对列车运行图的铺画造成一定限制。

上述天窗形式各具优缺点,综上所述,但凡涉及"一线维修、一线运行"的形式,其优点均为能降低夜间行车时列车运行同天窗之间的矛盾,其缺点均为降低了维修作业的安全系数;而对于涉及双线同时进行维修作业的天窗形式,其优点表现为维修作业的安全程度较前者高,其缺点表现为无法消除高速铁路夕发朝至列车的运行同天窗之间的矛盾。分段矩形天窗示意图如图 9.9 所示。

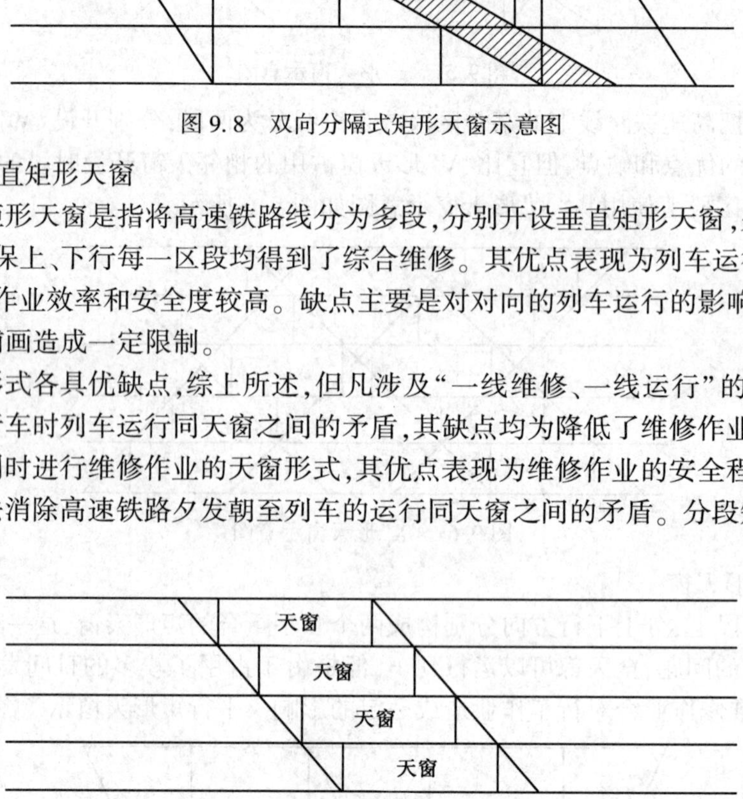

图 9.9 分段垂直矩形天窗示意图

高速铁路天窗开设时间应能保证各项维修作业的作业时间和作业效率,满足行车需求,或能够解决二者之间的矛盾。必须在保证维修作业时间及效率的前提下满足行车需求,对行车需求的满足也可以采用合理安排天窗开设时段、确定合理的天窗开设形式等办法。综合考虑工务维修、接触网维修、电务维修等方面对作业时间的要求,一般认为高速铁路的综合维修天窗需要的最小时间长度为 2.5 h,借鉴其他国家的经验,无砟轨道高速铁路的天窗开设时间可以 3 h 为宜。

可见,高速铁路维修天窗的基本形式为矩形和 V 形,综合维修天窗的设置不仅要与各技术设备的特点相适应,而且要最大限度的满足运输生产的需求,它的基本形式包括矩形和"V"形两种,而且二者通过组合又能衍生出各种不同的形式,具有不同的特点及适用条件。但是由此相互组合演变可以形成矩形、V 形、X 形、Y 形天窗、单向隔日矩形天窗、双向分隔式矩形天窗、分段矩形天窗等 7 种形式。不同的天窗开设方式不仅会对本区段的行车造成三角区的影响,由于天窗开设形式的不同,不同区段所开设的天窗种类也会对经过该区段的列车开行造成影响。当然,天窗开设形式还对夜间行车造成一定的影响。

不同的天窗设置方案对高速铁路运营产生的影响很大,这种影响主要表现在列车行车密度、旅行速度、正点率、可靠性及综合效益等方面。在充分学习借鉴国外高速铁路天窗设置的经验之后,我国又根据本土国情和路情,结合了既有线天窗设置的实际经验,我国高速铁路提出了适应性较强的垂直矩形天窗、单线隔日矩形天窗以及双向分隔式矩形天窗等多种形式。高速铁路综合维修天窗形式虽然有很多种,目前一般采取的是在夜间开设 4~6 h 的垂直矩形天窗,天窗开设会导致可以铺画运行图的有效时间段减少,从而影响通过能力。垂直矩形天窗对通过能力的影响如图 9.10 所示。

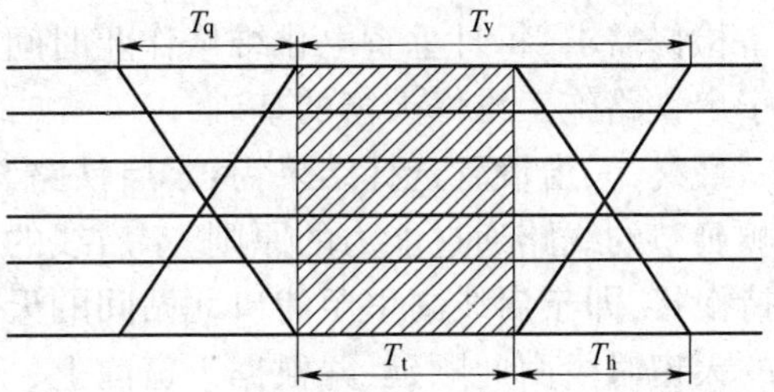

图 9.10　垂直矩形天窗对通过能力的影响

影响区长度为 T_y,包含天窗时段 T_t、天窗前时段 T_q 和天窗后时段 T_h 三个部分,并有:

$$T_y = T_t + T_q = T_t + T_h \tag{9.1}$$

矩形天窗的能力损失为:

$$\Delta n = \frac{T_t + T_q}{I} \tag{9.2}$$

关于临时补修天窗的开设。临时补修的主要作业有:整修轨道几何尺寸、修理或和更换道岔和伤损钢轨、无缝线路局部应力调整、疏通严重淤塞的线路排水设备和处理严重冲刷的路肩和道床等。高速铁路因设备故障、临时性维修作业、自然灾害等造成的大面积列车晚点等突发事件难以避免。在此情况下,维修作业的地点、时间及维修内容均具有突发性和不确定性,并且时间要求高,不能受综合维修天窗开设方式和开设时间的限制,也不能受白天行车无天窗时间的限制,是一种非正常的作业方式。虽然对于高质量的高速铁路而言,其发生的概率较小,但也必须考虑到这种非正常的作业方式所带来的天窗开设需要。

例如,对于客货混运并开行动车的宁启铁路在考虑天窗方案设计时,先对影响天窗修设置时段的因素进行了分析:

(1)列车开行方案。宁启铁路双线电化改造后,既有列车的开行时刻受衔接线路和外局运行图框架等因素的制约,无法进行重新铺画,只能在既有列车的开行框架上通过微调来增加动车组列车的开行。新增的动车组列车根据客流需求均要求在白天开行,新增动车组的开行时间范围在 6:00~23:30 之间,夜间 0:00~6:00 间无动车组运行。

(2)施工维修作业时间需求。因宁启线运行 200 km/h 动车组及普速列车和货车,其天窗可以按高速铁路线路设置,也可以按普速线路设置。根据规章规定,高速铁路线路天窗设置不少于 240 min,普速线路天窗不少于 180 min。为保证设备维修作业质量,满足渡线道岔及接触网渡线等设备的检修作业,保证列车运行安全,设备管理部门要求每日垂直电化维修作业时间不少于 120 min。按运输能力最大化的原则,为最大限度满足运输需求的同时保证维修作业时间,宁启铁路综合维修天窗按既有线标准设置,即双线单边综合维修作业时间不少于180 min,并且垂直天窗修时间为 120 min。

(3)衔接线路的天窗时段设置。宁启线衔接的京沪线林场至南京站间的 V 形天窗设置在白天,上行 9:53~12:40,下行 14:27~17:27,高里至永宁镇站间京沪 B 线垂直天窗时段为 23:30~2:30(宁启线往合肥以远的跨线旅客列车此区段均经京沪 B 线运行)。

结合天窗综合维修施工作业需求:宁启铁路的综合天窗维修作业主要包括工务、电务、供电、通信、房建、车辆等设备管理单位对各自管辖范围内的设备进行定期检查维修,为保证维修时间和维修质量,要求双线单边维修作业时间不低于 180 min,因运行高速动车组列车,为满足设备检修需求,每日垂直电化维修作业时间不少于 120 min,同时满足以上两个条件是合理设置宁启铁路施工维修天窗的基础。

最终,天窗设置选择结果为:宁启铁路天窗设置时段应安排在夜间,根据衔接线路天窗时段顺延节约线路通过能力的原则,宁启线的天窗时段应该跟高里至永宁镇站间京沪 B 线天窗保持衔接,即宁启线高里至浦口北站间的天窗应安排在夜间 23:30~2:30 左右,宁启线其余区段的天窗时段由此顺延,并根据天窗前上、下行最后一列旅客列车运行线的斜度在一定范围内顺延调整。

根据上述列车开行和设备维修作业需求等条件,应选择分段垂直天窗形式安排施工维修作业,在保证施工维修作业安全和质量的前提下,既满足双线单边 180 min,又满足垂直电化 120 min 的维修作业时间要求,宁启铁路最终的天窗设置方案如图 9. 11 所示,可将其看做分段矩形天窗形式,即每个区间的天窗起始和完毕时间不一致,形成分段。

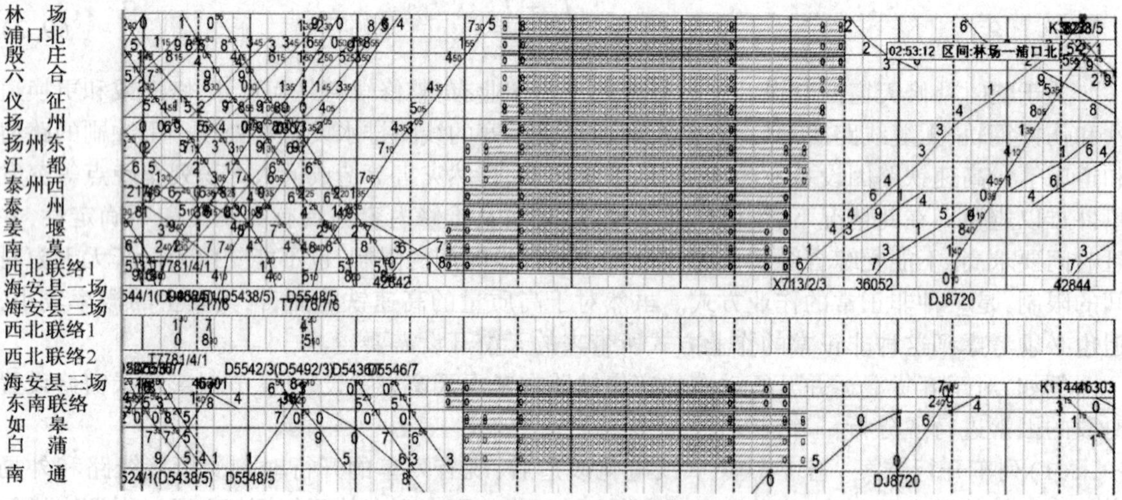

图 9.11 宁启铁路天窗设置方案

9.4 案例分析:高速铁路夕发朝至列车施工天窗设置优化

“夕发朝至”列车是我国铁路中长距离运输一种典型的客运产品,其品牌和特色的固有优势较为明显。近年来,我国高速铁路发展迅猛,众多线路陆续开通运营,部分区域已连线成网实现了网络化运营。受高速铁路综合维修、动车组检修及客运组织方案的影响,高速铁路动车组列车基本实行白天运行、晚间维护的模式。为充分利用高速铁路晚间运能,更好地满足市场需求,为更好地满足旅客出行需求,同时充分发挥高速铁路动车组安全、快捷、舒适和夕发朝至列车的品牌优势，自 2015 年 1 月 1 日起，铁路部门在北京-广州、深圳间，上海-广州、深圳间增开了 8 对高速铁路动卧夕发朝至列车（以下简称高速铁路动卧列车）。动卧列车此前虽然已在多条铁路既有线上开行，但是在高速铁路线路上开行则尚属首次，开创了世界高速铁路客运组织的新模式。动卧列车开行显著提升了高速铁路在 2 000 km 左右运距客运市场上的竞争力。

组织高速铁路动卧列车夜间开行关键的技术条件保障之一是综合天窗设置方式问题。周期性夜间行车的组织方式是根据一周内客流的变化规律，以及周期天窗的开设情况，采用不同的行车组织方式对高速铁路夜间列车进行组织管理。高速铁路动卧列车不可避免会在0:00~6:00 间产生夜间行车的运输需求，而这个时间段恰巧落在高速铁路维修综合天窗内，高速铁路天窗通常采用垂直天窗方式，即双线双向同时停电检修和维护，检修主要是要对线路、接触网、通信信号设备日常检修和定期检修，我国高速铁路天窗设置时间为基本为 4 h。一般来说，高速铁路维修天窗时间受供电专业限制。在保证人员和机具配备的条件下，工务部门每周检修需要 4 次，通信专业每周检修需要 2 次，电务信号专业每周检修需要 4 次，但供电专业每周检修则需要 5 次。供电专业每周 5 次检修时间还可进行优化调整，采取用"大天窗"和"小天窗"结合并用的方式进行从而进一步将检修时间缩短到每周 4 次。周期天窗是指在确保检修工作的内容完成的基础上，以一周为周期，分日期设置正常的天窗和较短天窗。但是开行周期性夜间列车，相应的设置周期天窗，在一个星期的周期内，设置一定天数的时长较短的维修天窗，在一定程度上，可以有效缓解天窗和行车相互影响的矛盾关系，适应性较强。这样，通常有 3 种天窗设置方式：

（1）"6+1"模式，动卧列车开行日开设 6 天时间较短的"小天窗"，时间长度一般不短于 180 min，非动卧列车开行日开设 1 天时间较长的大天窗。一般逢周四开设，时间一般不短于 300 min。

（2）"5+2"周期天窗。"5+2"周期天窗是指一周内，5 天（包括周一至周四以及周六）开设 4~5 h 正常的维修天窗，不开行夜间高速动卧列车；2 天（包括周五和周日）开行夜间高速动卧列车，但是只开设 2~3 h 的巡检天窗。

（3）"4+3"周期天窗。即一周内，从周二到周四 3 天不开行夜间列车，天窗时长 4~5 h，周五到周日及周一 4 天开行动卧列车，天窗设时间较短的巡检天窗 2~3 h。

根据周客流分布不同的特点，自 2015 年 3 月下旬起，由初期的"6+1" 开行模式改为"4+3" 开行模式，即每周一、周五至周日 4 d 开行，周二至周四 3 d 停运，安排 4 d"小天窗"和 3 d"大天窗" 的形式进行设备设施检修维护。在确保绝对安全的前提下，通过大小"天窗" 综合运用，极大释放了高速铁路晚间运力资源。

自 2015 年 3 月 20 日起，涉及高速铁路动卧列车开设的天窗方式由"6+1"开行模式改为"4+3"开行模式，即每周安排 4 天开行夕发朝至动卧列车，安排 4 天小"天窗"和 3 天大"天窗"进行设备检修维护。在确保绝对安全的前提下，通过大小"天窗"综合运用，极大释放了高速铁路通过能力。例如，以 2015 年 4 月 10 日新增的沪深高速铁路动卧列车为例，进一步分析周期性夜间列车的组织运行以及天窗设置的具体情况。沪深高速铁路动卧列车主要经由沪杭高速铁路、杭甬高速铁路、杭深线运行，逢周一、周五、周六和周日四天开行，其他三天停运，设置"4+3"周期性天窗，非开行日的天窗设置如图 9.12(1)所示；开行日天窗的设置如图 9.12(2)所示。

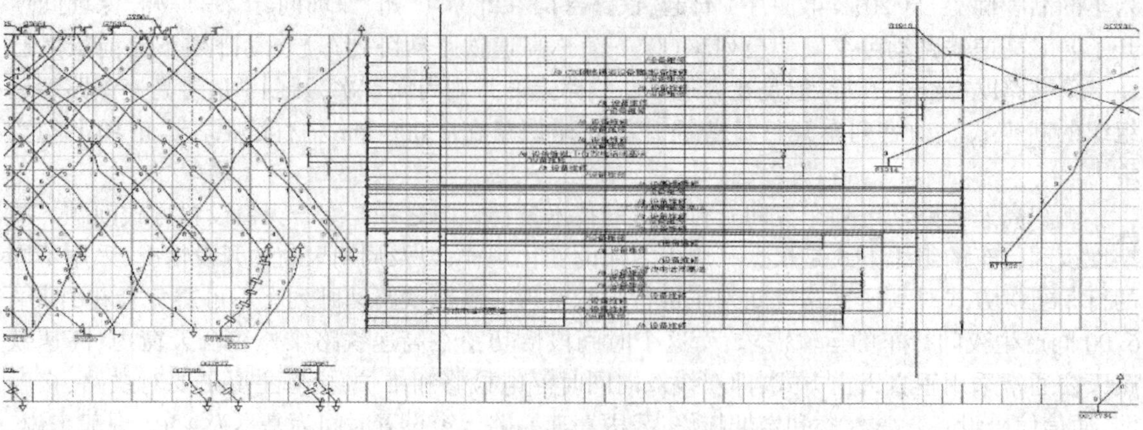

图 9.12 (1)夜间列车非开行日的天窗

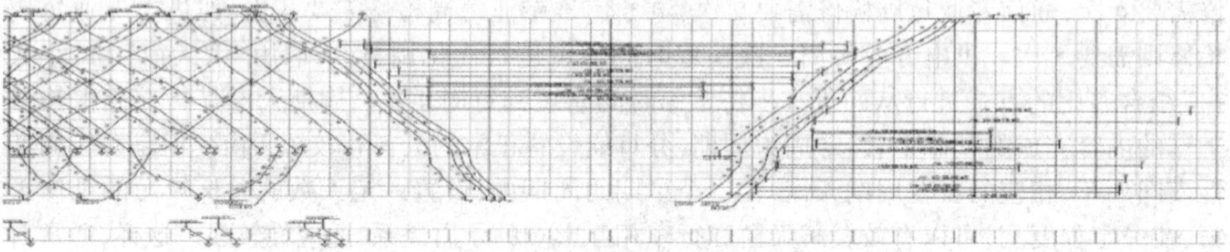

图 9.12 (2)夜间列车开行日的天窗

开设“4+3”周期性天窗,周二到周四需要对线路进行检修,故开设了 4~5 h 的矩形天窗;周五到周日及周一相应开行动卧列车,天窗内只需进行简单的巡检工作,故开设 3 h 左右的天窗,仅设置 3 h 巡检天窗,而且由于维修作业完成后,不用开行确认车,大大缩短了天窗干扰的时段,巡检天窗影响时段大幅缩短,分段垂直的天窗形式,使得维修作业在时空上分隔开来,其间隔时间可以方便高速列车运行,节约了旅客的旅行时间。可以看出,由于杭深线上夜间能力较为宽裕,天窗避开了列车的运行时段,所以沪深高速铁路动卧列车夜间在杭深线上几乎不会占用更多的线路资源,并与维修天窗相冲突。据初步统计,因列车晚点影响,晚点 30 min 内,可相应延迟天窗时间进行,列车不需要等线。列车晚点 30 min 以上时,则采取取消天窗的方式,这种情况发生次数较少。

综合考虑天窗作业时间和施工组织作业,安排施工组织及管理方案如下:

(1)优化天窗时间

传统模式下高速铁路天窗“做五休二”,即周一至周五安排天窗,周六、周日休息,方便设备检修和人员调整。高速铁路夜间运营后,进行了相应调整。一是针对客流高峰期增开夜间动车组的需要,将原来的休息日调整为作业日,保证天窗总的时间不减少,增强设备的安全质量储备,确保夜间增开列车后,设备在连续运转的状态下质量可靠。二是针对开行动卧列车的需要,先后探索了每日开行、间隔开行和周末开行三种模式,通过精密的市场调研和设备运行状态监控,目前采用周末开行模式,即每周五至次周周一开行。相应对天窗进行优化,在非开行日(每周二至周四),将天窗时间增加为不少于 5 h;在开行日,根据需要安排天窗,通过分段安排使天窗时间不少于 3 h,从而保证了总的天窗作业时间。

(2)优化作业模式

进一步全面推广实施综合维修天窗模式,统一组织对工务、电务、供电专业的天窗维修项目进行梳理,按绿灯项目(互不影响、可以共用)、黄灯项目(一定程度上影响、有条件共用)、红灯项目(必须单独组织、不可以共用)进行分类,各专业对绿灯和黄灯项目(占维修作业量的90%以上)共用一个天窗,进行综合维修,大大提高了天窗的利用效率,满足了高速铁路夜间运营后的设备维修需要。

(3)优化作业内容

针对夜间运营后对高速铁路设备质量提出的更高要求,以检查为主、修理为辅,通过严密精细的检查监控实时掌握设备状态,对设备状态发生变化需要检修的建立严格的审核制度,一般由站段对检修作业项目进行审核,以车间为单位进行组织,对需要调整轨道线路的作业,一律由铁路局审批。针对动卧列车开行日与非开行日天窗时间有所差异的情况,相应安排作业内容,开行日主要安排铁路车站范围内或距离车站较近处所、内容较为简单、所需时间较短的作业项目,严禁超范围、超计划作业;对线路区间范围内和较为复杂、费时较长的作业,一律安排在非开行日进行,从作业内容安排这个源头上确保动卧列车开行的绝对安全。高速铁路固定设备主要包括线路桥隧、通信信号、牵引供电等,分别由铁路工务、电务和供电部门负责维护管理。传统模式下,高速铁路夜间停止行车,安排4 h左右的天窗进行设备维护。高速铁路夜间运营后,为消除原有天窗时间被增开动车组占用所带来的设备质量、作业安全等风险,上海铁路局统筹安排,从天窗时间、作业模式、作业内容等环节全面进行优化,确保了高速铁路夜间运营模式下的作业安全可控和设备质量稳定。

(4)优化协同维修流程

高速铁路维修作业普遍朝着综合维修、各专业协同作业的方向发展。日本新干线逐步从分专业维修演变到由综合调度系统统一计划、统一调度指挥的多专业系统作业。法国铁路设置综合维修段,负责桥梁、接触网、通信信号的养护与维修。高速铁路维修计划制定方面,由各专业独立编制计划,转变为工务、电务、供电管理技术人员对综合维修计划和方案进行审批协调。并采取各专业对作业登记、作业防护、作业车组开行等环节进行统筹优化,解决结合部管理问题,实现作业效率提升和资源综合利用。上海铁路局积极实施"工电供一体化"维修模式,合并机构、统一计划、共用天窗、专业融合等手段,提升维修天窗作业工作效率。

(5) 困难区段作业组织

高速铁路天窗作业一般可以分为检查作业和维修作业2类。检查作业在动卧列车开行日和非开行日天窗内均可进行,检查作业量根据有效作业时间的变化而有所减少,作业组织所受影响较小。维修作业中部分单向作业时间较长的项目,主要集中在非动卧列车开行日天窗内进行,如长波线路精调、道岔精调、MT胶结接头整治、伤损钢轨加固、道岔联测联调、钢轨打磨等。

①长大隧道及桥梁作业。动卧列车开行后,长大隧道、长大桥梁的维修作业所受影响较普通线路区段大,常因其作业地点与作业通道距离,人员到达作业地点需占用天窗时间,辅助作业时间较多,而且在动卧列车开行日完成计划的检查工作量相对困难。因此,需要合理安排劳力,尽量安排在"大天窗"内。

②枢纽地区维修作业。枢纽地区轨道车出入频次较高,对天窗干扰较大。优化枢纽地区天窗利用。推进枢纽内天窗分场、分区域、分股道管理,实现各区域天窗时长最大化,并从组织保障、机制协调、作业组织、作业单元划分等方面加强管理。

10 票额分配与调整优化

10.1 基本概念

票额分配管理简称票额管理,是铁路客运日常管理工作的重要内容之一,不仅关系到铁路旅客运输资源的充分利用、客运收益的提高,同时也影响着铁路满足社会需求、发挥社会效益的能力。

票额分配是实现城际铁路效益最大化以及调整和优化列车开行方案的基本依据之一,同时也是适应城际客流需求的重要手段之一。城际铁路票额分配是一项复杂而细致的工作,是以列车运行图为基础,以旅客列车开行方向客流分布为依据,根据列车编组、停站方案等数据,计算动车组列车在经由停靠站一、二等座票额的分配以及各种指标的计算和统计,其实质是运能和客流的分配。票额分配计划的制定与实施有利于运输能力资源的公平分配、组织均衡运输、缓和供求矛盾;在客运输送能力供需平衡或相对富裕的情况下,票额分配计划应该有一定的执行弹性。只有合理地分配票额,才能全面安排售票、行包运输、服务和列车的乘务、餐茶供应等工作,从而真正起到运营组织的作用,避免出现列车拥挤或虚糜现象。

城际铁路票额分配是在编制新列车运行图后,根据旅客列车输送能力和编制新运行图所使用的客流图、客流计划资料,结合往年售票实际情况,分车次、分上下行、分席别对各次列车的席位能力针对车票各项要素制定的计划,具体包括车票的发售站、乘车站、终到站和运行区段等。

国外高速铁路运营较为成熟的国家,在客票营销方面更加关注客票类型的多样化,以满足不同的旅客人群。德国不仅车票价格有多重优惠政策,推行铁路交通卡优惠办法,而且还推出多种客票种类,如特价票、通票、年票、团体票等。德国高速铁路销售渠道近年来的发展趋势是尽量减少人工售票,以减少人工费用支出。另外,德国铁路公司的客票营销组织按照顾客不同的需求形成不同营销渠道方案, 除车站人工售票、互联网系统订票、电话订票外,还有多种营销渠道,包括旅行中心、自动售票机、获得代售资质的旅行社、列车上的售票系统、订票中心等。

10.2 票额组织管理分析

按照票额分配计划制定时机的先后关系,可以分为票额分配基本计划、票额分配执行计划和票额分配调整计划三类。其中,基本计划是在旅客列车开行方案、运行图编制完成以后,依据客流月的日均 OD 客流确定;执行计划是在客票销售期之前综合考虑历史同期客票销售规律等因素对预售期内 OD 客流进行短期预测,之后再对票额进行预分并作为票额分配的执行计划;调整计划是在客票销售期内,按照客票销售的具体情况,随时对票额计划进行调整,其目的是提高列车的客座利用率。

严格来讲,票额管理包括依据票额分配原则及方法编制票额分配计划、执行调度命令、调整票额、组织票额的共享和复用等工作,具体体现为对票额分配基本计划、执行计划和调整计划的编制过程。列车票额的管理原则上由票额所属铁路局负责,特殊情况由铁路总公司指定。车站负责调度命令核对、日常无座席调整以及授权范围内的票额调整和调度命令的执行。

10.2.1 票额分配依据

从合理运用城际铁路输送能力,提高铁路运输质量、效率和效益的角度出发,票额分配应树立全局观念,正确处理全局和局部的关系,遵循充分利用运能、长短途合理分工、保证重点、统筹安排的原则,并针对不同列车、席别进行票额分配时,相关依据如下:

1. 列车定员

票额是基于旅客列车能力(席位)的,列车能力即列车席位的数量,也叫列车定员。

2. 票额分配依据

票额分配计划的编制依据主要考虑不同时期的 OD 客流,票额分配执行计划的制定与调整需要考虑历史客流数据和客票销售的实时资料。

(1)历史客流数据

历史客流数据指由铁路局统计部门进行统计整理的席位汇总历史数据和存根汇总历史数据,包含以下三方面:

①指定月份的管内、直通客流图及主要站间旅客交流表等资料。

②列车的旅客密度表、分席别的实际人数,各次列车超员和虚糜的分析。

③主要客运站分车次、分席别票额与发售情况对比,分区段的上车人数和分车次的下车人数。

④历年票额分配计划及其兑现情况统计分析报告。

(2)实时客运营销数据

实时客运营销数据是指由客运营销辅助决策系统自动根据近期客票销售的实时情况统计整理的客运营销数据,具体包括以下四方面:

①旅客列车发送量统计表。分时期、分方向、分车站、分车次、分票种、分席别的上车人数统计。

②实时预售统计表。分方向、分车站、分车次、分席别的售出票额、剩余票额、售票趋势、收入趋势等统计。

③实时旅客列车密度表。该密度表除了提供上下车客流、区间上座率和车内人数,还可以获得列车编组、定员及分车厢、分席别的列车客流密度表数据。

10.2.2 票额管理流程

票额管理的流程以票额分配及管理为中心,将可用的席位能力按照票额管理权限以票额分配计划的形式层层分配到各车站乃至各个售票渠道,车站根据分配的票额组织售票。在客票销售期间,客票管理所应根据市场需求变化对票额动态分配。票额管理流程如图 10.1 所示,由图中可以看出:

(1)在制定开行方案和运行方案后,按照票额分配的原则和方法即可制定出相应的票额分配基本计划。

(2)在近期客流和往年同期客流统计分析的基础上,进行短期铁路客流预测。并按照客流方向、OD 和席别等系统分析客流结构和特点,进而给出不同区段、不同席别的客流预测结果。

(3)在短期客流预测的基础上,按照票额分配的规定和方法,以票额分配的基本计划为基础,制定票额分配的执行计划,并将分配计划提交客票系统,由客票系统实施组织售票。

(4)在客票预售期内对售票情况进行监控和评估,并在需求出现大幅度变化的情况下,对票额进行动态调整。即根据已售信息对预售期内剩余时间的潜在购票客流进行预测,对剩余票额按照新预测的客流进行重新分配,形成票额分配的调整计划,并提交客票系统组织售票。

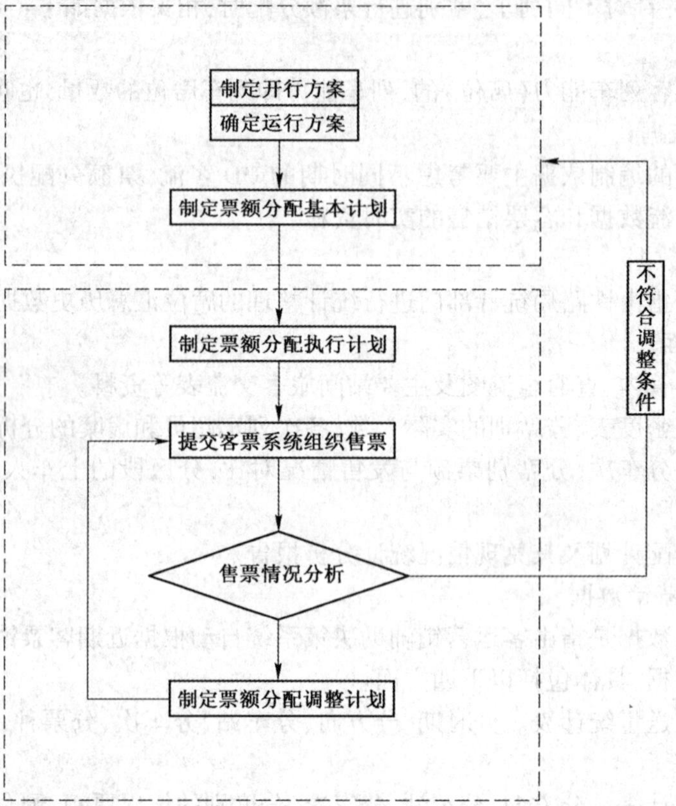

图 10.1 票额管理流程图

此流程各部分相互联系,仅通过票额动态调整无法解决供需问题时,可调整开行方案,如调整列车编组(加挂车辆)或增加发车频率(临客)以改变运输能力。

10.2.3 票额管理内容

我国铁路列车票额组织管理工作可以分为三个阶段:列车运行图编制阶段、车票预售期前、预售期内,在各阶段中票额组织管理工作的内容及成果如表 10.1 所示。

(1)列车运行图编制阶段

票额管理在列车运行图编制阶段的主要任务是确定票额分配的基本计划。票额分配基本计划规定了票额的归属车站和使用范围(即票额用途)。票额分配基本计划是在列车运行图编制时(列车对数、停站时刻、列车编组内容确定后),根据历史统计客流数据对沿途车站的上车人数(即票额需求数量进行预测),并根据列车编组信息计算列车定员,结合列车停站方案、票额用途规定,将列车票额分席别按需求比例分配给各对应的经由停站,由此获得的票额分配计划。

表 10.1 票额组织管理阶段工作

<table>
<tr><td>阶段</td><td>运行图编制阶段</td><td>预售期前</td><td>预售期内</td></tr>
<tr><td>工作</td><td>票额分配</td><td>票额预分</td><td>票额调整</td></tr>
<tr><td rowspan="6">内容</td><td>票额归属车站
(只含起点站)</td><td>各车站票额
(含起点站和终点站)</td><td>票额共用</td></tr>
<tr><td rowspan="5">票额用途</td><td rowspan="2">短途套用</td><td>席位复用</td></tr>
<tr><td>限售区段调整</td></tr>
<tr><td rowspan="3">限售设置</td><td>转换用途</td></tr>
<tr><td>调度命令调整</td></tr>
<tr><td>票额再预分</td></tr>
<tr><td>成果</td><td>票额分配基本计划</td><td>票额分配执行计划</td><td>票额分配调整计划</td></tr>
</table>

票额分配基本计划随运行图的调整而调整,其他时间一般不做变动。因此,基本计划是某趟车次长期有效的票额分配计划,实现对席位库的长期管理。票额分配计划在一段时间内需要进行调整时,可以编制在这段时间内的票额分配临时计划。临时计划是在突发情况(如列车编组临时更改、列车交路短暂变更等情况)下,根据上述资料数据临时编制并短暂使用的票额分配计划,有起始和截止时间限制,只在该时间段内有效,是某趟列车短时间内的票额计划;临时计划的优先级高于基本计划,即执行临时计划期内依此生成票额。

(2)车票预售期前

由于票额分配基本计划在一定的时期内相对固定,难以应对因客票需求波动幅度较大造成的供需匹配问题,因此引入票额预分,以解决客流波动幅度较大情况下的票额分配销售优化问题,使票额分配能够灵活地适应复杂的客流情况,进而实现铁路能力利用和铁路收益的最大化,并提高旅客满意程度。

票额预分是在预售期前(或预售期中)采用的一种票额分配方式,它是对票额分配基本计划的补充。票额预分是指在旅客列车票额总量一定的情况下,在车票预售期之前或进入预售期后,首先根据 OD 客流历史数据、近期客流变化及实时客票预售情况对每趟列车 OD 客流进行短期预测,并将客流预测的结果用于对列车席位进行区段性分解,产生各车站的票额以及限售方案和票额的短途套用方案,从而形成票额分配的执行计划。

票额预分的具体操作方式为,对于能力较为富余的列车,将票额全部分配给始发站且不做任何限售区段的约束,那么此执行计划可称为全始发无限售票额分配计划,票额分配可以满足所有区段客流的需求。对于能力较为紧张的列车,则通过限售站的设置来保证长中途旅客购买长途车票,稳定长中途客流,方便长中途旅客(其中长、中缺途均为相对比较而言)。

票额预分将旅客列车票额的静态分配变成了适应动态客流需求的动态分配,它的实施有助于推进票额管理的自动化和智能化。一方面,它能提高列车的票额利用率,实现效益最大化;另一方面满足了沿途各车站的需求,达到吸引客流的效果。

(3)预售期内

在车票的预售期内,首先以票额分配的执行计划组织售票,为进一步提高旅客列车上座率、实现票额有效利用和效益最大化,铁路局对票额进行实时监控,并根据当前客票的发售情况对票额分配计划进行调整,使票额分配更好地适应客流市场的变化。

票额调整就是在日常执行票额分配计划的基础上,根据当前的客票销售情况和客流变化趋势,提前进行的短期票额调整。通过进一步的票额预分制定出适应市场变化的售票组织策略和科学的票额动态调整方案并组织实施,从而使客票销售匹配于不断变化的市场需求,充分利用铁路的运能,提高铁路客运收益。这种与实际客票销售更加贴切的票额分配计划称为票额分配调整计划。

票额调整手段主要有短途套用、席位复用、票额共用、限售调整、转换用途、调度命令、票额再分配等。这些组织手段一般都不单独使用,而是在车票预售期的不同时段内进行组合使用。票额调整手段有的是需人工手动操作,有的是系统自动完成。通过短途套用提高始发端上座率,通过限售站设置保证长途票卖给长途旅客,通过设置票额共用调节供需差异,通过席位复用提高终端上座率,从而充分利用铁路运能,提高速铁路路客运收益。

城际铁路售票组织管理主要涉及售票期管理、售票渠道、取配票策略管理等。票额管理主要包括席位复用、票额共用、销售区段调整、票额自动预分等手段,在列车票额预售期内,通过这些管理与组织方式实现对客运产品的合理配置与有效管理。

10.3 售票组织策略分析

售票组织策略是指主要通过售票行为的组织,将列车席位在合适的时间以合适的产品形式售给合适的旅客。

为提高城际铁路的运营收入,需要最大限度地吸引客流,而客票的销售管理应发挥越来越重要的作用。近年来,我国高速铁路建设迅猛发展,相对于过去运能较为短缺的情况已经大为改观,但在实际客票销售中,由于各个站点票额分配不均等原因,部分车次、部分日期、部分区段的同一趟车会出现部分车站票额紧张,部分车站票额富余的现象。为改善上述状况,最大限度地挖掘运输潜力,需要进一步优化票额智能预分,完善客票的销售管理。

10.3.1 票额预分

城际铁路票额长期采用票额分配制度,这种相对静态的票额分配使得列车运输能不能及时与客流需求匹配,为此,引入票额自动预分这一策略,将城际铁路票额的静态分配变成适应动态客流需求的动态分配,以稳定城际列车沿途站的常态客流,应对突发客流。票额预分的根本目的是实现每趟车效益最大化的同时,保证沿途各站自预售之日起均有票可卖,实现站站可上可下的效果,并以列车站间客流预测为基础,根据列车编组、停站时刻、历史和预售数据等,计算并自动完成列车票额在经由停靠站间的分配。

旅客列车票额预分是指在各次列车开始预售之前,首先根据 OD 客流历史数据、近期变化及预售情况对该 OD 客流进行短期预测,并以此为依据,在客票系统中将以席位为载体的运输能力自动预分给各 OD 客流所对应的车站。

(1)票额预分的目的

旅客列车票额预分的目的是为了提高高速铁路旅客运能的利用率、铁路客运竞争力、票额分配与客流需求吻合度,做到合适的列车带走合适的客流,合适的票卖给合适的旅客。实现每一趟列车每一席位的每一区段都得到充分利用,使列车能力利用率最大化。但进行票额预分时考虑以下要求:

①确保列车的整体效益。即列车的全程客座率、列车的全程收入以及列车的社会效益。

②保证始发站长中途车票的效益。票额预分应保证始发站的长途车票数量,稳定始发站的中长途客流,更好地方便长中途旅客。

③充分挖掘中间站短途车票的效益。对售票组织过程中裂解出车票的历史情况进行分析,科学、合理地分配中间站的票额,以保障中间站的旅客发送,提高其组织客流的积极性。

(2)票额预分的原则

基于上述票额预分的目的和要求,票额预分过程是从列车始发站至终到站,各经停站(中途站)的票额逐站分配。具体原则如下:

①先按预测的始发站 OD 客流为始发站预分票额,剩下的票额再根据预测的中途站客流按比例预分,然后按列车沿途停站的先后顺序依次给中途站预分票额。

②票额预分以先有座后无座、先长途后短途的顺序分配各站的票额。

③中途站票额按列车运行方向逐站分配。当可分配给下一中途站的票额不足时,可由始发站的剩余票额补充;当可给下一中间站的票额有剩余,则剩余车票的发站可变更为下一中途站的票额。

④当某一中途站对票额的需求得到满足、或者得不到满足但始发站也无剩余票可提供。

(3)票额预分方式

由于铁路客流是动态变化的,因此决定了票额分配计划不能一成不变。在客票预售期内,为稳住列车沿途各中间站的常态客流,应对突发客流,吸引淡季客流,提高速铁路旅客列车客座率和增加客票收入,应定时根据客票预售情况和客流情况对剩余票额进行再预分,即将旅客列车票额的静态分配变成适应客流的动态预分。

票额自动再预分调整指的是系统在预售期内对售票情况进行监控和评估,并按照设定条件定时自动对剩余票额进行再预分。如在客流需求出现大幅度变化的情况下,根据已售信息对预售期内剩余时间的潜在购票客流进行预测,对剩余票额按照新预测的客流进行重新分配,即二次预分。预售期越长,对票额的预分次数越多,不仅是进行二次甚至是多次再预分。

票额自动再预分调整实现了及时、自动地按需调整列车票额配置,突破了传统固定票额分配方法不能及时体现客流变化特征、时效性差、调整票额固定的局限,有利于实现列车沿途车站的售票组织与营销,有效提高了旅客列车沿途停靠车站组织客流的积极性,进而提高了列车的整体效益,为铁路客运挖潜提效发挥了积极的作用。

城际铁路票额管理趋向于客流的规划、引导和培养,不再简单的根据预测值来分配票额,而是平衡列车开行目的、列车等级、发车时间等各方面因素综合考虑客流需求,并增加专家经验形成完善科学的票额管理方式。

根据客流分析和预测结果,便可以对票额进行动态预分,目前预分方法有两种:精确预分和模糊预分。

①精确预分

以客流分析及预测方案为基础进行预分,票额分配的以远站与限售站配合调整,长途精准分配,票额共用、限售策略仅在开车前若干时间内才放开,预测精度要求高,预分要求精细。客票需求基于社会经济、社会活动、天气状况、日期等因素,而客票系统的预测基本依据历史售票数据,部分参照其他因素。显然历史售票数据仅能部分反映客流需求,而不是全部。实际应用也充分证明了这一点,这时就需要在售票过程中进行人工调整,以减少实际需求与预测结果的差异。如果车次较多,那么将产生大量的工作量。

模糊预分要求席位全部放始发站,根据客流分析及预测方案对车站进行分组、对票额进行分堆,然后将分组站与分堆票额相对应,按堆顺序售票,席位不提前裂解。车站组则按照确定的售票策略,发售本组车站可用票额。模糊预分(见图 10.2)可以将售票分析、专家经验、售票预测结合起来,其优点主要是:车站分组、票额分堆由人工智能得出,比较贴近真实的客流需求。但是模糊预分需要根据不同期间、不同车次、不同要求制作相应的预分模板,预分前要充分把握客流特点、趋势,需要一定的人工量。

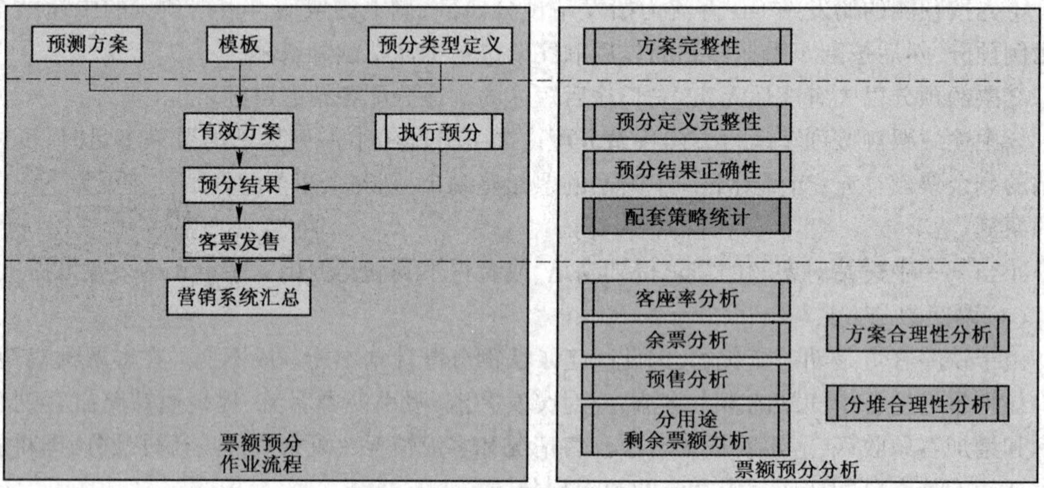

图 10.2 模糊预分逻辑示意图

基于效率、精度、效益等因素以及进一步提高列车客座率这一目标,可对不同种类的车次采用不同的预分方式:客座率低于 60% 的列车,原则上采用全程共用策略,不进行预分;对于客座率高于 85% 的列车,铁路局原则上采用模糊预分;对于客座率在 60% ~ 85% 的列车,如果是高铁列车且运行超过 2 年以上的,原则上采用精确预分,否则使用模糊预分。

②模糊预分

模糊预分要充分考虑列车开行的停站经由、时刻、沿途站同方向列车开行情况及客流需求,对相关车站进行分组。模糊预分的各组票额数量依据客流分析及预测的结果,按照先安排第一组的需求,且数量上要大于等于需求,再考虑第二组,依次类推。

旅客购买车票区段的长短是由旅客的出行需求所决定的,在社会、经济、人口、交通等条件相对稳定的情况下其概率分布也具有规律性。各次列车的客座率和收入基本按照一定周期(日常、周末、节假日等)运行,同时也验证了其变化规律。

(4)票额预分计划编制

为了提高列车席位能力的利用率和经营效益,在客票预售期之前,需要根据近期客票销售的实绩情况和规律预测，在票额分配基本计划的基础上编制票额分配的执行计划。其具体实现过程就是对票额的预分，票额预分方案是对票额分配基本计划的补充和改进，一般在预售期前进行编制。

从票额分配执行计划编制的角度看，包括如下流程：

①营销系统使用来自于客票系统的历史同期席位数据、存根数据以及其本系统统计的近期、实时客运营销数据，通过相关数学模型进行分析和处理，产生每趟车分席别站站客流预测结果。

②除了预测出每趟车的站站客流外，营销系统仍需要使用上述与该趟车相关的客流数据以及列车沿途重点车站信息、同方向列车信息及其限售策略和预售情况等信息，运用相关数学模型进行分区段的客流预测和预售规律预测，预估出预售期各时段内列车分区段的车内人数，为列车限售区段和限售时间的设置做准备。

③在客票预售期前，营销系统的运营策划子系统在预分原则指导下，选择适合的预分方式，遵循预先定义的约束条件(如时间约束、数量约束、车厢约束、技术站约束等)，结合限售区段和限售时间的设置规则，使用客流预测结果，执行预分模型和算法进行票额预分，并生成限售方案。

④根据显示的票额预分结果，客票管理人员根据工作经验和其他实际情况对其做局部调整。在票额的局部调整过程中，系统自动进行冲突检测(占用冲突、禁分冲突、车厢冲突、席位冲突等)，保证票额分配的准确性。

⑤确定票额预分方案后，根据票额短途套用规则，针对分配至非始发站的票额，生成始发站至票额分配站的等量短途车票，形成票额短途套用方案。

⑥预分剩余票额自预分之日起按一定比例实施全程共用(即通售)，系统自动提出相关的共用策略调整建议。

综上所述，当前车票销售最主要的问题是：由于旅客购票时间短且购买长、短区段车票时间随机，在总体票额数量不变的前提下，既要保证旅客在不同时间段内尽可能地买到长区段车票又要保证部分旅客能及时买到短区段车票，以实现整个列车收益最大化。原有的售票策略就是根据经验指定若干车厢在预售期内全程共用，剩余车厢在开车前某个时段再共用的售票组织策略，其限售站根据客流流向、需求等特点一次性设置及放开。由于全程共用时间和取消限售时间相对固定，在部分旅客先期购买短途票后，长区段票将被裂解成若干短区段票，这样就无法满足部分长区段的购票需求，不能实现票额利用效益的最大化；如果缩短票额共用时间和取消限售时间，虽然能保留住部分长区段票，但也可能导致部分旅客不能及时购买到短区段车票，造成这部分客流的流失。如何解决这个问题，就需要铁路局提前对旅客出行需求、购票时间进行预判，并以此制定相应的客票销售策略，引导旅客“适时”购买“适合”车票，从而实现平衡各方需求及效益最大化的目的。

10.3.2 席位复用

席位复用是指列车席位某一区段售出后，自动实现剩余区段席位能被再次发售利用。通过席位复用可以充分的挖潜提效，提高铁路运输能力。

席位复用实现了根据列车各运行区段内的客流状态对列车席位的合理、有效管理。按照约定的复用定义，在列车各个区间实施有席或是无席管理。它是将列车票额的席位属性与列车运行度全的客流相结合,以适应客流动态需求,其目的是平衡旅客需求,提高客运产品服务质量,提高票额利用效率,从而达到提高城际铁路列车全程客座率的作用。

采用席位复用策略,最重要的是需要全面掌握列车在各个区段上的基本稳定客流状态,在此基础上,设定席位复用定义。

①根据列车的历史发售数据和近期客流情况,对列车在各区段的席位利用情况进行评价,确定列车在这些区段的车内人数与定员关系规律。

②根据列车在各个区段上车内人数与定员情况,确定列车复用定义。动车组列车实行全程席位复用,时间为售出后即时复用。

席位复用业务在客票系统中通过设置复用定义实现。复用定义分为默认复用定义和复用定义两种途径,在没有特殊指定列车的复用定义下,席位复用按照复用定义中的规则执行。复用定义的设置主要包括席别、是否复用、复用时长、复用方式、复用范围等要素设置。考虑城际铁路运能相对充裕,所以默认的动车组列车复用席位别均为有席,由于列车运行速度快,开行密度大,所以复用时间相对于传统的 20 min 缩短为 5 min。通过上述定义,实现列车席位复用。

10.3.3 票额共用

(1)票额共用定义

票额共用是指列车票额被列车行径前方的一个或若干个车站共用,实现票额的发售共享。它是针对一列列车票额而设置的在其停靠站(非终到站)间的票额发售共享机制。这种售票组织策略突破了车站乘车人数受到该站的票额限制,对减少列车席位虚糜、提高速铁路路运输能力利用率、满足旅客出行需求具有重要意义。

按共用的范围,可以分为全程共用和局管内共用(简称管内共用)。全程共用是指在规定时间内,列车某一乘车站的票额可以被列车前方任一车站使用;管内共用则是指在规定时间内,列车某一乘车站的票额只能被前方局管内车站使用。全程共用一般适用于客座率较低列车,而管内共用则适用于客座率偏高列车。

按共用时间分,可以分为开车前共用和开车后共用。开车后共用是指列车某一乘车站的票额,需待列车从此乘车站开出后,才能被前方站共用,这是保护票额分配站利益的一种保守票额共用设置方式;开车前共用是指列车某一乘车站的票额,在列车未发车前,就可以被列车前方站共用。

票额共用实现了对于相对富余的票额所有车站,按照约定的共用规则在列车票额的前方站与票额所有站间实施的弹性票额共享组织,它是将旅客列车票额的静态分配变成了适应动态客流需求的动态分配的另一种手段,其目的以吸引淡季客流,提高票额利用效率为主,从而达到提高速铁路路旅客列车全程客座率作用。

(2)票额共用策略

由于旅客购票行为存在不确定性,客票销售又要在保障旅客列车长途效益的情况下,争取获得较高的短途效益,所以票额共用就存在一特有的难题,既不能把某一乘车站的票额全部放开供列车前方所有车站共用,也不能让列车前方站从预售期开始总无票可卖。因此,需要综合考虑各影响因素制定科学合理的票额共用策略。

票额共用策略的基本思想的制定需要考虑以下因素:

①列车客座率

列车客座率 R=列车售出的人公里/列车客座公里=所有旅客的行程之和/(列车定员数量＊列车行程)。

一般情况下,列车客座率较高的列车,列车始发站票额利用情况较好,沿途站通过发布无席位,作为客流补充,对于这种列车,则不宜将始发站有席位票较早的放开给沿途站共用;而对于客座率较低列车,客流不高的原因之一是可能列车为新开列车,还处于客流培育期,始发站和中间站客流均不理想;原因之二是可能是既有开行的列车,始发站客流较好,但以短途客流为主,中间站长期没有票额资源,中间站客流得不到培育;原因之三,可能是既有开行的列车,始发站客流较差,中间站由于长期没有票额资源,未显现出较好的客流需求。由此可以看出,客座率较低的列车,无论哪种原因导致,都应将始发站的票额开放给列车前方站共用,使列车沿途中间站的客流得到充分培育,从而提高列车全程客座率和收入。

②共用时间

共用时间是指旅客列车距 A 站开车多长时间内,A 站的票额可以供 B 站共用。

共用时间设置的合理性决定了票额利用的合理性。对于票额利用率低下的车站,可以设置距开车前较长时间,允许其票额被前方站共用,使列车前方站的客票在车票预售期初期就能有票可卖;对于票额利用率较高的车站,需设置距开车前较短时间,甚至可以设置列车从本站开出后,票额才可以供列车前方车站共用。这样既保证了票额分配站的客流需求,同时能在一定程度上缓解旅客列车前方站的客流需求。

③共用数量

共用数量是指对于同一趟旅客列车,A 站可被 B 站共用的票额数量。

考虑不同地区不同旅客有不同的购票习惯,有的区域旅客习惯提前买票,有的区域旅客习惯就近开车前买票,为保证票额分配站的旅客购票需求能得到满足,需对票额共用数量进行一定条件下的控制,且当共用数量不足时,能自动调整共用数量。

综上所述,在客票预售期内,通过限售区段调整、席位复用、票额共用等售票组织策略的协调配合,形成了一套完整有效的售票组织体系,有效提高票额利用率,从而提高铁路旅客列车全程客座率,实现铁路整体利益最大化。

10.3.4　限售区段设置与调整

限售区段设置与调整是为了协调旅客列车在不同区段的客流以及同方向列车间的客流,为尽可能提高票额利用率和方便旅客的运输组织,对于旅客列车票额的可发售区段进行的约束,按照限售区段设置与调整规则,对票额可售区段实施组织与管理。

城际铁路的可发售区段组合是复杂的,为保证列车的开行效益,即收入尽可能大,同时也要保证列车的社会效益,即沿途客流需求可以享受均衡的出行服务,票额管理采用限售区段调整的策略来均衡列车的综合开行效益。限售区段调整的核心是限售策略的制定。

限售区段设置与调整在客票系统中分两步实现,限售区段设置一般是随列车席位生成时按照票额组织计划直接生成的,限售区段调整可以实现指定时间段、席别、席位的以远站和限售站的调整。

列车票额的可售范围是由票额的乘车站、限售站和以远站共同决定的。其中,票额乘车站决定了票额的起乘点,票额的限售表明了票额的终到点,票额的以远站则限制票额从乘车站至少要乘坐到的车站。通过对列车限售区段调整,可以有效地避免“长距离票短距离售”、“有票额不可售”的票额组织问题。由于客流存在出行的不确定性和购票时间的不确定性,不能确保每天乘坐某趟列车长距离旅客数量都是稳定的,所以每张车票的限售以远站设置后,不能是一成不变的,而是要随着客流和时间变化进行取消或放开。

实施限售区段设置是平衡列车间客流,提高票额利用率的一种手段。实现了对列车票额的可发售区段的约束管理,其目的也是平衡旅客需求。

限售区段调整相对于票额发售预售期一般呈阶梯状,即在预售起始阶段,票额的以远站设置一般等于或接近票额的限售站,随着票额的不断发售,在接近开车时间的前一天或两天,若有大量接近票额剩余,则需要提前放开限售区段,让票额满足各种旅客的需求,保证票额的售出;若票额发售较为充分,则可以适当的延迟或不放开以远站设置,保证票额的被使用区段尽可能长。

10.3.5 票额分配综合调整

铁路客流整体上具有规律性,并受天气、节假日等因素的影响具有一定的波动性。在客票发售的过程中,根据客流的波动性,通过对票额发售情况进行监控,不断地调整售票策略和票额分配计划,使票额分配适应客流变化,最大可能地提升客座率,增加铁路运输收益。

客票销售期内,根据票额分配执行计划要求,根据各列车历史客流及客票销售的具体情况,采用短途套用、限售区段调整、票额共用、席位复用等策略,随时对票额计划进行实施调整,并形成票额分配的调整计划,其目的是提高列车的客座利用率,实现票额有效利用和全路效益最大化,铁路局对票额进行实时监控、动态调整。

票额动态调整就是在日常票额分配的基础上,根据当前的客流变化趋势以及近期预售情况,提前进行的短期票额分配调整。票额动态调整手段包括日常手工票额调整(含调度命令票额调整)、票额转换用途调整、票额自动再预分调整。

每一列车票额分配合理与否,是满足旅客购票需求,保证列车有序运行,实现效益最大化的关键。每一天、每趟车、每一个停靠站的售票数据。为从源头上防止列车严重超员、中间站超停等现象发生,客票所结合开行列车沿途各站历年来同期售票情况,客流变化、天气状况、节假周末等因素,每天动态调整票额分配。

为了动态的根据城际客流实时的变化做出相应的反映,城际客流长线大流量、变化快、聚集性、线路差别密度大等特点,需要通过综合策略进行动态调整,建立适应市场变化的售票组织策略。在客流波动幅度较大的背景下,要对票额销售进行优化控制,使其能够灵活地适应复杂的客流情况,进而实现铁路能力利用率最大化,并提高旅客满意度。票额组织策略综合运用方法如表10.2所示。

根据动车组列车客流分布的不同形态,可将列车分为四种,即始发客流为主、终到客流为主、沿途交换客流为主和始发阶梯补流为主,相应配备的票额组织手段也不同。

(1)对于始发集中客流的列车,票额共用时间设置相应要倾向于保护始发发售,保证始发站的客流需求。

(2)对于终到集中客流,限售区段设施与调整要倾向于保护终到的列车,如以远站设置为终到站且取消限售设置的时间要配合预售等。

表 10.2　各种票额组织策略综合运用

票额组织策略	适用场合	效　果	注意事项
票额预分	吸引客流	实现自预售之日沿途有票额可以发售	需考虑突发客流应对性
票额共用	吸引客流;减少票额浪费	实现票额乘车站在可售区段内的自由组织发售	需平衡票额所有站利益
席位复用	提高城际铁路服务水平	实现票额的席位号管理	需考虑旅客体验
限售区段设置与调整	平衡列车各区段客流需求;列车间客流需求	实现票额售到站在以远站和限售站区段的自由组织发售	需考虑票额利用情况

(3)对于沿途交换客流较大的列车,共用时间设置要配合列车预售,及时放开沿途车站的发售,席位复用要做好复用时间设置,不影响票额发售,限售区段内不能影响沿途站的补流,票额预分要保证各个站稳态客流,在票额共用时间放开时,不影响这部分票额的发售;

(4)对于始发阶梯补流列车,共用时间设置要配合预售呈阶梯定义,以保证补流车站的票额发售,同时还要保证非主要补流票额发售不影响补流车站,保证列车开行效益。

下面以三个实例进行票额分配综合运用方面的分析。

(1)以 G6212 次(深圳北-广州南)列车进行售票组织配合分析。

①列车客流基本特征,列车定员为 536,始发站发售 533,始发终到客流为 508,即 95.3%为长途客流。

②共用设置。全程基本为始发终到流,为保证始发站利益,在开车前,沿途站不能共用始发站票额。

③限售区段设置。由于全车基本为始发终到流,因此限售区段以远站设置应当为广州南以远,开车前不放开限售设置。

④复用设置。列车全程不超员,复用定义为复用成有席。

(2)再以成灌线列车为例,进行动车组列车售票组织分析。成灌铁路作为服务城际铁路客流为主的城际铁路,承担了成都与周边城市群的快速交流功能,为成都与郫县、都江堰以及沿线众多小城镇的有机聚提供了强大的运输保障。成灌城际开通运营后,其出行目的和频率也得到了类似的验证,在调查旅客选择动车组偏好选项时,速度快捷占 49%,乘车环境占 21.6%,安全占 12.9%,准时占 11.6%。2017 年 7 月 25 日起,成灌铁路公交化运营实现创新突破,成灌(彭)铁路实现刷卡便捷乘车,犀浦站动车与地铁全国首例实现同站台换乘,沿线市民出行将更加高效便捷。

①成都至青城山间的城际高速,运行时间 1 h,成都、犀浦、红光镇、郫县西、都江堰、青城山站。客流属于城际旅游客流,由于开车密度较大,列车历时较短,票额复用需要设置为及时复用。

②经过售票组织数据分析,一般情况下,旅游流应该在周末出现较大的客流,从其站间密度表可以发现成都-青城山的高峰客流出现在周五、六和日,青城山-成都的客流也出现在周五、六和日,主要客流区间在成都-犀浦-青成山之间。

③成都-青城山客流主要集中在上午 9:00 和 11:00;青城山-成都客流主要集中在上午 10:00 和下午的 15:00、18:00,需要对这些时段的列车分上、下行进行以远站的设置,取消限售策略要向开车日期方向靠近。

④从旅客买票的日期分析,其预售期集中在开车前两日内,因此为保证成都-青城山周三、四和周五出现的长距离高峰客流,青城山-成都周四、五、六、日出现的长距离高峰客流,需要对这些日期分上下行进行以远站的设置,取消限售策略要向开车日期方向靠近。

(3)从 G1416/1417 列车的客运组织引发对票额分配的思考。

G1416 列车从宁波始发终到长沙南,途径余姚北、上虞北、绍兴北、杭州东、金华、南昌西等站,在杭州东折返车次变为 G1417,编组为 CRH380B 重联列车,定员为 1 112 人。1416/1417 经停杭州东站,停靠站台是 6 号站台。经常接到 G1416/1417 车长的客记,来不及补票,交站处理。现大部分是余姚北、上虞北上车的旅客需要延长车票到杭州东站的旅客。2016 年 8 月 22 日乘务员已经在车上补了余姚北、上虞北到杭州东车票共 155 张,还有 40 多个人来不及补票。此种现象长期存在,从余姚北、上虞北延长车票到杭州东的旅客现象长期存在。

G1416/1417 始发终到站分别是宁波和长沙南站,始发终到时刻分别为 6:54 和 12:58。因为时刻适合沿途旅客的通勤,根据平常观察这趟列车在宁波到杭州东这个区间的短途客流非常大。但遇有大量旅客需要延长车票,由于宁波到杭州东这一区段总共运行时间才 1 h,补票工作是来不及的,前后联分别采用一长两员,而且根据售票规则,车票从 1 号车厢开始卖,这个区段后联列车基本空放,补票的压力全部集中在前联,工作人员太少根本来不及。继续通过 12306 查询的 G1416/1417 列车二等座余票情况,二等座定员 1 036 人,可知:

①从 8 月 23 日~8 月 25 日二等座的余票来看,从宁波、余姚北、上虞北、绍兴北到杭州东的车票几乎显示无票。一方面可以说明这个区段的车票非常紧俏,另一方面说明分配至杭州东站的票额较少。

②把票额大部分都放在始发站宁波,然后将这部分票额共用给了余姚北、上虞北和绍兴北;然而从宁波到绍兴北这个区段的需求并不大,造成了没有需求的余票,导致席位虚靡,而终到杭州东的旅客又无法买到车票,只能买到宁波到绍兴北这一区段的车票,因此终到杭州东就需要上车延长车票。

③在票额分配时,预留了大量的车票给杭州东-长沙南这个区段,然后需求并不大,造成运输能力利用率低。

经相关因素分析后,重新做出了票额分配方案结合预售期的调整,满足了该区段宁波-杭州东间的需求。车站加强对重点方向、重点列车的客流调查和预测,以数据为依据,综合分析客流因素,提报运能调整建议。并要求城际铁路沿线各站提报开车建议,提早报票额智能预分调整建议,列车扩编和临客开行计划,提早报以远站、限售和共用设置建议等。

(1)从目前采取的相关有效客票管理措施看可通过采取多种方式,借助客票智能预分系统,统筹考虑全线能力,人机结合,科学进行运能优化调配,从而实现列车上座率、票价率、收益率的显著提升。

(2)实时监控"五一"小长假期间车票预售情况,对客流集中去向开行列车的票额,动态实行售票策略的调整,在票额共复用时间上、以远站设置上以及系统智能预分方案的优化上灵活调整。

(3)可充分利用客票系统累积的历史数据,挖掘其深层次价值,依靠专业技术人员进行数据统计、分析和挖掘,通过研发辅助决策系统优化票额分配,优化票额分配的主要策略是票额的智能预分,即在每个预售期开始之前,根据座位数、客票系统中的历史数据,借助数据模型处理分析,对每趟列车站间客流进行科学预测,最大限度地提高票额利用率。

10.4 案例分析:沪宁城际铁路票额随机优化分配

经过多年的客流分析发现,任一固定票额分配方法都无法满足动态的客流市场,因客流在时间和空间上是动态变化的,有必要在日常票额分配的基础上再辅以动态调整,从而使票额分配适应客流市场的变化。

1. 现有票额分配方法适应性分析

目前实际工作中,票额分配一般是在考虑历史分配数量和实际客流情况基础上,并结合短期客流预测进行的,考虑地区经济发展,估计市场客流的变化趋势,从有利于充分利用列车运能、增加铁路运输收入的角度出发,合理编制和实施城际铁路的票额分配计划。与实际客流需求的适应性分析如下:

(1)未能真正体现客流需求。在实际操作中,往往以客票发售的客流量历史数据代替客流需求,这样的结果经常造成各次列车上座率不一,部分车次满员甚至超载,部分车次运能虚糜。城际客流特点是出行规律明显、聚集时间短、流量变化快,传统固定的票额分配方式具有一定的刚性,缺乏弹性,在应对客票需求波动幅度比较大的情况时,运能的浪费问题更加突出。经调研得知,目前沪宁城际铁路票额分配实行票额共用的方式,不能反映客流需求,也不能反映多样性和个性化需求。

(2)短期预测的准确性难度较大。从某种程度上讲,各种客流需求预测模型都有其缺陷,即采取客流预测技术和方法预测客流需求量,基本上是按照数学模型的方法,因各地城际铁路受地域经济等环境影响,旅客出行特征也就不同,通用的预测方法必须与所研究的城际铁路相结合才能获得适应的预测结果,此项工作一直是运营组织的难点。因此,计算结果很难适应城际铁路客流变化的特点。

(3)难以实现"以人为本"。现有客票销售信息系统 PMIS5.0,规定城际动车组列车客票预售 20 天,旅客购票通常采取车站窗口、代售点购票及互联网订票等方式,基本实现"一窗有票、窗窗有票",而且实现了票额共用和复用,但每趟动车组列车下达的票额计划基本相似,很难考虑实际客流变化情况。相当于采取了固定票额分配的方式分配客流,未能体现各次列车因时间段不同体现出旅客出行个性化特点,旅客在各次列车选择中难以体现"以人为本"的客流需求。

因此,如何结合城际客流特点,采取动态票额分配方法,满足旅客的出行需求,提高列车各区段的上座率,并使其具有适应能力,有效减少不同车次列车拥挤或虚糜现象,充分利用不可储存的铁路运能资源,实现城际列车收益最大化,是城际票额分配问题的难点所在。

2. 票额分配模型建立

采用随机分配模型来解决城际铁路票额分配这个问题。分配模型前提基本假设是:①每次列车票额将全额在所运行区段内的停站分配;②每位旅客多购票无折扣优惠;③通过城际客流调查和统计分析,能够把握客流出行较强的规律性和稳定性。

动车组列车票额分配包括一等座、二等座席位的分配。下面以单列动车组列车二等座票额分配为例(一等座可以按此方法另行计算),以票额收益最大为目标,建立起随机规划分配模型。

某一城际铁路设有 $n(k=1,2,\cdots,n)$ 个车站,某下行方向定义如下变量:设 p_{ij} 表示任意 OD 对 $i-j(i<j)$ 之间的票价;x_{ij} 表示决策变量,即票额分配数;c 表示该次列车二等座的定员,动车组列车超员率为 0(规定不准超员)。根据某一时期各站所出售的票额数据分析,设 OD 对实际乘车客流量服从某一概率分布,则动态客流分配决策变量也可看作服从同一概率分布,并令均值为 μ_{ij},票额分配收益最大化的模型为:

$$\max z = \sum_{i}\sum_{j} p_{ij}x_{ij} \tag{10.1}$$

为便于比较,可先建立整数规划限制条件:

s. t.

$$\sum_{i}^{k}\sum_{j=k+1}^{n} x_{ij} \leqslant c \tag{10.2}$$

$$\sum_{i}^{k} x_{im} = \sum_{i}^{k} x_{mj}(i<m<j) \tag{10.3}$$

$$x_{ij} \geqslant 0 \tag{10.4}$$

$$x_{ij} \in Z \tag{10.5}$$

限制条件中,式(10.2)表示各站二等座票额分配总和不大于该次列车的总运能;式(10.3)表示客流平衡;式(10.4)和式(10.5)表示票额分配数值为正整数。

考虑到旅客在某站购票具有随机性,经客流统计调查和分析,发现到某站购买某一列车次的旅客人数分布服从"中间大、两头小,左右基本对称",可设 OD 对发送的客运量大于 μ_{ij} 的置信水平为 α_{ij},在以上整数规划限制条件中,增加随机分配限制条件,即:

$$\Pr\{x_{ij} \geqslant \mu_{ij}\} \geqslant \alpha_{ij} \tag{10.6}$$

限制条件中,(10.6)式表示 OD 票额分配大于客流需求均值的概率是在一定的置信水平情况下,体现票额分配方案的弹性和随机性以适应客流需求。

从客流需求的最小量角度,即设 q_{ij} 表示客票需求的最小量,建立起的模型为 $x_{ij} \geqslant q_{ij}, \forall i, j$ 为基础计算得出固定性模型。

显见,若实际日客流需求大于最小客流需求的波动数值大,q_{ij} 也可以定义为各站的基本客流。其值是根据售票数量得到的,可以定义为基本客流,但并不能反映客流需求。计算结果将很难适应。因为增加(10.6)式作为限制条件,可理解增加了票额分配的抗风险能力,但动态票额分配的参数要随客流需求变化情况作以相应调整,逐步寻求相关规律以确保参数的准确性,在此基础上使得列车收益最大。

3. 机会约束规划求解

求解机会约束的一般方法是根据事先给定的置信水平,把机会约束规划转化为各自的等价类,然后用传统方法求解等价的确定性模型。机会约束:

$$\Pr\{g(x) \geqslant \xi\} \geqslant \alpha \tag{10.7}$$

式中,$g(x)$ 是决策变量 x 的函数;ξ 是随机变量。对每一个给定的置信水平 α $(0 \leqslant \alpha \leqslant 1)$,必存在一个或多个数 X_α,使得:

$$\Pr\{\xi \leqslant X_\alpha\} = \alpha \tag{10.8}$$

$$X_\alpha = \inf\{X \mid X = \phi^{-1}(\alpha)\} \tag{10.9}$$

设 x_{ij} 服从正态分布 $N(\mu_{ij},\sigma_{ij}^2)$,则有

$$x_{ij} \geqslant \mu_{ij} + \sigma_{ij}\phi^{-1}(\alpha_{ij}) \tag{10.10}$$

这样就将机会约束转化为 $g(X) \geqslant X_{\alpha}$ 的确定性等价类。

4. 实例分析

根据2010年11月列车运行图资料,以G7161次南京至上海虹桥列车为例,南京站始发时刻19:45,虹桥站终到时刻21:40,采用8辆编组,定员546席,其中一等座58席、二等座488席,停站分别为镇江、常州、无锡、苏州、昆山南、虹桥6站。

根据2010年11月份二等座实际售票数据,统计分析各站实际客流量服从正态分布,票价、客流分布参数见表10.3、表10.4。

表10.3 南京至上海间动车组列车二等座票价表(单位:元)

到站	镇江	常州	无锡	苏州	昆山南	虹桥
南京	31	66	85	105	122	146
	镇江	35	54	74	91	115
		常州	19	39	56	80
			无锡	20	37	61
				苏州	16	41
					昆山南	24

表10.4 客流正态分布参数表 (μ,σ^2)

到站	镇江	常州	无锡	苏州	昆山南	虹桥
南京	89,1.2	89,1.2	47,1.2	76,1.2	17,1.0	119,1.2
	镇江	28,1.2	8,1.2	9,1.2	9,1.2	29,1.2
		常州	49,1.2	22,1.0	5,1.2	39,1.2
			无锡	19,1.2	8,1.2	60,1.2
				苏州	31,1.2	66,1.2
					昆山南	33,1.2

给定置信水平均为 $\alpha = 0.85$,查正态分布计算表,有 $\phi^{-1}(0.85) = 1.04$。

利用Lingo(9.0版)编程计算,得到随机规划解,其中,q_{ij} 为最优方案的下限,可根据式(10.10)计算可得;q_{ij}^{*} 为最优解,如表10.5所示。

为便于比较,查找×年×月上中旬该次列车实际票额收入,基本在6.5~7.1万之间(包括一、二等座)。可知,随机算法结果可行,可作为优化调整票额分配的方案。同时,南京站该次列车实际日均售票收入为3.4万,而随机分配方法分配南京站票额收入为3.7万,占最大票额收入的52%,比实际日均售票收入多3 000元。可见,该方法计算结果同时满足大站客流需要。根据一段时间实际票额收入情况,可对列车开行方案进行调整。若实际收入大于最大计算票额受益值,可以考虑该次列车增加编组的可能;若实际收入小于最大计算票额受益者,而且差值超过一定数值,需要具体分析某站上座率,适当调整停站方案。

本案例给出的票额分配算例方案全部按照随机规划方案,并得到最优解。但有时需要在日常调整的基础上,根据某站客流变化情况,有针对的确定部分车站为随机规划,而其他车站仍采取票额最小值为限制条件,求得票额最优解,但这种方式票额最低限值需要适应动车组定员,即各站票额分配初解总和不超过该动车组的定员。这种票额调整方式在固定调整方案的基础上,增加了动态调整的因素,是日常票额根据客流变化情况下能够实现的调整方式,并能满足客流需求变化情况。

表 10.5　利用整数规划法求解最优解（q_{ij},q_{ij}^*）

到站	镇江	常州	无锡	苏州	昆山南	虹桥
南京	90,135	90,90	48,48	77,77	18,18	120,120
	镇江	30,76	9,9	10,10	10,10	30,30
		常州	50,97	23,23	6,6	40,40
			无锡	20,84	9,9	61,61
				苏州	32,32	67,162
					昆山南	34,34

票额随机分配模型将为城际铁路票额分配的提供新的思路和方法。在借鉴已有成果的基础上,以市场为导向,以实际客流情况为依据,提出弹性票额分配方法,将实际客流量视为不确定因素及服从正态分布,建立随机整数规划模型,并采取转化为确定性等价方法进行求解,使得整个列车票额收益最大化,以便为调整和优化列车开行方案提供依据。所提出的票额分配随机规划模型是在参数设置准确的基础上得出的。因此,票额动态调整方案要在严谨的客流分析、短期客流预测的基础上合理制定,并要在组织实施后对调整的席位进行动态跟踪,以检查调整的效果,为制定下一个票额动态调整方案提供数据基础。同时,按照确定式方案计算出来的票额分配方案,列车收益要比随机规划模型所得的数值要大,但后者方案能够很好地适应客流。票额分配方案实施后还要检查每趟列车的上座率,寻求相关规律,不断完善城际动车组列车票额分配的优化。

11 调度指挥及应急处置

11.1 高速铁路系统构成概述

高速铁路系统主要由六大核心系统构成，分别是基础设施、动车组、牵引供电、通信信号、运营调度及客运服务系统。各系统之间既自成体系，又相互关联、相互影响，在高速铁路运营组织与管理中发挥着关键作用，高速铁路是复杂的系统工程，是信息技术、自动控制和新材料、新工艺等多种技术门类、多专业综合的高新技术集成。统筹优化高速铁路系统，需要线路、高速列车、牵引供电、通信与信号、列车运输组织、旅客服务、运营维护等不同功能系统之间相互匹配、协调运转。其关系见图 11.1。

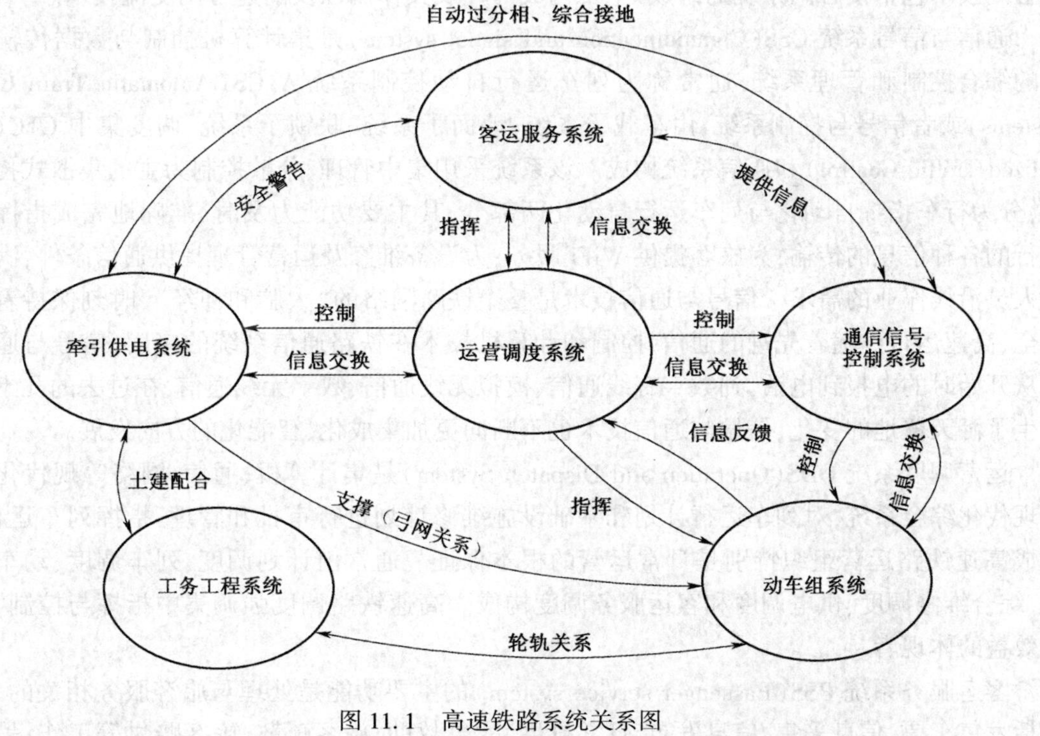

图 11.1　高速铁路系统关系图

基础设施系统 RIS(Railway Infrastructure Systems，也称工务工程系统)是实现列车高速运行的基础，高速铁路要求线路的空间曲线平滑，平纵断面变化尽可能平缓；要求路基、轨道、桥梁具有高稳定性、高精度和小残余变形。工务工程系统通常由路基工程、轨道工程、桥梁工程、隧道工程和站场工程构成。同时，要求建立严格的线路状态检测和保障轨道持久高平顺的科学管理系统。

动车组 MUS(Multiple Units)是运送旅客的动力设备,高速铁路的动车组基本为机车车辆一体化。高速列车是高新技术的系统化集成,涉及机械、材料、电子计算机、网络通信、工程仿真等领域的最新技术。我国高速列车的关键技术被归结为九大类:系统集成、车体、转向架、牵引变压器、牵引变流器、牵引电机、牵引控制、制动系统、列车网络控制系统。高速动车组需要性能良好的转向架、制动系统、低噪声及优良的空调设施。动车组系统通常由总成、车体、转向架、牵引系统、制动系统、列车网络系统构成。

牵引供电系统 TPSS(Traction Power Supply System)的主要功能是为高速铁路列车运行提供稳定、高质量的电流。与常速机车的电力牵引相比较,高速动车组电力牵引功率更大、所受阻力更大、受电弓移动速度快、电流易发生波动等特点。通常由供电系统、变电系统、接触网系统、电力系统和远程监控系统构成。牵引供电技术依靠专门的外部装置,从三相电力系统接受电能向单相交流电气化铁道列车输送电能,是列车运行的不竭动力。因此,牵引供电技术在保证高速列车的正常运行中起着重要的作用。在高速列车运行过程中,受电弓通过在接触网上的滑行接触完成电能传输,为列车运行提供牵引动力。但是,当列车运行达到一定速度值时,接触网的波动和受电弓的振动,会导致两者之间发生离线现象,并产生离线电弧,对列车的平稳运行产生威胁。接触网技术的意义就在于减少这种问题的产生,保证电能的平稳可靠传输。接触网技术包括接触网系统的组成、主要构成部件及其作用以及高速弓网受流技术。

通信与信号系统 CSS(Communication and signal system)是集计算机控制与数据传输于一体的综合控制和管理系统,通常称为列车运行自动控制系统 ATCS(Automatic Train Control Systems)或者信号与控制系统,由车载子系统、地面子系统、联锁子系统、调度集中 CTC(Centralized Traffic Control)和通信系统构成。该系统采用集中管理、分散控制为主的集散式控制方式,分为行车指挥自动化与列车运行自动化两部分,其主要功能为及时、准确地完成指挥列车运行的各种信息的传输;为旅客提供 WiFi 服务;为设备维修及运营管理提供通信条件,满足维修人员沿线作业的需求。信号与通信技术是整个铁路网络的"大脑和神经",时刻保持着列车安全、高速运行。随着先进的通信、控制和计算机技术在铁路通信系统的应用,信号与通信技术从开始时的电报到电话,到数字有线通信、模拟无线通信、数字无线通信,在过去的几十年间发生了翻天覆地的变化,信号与通信技术也不断向更加集成化、智能化的方向发展。

运营调度系统 ODS(Operation and Dispatch System)是集计算机、通信、网络等现代化技术的现代化综合系统,对列车运行计划和基础设施维修计划进行审批和管理,指挥列车运行,是完成高速铁路运营组织特别是日常运营的根本保证。通常由计划调度、列车调度、动车组调度、综合维修调度、供电调度和客运服务调度构成。高速铁路调度强调集中指挥与控制,是综合效益的体现者。

客运服务系统 PSS(Passenger service system)的主要功能是处理与旅客服务相关的事件,包括发售车票、信息采集、信息发布、日常投诉、紧急救助、旅客疏散、旅客赔付等工作;另外还有统计分析功能,为管理决策层提供决策参考。通常由票务系统、旅客服务系统、市场营销计划和客运组织管理构成。客运服务系统是基于高速铁路高速度、高密度、大客流的特点,以旅客为中心,从旅客角度分析其从购票进站到乘车出站全过程所需的信息和资源,有效利用计算机技术、网络技术和移动互联等先进的技术手段,为旅客提供高效、便捷的出行服务的信息系统。京津城际铁路首次应用了我国自主研发的高速铁路客运服务系统,该系统包含了自动售票与检票、客运服务信息发布、广播、查询、导向、求助等多种客运服务功能，并采用 GSM-R 数字移动通信系统和 CTC 运输调度指挥系统，实现了移动话音通信和无线数据传输以及对全线运行的列车进行集中调度和控制。进一步实现了铁路客运业务的集中管理、系统融合、信息共享、联合操控和应急联动，能够为旅客提供全方位的最及时、最方便的服务。

其中，运营调度系统和客运服务系统是高速铁路运营组织与管理系统的重要组成部分，与其他系统关系详见图 11.2。

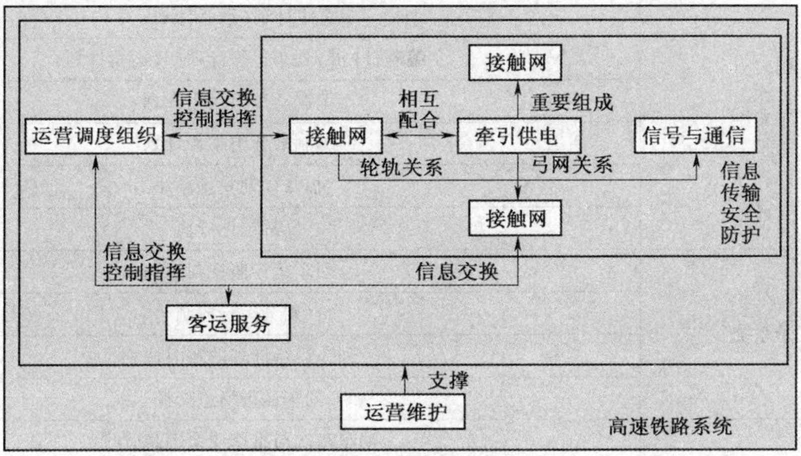

图 11.2　高速铁路子系统技术

11.2　运营调度系统构成及功能

高速铁路运营调度指挥系统涉及运输组织、机车车辆、通信信号、供电、维护救援、旅客服务等多个方面。目前，国外高速铁路调度指挥系统基本分为三种类型：

第一类是以日本为代表，通过构建各专业综合调度系统以适应高速铁路的特点和需求。该系统是以计划为龙头，综合了与行车有关的各方面内容，使整个调度指挥系统全面协调地工作。

第二类是以法国和西班牙为代表，以线路为目标建立控制中心，基本沿袭既有铁路的传统模式。

第三类以德国为代表，其调度系统是以地区为中心建立调度控制中心，而不是以高速线为中心。

高速铁路运营调度系统主要解决两个问题，即如何运营和如何调度的问题。运营问题主要是指编制高质量的运输计划，调度问题主要通过调度指挥系统各功能子系统的相互配合、协同动作。

我国高铁调度指挥系统设计为一体化综合系统，由计划编制、运行管理、动车组管理、供电管理、旅客服务、综合维修子系统组成，如表 11.1 所示。遵循以准确的运输计划为核心，实现基本计划、实施计划和运行实绩的统一管理，采用分散自律型结构，通过自动控制方式，及时准确地反映出调度员的指挥意图，满足高速、高密度的列车运行需要，如图 11.3 所示。

调度指挥系统自底层开始,分为信息采集层、信息融合层、决策支持层和综合服务层。其中,信息采集层包括行车设备、联锁设备、线路检测设备、供电和电力系统检测设备、动车组状态检测设备、通信信号检测设备和环境、气象检测设备等从铁路现场各处采集到的信息。该信息向上传输到各相关的基层业务单位,进行初步处理和融合,通过专用的通信网络和接口上传到中央数据库。高速铁路调度则是在中央数据库的支持下,进行调度决策,指挥日常生产作业。同时,该层的信息向下传递送到中央数据库和基层单位指挥生产。

表 11.1 高速铁路调度运营子系统功能表

计划调度子系统	实施计划(运营计划)
	编制日(班)列车运行计划(日运营计划)
	编制动车组运用计划
	编制乘务组乘务计划
	临修计划安排模块
	日常统计分析
列车调度子系统	列车运行监视与追踪
	列车运行控制
	列车运行计划的实时调整
	列车运行信息交换
动车组调度子系统	动车车次与维修质量信息管理
	动车组乘务组运用方案管理
	跨线动车组运用方案管理
	动车组运用方案调整
	动车组状态自动诊断和预警
	实绩记录和统计
供电调度子系统	实时远程监控
	供电设备信息管理
	供电设备状态检测
	供电安全管理和事故处理
综合维修调度子系统	综合维修计划管理
	日常维修工作管理
	设备状态综合检测
	综合维修信息管理
	环境、气象等监控
	灾害、事故现场监视
	安全预警管理
旅客服务调度子系统	信息采集
	信息通报与广播
	日常事务处理
	统计分析

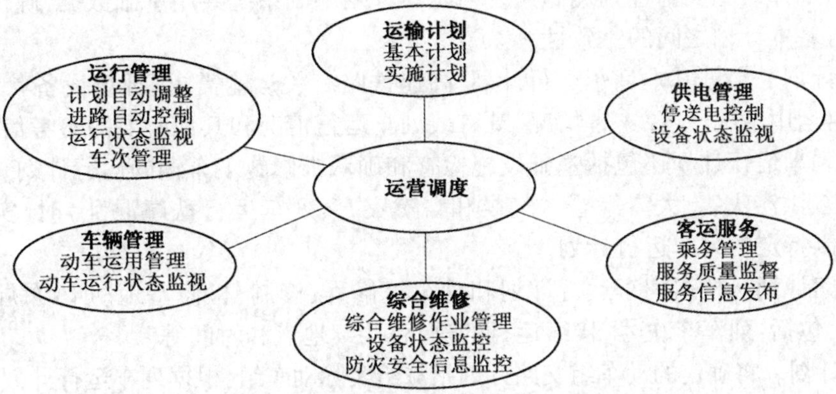

图 11.3 我国高速铁路运营调度系统构成

城际铁路调度指挥是铁路局调度所高速铁路调度指挥的一部分。调度指挥是城际铁路运营管理和列车运行控制的中枢,通常由列车调度、计划调度、动车、供电、客服和综合维修调度等工种组成,担负着指挥城际铁路运行和日常生产活动的重要任务,是保证城际铁路列车安全、正点、高效运行的现代化铁路控制与管理系统,涉及铁路运输组织、通信信号、牵引供电、安全监控、综合维护等诸多专业技术,并具备计划制定、计划调整、列车调整、设备监控、环境监测、设备维护等列车运行管理的主要功能,其支撑技术包括计算机、网络通信、数据库、软件工程、系统控制、系统安全防护、智能决策等。

运营调度各子系统功能如下:

1. 运输计划子系统

(1)基本计划编制

根据不同时期的客运市场需求,组织编制基本计划。基本计划以线路数据、动车组参数、信号系统参数、车站参数等数据为依据,结合客流分析与开行方案进行编制。基本计划包括:基本列车运行计划、动车组交路计划、车辆分配计划、乘务计划。

基本列车运行计划。根据不同时期的客运市场需求、客流预测和列车开行方案,编制基本列车运行计划,包括:列车车次、始发终到站、运行径路、运行进路、各站的发到时刻、占用股道号码等。

基本动车组交路计划。包括:列车车次号、始发终到站和时间、接续运行进路等。系统具备测算按动车组运用手段别分车型的动车组以及需要数量的功能。

基本车辆分配计划。包括:对应动车组所担当的列车车次号、动车组号、编组、接续运行进路和时间,动车组出入段地点和时间等。系统具备测算按动车组运用段别分车种的车辆数量的功能。

基本乘务计划。包括:司机和乘务人员担当的列车车次号、担当区段和时间、出乘(休乘)地点和时间等。系统具备测算按动车组运用段的乘务组和乘务人员数量的功能。

(2)实施计划编制

调度所运输计划编制部门根据铁路总公司下达的计划、市场需求以及线路、设备等相关情况,负责编制管辖范围实施日前几天内的实施计划(具体要根据相关规定制定)。实施计划分为列车运行计划、动车组交路计划、车辆分配计划、车辆检修计划、乘务计划、车站作业计划、综合维修计划、供电计划。实施计划编制系统与基本计划编制系统共用基础数据,确保各实施计划之间,以及与基本计划之间的一致性。

列车运行计划。根据基本列车运行计划、高速铁路有关运输需求、现场设备状态、维修施工情况、动车组运用情况、气象灾害情况、既有线列车运行情况和其他必要的参考信息,编制列车运行计划。列车运行计划还包括基础设施检查和确认维修施工车辆的运行计划。当发生特殊事件(如地震、洪涝灾害、大雪等恶劣气候和自然灾害、列车运行秩序混乱)时,实施计划编制系统可以编制特定的列车运行计划。

动车组交路计划。根据列车运行计划和动车组修程、修制、检修基地(所)布局等编制动车组交路计划,包括:列车车次号、接续运行的进路、接续地点和时间等。

车辆分配计划。将确定的动车组交路计划指派给实际动车组,根据列车运行计划、动车组交路计划、动车组检修规程和作业时分标准、动车组履历等,编制车辆分配计划,包括:动车组号、编组、运行交路、出入段时间、动车组回送及接运计划,动车组车辆解除备用及转入备用计划等。

车辆检修计划。根据动车组交路计划、车辆分配计划、动车设备履历、修程、修制、列车走行统计数据和列车故障情况、检修基地的作业能力等,编制车辆检修计划,包括:动车检修等级、检修作业内容、等待停留的时间和地点、检修作业起止时间、检修作业具体地点等。

乘务计划。根据列车运行计划、动车组交路计划和动车分配计划,编制乘务计划,包括:乘务组编号及担当的车次、乘务区段、出退勤地点及时间、轮休/倒休安排等。

车站作业计划。根据列车运行计划、动车组交路计划等,编制车站作业计划等。

综合维修计划。包括编制月度综合维修计划、综合维修实施计划,根据各维修部门提报的维修计划,协调确定高速铁路综合维修计划,包括:维修地点、维修作业内容、工作量及时间安排,维修车辆的运行径路、维修车辆的上下道时间、安全防护措施等。

供电计划。包括牵引供电和电力供电计划,根据列车运行计划、高速铁路综合维修计划和供电设备状况,编制供电计划,包括:停送电时间、停送电区段、停电原因等。

实施计划的上报与下达。实施计划编制完成后报相关部门审批,审批后的实施计划如需修改,亦在修改后报批。根据计划的类型,实施计划分别发送到铁路总公司、调度所内相关调度、相邻高速铁路调度所、相关铁路局调度所、动车基地(所)和站、段(所)等。

运输统计分析。实施计划完成后,系统能够根据运输实绩进行运输统计、分析,并将统计结果发送到相关部门,运输统计分析的指标包括列车运行指标、动车组运用指标、综合维修影响分析、乘务指标以及根据需要定制的其他指标。

2. 运行管理子系统

运行管理系统是运营调度系统的核心和关键,是调度员根据列车运行计划组织列车安全、正点运行的重要手段。在列车运行紊乱情况下,可调整列车运行计划,并控制列车、调车进路,监视列车运行。系统功能包括实施计划接收、人工和自动列车运行计划调整、列车运行监视、列车运行调整计划下达、人工和自动进路控制、实绩运行图描绘、调度命令传送、列车跟踪及车次号校核等功能。系统能随时按业务需求的调整进行权限控制和功能切换。

(1)实施计划接收

接收调度所内相关调度、相邻高速铁路调度所、相关铁路局调度所传来的实施计划,列车运行计划包括列车车次、始发终到站、运行径路、运行进路、各站的发到时刻、占用股道号码等,以及基础设施检查和确认车、维修施工车辆的运行计划。

(2)列车运行监视

①实时显示列车运行位置、列车车次、列车速度、列车早晚点、联锁和列控系统信息,主要包括:轨道电路状态、道岔位置、车站股道及区间封锁、临时限速。

②列车实绩运行图和列车运行调整计划图的显示。

③列车出入动车段状态显示。

④安全监控及设备故障等报警信息的显示。

⑤显示与所管辖高速铁路衔接的相邻线路至少两个车站站场、列车运行位置、信号设备状态、列车运行早晚点信息及预计进入所管辖高速铁路时分的信息。

(3)调度指挥与控制

具备在调度所直接进行列车和调车进路控制、限速设置、区间和股道封锁的功能。

①列车运行调整。当发生列车运行秩序紊乱时,系统能自动调整列车运行计划,或由人工调整列车运行计划。经确认的列车运行调整计划能自动下达到相关车站和处所。

②控制模式。系统具备调度集中控制和非常站控两种控制模式,在调度集中控制模式下,系统具备自动进路控制功能和人工进路控制功能。系统确保两种控制模式转换的安全,控制模式的状态有明确的显示。

③列车进路控制功能。系统能够根据列车运行计划提供的信息,自动设置列车进路,若进路设置失败则进行报警,系统可以用人工排列列车进路。

④调车进路控制功能。系统能够根据列车运行计划、车站作业计划和列车运行实际情况,自动设置动车组出入段调车进路、动车组折返调车进路等,若进路设置失败则进行报警。系统能够根据列车运行计划、综合维修计划和现场实际情况,自动设置维修施工车辆出入车站(所)、区间运行进路,若进路设置失败则进行报警。此外,系统具备人工排列调车进路的功能,调度员可根据实际需要进行人工调车进路控制。

⑤临时限速。系统能根据来自其他系统的临时限速建议或临时限速请求,进行临时速度限制设置或解除,并对临时限速的设置及解除状态有明确显示,确保临时限速设置与解除命令输入的准确性与安全性。

⑥区间、股道封锁。系统具备对区间、车站股道进行临时封锁或解除封锁的功能,并对封锁的位置和状态明确显示,确保区间、股道封锁设置与解除命令输入的准确性与安全性。

⑦统计分析。系统具备对本调度区管辖范围内的列车运行数据进行统计制表的功能,列车运行数据主要指列车运行早晚点时分、列车运行正点率、列车旅行速度、列车技术速度等。

(4)调度命令管理

运行管理系统具备对调度命令进行管理,车站值班员可根据现场维修、施工等实际需要向调度员提出授权申请,即请求调度员以调度命令方式予以批准。系统可对调度命令进行编制、审批、传送、签收、查阅等。

(5)实绩运行图管理

运行管理系统能生成、描绘列车实绩运行图,可实现事故、灾害、施工、维修及其他特殊情况的录入,能存储、查询运行相关信息。

(6)列车运行历史数据回放

运行管理系统具有对列车运行历史数据进行回放的功能,并以图形等方式进行显示,可作为故障分析的依据和模拟培训的数据,也可用于大数据作数据的可视化展现。

(7)列车车次追踪及管理

①系统能自动获得管辖范围内所有列车车次相关信息,实时追踪列车车次。

②对于跨线运行的列车,系统能和其他线路的系统交换车次信息,确保这些列车车次能够被实时追踪。

③系统具备车次号自动校核和人工修改功能。

(8)维修作业时间管理

①系统具备维修作业开始时间的下达功能。

②系统具备维修作业结束时间的确认和检查功能。

3. 车辆管理子系统

车辆管理的主要功能是掌握动车底的应用,执行动车交路计划、跨线动车运用计划及司机乘务计划,并根据列车运行调整计划进行调整,对列车运行调整方案提出建议;建立动车组的履历档案,根据动车组的修制、修程及其技术状态,适时安排动车组入段检修。车辆管理主要目标是保证动车组合理运用、高速安全运行,实现对全线所有动车组运用、检修、设备运用的统一指挥。

4. 供电管理子系统

供电管理子系统是保证铁路可靠供电,保证线路设施维护时的安全无电作业、对牵引供电、电力供电系统的运行维修进行安全督导、与列车运行调度、与动车调度协同工作,与综合维修调度配合进行停送电控制,参与救援指挥,保障现场供电安全。系统具备如下功能:

①接收列车运行计划、供电计划、综合维修计划、列车运行调整计划和列车运行状态的功能。

②实时监视牵引供电系统运行状态、系统设备带电状态,将重要信息发往相关系统。

③实时监视牵引供电设备技术状态和故障信息分类归档,将重要信息发往相关系统。

④可靠完善的遥控功能,包括单控、程控两种方式,程控内容可由用户根据系统控制需要编制,遥控功能具有严格的防误操作闭锁措施。

⑤事故记录功能,并可实现历史数据回放。

⑥调度事务管理功能。

⑦容错、自诊断、自恢复功能,并能支持远程维护。

⑧实现对无人值班场所的视频监控。

⑨供电设备发生故障时,能提供紧急处置预案。

5. 客运服务子系统

客运服务的主要功能是接收列车运行计划、动车组交路计划和列车运行调整计划,自动生成相关的旅客服务信息,并发送到站车及有关单位;集中管理旅客服务有关各类信息、实时掌握列车运行实绩信息和预测信息,并实时监督管辖范围内高速铁路列车编组、上座率、各站中转旅客人数、动车组周转、中转列车接续以及列车乘务组等信息的功能。通过监督晚点列车,制定其运行调整建议方案;查询与旅客服务相关的数据功能,生成相关数据统计和信息汇总。当发生突发事件时,能提出紧急处理预案、旅客疏运方案,提出列车运行调整方案建议,同时对大型车站等关键场所进行视频监控。

6. 综合维修子系统

为保障高速铁路维修资源合理运用、统一调配,并尽量减少对高速铁路运营安全的影响,设立综合维修调度，统一调度指挥。综合维修系统具备综合维修管理、防灾安全监控和综合设备管理功能。

（1）综合维修管理

通过建立基础设备履历，提供维修资源分布情况，对进行维修作业计划的汇总和协调，接收列车运行计划、综合维修计划和列车运行调整计划。对维修作业过程的管理，确认维修作业开始状态和结束状态，下达维修作业开始命令和结束命令，向列车调度发送维修作业结束确认信息。

（2）防灾安全监控

防灾安全监控是运营调度系统的重要组成部分，主要实现对管辖范围内的基础设施、自然灾害进行实时监测，或从其他相关系统或部门得到报警信息，对各种监测信息进行汇总、分析、处理，判定设备安全隐患、灾害及故障的类型、性质和级别，对各种不同级别的报警、预警信息提出处理建议，并能发送至相关系统和部门。

①主要接收的灾害信息：风、雨、洪水和降雪等自然灾害信息；机房、站房等关键设备火灾报警信息；防坠落物检测信息。

②报警：根据线路参数、车辆参数等设置各种灾害预警的门限值，通过灾害分析判决模型，对各种灾害可能对列车运行造成的影响做出判断，设定警戒、巡检、限速运行和停车四级报警。提出应急处理建议。将报警信息、行车建议实时发送到相关系统，同时并具备实时接收报警信息处理情况的反馈信息的功能。

③统计与分析：对各种防灾安全监测信息、报警事件处理实绩的存储、统计、查询。

（3）综合设备管理

实时监视设备的工作状态；接收对线路、桥梁、隧道以及通信、信号、信息等设备的监测数据，监视其工作状态；可查询管辖范围内所有设施和设备技术资料，并将报警信息传送给相关系统或部门的功能。

高速铁路调度所按功能分为列车运行计划调度、列车运行调度、动车组、供电调度、综合维修调度、旅客服务调度等子系统。

11.3　调度集中系统的特点及控制模式

在既有线调度指挥模式中，列车调度员通过列车调度指挥系统（Train Operation Dispatching Command System，TDCS）将指挥意图通知车站值班员，由车站值班员在其管辖范围内进行各工种的作业布置，组织相关人员完成各自的任务。与既有线的行车指挥模式不同，高速铁路调度指挥采用调度集中系统（Centralized Traffic Control System，简称 CTC），即列车调度员通过调整并下达列车运行调整计划来控制车站自动开放信号，并在非正常情况下指挥助理调度员进行人工排列进路和开放信号。车站通常可不设值班员，只设应急值守人员（应急行车人员），在转为车站控制模式时，担当车站值班员。高速铁路调度员由既有线的单纯行车指挥者转变为集指挥者与执行者于一身。高速铁路的调度集中指挥由于车站不设行车人员，列车调度员除担负既有线列车调度员的职责外，还兼有车站值班员、信号员、调车领导人的职责，CTC 控制区域内所有的信号、道岔等行车设备的操作、调度命令交递、设备维修及施工登记、行车闭塞办理、进路排列和列车预告、施工作业组织等工作均由调度员（助理调度员、综合维修调度员)直接负责,列车调度员对其管辖范围内的道岔、信号、进路进行集中控制,直接向司机发出列车运行指令,司机、列车长等直接向列车调度员反馈情况,列车调度员掌控现场情况得到加强。

11.3.1 调度指挥系统设备 CTC

高速铁路调度指挥系统是高速铁路运营管理和列车运行控制的中枢,是高速铁路高新技术的集中体现,是高速铁路运营管理现代化、自动化和安全高效的标志,统一指挥列车运行和协调铁路运输各部门。高速铁路调度指挥系统趋于集成化、自动化、综合化和智能化,其集成了列车运输计划编制和日常调度生产指挥相关任务,是列车运行组织的核心。调度集中虽然不能直接提高线路的通过能力,但通过集中控制,可增强行车调度的自动化程度,保证高速铁路的安全和效率,充分运用线路的通过能力,同时提高劳动生产效率和改善劳动条件。CTC系统最终目标是以调度指挥系统为核心,最大限度地实现车站控制的自动化、无人化。

调度集中 CTC 最早由美国人于 20 世纪 20 年代提出。其特点是将信号和监控列车运行结合起来,在调度中心集中控制列车进路,直接指挥列车运行,实现了行车指挥的自动化和远控化。CTC 综合了通信、信号、运输组织、现代控制、计算机和网络等多学科技术,实现列车调度员对某一区段内的信号设备进行集中控制,是对列车直接指挥和管理的技术装备。其主要功能是集中控制列车进路,自动检测并判断列车进路和调车进路的冲突,对集控站的进路由列车调度员直接指挥,优化了劳动用工组织,提高了运输效率。

高速铁路调度指挥均采用 CTC 系统。区别于 TDCS 而言,CTC 系统实现了列车调度员对车站作业的远程调度指挥。列车调度员的综合业务素质是列车调度员正确及时处置各类正常情况的保证。

CTC 是以分散自律为基本特征的,分散自律是以"信息集中、控制分散"为基本理念的铁路调度指挥模式。建立在 TDCS 系统之上的调度集中系统,有效解决了列车进路和调车进路间相互干扰、指挥权频繁转换于调度员和车站间,以及无线通信、车次号追踪等关键问题,等到了广泛应用。其技术上具有智能化、适应性强、可靠性高、安全性高、标准化和可扩展性和移植等。其中,TDCS 是指既有线铁路列车调度指挥系统,在我国由铁路总公司调度中心、铁路局调度所、车站三级构成,是实现铁路各级运输调度对列车运行实施透明指挥、实时调整、集中控制的现代化信息系统。其前身为铁路运输调度指挥管理信息系统(dispatching management information system,简称 DMIS)。分散自律调度集中系统(CTC)是"以 TDCS 系统为平台,以 CTC 为核心"为原则进行开发的,CTC 系统包含了 TDCS 系统的所有功能,并在此基础上进一步实现了车站信号设备的集中控制,列车进路按图排列和调车控制。CTC 系统是运输组织指挥的智能化、自动化程度更高,列车调度员可集中精力专心用于行车计划管理、调整,确保列车按图安全正点高效运行,提高了运输效益;实现了列车作业和调车作业的集中控制和统一管理,进一步减少调度指挥的中间环节和结合部,以利于提高运输效率和确保运输安全。

CTC 系统的主要功能如下:

(1)根据列车调度员运行调整计划自动生成列车进路信息,系统根据设定的触发时机自动触发进路,从而实现对列车进路的自动控制。

(2)当人工办理进路时,具备列车调度员与助理调度员双确认功能,调度台间运行计划相互传递功能。

(3)具有调度命令(含书面凭证、调车作业通知单等)下达、无线传送及无线车次号自动校核、列车停稳信息等功能。

(4)实现安全卡控功能:实现了对旅客列车在办客站防止错办通过功能;按行车限制卡对停电单元设置有电无电,实现了对电力机车闯无电区的安全卡控功能;在既有线 CTCS-2 区段实现了对超限列车与动车组列车自动隔线交会功能。

(5)通过 T/D 结合,实现了列车工作计划、施工计划(包括施工信息、施工调度命令、施工符号)自动上图功能;接收计划台下达的阶段列车开行计划,实现了阶段开车信息、解挂作业信息、超限车辆挂运信息自动上图功能。

(6)CTC 自律机对违反安全条件的人工操作,进行安全提示;对设备故障,具有报警、提示、记录等功能;具有遇设备故障、施工时进行设备锁闭停用功能;对所有的人工操作,具有完整的记录、查询、回放和打印功能。

列车调度员可根据运输实际情况,正确编制列车运行调整计划,并适时将计划直接下达给各个车站的自律机,由车站自律机根据列车运行调整计划自动生成列车进路操作指令(自律机进行行车安全和站场条件等检查运算,对条件运算不符合条件要求的反馈至列车运行图终端,弹出相应警告信息),并根据根据车次号追踪结果提供的信息适时地将进路操作命令传送联锁设备予以执行,以此实现车站作业的远程调度指挥。

CTC 系统将行车安全、站场条件检查交给了车站自律机来实现,这种方式杜绝了传统办理进路的错办和漏办,提高了行车安全的水平,但对列车调度员编制列车运行调整计划的质量要求极高。列车调度员必须认真监视系统弹出的告警信息,及时发现并解决问题。遇有需要人工操作调度终端设备办理进路时,必须严格执行"两人确认"制度,确保调度指挥安全。列车调度也要熟悉调度指挥系统中各类设备的原理和作用,通过系统设备实时掌握列车运行及行车设备的动态,及时接受各类影响列车运行或危及行车安全的信息。

11.3.2　分散自律控制模式

(1)CTC 分散自律特征。调度集中是调度中心对某一区段内信号设备进行集中控制及对列车运行和司乘人员直接指挥和管理的技术装备。结合铁路路情,我国应用了 CTC 分散自律调度集中系统,即采用计算机分布式网络控制技术和信息化处理技术,将列车运行调整计划下达到各个车站自律机中自主自动执行。分散自律控制的基本模式是用列车运行调整计划自动控制列车运行进路,此时,调度中心具备人工办理列车、调车进路,车站具备人工办理调车进路的功能;非常站控模式是指当调度集中设备故障、发生危及行车安全的情况或设备天窗维修、施工需要时,脱离系统控制转为车站传统人工控制的模式。在分散自律控制模式下,车站联锁控制台不起作用;在非常站控模式下,调度集中系统控制不起作用。

(2)大型客站控制模式。CTC 原则上应将统一调度区段内、同一联锁控制范围内所有车站(车场、线路所)的信号、联锁、闭塞设备纳入控制范围。高速铁路调度集中区段绝大部分中间站根据列车调度员采用 CTC 调整列车运行计划并自动办理行车作业。但因大型客运站作业比较复杂,若将接发车进路命令控制权设在调度所,调度员很难彻底掌握现场的实际作业情况,工作量会大大增加,可能无法应对日常的调度工作。因此,大型客站 CTC 的权限下放给车站,车站可修改列车进路指令或者直接办理列车进路,由车站自律机进行各种作业的协调并保证安全性,以减轻调度员的负担。采用车站操作模式,由调度员负责列车运行计划的调整和下达,车站可以修改列车运行调整计划的内容,包括接发车顺序、到发线、进路始终端按钮、进路被触发的方式(自动或人工)等,车站人员可直接操作列车按钮。

(3)列车进路办理。调度集中的控制信息依据不同处理阶段分为计划、指令和命令三个层次。计划是指形成指令队列前处理阶段的信息;指令是指车站自律机储存的进路信息;命令是指车站自律机输出的进路操作信息。其中,列车进路指令的生成是自动排列进路的前提。进路指令的生成指的是通过解析列车运行调整计划,查找联锁进路和出入口号、股道号、列车始发时刻、始发终止标志,自律机才能自动生成列车进路指令。自律机根据列车运行调整计划,综合考虑列车性质和等级、超限级别、列车长度、机车类型、股道用途、股道有效长度、道岔曲股进路的最大允许速度等因素,自动生成每列列车的接车进路指令和发车进路指令。进路指令,允许人工编辑修改股道、进路始终端按钮、变更按钮等。接发车进路中,股道和始终端按钮相互关联,股道一经修改,按钮随着自动修改,反之亦然。列车进路指令均保存在自律机存储器中,等待执行时机,时机一到,经过自律检查通过后,将指令转变为命令下达给联锁系统执行。当人工输入的修改信息不正确时,自律机相应会给出报警,并不予修改。

(4)自律控制流程。不论哪种操作方式,自动控制的进路指令是由车站自律机自动生成的;人工进路控制命令不管来自何处,均要经过车站自律机的自律运算和检查。为保证整个程序的实时响应时间,自律程序采用循环方式,每 1~2 s 执行 1 次,每次循环流程如下:首先检查是否有新下达的控制计划,如接收到新计划,则根据计划进路的联锁表,重新计算每个站对应于此计划的进路占用时间和空间表;跟踪所有列车车次,记录列车实时位置;遍历等待执行的进路序列,察看每条进路所对应的列车位置。

分散自律控制模式下,需要加强对列车进路的控制功能。例如,×年×月×日 6 时 30 分,×站车站值班员擅自代替信号员人工排列 10 道 C7023 次往广深Ⅰ线发车进路时,错误点击了进路终端按钮 SSZ(应按压 SZ),排列了往广深Ⅲ线的进路。6 时 31 分,车站值班员发现进路错误立即呼叫司机停车。6 时 32 分,C7023 次越过 10 道出站信号机,走行 481 m,停于南道区 D30 信号机前 K9+405 处,构成铁路交通一般 C9 类错办闭塞发出列车事故。这起事故的一个主要原因是车站值班员在办理列车进路时没有使用人工触发进路序列的方式进行,而是擅自通过人工点击始、终端按钮的方式人工排列发车进路,没有发挥 CTC 系统技防作用。

再如,×年×月×日 7 时 37 分,×调度台列车调度员调整 D6471 次动车组列车运行计划过程中,错误将×站 3 道接车进路调整为 1 道(非固定进路),8 时 13 分 02 秒,在系统多次提示无法接入无客运设备股道的情况下,助理调度员人工强制办理列车×站Ⅰ道接车进路,8 时 13 分 55 秒,列车压上×站 1 号道岔区段,列车调度员发现后呼叫司机停车,并组织列车退行至×进站信号机外方,重新办理 3 道接车进路,8 时 55 分,列车到×站 3 道停车,办客完毕后,8 时 56 分开车,耽误本列 41 min(图定 8 时 13 分到、15 分开),构成铁路交通一般 C8 类事故。这起事故的一个主要原因是列车调度员严重违反岗位职责与作业标准。在调整列车运行计划时,未认真确认修改计划的车站名称,本该修改×站 D6471 次股道计划,却错误将×站 D6471 次动车组股道由 3 道修改为Ⅰ道,将 D6471 次动车组接入无客运站台的非固定股道。二是助理调度员不履职。未认真监视控制台显示状态,对提示窗多次报警提示未查看,导致列车调度员错误修正计划并下达、错误人工触发进路等行为未予以提醒、纠正,导致事故发生。

11.4 运营调度组织与管理

11.4.1 高速铁路运营调度指挥的特点

从目前已经投入运营的高速铁路来看,一个高速铁路调度员管辖区段除了部分枢纽客运站为车站控制外,绝大部分车站均为分散自律下的中心控制,日常运输工作由列车调度员进行统一指挥与操作,车站均不设车站值班员。因此,高速铁路行车指挥工作较之既有线铁路具有高度集中,安全压力明显前移的特点,列车调度员作为日常行车工作的组织者、指挥者所承担的安全责任明显加大。高速铁路的运营调度与既有线相比,具体有以下特点:

(1)组织目标不同。在借鉴国外高速铁路先进运输组织经验的基础上,高速铁路的运输组织应以最大限度方便旅客出行、提高旅客服务质量和优质的列车运行秩序为目标,在此基础上,尽可能使上线的中速列车旅行时间最小、始发和终到时间合理、非旅客乘降作业的停站次数最少和停站时间最短、高速动车组使用数量和中速列车使用机车台数最少。

(2)组织优先级不同。高速铁路上运行的都是旅客列车,但列车等级有区别,在考虑列车等级和运行距离的前提下,总体上应先组织高速列车后组织中速列车,再根据中速列车在高速铁路衔接站的到发时刻,确定跨线中速列车(为既有线上的特快、快速旅客列车)在既有线的运行时刻,校验列车的始发、终到时间是否合理。既有线上运行的旅客列车等级明显高于货物列车,因此,应先组织旅客列车再组织货物列车。

(3)组织策略不同。高速铁路运输组织以方便旅客出行、提高旅客服务质量、优化的列车运行秩序为目标,以日本新干线的规格化的运输组织策略为例,即高速列车的开行数量、运行顺序、运行速度、越行或待避车站等都最大程度的规范化,将定期列车、季节列车和临时列车以不同运行线铺画在基本运行图中,充分考虑不同时间段、不同出行目的的旅客需求。

(4)优化调整方法不同。高速铁路上运行的高速列车等级高于中速列车,但是跨线的中速列车基本上都为既有铁路上等级最高列车,这些列车对始发和终到的时间范围、列车旅行速度、列车正点率等方面的要求同样很高,这就决定了高中速列车的调整优先级同等重要。因此,在对中速列车运行调整时必须考虑到其在既有铁路上途经的几个主要客运站的到发时刻等是否满足要求。

(5)列车运行的时间段不同。高速铁路综合维修天窗的设置,使高速铁路可用来组织高速列车和中速列车的时间带较既有铁路的时间带大为减少,维修天窗时间同时割裂了可循环使用的连续的运行时间,使上高速线的长运程中速列车的始发时间范围缩短。

(6)运输效率极大提高,车底周转速度明显加快。目前,我国高速铁路网络中最为繁忙的沪宁城际铁路周末运行图现共开行动车组 98 对,其中使用时速 300 km 动车组 73 对,时速 250 km动车组 25 对,列车最小间隔时分不足 5 min,列车终到最短折返时间不足 20 min。这一组组数据很清晰的表面高速铁路的运输效率之高,由于交路套跑时间和追踪间隔时间较短,一旦某个环节出现问题,就很有可能造成本列及后续列车的循环晚点。调度应急处置中不仅要保证安全,提高应急处置的效率,减少故障和事故的影响也显得尤为重要。

(7)各项新技术集中运用。高铁技术高新技术的系统集成,与普速铁路相比,存在着现代科技上的巨大差异,存在着人、机功能分工和组合上的差别。高铁的行车安全监控系统,实现对动车组、线路、信号、电网和列车运行状态的全面监测、预警及安全管理。高速铁路作为一项集各项高科技于一身的现代化铁路系统,其包含的各项新技术的数量是惊人的,如 CTCS-3/2 级列控系统、调度集中系统、无线闭塞系统、防灾安全监控系统等。例如,2008 年建成开通运营的京津城际铁路是我国第一条高标准且具有完全自主知识产权的高速铁路,其防灾系统由防风预警子系统和异物侵限监控子系统和暴雨及洪水监测子系统组成,并预留与地震子系统和道岔融雪子系统等其他子系统的接口。防风预警监测子系统在发生风速超限时发出报警,并向调度员提供大风条件下限速建议。异物侵限子系统在发生落物侵限后报警,调度员可根据实际情况,执行临时通车、调度恢复及信号限制等操作。无论发生哪一种报警,监测系统都会向运营调度中心发送报警信息,提醒调度员及时查看各监测点状态,采取应对措施。

(8)运行环境存在很强的随机性,高铁运输系统的稳定性也越来越重要。在因天气、人为等外界因素发生运行秩序扰乱的情况下,通过调度指挥调整尽可能减少与原定计划的差距。而这种调整往往超出传统行车调度的范畴。减少对旅客出行的影响,提高整个系统的综合协调能力,是高铁必须面对的新挑战。动车组列车要求具有高品质的运输服务,对高铁列车准时性方面和安全性方面提出了更高的要求。但列车运行环境是一个随机调控的过程,要受到列车运行图、动车组交路、列车调整原则及设备运用的约束,要统筹考虑。

(9)高铁的列车运行的计划性很强,对调度指挥系统的实时性、安全性、可靠性的要求很高。按照集中管理的模式,达到透明指挥、有效管理的目标。调度指挥工作主要设计了旅客服务、运输组织、固定设备、移动设备以及维护救援和安全监控等,主要负责对各个部门和环节的协同工作。高速铁路运营的安全正点和高效运营的需求比较大,调度指挥系统则主要是指完成铁路运输生产任务、协调铁路运输生产以及实现铁路运输安全生产等的关键所在。

调度组织能力是高铁安全运行的关键,高铁调度承担着行车组织指挥、行车安全监控、行车应急处置、施工组织等重要职责,直接关系到高速铁路的正常运行。因此,加强和优化高速铁路调度指挥,是高铁运行营管理的重中之重,也是各级铁路运输管理部门优先落实的管理职责。

11.4.2 运营调度岗位及组织工作

以建设调度集中系统(CTC)为核心,构建实现运输调度指挥的自动集中控制和所站车一体化管理的组织体系。高速铁路行车指挥工作较之既有线铁路具有高度集中。一个高速铁路调度管辖区段里程基本在 300~500 km,管辖 15 个左右车站,除了部分枢纽客运站为车站控制外,绝大部分车站均为分散自律下的中心控制,日常运输工作由列车调度员统一指挥与操作,车站均只设没有操控权的车站监视应急执守人,高速铁路调度要承担既有线车站值班员岗位的工作。新的作业特点、作业方式大大使得高速铁路调度所承担的安全责任明显加大,安全关口明显前移。

高铁集中应用了新的技术装备,随之产生新的运营管理模式,铁路局高铁调度主要设置了高速铁路值班副主任、(客运)计划、列车、客服、动车、供电、施工调度台等岗位。其中,列车调度台可分列车调度员和助理调度员岗位,各高速铁路调度台间紧密联系,密切配合,特别是列车调度台是确保高速铁路调度指挥安全、列车安全畅通运行的中枢与关键,高速铁路值班副主任负责领导协调各调度台之间的工作,督促各岗位按章按标作业,共同确保高铁列车运行的安全畅通。

（1）列车调度是调度指挥和关键。在日常工作中（调度集中分散自律模式下），基本上所有与行车相关的工作均由列车调度员与助理调度员共同完成，两者的业务水平、工作配合、协调联动和相互默契直接关系着高速铁路调度指挥的安全与应急处置的效率。在处置固定设备故障时，列车调度员应详细了解现场情况，根据设备故障现象及时通知相关部门处置，同时按规定通报设备故障信息，严格按标准进行处置。基本任务是根据列车运行计划组织列车安全、正点运行。列车调度员的职责是负责本调度区段行车指挥工作，编制和下达列车运行调整计划，组织并监控列车运行，调整列车运行计划和到发线使用；负责与相邻台交换列车运行计划；需人工办理进路时，负责布置进路，并听取助理调度员进路准备妥当的汇报，确认进路正确；转为非常站控时，负责向车站应急值守人员下达列车运行调整计划；与助理调度员一起针对列控限速调度命令等执行“二人确认制度”等。助理调度员的职责是接受列车调度员的领导；监视列车运行情况和有关安全监控设备工作情况，监控管辖各站列车进路和调车进路的排列情况；需人工办理进路和开放信号时，根据列车调度员的指示人工办理；负责进行控制模式转换、列控限速设置、接触网有（无）电状态、线路（道岔）封锁等操作；分散自律模式下，担任调车领导人，下达调车作业计划并负责办理调车进路；负责列控限速调度命令的设置、取消及人工排列的进路，与列车调度员共同确认进路正确等。运行图终端是 CTC 系统中重要的一部分，是行车调度组织工作的重要工具，负责列车运行图的铺画生成与调整，各类施工封锁的安排与调整，生成阶段计划下达到车站后，由车站自律及按计划排路，或由车站值班员根据实际情况安排进路。

（2）相应设置客服台和动车、供电、施工、综控调度台，并优化相关职责。设置高速铁路值班副主任岗位，主要职责是在值班主任的领导下，掌握高速铁路列车安全正点情况，对高速铁路非正常行车组织、应急处置等事宜进行安全盯控。客运调度台分为客运计划和客运调度台，各设调度员一名。其中客运计划主要负责高速铁路客运计划和一日一图的编制和提交工作。客运调度员负责全局日常客运、客服及行包运输组织工作以及对日常客运信息进行处置，发布停运、加开列车或增加取消办客站等客运调度命令。特别是随着京沪高速铁路的开通运营，上海局调度所相应成立综控调度台，直接负责高速铁路车站闸机开放、语音广播、旅客乘车指引以及旅客交流工作。该系统的功能是引导旅客在各办客站入站候车、排队检票、进站上车等活动的导向。它必须向旅客提供列车的到发时刻、检票口、站台等信息，通过车站的相关显示屏、语音广播等途径为旅客提供相关准确的导向信息。其中，为充分发挥客运综控调度员对旅客列车开行计划和实际列车运行信息准确掌握的优势，要求客运综控调度员认真履行岗位职责，及时完成相关客运专线客服系统集成管理平台旅客列车运行图调整、增开临客、列车停运、更换编组等基础数据的维护工作，及时准确地向各终端发布列车到发、导向、广播、监控、设备开启等相关信息，做到操作规范，信息发布准确。根据客流和列车运行实际，及时动态调整，监控车站广播计划和现场办客情况，发现异常情况，及时通知相关部门处理，遇非正常情况要协同车站做好应急操作模式的启动和恢复工作，并积极组织拓展业务覆盖范围，更好地为旅客提供优质的服务，确保旅客运输安全有序。动车台调度员，负责动车组车底运用计划的编制，热备动车组的启用、协调现场和动车段处理动车组临时发生的问题等。高速铁路施工台调度员，负责高速铁路区段的综合维修作业计划、运行揭示命令的编制。供电台调度员，负责高速铁路牵引供电、电力系统安全运行的监控，进行停送电作业的操作和命令下达，组织供电、电力设备检修和抢修工作。

（3）强化动车信息的传递。沪宁城际铁路、沪杭高铁开通运营后，为实现现场与调度所间信息的快速传递,上海铁路局调度所还特设动车信息台。该台人员由各机务段经验丰富的司机担当,主要负责在高速铁路非正常行车过程中对现场司机进行专业技术指导。

通过不断优化设置的调度组织使得高速铁路调度指挥趋于整体、高效、快速化,实现高速铁路运输集中统一指挥、基础设施维修一体化管理。但目前在高铁计划调度台方面,尚未实现以计划为龙头的实施功能,这是下一步优化高铁调度指挥的方向所在,需强化高铁运营计划的规范性和龙头性。

11.4.3 调度日班计划工作组织

调度日计划是一日内的运输工作计划,包括列车开行计划和施工、维修计划。计划起止时间为0:00至24:00,由铁路局调度所主任(副主任)负责组织编制。计划编制的主要依据有:列车运行图、有关文件、电报、调度命令、动车组运用(车型、组数)、检修计划、月度施工计划、设备维修作业计划申请等。

(1)根据运营方案,调度制定日计划,包括列车开行计划、施工计划以及列车交路计划等。是一个复杂的包括实时控制系统和信息系统的综合系统。有人-机-环-信息-决策等要素,充分发挥高速铁路运输效能,协调铁路运输各部门,确保铁路行车安全和优质服务的基本保证。我国现行的调度指挥系统构架在功能和架构设置方面采用属地化管理的区域集中二级调度指挥系统构架。

(2)构建计划管理平台。基于基本图、时刻表、交路图以及日班计划管理功能,确保行车组织指挥有序。由客运段、动车段、机务段形成次日运用计划,并根据日班计划中的动车开行计划、股道安排、运用计划等形成动车及编组调整信息,客调根据以上计划和信息,再结合列车运行基本图及图外加开、停运信息,生成包含次日动车开行、运用、交路接续等信息的客调命令,经动车调推算和检验开行计划的正确性后,反馈到日班计划,下达到相关单位、部门和行调等岗位,等待执行。

其中,列车开行计划的编制和下达的流程如下:计划调度员每日10:00前根据列车运行图及相关文件、电报、调度命令确定次日动车组开行方案,转交动车调度员和相关机务段、动车(车辆)段、客运段。15:00前,动车调度员将动车组车底运用方案、热备车及重点事项、施工调度员将路用列车运行方案分别转交客运计划调度员。计划调度员16:00前与相关调度所交换列车开行计划,17:30前形成次日列车开行计划。计划经调度所主任(副主任)审核批准后,报总公司运输局调度处,并于18:00前以调度命令下达有关单位、调度台。

施工日计划编制和下达的基本流程如下:施工单位于施工前3日将施工日计划申请报铁路局主管业务处室审核后,于施工前2日9:00前向施工办提报施工日计划申请,施工办核对无误后,组织编制施工日计划(其中Ⅰ级施工和总公司管理施工项目的施工日计划需报总公司运输局调度处审核批准)。编制的施工日计划经调度所主任(副主任)审核后,施工办于施工前1日12:00前(0:00至4:00执行的施工日计划于前1日8:00前)将施工日计划下达本局有关机务段、动车(车辆)段和车务段(直属站),传(交)主管业务处室和相关计划调度台、列车调度台、供电调度台。

维修计划的流程与上述施工日计划流程大致类似。施工或维修计划下达后,不得随意取消日计划,因特殊原因临时取消时,须经铁路局分管运输副局长(总调度长)批准。如果是Ⅰ级施工和总公司管理施工项目还须经总公司运输局调度部主任或副主任批准。

11.4.4　列车运行调整

列车调度员是日常生产运输生产的指挥者,也是管理者。城际铁路拥有现代化的技术设备和管理手段,列车运行稳定性较好,但实际运输生产过程中难免受到诸如恶劣天气、自然灾害、事故、设备故障等各种随机因素影响或干扰,列车运行调整就是在列车运行过程中,由于某种因素或他发时间的干扰使得列车运行的实际状态偏离预定值,需要通过对列车运行计划重新编制,尽快恢复列车的有序秩序。列车运行调整是行车调度指挥工作的基础和核心。

以列车运行图为核心的列车运输计划,与普速铁路相比,高速铁路列车开行频率更高、密度更大,对准时性和可靠性的要求更高。对列车运行计划编制的一体化、调度指挥的灵活性,列车运行调整响应的快速性等提出更高的要求。

通常说来,调度指挥是围绕"天地人车图"五大要素展开的。"天"就是指天气状况,线路条件及沿线地质状况;"人"是指调度及车站工作人员状况;"车"是指各类列车运行状态信息;"图"是指列运行计划图和实际图。在当前在行车指挥自动化的基础上,随着行车速度和密度不断提升,这个过程组织形式发生了巨大的变化。"天地人车图"等采用了互联网、移动通信技术、先进传感器等技术,具有了更广泛的信息资源。主要表现在:采用信息自动化采集装置完成对于信号设备和列车实际运行信息的收集,通过计算机实现列车运行的自动追踪与管理。该系统能够根据运输的变化情况自动调整列车运行信息,自动安排车站列车接发进路,自动统计、分析列车运行实际并将结果进行记录和显示;实现了列车追踪、进路控制和运行调整;基于历史数据的风险预警和监控,以监控为核心功能,以数据收集和管理信息化为目标,以信息高效处理为基础,这对调度指挥精细度和效率、安全可靠性要求更高;调度指挥需要强化调度日班计划的制订、优化和管理,提升列车运行安全、提高列车正点率、提高调度工作质量,特别是针对不同运行图执行过程的重点和难点,要全面掌控,而且更加重视恶劣天气下的列车运行限制。

列车调度员通过调度指挥系统获取日(班)计划中的一日一图的信息,形成各个阶段的动车组旅客列车运行线条,遇临时加开列车等特殊情况,需从基本图读取或手工铺画列车运行线,此时要加强核对列车运行径路、办客站等重要信息;根据施工(维修)日计划在运行图上生成施工维修符号及铺画施工路用列车开行计划线条。根据列车实际运行、车站股道使用情况确定会让计划及股道调整,计划编制完毕并确认无误后将计划下达至车站。

目前,多种速度共线运输组织模式,列车运行调整问题尤其突出。从列车运行干扰看,上线晚点列车是城际铁路列车运行的主要干扰,是调度指挥工作的一个重点,调整原则是,由列车调度员单一指挥,以安全为前提,以正点为核心,服从全线整体优化为目标,尽可能减少对正点列车的影响,不断编制的列车运行调整计划来实现其调整措施。一般采取人机对话形式,由计算编制初步方案,人工进行局部调整。系统能实时自动地将调整计划传输给相关站段与调度。

(1)列车运行实时调整。列车调度员按列车运行图指挥列车运行,列车运行要受到各种随机因素的影响,列车运行时间的偏离、停站时间的延长等打扰正常运行秩序的情况时有发生,这就要求列车调度员要实时地调整列车运行计划,要以安全为前提,以列车正点为核心;服从全局整体优化目标,尽量减少对正点列车的影响。

(2)调度系统应实时向调度区段管内各站传送列车运行信息,包括到达列车车次、到达时间、发车时间、停靠站台、晚点列车车次、预计晚点时间等。各站列车出发或通过后在向调度中心传报发车或通过时刻的同时,也传送给前方邻站。收到上述信息后,车站服务系统经过编排,定时或实时向旅客发布。

(3)列车运行秩序紊乱必然导致动车组折返交路的紊乱,特别是在列车密度较大、高速动车组采用不固定区段使用方法时,问题更加突出。列车运行调整实质上是在满足一定间隔时间要求的条件下,处理好列车与车站、列车与区间以及列车间相互关系。这些关系通过列车到发顺序与到发时间体现出来。由于天气不良、自然灾害、设备故障等原因,高速铁路列车晚点的情况不可避免,随着高速铁路网络化快速成型在城际铁路跨线列车较多,行车密度不断增大,某一点发生问题都可能导致一条或多条线路上的列车大面积晚点。调整方法包括利用冗余时间和储备能力;压缩停站时间;运行速度的控制与调整;变更越行点;利用备用运行线等方式。

根据抽样调查显示,全程运行时间长 3 h 的动车组列车,晚点 0~10 min 时,旅客满意或基本满意;晚点 10~30 min,90% 的旅客表示可以接受;晚点 30~60 min,60% 的旅客表示可以接受;晚点超过 60 min 以上时,仅 5% 的旅客表示可以接受。特别是在列车晚点的同时发生动车组空调失效、厕所无法使用等问题,更为广大旅客所不能容忍。例如,2016 年 8 月,地方供电局高压电力线故障造成京广高速铁路接触网停电,导致 G79 次列车空调 2 h 无法使用,引发了社会舆论对高速铁路应急处置的广泛关注和讨论。

11.5 应急处置

11.5.1 应急处置体系构架

铁路调度应急处置是指针对行车中发生的设备故障、自然灾害、突发事件、行车事故等非常态环境下作出迅速、准确、有效的响应,并果断采取相应措施,及时控制事态发展,在最短时间内恢复列车运行,尽最大可能降低对行车造成的影响和损失。

高铁的调度指挥工作高度集中,安全压力明显前移,高铁行车若发生不稳定因素后果将更加严重,相应高速铁路应急处置能力就显得更加重要。根据高速铁路调度指挥应用系统的运用特点,高速铁路设备先进、技术完善能够保证正常运营条件下的安全。但由于设备具有负载及损耗大、技术条件要求高等特点,决定了高速铁路的设备会有一定的故障率;再加上外界不可控因素的影响,突发事件不可避免。因此,高铁的非正常情况下的调度指挥应急处置就显得尤为重要,是高速铁路行车安全工作的重中之重,也是城际铁路应急响应能力的综合体现。高速铁路设备复杂,知识点极多,信息系统也多,需要经验和判断,特别是在大面积晚点、雪害等情况下,需要发挥团队的智慧,提供辅助决策方案。

高速铁路应急管理的内涵包括预防、预备、响应和恢复四个阶段。预防是指从高速铁路应急管理的角度出发,防止突发事件或事故的发生、避免应急行动的相关工作;预备是指事故发生前采取的行动,目的是应对事故和设备故障的发生,并提高应急行动能力,推进有效的响应工作,主要任务为制订应急预案及完善应急保障系统;响应是指事故发生后立即采取的行动,目的是使生命、财产的损失降低至最小程度;恢复是指在响应结束后立即进行,目的是使高速铁路运营恢复到正常状态或得到进一步改善。高速铁路安全影响因素见图 11.4,可分为内、外部因素,各种因素综合并耦合影响到高速铁路运营安全,需要应急管理。

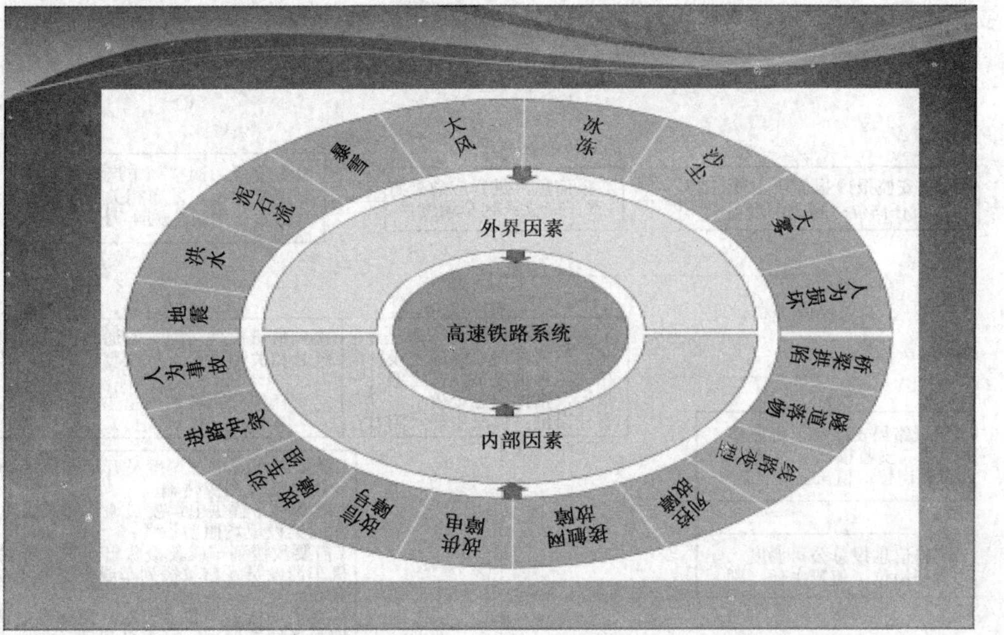

图 11.4　高速铁路安全影响因素

欧洲、日本等在发展高速铁路技术时,把应急管理研究和应急体系建设作为重中之重,我国高速铁路应急管理目前还不能满足高速铁路迅速发展的要求,主要表现在故障模拟和应急演练不够充分,应急处置能力不足、安全敏感性不强,社会应急资源互通共享不够,铁路和地方应急联动机制不够紧密;针对社会公众对突发事件的敏感反应,防范针对性不强,应对突发事件的能力欠缺,不能适应现实需要等。

应急响应分为特别重大、重大、较大、一般四级(即Ⅰ、Ⅱ、Ⅲ、Ⅳ级)。发生突发事件时,应按规定及时启动应急预案,作出相应级别的应急响应。其中Ⅰ、Ⅱ级应急响应由路局报告总公司后,Ⅰ级应急响应由国务院或其授权总公司启动;Ⅱ级应急响应由总公司启动。铁路局负责启动Ⅲ、Ⅳ级应急响应。

当高铁发生突发事件时,铁路局调度所列车调度员得到信息后立即逐级汇报。值班主任接到报告后,立即报告调度所负责人、总调度长、路局应急办、总公司列车调度员、总公司应急救援指挥中心。列车调度员负责填写“安监报-1”,值班主任审核后报铁路局安监室。突发事件发生后,应急领导小组根据具体情况,按照分级响应的原则决定启动相应预案,并组织突发事件应急处置,并根据实际需要调动应急队伍,集结相关设备、物资、药品等,落实处置措施。以下是×铁路局调度所的交通事故(设备故障)的应急处置流程如图 11.5 所示。

11.5.2　应急指挥及救援组织

1. 应急指挥

铁路局高速铁路应急指挥坚持集中领导、统一指挥的原则,调度为龙头的应急指挥体系。发生自然灾害、设备故障、行车事故时,相关设备单位须在第一时间报告高铁列车调度台,并向相关业务处和单位通报。路局应启动应急预案,制定救援、抢修方案,由调度所组织实施,调度

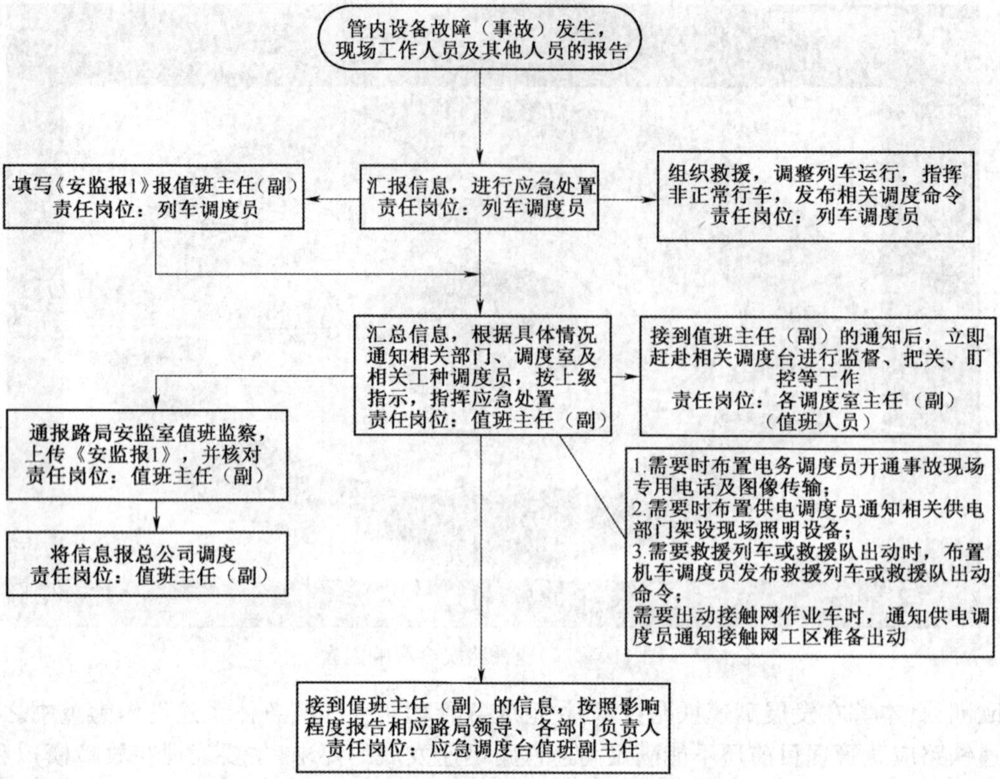

图 11.5 ×调度所的交通事故(设备故障)的应急处置流程图

所负责对调度指挥管辖区域内发生的铁路交通事故、设备故障组织救援和处置，调用设备及调度指挥管辖范围内救援力量(含救援列车、救援队)；需出动其他救援力量时，调度所应提前通知相关铁路局，向铁路总公司调度发出请求；由铁路总公司调度发布救援列车、救援队跨区域出动的调度命令。

突发事件情况下，值班主任组织协调相关调度调整列车开行计划(含客运业务停站股道运用计划、动车组车底运用计划)；掌握高铁列车运行及安全情况，对非正常行车组织、应急处置、重点列车等进行安全盯控；负责调度管辖范围内救援列车、救援力量的调用，需要跨调度管辖范围调动救援列车时，向铁路总公司调度申请；负责安全信息的收集、通报，根据应急指挥中心确定的救援方案启动应急预案；协调相关单位组织救援。

列车调度员负责设备故障和行车安全等信息的通报，遇发生铁路交通事故、设备故障、自然灾害、防灾安全监控系统报警及列车报告异常信息等情况时，正确及时处理，通报信息，并按规定填写安监报；根据值班主任的指示，及时发布救援列车出动和运行的调度命令；在转非常站控时，负责向车站值班员下达列车运行调整计划(包括车次、股道、方向、到开时刻)，确认进路正确，收取列车到发时刻。

此外，动车组列车发生故障时，动车调度员需组织指挥随车机械师及其他有关人员对动车组故障的应急处理，掌握故障处理进度，并督促管辖范围内有关单位对动车组运行故障进行入库修复、原因分析，及时收取分析报告；因动车组故障或其他原因影响管辖范围内车底正常交路时,组织车底交路调整、热备启用工作。客运调度员负责高铁管辖范围内客运突发情况的通报、处理,协调列车调度做好列车运行组织和调整,并采取有效措施,减少晚点等对列车正常运行的影响。旅客服务系统故障情况下,客服综控调度员负责向客运站值班站长(客运值班员)通报股道变更、列车晚点信息。动车组故障或突发事件时,动车组司机调度需及时与机务段、司机联系,掌握详细信息,指导动车组司机处置,向高铁值班主任及相关调度台通报;需启动热备(备用)动车组时,及时组织热备(地勤)司机出动,安排好乘务交路;动车组利用救援列车、机车救援时,组织司机、救援机车及时到位、出动。

2. 常见故障及处置

高铁具有高速度、技术构成复杂、耦合程度高和组织一体化等特点。高铁是由线路、桥梁、轨道、供电、车辆、通信、信号和控制等做个子系统构成的复杂系统,只有各自系统之间高度的耦合与优化才能实现高速铁路系统整体最优与高速列车的高速、可靠运行。高速铁路行车在非常态情况下,即监控系统检测到相关危及安全行车的故障或是高科技系统出现故障时,由于列车运行速度快、密度高,为快速恢复正常的运输秩序,应急处置的思路就是以确保列车运行和旅客安全为原则,充分体现高科技与运输组织一体化的思想,正确及时地启动相关应急预案。

高铁设备故障主要分为以下几类,如 CTC 故障、动车组故障不能继续运行、列控车载设备故障、列车在区间被迫停车须返回后方站、列车停在接触网分相无电区、人员临时下车上道检查处理异状、信号故障、轨道电路红光带、联锁失效、接触网停电处理接触网异物、大风报警、调度命令传输失败、晃车处理等。铁路局设高速铁路突发事件应急领导小组对管内高速铁路区段发生交通事故、自然灾害、相关设备故障等突发事件的应急处置进行组织、指导和协调,决定启动或终止Ⅲ、Ⅳ级预案,提请总公司启动Ⅰ、Ⅱ级预案。应急领导小组由路局分管副局长任组长,总调度长任副组长,成员由路局办公室,安监室,运输、客运、货运、机务、供电、工务、电务、车辆、调度所、上铁公安局等部门负责人组成。应急领导小组下设办公室。办公室设在调度所(应急调度台)。站段也相应设置应急领导小组。常见故障处理的一般原则是:充分考虑设备特点;最佳方式;最快速度;最短时间;最小影响;最合理资源投入等。常见方法有:启用热备动车组;调整在线运行动车组交路;停运列车组织旅客换乘;使用规章规定的办法:反方向运行、退行、越区供电、停车变通过、限速、按目视 LKJ 方式行车;设置防护保证现场作业人员安全等。

在应急处置过程中,常常涉及到备用车组启用。当因各种不确定因素,应急处置需要列车运行调整,高速铁路常用的方法是启用备用动车组,这是高速铁路列车运行秩序紊乱时快速恢复正常的一种快捷的列车运行特殊调整方法,已得到了广泛应用。热备是指司机检车完毕,列车状态完好,司机在驾驶室处于待命状态,可以通过调度命令随时开出。从某种程度上讲,启用热备动车组是综合性的应急处置调整措施,在安排热备车组时应注意以下几个方面:

(1)启用原则。要尽量减少空车走行,提高利用率。

(2)启用时机是关键。热备动车组救援出动条件是动车组出库后运行途中发生故障无法继续运行(司机或机械师必须在 10 min 内报告判断结果)时,或是行车设备发生故障以及运行秩序不正常,造成动车组车底接不上交路时。

(3)出动要及时。动车组配属局调度所接到动车组出动命令后,立即(3 min 内)向有关单位下达热备动车组出动的调度命令,组织有关单位必须在接令后 10 min 内完成热备动车组的调车、整备、司乘人员配备等项工作,具备发车条件。

(4)运行中要有优先权。对热备动车组和临时替换故障动车组的客车底应优先放行,确保及时到位及返回归位。

(5)不断积累和总结启用热备动车组列车的典型案例,并请相关调度员进行示范,或是围绕一个案例进行多种启用方案的讲评。

3. 救援组织

各铁路局编制的高速铁路应急预案实施细则中规定了各应急救援场景的应急处置流程,应急处置中涉及调度员、司机、机械师、乘务员等各工种的职责,为更好地组织应急救援,最短的时间内消除故障或事故影响,最大限度保障旅客的生命、财产安全,高速铁路应急救援组织应遵循以下处置原则。

(1)统一指挥。列车运行过程中发生火灾、失去动力等突发事件时,现场需由列车长统一指挥,启动相应场景的应急预案,向列车调度员、邻近车站值班员及有关部门报告,组织列车乘务人员采取积极救援措施,例如火灾时疏散旅客、组织扑救,当公安消防对到达后,由公安消防队统一指挥。

(2)快速反应。当动车组运行过程中发生报警或旅客报警时,列车长、乘警、客运乘务员和随车机械师要立即准备救援设施,并迅速赶赴现场组织救援。

(3)正确处置。在确认故障或突发事件的情况下,立即采取救援措施,并第一时间通知司机,如有旅客被困或受伤,应立即抢救,并迅速正确使用应急设备,司机在确认事件信息后,应立即将故障或事故情况向列车调度员和邻近车站报告。当故障不危及本列车安全时,可不停车,按有关规定限速运行至就近车站处理;当故障危及行车安全时,须立即停车。区间停车时,司机应指挥随车机械师、列车长设置列车防护。

(4)车站协同。当故障或突发事件涉及车站应急处置时,车站应立即启用《××事故应急预案》,做好救援准备,同时联系地方相关救援部门,车站接入故障动车组后迅速组织救援,疏散旅客、抢救伤员;动车组被迫区间停车时,车站应组织救援人员携带应急设备赶赴现场救援。

(5)尽快开车。故障或突发事件消除后,列车长、随车机械师共同检查车辆状况,确认安全后,报告列车调度员尽快开车。

11.6 案例分析:应急调度指挥台的构建

高速铁路的信息化的发展已经与高速铁路运营的相关系统达到了基础信息完备、功能稳定的水准。例如,动车管理信息系统涵盖了当日动车组开行交路情况及每个车组的车型及动车组的备用、检修等实时状态信息及动车组乘务人员的信息;可通过客票系统可以实时地分析各次列车的各站上、下车人数及座位;行车调度指挥系统(CTC)、防灾安全监控系统、旅客服务系统、供电数据采集与监视控制系统(SCADA)、办公信息系统(TMIS)等相关系统均较成熟。但高速铁路调度应急处置是一项系统工程。在非常态情况下,即监控系统检测到相关危及安全行车的故障或是高科技信息系统出现故障时,由于列车运行速度快、密度高,为快速恢复正常的运输秩序,调度应急处置的思路就是以确保列车运行和旅客安全为原则,充分体现高科技与运输组织一体化的思想,正确及时地启动相关应急预案,并在事后不断地总结应急处置的经验,积累所采取方案的可行性、安全性和便利性。

剖析行车事故的发生的原因,有80%以上是在非正常情况下发生的。调度应急处置是在调度指挥体系的环境背景下进行的,在应急处置过程中确保运输安全是调度指挥的首要职责。目前在高速铁路迅猛发展的情况下,若采取既有线的调度指挥体系,即列车调度台——车站的方式,将很难适应高速铁路发展的需求,主要表现在以下几个方面:

(1)安全压力前移。高速铁路在运营调度上较以往既有线铁路相比有以下特点:列车调度员作为日常行车工作的组织者、指挥者,所承担的安全责任明显加大,安全压力明显前移的特点。应急处置是考验调度员综合素质的一项重要指标。从实例中来看,对于突如其来的非正常事件,尽管事先有详尽的应急预案,但由于不可预知性和执行上的偏差,在如何卡控安全关键点、如何迅速有效的联系相关部门处理、如何在第一时间运用相关规章文电、各工种调度员如何进行有效沟通与配合等问题方面执行效果不够理想。

(2)协调能力不足。高速铁路调度集中日常处理行车相关事务繁多,在应对应急处置过程中协调能力不足主要表现在:班组中各工种之间协调能力和与现场协调能力、与相关部门间协调能力的不足。一般而言,在应急处置中,调度所值班主任负责对铁道部及上级领导间的信息反馈及汇报;值班副主任(高速铁路)负责全安全把关,特别是限速、降弓等命令的发布以及列控设置等环节的卡控。而与现场之间的协调通常是列车调度台完成,高速铁路应急处置涉及到环节多、专业多,在最短的时间内合理地完成,而且标准高,若协调不足容易导致应急处置不当。

(3)决策支持不足。我国的高速铁路运营管理还处在一个初级阶段,高速铁路作为一项集各项高科技于一身的现代化铁路系统,其包含的各项新技术如CTCS-3/2级列控系统、调度集中系统、无线闭塞系统、防灾安全监控系统等,需要各专业分工合作。相应人员素质提升需要一个过程,调度人员很难在短期内将各专业的知识全部掌握清楚。同时,高速铁路各项规章制度、作业标准还未形成一个完整统一的、行之有效的体系,调度员在执行中矛盾不可避免,实际操作难度大。这就要求在非正常情况下高速铁路调度指挥迫切需要辅助决策。考虑到高速铁路技术是各专业的融合,相应也需要各专业共同决策、共同参与从而产生一个最佳的方案。

(4)风险研判不足。高速铁路应急处置在既有线模式下,遇有变化时,通常调度员主观采取停车的方式来处理,缺乏对调度风险研判、风险源的辨析综合分析和评价。应急处置过程中随时面临着人员、设备、环境的变化,这些变化都蕴含着诸多风险因子。高速铁路安全风险管理是对人员、设备和环境的管理控制,必须坚持以排查隐患、分析危害和解决问题为基本着眼点,需要转变观念、创新方法,以全新的理念按照安全风险管理理论、原则和流程推行安全风险管理。这也需要一个由各专业专家组成的一个小组来针对高速铁路行车变化情况综合进行风险研判,从而指导高速铁路调度指挥的应急处置。

(5)信息化处置不足。高速铁路应急处置复杂化主要表现在涉及到多部门,在最短的时间内,涉及到众多的信息交换。若信息化处理不及时,应急处置将达不到应有的效果。例如,会出现各工种、岗位之间信息通报不畅、职责不明、关键点掌握不好、处置流程不清、现场混乱无序等局面,有时还出现铁路局多个业务处室、调度所班组、各专业科室同时上台帮促、卡控、甚至指挥的杂乱状况,造成列车调度员精力分散,信息通报迟缓甚至中断,忙中出错。以上各个因素相互作用、相互影响。从整体上看,应急处置能力的高低取决于各个因素的综合协调程度。故障处理关键是快速恢复正常秩序。

围绕"信息报告准确及时、应急指挥稳妥得当、应急响应快速全面、现场处置安全有序"的目标,上海铁路局建立了以铁路局应急调度台、站段应急指挥中心为核心的横向两级应急指挥层和纵向“行车指挥、应急把关”两条线构成的网络体系,形成了“监控-评估-决策-指导-盯控”应急指挥模式,实施了铁路局调度所“一元化”指挥和路局专业处室、站段专业科室技术支持并参与决策的应急工作机制。通过应急资源系统整合和应急信息集中处置,增强了专业间、站段间的横向信息共享和系统内纵向信息交流,实现了应急指挥集中管理,有效防止了多头指挥、多专业决策和反应迟缓等现象的发生。同时,基于各类应急预案、案例知识库、应急资源以及现场状况等大数据的辅助决策平台,在应急处置时,根据设备故障影响范围和时间,自动提供影响范围内旅客列车相关资料,如影响区段内旅客列车车次、编组情况、车底交路、售票情况、直供电资料、乘务担当、运行速度、列车实际运行点等基本资料,自动生成多套应急调整方案供选择,选择最优方案,并生成相关调度命令和调整方案,实现调整方案的下达和执行。

从应急台人员和设备看,相应建立由各个专业系统人员组成的应急指挥调度台,建立并完善了高速铁路应急预案及各种情况下的应急处置办法,规范了应急处理的流程。应急指挥调度台可由调度所主任(副)带班,铁路局运输、机务、供电、车辆、工务、电务处指派胜任人员以及值班人员组成应急指挥调度台值守基本队伍。遇特定情况时可根据需要指定其他有关部门参与应急值守。值守人员均由各处室要挑选责任心强、业务技能过硬的专业管理干部参加值守工作,并经业务处室主要领导认可后方可上岗。为正确处置设备故障、突发事件等事件,应急指挥调度台应配备一些辅助决策系统。主要有:铁路局站(段)主要领导单键直拨调度电话、CTC/TDCS 复示系统、计算机监测系统、视屏监视系统、铁路局站应急专线视屏电话会议系统、客票查询系统、供电 SCADA 复示系统。

应急指挥台处理高速铁路故障主要涉及固定设备、移动设备、恶劣天气、调度设备等几个方面。遇设备故障、突发事件、铁路交通事故等情况,应急调度台相关人员到列车调度台组织应急处置。值班人员根据具体情况,向有关领导报告,按等级启动响应,按照事故导向向安全、按章处置、减少损失、单一指挥(不得干扰调度员单一指挥,维护调度员的集中统一指挥)的原则,在坚持调度单一指挥的原则前提下,主要承担:一是为调度员提供辅助决策。及时掌握相关信息并及时提供本系统的行车限制条件在应急处置中涉及规章制度、应急处置方法等方面,给作业人员提供技术指导和支持。二是督促协调,掌握进度。督促本系统站段开展应急处置,加强应急处置中的协调和配合,掌握现场应急处置进度,同时掌握站段安全生产指挥中心、现场作业点干部到岗,应急抢修、应急处置人员到位情况;三是对故障处置情况进行统计及分析,查找存在的问题,以便进一步改进应急处置工作。应急指挥调度台处置流程如图 11.6 所示。

现举 1 个典型处置案例分析如下:

故障情况:*月*日 13:52,××高速铁路 B 线路所-C 站间下行线*号通过信号机红灯,轨道电路红光带,列车调度员立即呼叫下行 D365 次立即停车,13:55 停于 A 站二离去。14:29 至 15:51 封锁 B 线路所至 C 站间下行线,工电人员上道抢修,电务抢修人员在 C 站乘 G138 次,14:38 赶到故障现场,工务抢修人员在 C 站乘 G40 次,14:55 赶到故障现场。15:02工务销记线路正常,16:29 电务人员下道,同步开通 B 所至 C 站间下行线,并登记停用 B 至 C 站间下行线电务自动闭塞追踪功能,D365 次在 B 线路所至 C 站间下行线按站间闭塞运行。16:48 电务销记恢复 B 线路所至 C 站间下行线自动闭塞。此次设备故障共造成下行列车晚点 37 列,最长 D365 次晚点 2 h 51 min,最短 G21 次晚点 25 min。上行列车晚点 2 列,G162 次晚点 14 min,G164 次晚点 35 min。启用热备车底 4 组,停运列车 4 列。15:53 接调度所通报后,铁路局

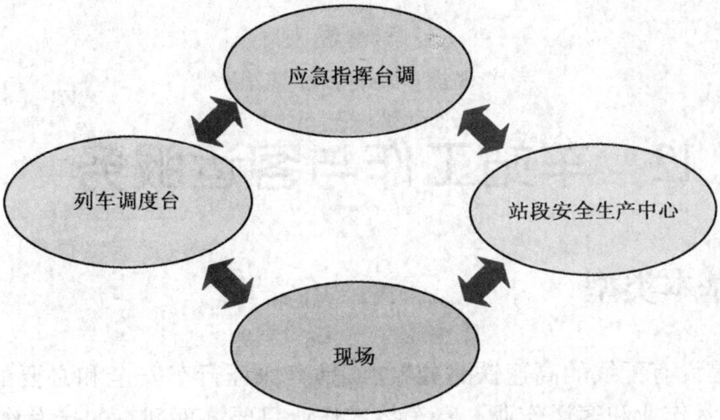

图 11.6 应急调度指挥台应急处置关系图

安全生产指挥中心值班主任立即通报应急指挥调度台调度、供电、运输、工务、电务应急值守人员以及××电务、工务段安全生产指挥中心进行处置。

调度应急人员:立即上行车台了解故障地点、在途列车运行情况,要求及时扣停后续列车,并与司机加强联系,注意调度命令发布,保证安全。与工务、电务值守人员对接人员出动事项。其中,运输应急人员立即布置××站领导派人进行安全把关,并确认《行车设备故障登记簿》登、销记正确情况;客运应急人员安排列车交路,制定停运和启用热备车底方案,并及时通报有关客运站段;工务应急人员立即布置××工务段派人添乘动车组赶赴区间检查线路,及时按规定进行《行车设备故障登记簿》登、销记;电务应急人员:立即布置××电务段派人添乘动车组赶赴区间检查线路,并查询计算机监测系统初步判断设备故障原因,初步判断为室外电缆原因;机务应急人员:立即布置相关机务段合理调整司机交路和注意接收相关调度命令。

处置评价:一是应急指挥调度台值守人员处置及时,技术支持正确,及时联系段指挥中心安排添乘动车组赶赴现场,后续运行调整方案有效。二是电务、工务段应急抢修人员出动及时,故障范围判断准确,抢修现场组织严密,分工明确,紧张有序。

12 车站工作与客运服务

12.1 车站的基本类型

城际铁路车站是设有配线的高速铁路分界点,具有保证行车安全和必要的通过能力的作用,主要办理行车技术作业和客运作业。行车技术作业只要办理列车的接发作业、到发技术作业和列车的越行作业,行车技术作业的具体内容随车站的类型而不同。客运作业主要是办理客票的发售,旅客的乘降以及文化和生活服务等。城际铁路车站的分布主要取决于城市分布和市场需求等情况。根据城际铁路沿线人口和城镇分布情况,并考虑运输组织、设计能力、技术条件及工程条件等,我国城际铁路车站的站间距离一般为30~60 km。

城际铁路车站从车站性质及列车作业种类角度,包括中间站,越行站,始发(终到)站,接轨站等类型。中间站是城际铁路上最普遍、最常见、最基本的车站,主要办理城际列车的通过(包括停车通过)作业,多数为通过列车。中间站包括只办理旅客乘降作业的中间站,一般中间站和有立即折返作业的中间站三种类型。只办理旅客乘降作业的中间站,一般位于客流量较小的城镇,不办理旅客列车越行、折返、始发终到作业;一般中间站,除了办理旅客乘降作业,还需要办理旅客列车越行作业;有立即折返作业的中间站,一般位于客流量较大的地区,需要办理旅客列车折返作业。越行站的主要业务即是办理不同速度等级列车的越行作业,不办理旅客乘降作业。始发(终到)站主要办理旅客列车的客运业务,始发、终到、动车组出入段和折返作业,动车组的整备、检修作业等。接轨站是指衔接多个方向城际铁路的车站,并根据运输组织需要开行跨线列车。

从线路的铺设形式角度,包括地下站、地面站、高架站等类型。地下站和高架站相对地面站对城市的影响较小,但是施工难度较大,这两种车站类型一般适用于车站周围用地紧张的情况;地面站的优点是施工比较简单、安全性好、投资少、改扩建比较方便,适用于地形平坦且客流量大的情况。由于城际铁路车站多选择在城市的建成区或规划区,从考虑节省用地和减少拆迁的角度出发,车站多设为高架或地下车站,造成车站投资较大,因此车站站型选择显得尤为重要。

城际铁路车站图形与下列因素有关:本线、跨线动车组列车共线运行模式;车站性质;运营需要;动车段(所)、客车整备所的配置以及地形条件等。

12.1.1 国外车站的基本图形

城际铁路车站按作业性质和线路上所在的位置可分为越行站、中间站、始发站和枢纽站。按车站客运量分为大、中、小型客运站。一般情况下,直辖市和省会所在的车站为大型客运站,省辖市所在地的车站为中型客运站,位于县城和县级市的车站为小型客运站。

1. 中间站

中间站是城际铁路最多数的车站,其图形采用与各国城际铁路的行车量、行车组织相关。

日本、德国和法国三个国家的中间站的基本图形有两种。

(1)站台设在正线和到发线之间,站台一侧靠正线、另一侧靠到发线,这种图形日本称之为岛式图形。

(2)站台设在到发线外侧或在到发线之间,站台不靠正线,日本称之为对应式图形。

(3)正线外包、上下行中间站共用一个中间站台,均设于两正线之间,并设有折返线,这是极个别中间站的特殊图形,如日本东海道的三岛站。

各国中间站采用的图形中,日本绝大多数是对应式,东海道、山阳、东北、上越四条新干线中间站共 53 个。采用对应式图形的有 42 个,占总站数的 80%。采用岛式的 7 个,占总数的 13%,其余为无配线站 4 个(日本虽然有极少数的无配线乘降所,但其高速线行车繁忙,只能个别列车停车)。但北陆新干线恰恰相反,只有岛式站而无对应式站。德国规范推荐全为岛式图形。法国与日本相似,大多采用对应式图形。法国高速中间站在列车进入的到发线前方设有安全线,其原因是进站速度较其他国家高,为安全而设。日本、德国一般均不设安全线。

日本和法国各种高速站有很多与既有站紧靠,进出站通道也有不少高速站与既有站共用,但车场(到发线、站台)均为高速站自成一体,不与既有站场的到发线共用。而德国几乎全为共用车场。

日本在早期设计的高速站中,有少数站如三岛、名古屋、新大阪站采用了如地下铁道站在两正线间设置了折返线的图形,但在以后建设的高速铁路中均未采用此种图形。

2. 终到站

日本和法国终到站有两类基本图形。

(1)终端式,如日本东京东海道高速站和东京东北线高速站,两终端背道而设,法国巴黎东南线的里昂站和巴黎大西洋线的蒙帕纳斯站。虽然都是终端式图形,但站台设置各异。法国两站在到发线车挡后均有横向基本站台与到发线间的站台连接,站台布置如"梳子"形。日本东京站则不设横向基本站台,站台布置与中间站相同。

(2)通过式,如博多站由于一端为正线,另一端为车辆基地(动车段),形成了通过式,而新潟、长野等终点站计划将来新干线延长而需布置为通过式。

3. 枢纽站

枢纽站目前基本上仅日本有 2 个:名古屋和新大阪站。名古屋站正线外包贯通式,上下行正线内设到发线、站台、存车线等。新大阪站设 4 个站台,7 条靠站台线,北端正线为道岔侧向贯通,南端正线直股贯通,布置为一个站台和 2 股到发线及存车线在两正线之间,其余站台和到发线在两正线外侧,形成混合图形。

4. 接轨站

高速线与高速线接轨的高速站目前仅日本和法国有少量此类车站。德国等国的接轨站都是高速线与普速线(或既有线)的接轨站。日本东北新干线上的大官站为上越新干线的接轨站,上越新干线上的高崎站又是北陆新干线的接轨道,如图 12.1 所示。大宫接轨站北端为四线平行引入,各站台和到发线都接通了各方向新干线,故各方向列车可进入任何到发线和站台,使用灵活。高崎接轨站北端三线引入,上越和北陆两线的下行正线共用一条正线,在站外立交前分岔,各方向列车同样可进入任一到发线。德国接轨站多为按方向固定使用到发线和站台,不能灵活使用。衔接线路日本全为立交疏解,而德国多为平交或平行引入其他站台。日本东北、上越、北陆干线接轨图如图 12.1 所示。

接轨站如系枝状分叉线，一端有两条双线引入，而另一端则合并为一条双线，如日本大宫接轨站，大宫-东京段为东北、上越、北陆三线共用。这种站以采用大宫站到发线可路路通的图形为宜，到发线和站台的使用分工可根据各线行车量而定。对接轨线通过接轨站不合并而仍为各自贯通的情况，也可采用德国基本上按线路固定使用到发线和站台的图形，根据高速列车运行的需要连通部分共用的到发线。

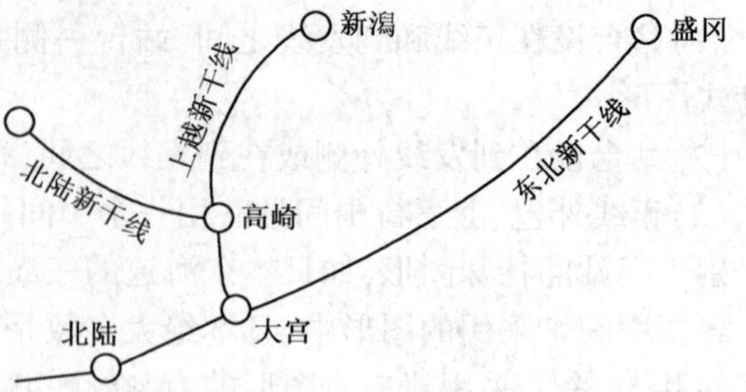

图 12.1 日本东北、上越、北陆干线接轨图

日本新干线的车站与普速铁路、城市规划、城市轨道交通协调配合，合理衔接，使新干线车站成为地区交通枢纽；中间车站均与普速铁路共站设置，使旅客在既有线和新干线之间换乘方便；在大城市的高速车站，多与城市地铁、有轨交通、市郊列车共合并设置。这些经验值得我国高速铁路运营借鉴。

12.1.2 我国车站的基本类型

我国高速铁路车站根据技术业务性质不同，主要划分为三类，即越行站、中间站和始发终到站。车站平面布置应根据引入线路数量、线路输送能力、车站作业量及列车开行方案等因素确定，宜采用横列式布置图形。图形与运营至关重要，图形的选用应当从运营需要出发，考虑行车量、行车组织、客运组织以及安全等方面因素。地形地貌和工程条件对中间站的图形影响不大，但对始发站可能影响较大，因此这类车站图形选择还应充分考虑工程条件和工程造价。

1. 越行站

主要作业是办理速度较快的列车越行速度较慢的列车，但不办理客运业务，仅需设 2 条待避的到发线，原则上可不设站台。越行站是我国高速铁路的特有的，设于站间距离较长的区间，办理高速列车越行作业，一般不办理客运业务，仅设 2 股到发线。日本和法国高速铁路，当速度较低的列车等待高速列车越行通过时，这些车站都兼伴客运业务，没有单纯的越行站。越行站在高速线上的布局，应根据不同速度列车比例、列车开行方案、高速线需要的通过能力等因素来决定。越行站示意图如图 12.2 所示。

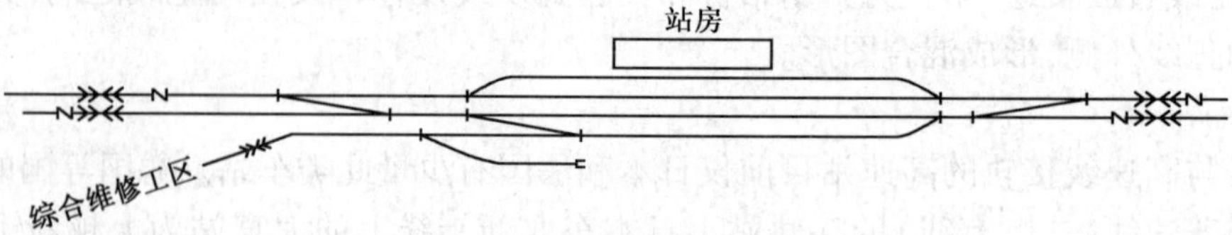

图 12.2 越行站示意图

2. 中间站

一般指位于高速铁路线路中间，不办理列车始发和终到作业的高速铁路车站。主要办理：高中速列车通过或停站；低等级高速列车待避高等级高速列车；办理停站的各种旅客列车的客运业务；在始发站（终到）站存线不足时，少量高速列车的夜间折返停留。

中间站(图 12.3)一般采用对应式为宜。但当有停站的旅客列车较多时,为充分利用站台也可采用岛式中间站。

一般的中间站除正线外,上、下行各设一条到发线。但考虑到发生事故时的运行调整、故障车的停留、维修车辆的进出等,也可各设两条到发线。部分中间站可不设到发线。

为便于动车组列车停留折返,有少量动车组折返停留作业的中间站,折返用到发线应根据折返列车到达时不切正线的为原则。

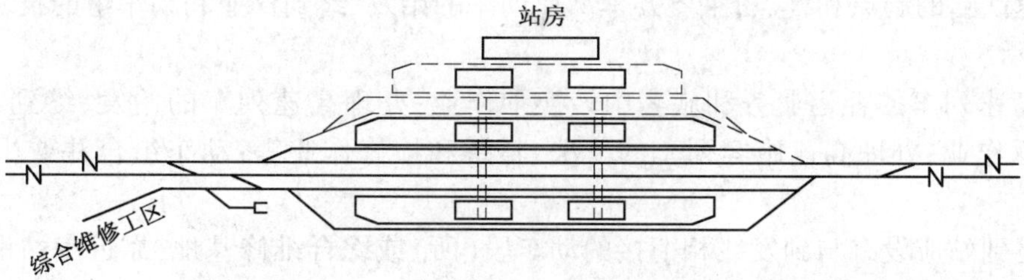

图 12.3 中间站基本图形

中间站如图 12.3 所示,基本图形与日本的对应式和岛式相同, 只是股道数量有区别。

中间站的到发旅客由少数停站客车运输,有大量旅客到发的中间站,则另加开该站始发终到列车。因此中间站正线通过列车多、使用频率高,若采用岛式图形,停站客车停在正线上,影响通过列车运行,减少线路通过能力。同时在正线一侧站台,有高速通过列车,对候车旅客构成安全威胁,需采取防护措施。因此,对繁忙城际铁路的中间站应采用侧式图形。只有在运输量少、线路能力富裕的线路为了利用正线作到发线和停站列车可以不侧向通过道岔,才有可能采用岛式图形。日本四条繁忙干线 80% 以上车站采用对应式即侧式图形,而运输量少的北陆线采用了岛式站和无配线站。德国客运量相对较少,已建成的高速线多采用岛式图形。

还有一种有列车折返中间站的图形,有折返列车中间站的图形如图 12.4 所示。城际铁路位于经济发达城市连绵地带,一些中间站客运量相当大,需要开行立即折返的始发终到列车。这种车站从全线看属中间站,但还具有始发站性质。这类车站图形也出现在“长三角”、“珠三角”城际铁路,中间站的能力有可能成为全线能力控制点。这种类型的车站,还有的车站设置有存车场,即动车组列车到站后可经走行线进入存车场与客运整备。动车组列车可在存车线过夜停留存放。

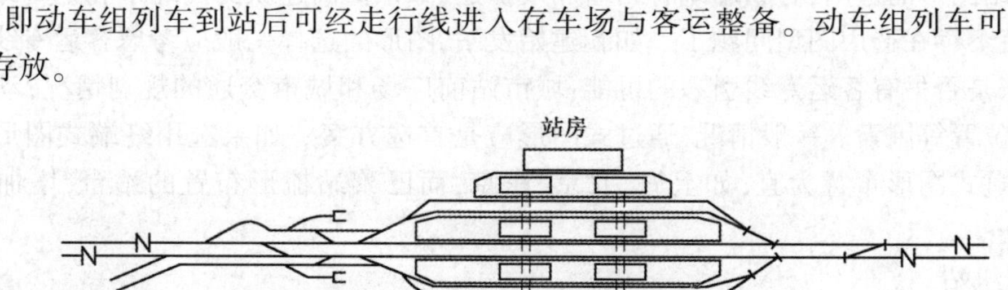

图 12.4 有折返列车的中间站图形

日本这类车站采用了正线外包式图形,如三岛、名古屋等站。该图形最大优点为折返列车不切割正线,不影响正线通过列车运行,车底在站内必要时的临时存放和取送十分方便。而不论对应式还是岛式图形折返列车都必须与一个方向的正线通过列车平面交叉(除非折返列车停在该列车到达方向的正线上,而这是不可能的)。当折返列车数量较多,高峰时列车间隔时分短时,将影响正线通过能力。从使用上分析,正线外包图形有利。但从工程上看,这种图形十分困难。因此宜选用对应式图形，如影响能力大，地形条件可能时也可采用正线外包式图形。

关于中间站安全线设置问题，目前我国高速铁路铁路停站列车进站速度考虑不超过80 km/h。列车自动控制系统完善可靠。因此，除需有隔开进路等特殊情况，可以不设安全线。

3. 始发终到站

指高速铁路的起点和终点，主要办理高速列车的始发、终到作业和动车组的技术作业。如图12.5所示。

办理高速列车的客运业务和旅客中转换乘作业；办理高速列车的始发、终到，动车组的取送和折返作业；办理高速旅客列车的清洗、整备和检修作业等；动车组合并或少量的分解作业。

始发终到站应设有与到发线相衔接的动车段(所)或综合维修基地，靠近车站设置并留有发展余地，以纵列配置于车站到发列车较少一端的咽喉区外方适宜。

始发、终到站和有立即折返作业的中间站到发线数量根据旅客列车对数及其性质、列车开行方案、引入线数量和车站技术作业过程等因素确定，并满足高峰时段类车密集到发需要。

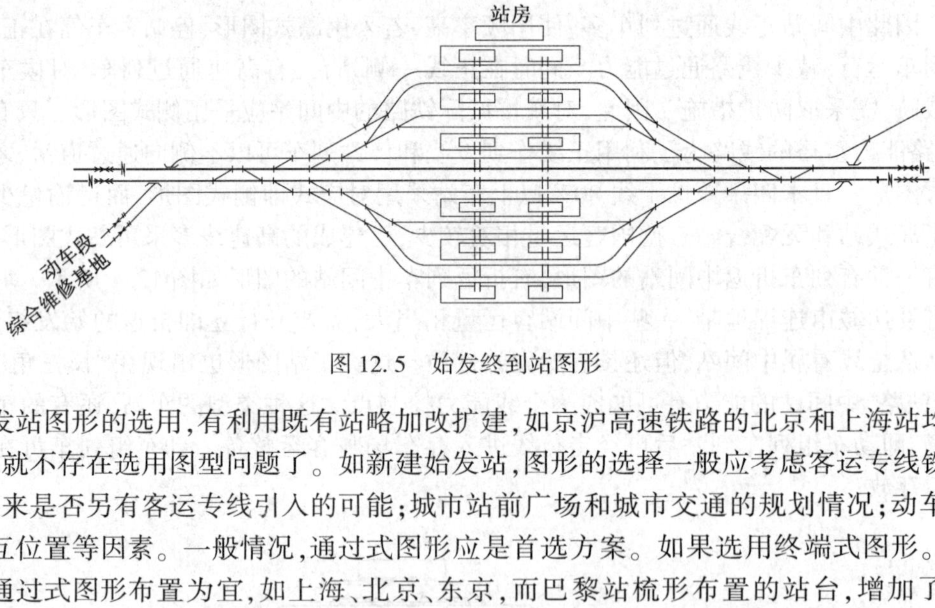

图12.5　始发终到站图形

始发站图形的选用，有利用既有站略加改扩建，如京沪高速铁路的北京和上海站均利用现有车站，就不存在选用图型问题了。如新建始发站，图形的选择一般应考虑客运专线铁路网的规划，将来是否另有客运专线引入的可能；城市站前广场和城市交通的规划情况；动车段与车站的相互位置等因素。一般情况，通过式图形应是首选方案。如果选用终端式图形。站房和站台以通过式图形布置为宜，如上海、北京、东京，而巴黎站梳形布置的站台，增加了旅客的行程。

4. 枢纽站

枢纽站图形如图12.6所示。枢纽站除了办理始发、终到站作业外，尚有以下作业：

(1)有较多的始发、终到高速列车作业，白天在车站到发线上进行作业并立即折返，夜间终到后，配属本站的高速车底通过走行线进入运用维修所或运用所进行日检、存放。次日早晨动车组从动车运用维修所进入车站到发线并准备发车。

(2)枢纽高速站一般均设有与既有铁路车站之间的高中联络线。联络线的设置一般有两种。一是在枢纽高速站外高速列车出岔后与既有线或既有站连接；二是在枢纽高速站出岔平行高速正线引出至既有线或既有站。

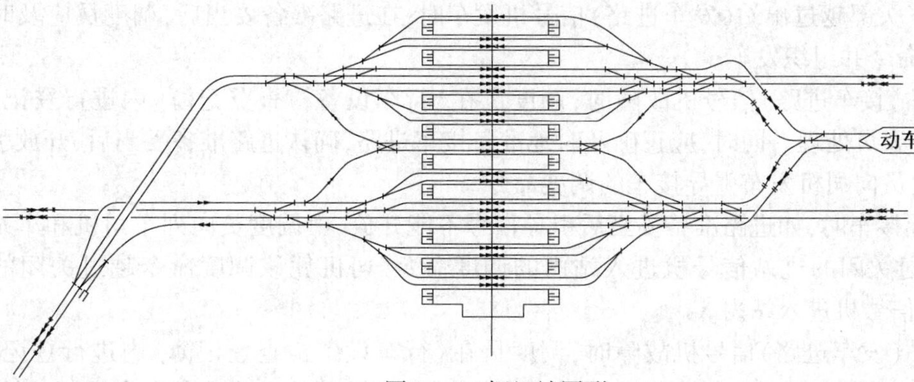

图 12.6　枢纽站图形

12.2　行车作业

在分散自律控制模式下,中心操作和车站调车操作方式车站的行车工作,均由本区段列车调度员统一指挥。在非常站控模式或车站操作方式下,车站的行车工作由车站值班员(应急值守人员)统一指挥,划分车场的车站,各车场的行车工作由该车场值班员统一指挥。

12.2.1　接发列车作业

动车组列车实行五固定制度。

1. 在分散自律模式下

在分散自律模式下,接发列车进路采用以列车运行调整计划自动控制方式,必要时由调度员人工直接控制。对于有特殊运行要求的列车(如专特运列车、电力机车及其牵引的列车、动车组),调度员须依照相关规定在列车运行调整计划中进行相应的特别设置和标注。

2. 在分散自律模式下

车站值班员(应急值守人员)发现危及行车安全的情况时,应立即按下非常站控按钮转为非常站控,并及时报告列车调度员。处理完毕后,是否转回分散自律控制,须按照列车调度员指示办理。

3. 在分散自律控制下

遇区间因故需要封锁或站内线路需要停用时,由调度员负责对站内股道或区间施行封锁。

办理客运业务的旅客列车进入车站停车,列车尚未停稳,当 CTC 系统自动触发开放出发信号机时,司机不得通过。

4. 在非常站控模式下

在非常站控模式下,由车站值班员组织车站的接发列车作业,集控站由应急值守人员担任车站值班员工作;必要时调度员应及时布置应急行车小组人员赶往非常站控站。

5. 在非正常情况下

在分散自律车站调车操作方式或中心操作方式下,遇下列非正常情况列车运行的应急处理。

(1)列车尾部停在警冲标外方时,调度员(车站值班员)应使用列车无线调度通信设备及时通知列车司机向前移动进入接车线内。

(2)列车头部越过出站(发车进路)信号机发车时,在进路准备妥当后,调度员应及时向司机发布调度命令并组织发车。

(3)进站(接车进路)信号机故障时,调度员在《行车设备检查登记簿》内进行登记,并通知工务、电务人员处理。同时,应正确及时地准备接车进路,确认进路准备妥当后,开放引导信号接车,调度员向司机发布引导接车的调度命令。

(4)引导接车时,如进路准备妥当后引导信号不能开放,由调度员向列车司机和车站发布允许列车越过关闭的进站信号机进入站内的调度命令,司机凭该调度命令越过关闭的进站(接车进路)信号机进入站内。

(5)出站(发车进路)信号机故障时,调度员在《行车设备检查登记簿》内进行登记,并通知工务、电务人员处理。同时,应正确及时地准备发车进路,确认进路准备妥当后,向司机发布调度命令并组织发车。

(6)反方向接发列车时,调度员须按规定向车站和司机(运转车长)发布反方向运行的调度命令,列车占用区间的凭证为出站信号机显示的进行信号;列车凭反方向进站信号机的显示进站或通过。变更列车运行方向前,必须确认站间区间空闲后,方可使用允许改方按钮。

6. 在轨道电路分路不良区段

对轨道电路分路不良的区段,由电务人员按规定在CTC系统内的站场平面图上用明暗相间的光带标注。未确认空闲的分路不良区段采用闪烁显示方式,已确认空闲的分路不良区段采用稳定显示方式。

对闪烁显示的分路不良区段,各站要及时确认区段空闲后,将闪烁显示改为稳定显示。对集控站,由应急值守人员确认分路不良区段空闲后,将闪烁显示改为稳定显示。

由CTC系统自动排列进路,经由未确认空闲的分路不良区段时,调度员必须根据报警,布置车站按规定确认分路不良区段空闲后,方可通过系统自动排列该进路;经由已确认空闲分路不良区段的进路由系统自动排列该进路。

7. CTC故障处置

调度员遇一台或几台调度终端CTC系统故障时,及时通知电务值班人员切换到其他作用良好的调度终端上继续作业。遇所有调度终端CTC系统故障时,须立即通知各站转入非常站控,通过调度电话及时向各站下达阶段计划,转入人工铺画列车运行图组织指挥行车,通知应急行车小组人员赶赴集控站组织行车作业。

车站值班员(应急值守人员)、调度员发现车站与调度所间CTC通信故障时,应及时通知对方,并通知电务值班人员进行抢修。

此时,可由车站自律机按原已收到的列车运行调整计划继续自动执行,直到列车运行调整计划执行完毕,车站值班员(应急值守人员)应加强监控,发现问题立即转入非常站控。

列车调度员接到车站值班员(应急值守人员)的汇报后,应及时使用调度电话向该站下达阶段计划。车站值班员(车务应急值守人员)应及时向列车调度员报点。

车站遇车务终端故障时,及时通知电务值班人员,使用双屏显示器的车务终端应切换到作用良好的显示器上继续作业。

车站所有车务终端故障时,在车站操作或车站调车操作方式下,车站值班员应立即转入非常站控模式,并立即报告列车调度员,通知电务人员进行处理。

列车调度员接到车站值班员(应急值守人员)的汇报以后,应及时向该站下达阶段计划,车站值班员应及时向列车调度员报点。

集控站在车站自律机正常和调度终端该站画面显示正常的情况下，对该站可继续采用中心操作方式；在车站自律机故障时，调度员应立即通知应急值守人员转入非常站控模式。

12.2.2 调车作业

城际铁路车站的调车作业包括动车组出入库、重联与摘解、动车组整理等作业。

动车段或运用所设动车组调车司机，负责动车组在动车段内调车、试运行等移动组作业。动车组调车作业时原则上采用自走行方式，并应执行下列规定：

(1)动车组调车作业时，司机应在动车组运行方向的前端操作，前方进路的确认由动车组司机负责。在迫不得已情况下必须于后端操作时，应指派随车机械师或其他胜任人员站在动车组运行方向的前端指挥，且与后端司机间的通信必须畅通可靠，发现危及行车或人身安全时，应立即通知司机停车。后端操作时，速度不得超过 15 km/h。

(2)动车组禁止连挂其他机车车辆进行调车（救援、附挂回送过渡车以及动车组无动力调车时的调车机除外）。

(3)站内动车组列车重联时，前车应关闭驾驶台，列控车载设备转为待机模式，后车使用调车模式与前车连接。

(4)站内摘解动车组列车时，重联列车在车站股道停车后，通过转换为调车模式可以将其分解为两列车。

12.3 客运服务

城际铁路很大程度上改变了车站传统的客运组织模式，形成售票、候车、检票、上下车、进出站以及在途等全过程的客运组织新模式，最大限度地提升旅客出行的便捷性和舒适性。当铁路通过能力足以开行大量城际列车，达到公交化程度时，乘坐列车如同乘坐公共汽车，旅客无需查阅列车时刻表，可随到随走、随时乘车，缩短旅客候车时间，最大限度地吸引客流。城际铁路车站通过运用各种信息管理系统软件和硬件设施，与强大的接发列车能力相匹配，适应大流量、高密度、客流快速集散的需要，体现出现代化的科技水平。主要包括自动售检票系统、引导服务系统、车站信息管理系统、信息监控系统、对外信息发布等系统，经过精心设计和组织，实现系统之间的无缝衔接，发挥车站各系统的整体效益，共同构建高速车站高质量的智能化旅客服务系统。

下面是几个国家的客运服务方面情况，值得借鉴。

日本和欧洲铁路企业高度重视信息技术在售票业务领域中的应用，普遍采取开放式体系结构，数据集中管理，客票销售模式和手段多样化，服务便捷。日本、法国和德国三个国家在高速铁路服务中，已经有了良好的积累和创新，形成了一定的品牌效应。比较统一的是，主动站车服务细节的改进，处处体现对旅客的人文关怀和便捷舒适。欧洲铁路的电子商务系统在 20 世纪 90 年代得以展开，并通过加入全球分销系统，将客票营销范围扩展到全世界。

日本新干线的车辆设计和高速铁路服务处处体现着人性化的因素，将“以人为本”的理念落实到了每一个细节当中。新干线在技术成熟方面达到了较高的水平，在质量控制体系建设上也达到了相当高的水准，对安全、速度、舒适、便捷方面都取得了都达到了很高的水平，对于旅客的个性化需求也能够及时响应。日本的铁路客站多数本着人性化的原则设计、建造。例如标识释义的清晰和高效,如用特色鲜明的标志进行导向,设置车厢车门位置停靠点,设置安全防护。在细节方面,在车厢内设有多功能室、残疾人厕所、妇婴整理台、衣帽钩、伸缩小桌板等设施,满足旅客各项需求。在管理上,注重满意度的测评和收集,应用 SERVQUAL 评价模型方法,对指标体系的数据资源进行整合应用,征求旅客的意见建议,及时加以改进,促进服务质量的改进和提升。在此基础上,全面评价高速铁路客运服务质量,促进高速铁路服务质量的持续改进。

为了防止旅客错过预定的车次,日本新干线在客票设计上的灵活性很高,旅客只要在购票之日后的 2 天内到达目的地,所购车票都是有效的。而即使是购买指定席车票却坐错车次的情况,也可以凭票改乘其他车次的自由席。值得一提的是,考虑到大部分乘坐东海道新干线的是通勤旅客,日本还针对不同的通勤旅客制定了相应的票价策略。根据年龄的不同,通勤旅客被划分为成年人和学生族这两类,成年人与学生族使用不同的 FREX 卡,学生族的票价较成年人有一定程度的优惠。而除了通勤旅客,日本还对国外旅客和特殊人群提供了不同程度的票价优惠。人性化的设计使得 2008 年底,东海道新干线平均每年运送的旅客人次达 1. 49 亿,而这一数字相当于日本 10 条高速公路旅客运输量的总和,而目前东海道新干线的客流量仍呈现上涨趋势。

法国高速铁路是欧洲高速铁路的典型代表。法国高速铁路对服务的各个环节,例如,旅客出行前的需求,主要是购票服务;出行中的需求,主要是候车、进出站、车上的服务等;出行后的需求,如晚点索赔、优惠折扣等,能够进行持续改进,通过对不同服务流程的质量控制,来提升服务的品质。同时,对服务质量的改进,注重突出重点,如将质量控制点定位在旅客一些最基本最重要的需求上,同时,确定各项评价指标,客观全方位地评价客运服务质量,有针对性加以改进提升。在设备使用方面,2016~2019 年期间,法国国营铁路公司将投资 10 亿欧元购买 40 节全新的高速列车车厢,同时还有 24 节翻新的车厢。该公司还承诺将会设计出符合人体力学的、更加舒适的座椅以满足乘客的需求。

法国高速列车的购票形式多样,旅客既可以在购票点购买,也可以到火车站或自动售票终端机购买,最方便的还是上法国国有铁路公司的订票网站预定。在舒适方面,法国高速列车内人性化的设计是吸引旅客乘坐高速铁路的一个主要原因,对于票价,乘客越早买价格越便宜。与普通列车相比,法国的高速列车票价要贵不少,但法国国有铁路公司针对不同人群推出不同的优惠,26 岁以下青年人有"青年卡",60 岁以上有"老年卡"。法国国有铁路公司的网上订票系统还推出"闪电销售",这些票经常是不能改签不能退的。

法国有 35 个火车站里安装了这样一台"故事自动分发机"。其操作方法很简单,旅客要读的故事就会从机器里嘎吱嘎吱地印刷出来,相当于短篇故事。各种体裁各种题材的故事都有,这样可以可以消磨时间,涨涨知识。2014 年,Short Editions 公司做出了第一代故事自动分发机。该公司成立后,每天都有 100 名左右志愿者往他们的网站和 APP 上投稿,用户们给他们的故事打分,其中最受好评的故事就进驻到火车站的故事分发机里,所以最终呈现在乘客们眼前的故事都是有质量保障的。当然是志愿者免费提供故事。2015 年 10 月,法国格勒诺布尔市的火车站成为了世界上第一个拥有故事分发机的火车站。在一年的时间里,有超过 10 万个小故事被乘客打印,有超过 5 000 名志愿作者在背后吭哧吭哧地码字。乘客们表示这故事分发机完全就是良心之作。另外,故事分发机还衍生出了新的功能:吸引游客。每天都有外国游客排着队围在格勒市火车站的故事机旁边自拍。

德国高速铁路以科技化、人性化而闻名。人性化的细节设计在车厢服务设施的构造上处处能够得以体现,目前,所有的德国高速列车均配备了最先进舒适的服务设施,为了丰富旅程的娱乐视听,座位上配备了电视屏幕、音响系统;为了方便旅途中手机电量的及时补充,全列座椅上安装有电源插口,可供乘客手机或电脑充电;为了适应电子设备的联网需求,建立了抗干扰区域及公共电话亭,保证旅客在旅途中可以正常通信;售票方面,因旅客对车次开行的情况无法全面掌握,难以决定自身的形成方案,德国高速铁路售票在设计上,会根据旅客的出行需求自动生成行程方案备选;同样,旅客在列车上获得一分时刻表和各种延伸服务,如出租车、酒店、景点等;同样,德国铁路客站的布局和设计也非常的人性化,实行的是全开放式管理,车站和站台都是开放式的,无安检、检票等程序,从进站到上车一般只需 1~2 min。为方便旅客的安全乘降,德国高速铁路为一些特殊重点旅客提供了便捷。值得一提的是站内提供的残疾人乘车专用设施,可让残障人士无障碍进站上车,以科技和人性化赢得旅客。

德国铁路实行全国联网售票,旅客一般就近到代售点买票,客票有效期为 1 个月。另外,凭有效身份证明可在售票处或代销点购买能享受半价优惠的铁路卡。铁路卡有效期为 1 年,全国均可使用。同时德国还提供多样化的票价优惠,①提前购票的优惠。提前 1 周购买非高峰期的往返客票,可优惠 50%,提前 3 天购买往返客票、固定车次,可优惠 25%。②非高峰期的票价优惠。由于很多人的家庭和工作地点在不同的城市,需要周末往返乘车,所以铁路在周一、周五、周日的客流量非常大,列车基本满员,而平时车厢内则较空敞。德国铁路在非高峰期实行非常优惠的票价,促使部分旅客调整出行日期,缓解高峰期的运输压力。③乘坐次数的优惠。旅客乘坐德国铁路列车的次数累计到一定数量时会获得优惠卡,购票时可以打折,并且在国内 40 多个城市免费乘坐公共交通。

比利时为满足不同乘客的需求和鼓励使用公共交通,火车的中短途列车均可购买年票和月票,还有老年票、学生票、家庭套票等不同种类并实施电子化票务管理。

客运服务工作是高速铁路车站客流组织的辅助环节,包括问询服务、物品寄存、站厅内便利店设置、残疾人或孕妇的协助、突发事件的应急处理等。因为高速铁路具有发车密度高、正点率高、动车组运行较为固定等特点,所以旅客在高速铁路车站的等候时间相对较短,“开放式候车”和“自助式乘降”也就成为了高速铁路车站客流组织工作的重要理念。车站的客运服务也应围绕这两点,实施具体工作。

目前,英国售票系统据估计共提供 1 600 万种不同票价,许多乘客购票时支付了偏高价格。政府同时要求各铁路运营商火车票定价的一致性,包括统一提前预售价及非高峰期车票的限制条件。2016 年《泰晤士报》的调查发现,伦敦至伯明翰(Birmingham)的一张单程票就有 42 种不同的票价显示。据报道,同一个站点的不同自动售票机曾显示不同价格,一些列车票价甚至多出 100 英镑。自动售票机因此备受抨击,而自助售票机售票量占了火车票销售量的 1/4。英国政府与相关铁路行业机构于 2017 年 2 月共同宣布,现有铁路客票价格及线路选择方式无法满足旅客获取低价车票的需求。因此,将对铁路客票进行一系列变革。为了使乘客能够更加便捷地购买便宜车票,英国交通部联合铁路交付组织(RDG)共同发布了“铁路售票信息行动计划”(以下简称“行动计划”),2017 年 5 月份,在试点线路进行铁路票价改革。有媒体称,此次改革或将为英国票价系统带来一场彻底的改变。每当谈到在英国乘坐铁路旅行时,过度复杂的售票系统都会遭到乘客抱怨,这也是造成乘客不满的主要原因。根据 2016 年英国铁路旅客运输调查结果显示,旅客对车票价格的满意度只有47%,对各条线路车票价格的满意度为33%~84%。在不满意的理由中,20%的旅客由于在售票机上买错了车票,13%的旅客则是由于没有买到最便宜的车票。根据行动计划,英国交通部将通过简化自助售票机操作界面、减少晦涩难懂的专业术语、提示获取低价车票渠道、配备自主查询机器、引入第三方代理售票机构、帮助旅客快捷制定旅行规划等一系列方法,提高铁路服务水平,增加旅客购票满意度。英国引入生物识别技术,乘客无需购票,通过指纹识别,虹膜识别等技术验证身份,自动关联乘客金融账户进行客票结算,缩短进站时间,即将在英国奇尔顿公司牛津-伦敦铁路线路上应用。

我国城际铁路旅客对购票的便利性、旅途的舒适度、出行的时间性要求等都比较高,一般会选择“随到随走”的方式通过车站窗口、互联网、代售点、自助售票、电话订票、中铁银通卡渠道进行购票。其中中铁银通卡目前在京津城际和沪宁城际铁路上应用,采取预留部分席位,并适时调整预留数量的方式供中铁银通卡旅客刷卡乘车使用。

我国城际铁路动车组列车一般在中间站只停留很短时间,发车要求很高,这些要求站内旅客组织工作要能够保证客流的顺畅,避免耽误正点发车。客票的日常销售,是以动车组开行方案为基础,而动车组的开行则要满足旅客的日常出行规律,并根据市场变化进行及时的调整。因此车站的客票销售、市场的需求及动车组的开行,是互相关联的,一体化的工作原则使其统一协调起来。候车旅客、进站客流及出站客流的组织相对比较复杂,高速铁路车站在设计建设阶段即进行考虑,但客流是变化的,在设计阶段不可能预料所有的问题,因此车站在日常组织工作中,运用车站引导系统、广播、电子牌等,根据客票的发售情况、动车组的开行时刻等及时为旅客在站的集散提供信息和指引。

12.3.1 候车组织

按照铁路对高速铁路、动车交路安排和作业规范,一般在开车前15~20 min开始检票放客,引导旅客登乘列车。因此,在候车室候车时间较短的旅客都属于即到即走型旅客。从统计数据看,上海虹桥站按(高速铁路枢纽站)的即到即走客流比例较高,22.8%的旅客在开车前15 min内来到车站,35.78%的旅客在开车前15 min至30 min来到车站,30.66%的旅客在开车前30 min至1 h来到车站,只有10.76%的旅客来站候车时间超过1 h 30 min。

高速铁路车站的候车室一般不设置隔间,大厅明亮宽阔,通道无障碍设置,方便旅客快速检票通过。为快速引导旅客,高速铁路车站应配备完善的信息导向系统,集车站广播、动态信息导向标识、静态信息导向标识于一体,让旅客及时了解动车组班次、检票口位置、乘降点等信息内容;提供多元化的查询、问询服务,车站不仅要为旅客提供自助式的信息查询服务,还要开设问讯处,提供细致耐心的人工问询服务。候车大厅还应提供座椅,供旅客等候、休息;站厅内需设置便利店,为旅客提供休闲、餐饮服务。在垂直通道处,除安装自动扶梯,还应为残疾人安装无障碍升降电梯,提供人性化的车站客运服务。

12.3.2 流线组织

在高速铁路客运站内,由于旅客和列车的集散活动,产生一定的流动过程和流动路线,称为流线。流线组织是高速铁路客运站站房总体布局的重点,也是旅客工作组织的主要依据。从流动方向上分,高速铁路客运站流线可分为进站流线、出站流线和换乘流线;高速铁路客运站一般不办理行包组织业务,从流线性质上仅分为旅客流线和车辆流线。

因此所谓车站的流线组织工作即根据各类流线的特征、结合车站实际空间布局条件,采用合理的组织管理手段,使旅客安全、便利、舒适地完成站内出行需求,一般遵循的原则为尽量避免和减少各种流线的相互交叉干扰,最大限度缩短旅客流动距离,避免流线迂回,防止对流,保障安全。

高速客运车站的导向标识系统、信息及广播等指示系统能够为旅客进站、候车、上车、下车以及出站等站内活动提供方便的信息。这也是高速铁路客运站体现人性化的一个方面。换乘需要。双向闸机。为让老弱病残孕等重点旅客出行无阻,上海铁路局着眼增强联程。例如,进站流线相对复杂,根据旅客类型及出行目的的不同,进站流线组织的关键节点也不同。普通旅客流线是进站旅客人数最多的主要流线,在车站的主要流程是站前广场、售票大厅、售票处、候车大厅、候车室、检票口、跨线通道、站台上车。预先购票的普通旅客流线则免去售票大厅和售票处,直接候车、检票、进站,在车站停留的时间相对较短。城际旅客大多在早晚乘车,多数持通勤、学月、季票,不需临时购票。中转旅客流线比普通旅客流线简单,当列车到发时刻接续紧凑时,旅客可在相应站台直接换乘。其他中转旅客进入候车室休息,后经检票口、跨线通道、站台上车。

出站流线的特点是旅客集中、速度快、占用站房设备时间短。高速旅客出站流线过程一般为下车、出站口出站、换乘其他交通工具。期间涉及的服务设备有站台、出站通道(天桥或地下通道)、验票设备和疏散通道等。

1. 高速铁路枢纽车站客流流线分类

按照铁路定义,所谓流线就是客运站旅客、行包、交通车等的流动行驶路线。本文主要研究旅客流线,下文所述流线即旅客流线。根据高速铁路枢纽站功能和客流行动的流程环节,以上海虹桥高速铁路枢纽站为例,可将客流的流线分为四类、八种。第一类是汇聚进入流线,第二类是到达出站流线,第三类是中转换乘流线,第四类是事务流线。

(1)汇聚进入流线。指通过地铁、公交、出租车、飞机等各种交通工具,由本市、附近地区或其他区域到达枢纽车站乘坐高速铁路的进站客流活动流线。根据旅客进站后的行为流程又可细分为两种。一种是进站过安检,先购票或办理相关车票业务、再候车、最后检票乘车离开的常规乘车流线。一种是提前通过网络购买高速铁路车票,进站过安检后直接到检票口刷身份证乘车离开的快速通过流线。进站前已经购买纸质票或网络购票取出纸质车票的旅客活动流线与快速通过流线也是一样的。

(2)到达离站流线。指乘坐高速铁路列车到达车站的旅客经站台、出站通道、出站口,通过换乘分流通道,乘坐其他交通工具离站的活动流线。

(3)中转换乘流线。指到站后换乘高速铁路动车继续旅行的铁路中转客流或再其他交通工具间换乘旅客的活动流线。根据实际情况可再细分为三种。一种是内部中转流线,旅客提前购买好联程高速铁路或动车车票,到达枢纽车站后,经站台和换乘通道到达候车室,持换乘列车车票经检票乘坐其他列车离开的活动流线。另一种出站中转流线,旅客未提前购买好换乘列车车票,到达枢纽车站后,先出站,再进站过安检、进行购票,再经候车、检票乘坐列车离开的活动流线。第三种是外部换乘流线。是在地铁、公交、出租车等交通工具之间换乘的本市或本地区的客流活动流线。如地铁与地铁换乘;地铁与公交换乘;公交与公交换乘;公交与出租车、机动车换乘;出租车、机动车与地铁换乘等。

(4)事务流线。是指到高速铁路站办理各项事务人员或铁路相关工作人员的行走流线。进一步细分可分两种。一种是到车站办理退票、接送客、实名制认证、领取失物、咨询业务,以及餐饮、休闲等人员的活动流线。到车站办理事务的人员虽然与正常旅客比较人数很少,但由于事物繁杂零散,可能会涉及多个场所地点,因此活动流线相对复杂和无序。再一种是铁路工作人员,即枢纽站内工作人员和通过枢纽站的铁路工作人员的行动路线。

此外,客流流线还可根据不同需要进行不同方法的分类。按流线经过区域通道进行分类,可分为站内流线、站外流线、内外衔接流线、内外循环流线;按客流性质特点分类,可分为普通旅客(进站、出站、中转、办事)流线、特殊旅客(进站、出站)流线、工作人员流线等;按客流状态分类,可分为常规状态流线、高峰状态流线、极端状态流线,其中极端状态是指因各种原因引起的高速铁路大面积晚点、旅客大量滞留等情况下的客流状态;按客流流向分类,可分为同向流线、逆向流线;按流线之间关系分类,可分为平行流线、汇合流线、分歧流线、交叉流线;各种流线分类之间关系可参见表 12.1。

表 12.1　高速铁路枢纽站客流流线主要分类表

<table>
<tr><th colspan="2">按流程分类</th><th>按区域分类</th><th>按性质分类</th><th>按状态分类</th></tr>
<tr><td rowspan="2">汇聚进入流线</td><td>常规乘车流线</td><td rowspan="2">站外流线、外部衔接内部流线</td><td rowspan="2">普通旅客流线(常规进站、快速通过)</td><td rowspan="8">常规状态流线(进站、出站、中转、办事)、高峰状态流线(进站、出站、中转、办事)、极端状态流线(进站、出站、中转、办事)</td></tr>
<tr><td>快速通过流线</td></tr>
<tr><td>到达离站流线</td><td>出站流线</td><td>站内流线、内部衔接外部流线</td><td>普通旅客流线</td></tr>
<tr><td rowspan="3">中转换乘流线</td><td>内部中转流线</td><td>站内流线</td><td rowspan="2">普通旅客流线(内部中转、出站中转)</td></tr>
<tr><td>出站中转流线</td><td>站内流线、内外循环流线</td></tr>
<tr><td>外部换乘流线</td><td>站外流线</td><td>其他交通工具旅客流线</td></tr>
<tr><td rowspan="2">办理事务流线</td><td>事务旅客流线</td><td>站外流线、外内循环流线、站外流线</td><td>特殊旅客(进站、出站)流线</td></tr>
<tr><td>工作人员流线</td><td>站外流线、外内循环流线、站内流线</td><td>工作人员流线(进站、站内、出站)</td></tr>
</table>

2. 枢纽站流线设置需求

高速铁路枢纽站流线设置需求有很多方面,但概括归纳起来,主要是四个方面。

(1)最短路径。为充分发挥枢纽车站客流大规模集散以及多种交通方式便捷换乘甚至"零换乘"的效率,在流线设置上要着重考虑各流程环节中行走路线的最短化。路径越短,旅客行走时间越少,客运效率也越高。现代很多交通枢纽都是按照"零换乘"概念来设计建造的,其目的就是适应现代社会生活快节奏的要求,最大限度提高运输效率,方便旅客进出乘降。

(2)避免交叉。大型高速铁路枢纽车站,建筑空间结构复杂,多种出行目的、需求的大规模人员混杂。2014 年 12 月 31 日上海外滩踩踏事故发生的原因,一是因为区域内人员过于密集,人流量大大超过了通道的正常承载量:二是因为密集的上下行客流在楼梯处发生对冲,导致多人摔倒最终酿成惨剧。这个教训在客流量巨大的高速铁路枢纽车站流线设置上值得深刻吸取。要设法将各种流线在立体空间内分离错开。

(3)合理流动。大型高速铁路枢纽车站内,各种餐饮休闲等设施服务功能众多,建筑结构内通道四通八达,各处所之间流线完全隔离,既不方便也不可能。对此,要将各条流线合理布局,干流带动支流,有序衔接。这样既能让不同需求的旅客方便快捷的在各处所之间行走流动,又可避免大量无序流动人员扰乱正常的流线。

(4)系统统筹。大型高速铁路综合枢纽车站由于整合了多种交通方式,客流流线既有各种交通方式内部的内循环,又有各交通方式间相互联动的外循环。加之,不同交通方式的不同运营特点,造成了相互之间客流流线的结合部常常成为梗阻区或滞留区。因此,越是综合性强的高速铁路枢纽站,越是要重视系统规划,统筹协调,将各种交通方式的流线有效整合为一个有机整体,充分释放枢纽站的综合客运集散优势。

3. 高速铁路枢纽车站流线交叉分析

(1)流线交叉冲突类型

由于大型高速铁路枢纽站站房结构复杂,集成了多种服务功能,大量旅客在枢纽内活动。旅客在不同活动的过程中形成了不同的流线。当两股流线或更多股流线同一时间,在同一区域流动时,就出现了流线交叉冲突。冲突的严重性随着流量和流速的增加而上升。因此,对于大客流进出的高速铁路枢纽站要高度重视流线组织,尽力避免流线的交叉冲突。根据流线交叉的角度,本文将流线冲突分为十字冲突、平行冲突两种基本类型,见图 12.7,图 12.8。其他类型交叉冲突都是这两种类型的变形。

图 12.7　流线十字冲突示意图

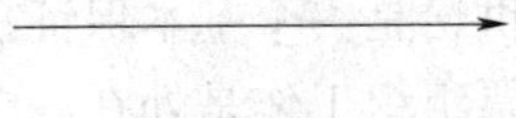

图 12.8　流线平行冲突示意图

(2)流线交叉冲突疏解

根据流线冲突的发生条件,同一时间、同一地点,对流线冲突的解决方法主要采用时间错开和空间错开两种。时间错开法类似于路口的红绿灯控制方法,很有效,但对以快速便捷为主要目的的高速铁路枢纽站内客流组织不适用。而空间错开则受高速铁路枢纽站站房结构和场地条件限制较大。一般而言,有平面分流法、立体分流法和综合分流法几种。相对而言,流线方向截然相反的平行冲突解决方法较为简单,在两条流线中设置隔离栏杆就可有效疏解。而对于十字交叉冲突,则要综合考虑站房结构、绕行距离等因素,合理设计流线,尽可能分离两条流线,减少交叉点或消除交叉点。

12.3.3 售票组织

随着售票系统的完善,车站售票厅购票已不再是旅客获取车票的主要途径,铁路系统积极推广网络订票(电话、互联网)、电子客票(银行卡购票)、自动售检票等,最大限度地方便旅客。车站售票窗口主要服务于直接购票者和部分换乘旅客,以当天票和自动售票为主。

高速动车组列车的优势体现在列车的快和密等方面,铁路运营部门将逐步采取以下售票方式:

①推出月票、季票及年票,减少旅客进站购票的时间,降低经常往返旅客的出行成本。

②在一些大站开辟城际铁路绿色通道,方便旅客即购即乘,减少旅客进站等候时间。

③在车站周边交通不完善的情况下,定点定位推出免费短驳车,方便旅客到站或离站。

④推出卡务系统,借鉴地铁公司的做法,加大对自助售票机和自助检票机的宣传,真正实现公交化的运作。从2017年7月下旬起,郑开、郑焦、郑机城际铁路将推出"高铁一卡通"服务,届时旅客乘坐所有"C"字头列车,只要持有中铁银通卡,刷卡即可进站、乘车,不用再购买车票。

⑤旅客候车过程的改变。车站候车室的设计思想与传统铁路有较大差别。传统车站候车室强调等候,一般按最高聚集人数确定。城际铁路车站强调通过功能,等候空间成为辅助功能,尽量不影响旅客进站流线。公交化运营,一是体现在车次的安排上,能够做到各方向的车次保证了旅客随到随走;二是旅客候车时间不易过长,保证旅客的舒适度。

城际铁路运营组织的使得旅客行为模式发生了较大变化,城际铁路运营特点决定了旅客行为模式与普通铁路不同。普通铁路旅客在车站等候时间长,单位时间客流量不大。城际铁路由于与城市交通衔接便利,旅客能够较好地把握到达车站时间,且城际列车密度大,旅客的等候时间短,要求能够"快进快出",甚至无需候车直接进站。

旅客购买车票的方便性是车站工作人性化的首要体现。高速铁路除了常规的车站窗口售票以及客票代理点外,网上订票,自动售票机售票,电话预约以及送票上门等服务应成为主要的客票销售方式,而多种支付方式也应得到推广。高速铁路客运站日常的售票工作,要能够满足旅客及时方便的查询、订购、转签及退票等。此外,也可以根据旅客订票提前的时间,提供不同折扣的打折票,灵活运用价格政策制定满足不同层次的旅客需求。当然,扩大运输能力,有充足的票额供给是一个基本保证。

铁路售票组织工作是处在一个具有动态信息的复杂系统环境中,其主要内容是客票合理的预售期制定和科学合理的窗口设计。客流高峰时期,合理的客票预售期能分流车站售票窗口的购票旅客,缓解车站售票能力;适当压缩客票预售期,能使票贩不容易囤积并倒卖车票。

售票窗口设计是售票处工作组织的重点。科学合理的售票窗口开设数量和位置,不仅能够缩短旅客排队购票时间、方便旅客,避免车站售票大厅过于拥挤,还有利于完成客票预售期内的售票组织安排,对客票预售期的执行有着重要作用。售票窗口开设的数量及位置,应根据客运量大小来决定。

(1)综合性一流客服平台,全力打造"12306"移动客户端,为高速铁路运营改进服务、拓展市场提供了有力支撑。先后研发整合了服务质量回访、团体票预订和动车组订餐、调令签收、信息发布、遗失物品查找、特殊重点旅客服务等业务操作系统,通过前台服务、客户管理、信息流转、数据统计等功能配套完善,实现服务与需求的无缝衔接,满足营销管理工作开展的需要。并通过规范服务流程、严格服务标准,创新服务方式、拓展服务内容,努力为客户提供咨询、投诉、求助、增值等优质服务,不断提升客户满意度。铁路采取电子售票以来,收益水平得到了很大提高。目前高速铁路开通了网络售票、电话订票、手机订票、车站窗口售票、自动售票机售票、代售点售票等多种售票方式,极大方便了旅客出行需求。铁路采取电子售票以来,收益水平得到了很大提高。目前高速铁路开通了网络售票、电话订票、手机订票、车站窗口售票、自动售票机售票、代售点售票等多种售票方式,极大方便了旅客出行需求。

(2)配备自动售票机。高速铁路车站售票大厅除了固定窗口售票外,还须合理布置自动售票机,发挥自动售票机的优势,方便旅客购票。京津城际高速铁路首次应用了我国自主研发的高速铁路客运服务系统,该系统包含了自动售票与检票、客运服务信息发布、广播、查询、导向、求助等多种客运服务功能,并采用GSM-R数字移动通信系统和CTC运输调度指挥系统,实现了移动话音通信和无线数据传输以及对全线运行的列车进行集中调度和控制。进一步实现了铁路客运业务的集中管理、系统融合、信息共享、联合操控和应急联动,能够为旅客提供全方位的最及时、最方便的服务。

在自助售取票机的设置地点上,牢牢把握便民、利民原则,均设置在商场、超市、银行、学校、宾馆及大型社区、行政中心等人群密集区,方便旅客在家门口、单位、学校购票和取票。对于距离火车站较远的地区,适当增加设置密度。像上海地区的三大火车站上海站、上海虹桥站、上海南站均在浦西,为了方便浦东地区的旅客购取火车票,上海地区的36台站外自助售取票机中有16台设在浦东地区。以上海虹桥站为例,车站大量配置自动售取票机、自动检票系统、自动引导系统等自助服务设备。车站建设中广泛应用太阳能板发电、电能余热利用等多项环保技术,成为上海市低碳经济示范点。作为上海虹桥综合交通枢纽重要组成部分,上海虹桥站与民航、城市轨道交通、公交、出租车紧密衔接,形成了多种交通方式一体化的现代化综合交通枢纽,实现了旅客"零换乘"。

上海站还在陆家嘴、豫园、松江大学城等人流、学生密集地区,新安装自助售(取)票机,方便居民购买火车票。上海站还将自助售(取)机从火车站"搬入"社区、高校等公共场所,并提供支付宝扫码支付功能,为市民购票出行提供了新的选择。

为方便旅客购票,上海铁路局共投入售票点534个,并采取延长售票时间,有条件的24 h实现不间断售票,并实现自动检票、自助查询、自助求助等方法优化售票组织。

考虑到高峰时段城际客流大,还应设有临时售票点。在综合大厅内设有自动售票机,在综合大厅和候车厅之间设有自动检票机,旅客通过自检机随到随检,旅客根据候车厅内的旅客信息系统的引导,选择站台乘车。

当然,为适应旅客退票需要。助退票机(2台)在太原火车站正式投入使用。这两台自助退票机在国内火车站是首次使用,投入使用后每天能服务上百名乘客。由于每年春运期间退票人数多、人工窗口压力大,退票旅客排队时间都比较长,太原站首批两台自助退票机投入使用后将很大程度缓解退票慢的问题。该设备既能办理磁介质车票(蓝票)退票业务,也可办理网络购票未取票的退票业务,并支持所有支付方式(目前仅支持退用银行卡支付车票)购买的车票的退票,通过车票磁信息的读取和身份证信息的读取实现车票的实名制信息核对。

(3)设计智能化验票设备。铁科院电子所开发的实名制验证检票机分别在武汉站和广州南站进行测试并投入使用。针对不同的用户需求,开发了两款实名制验证检票机,以此替代目前的旅客进站实名制验票人工窗口。该验票机可以与公安核查系统无缝对接,保障旅客的安全出行。

2011年12月1日起,在互联网上购买火车票的旅客,可使用二代身份证"刷证"在沪宁城际铁路、沪杭高速铁路路沿线各站进出站。乘坐沪宁、沪杭高速铁路动车组列车的旅客,使用二代身份证通过铁路互联网购票后,不需换取纸质票,而凭购票时所使用的乘车人有效二代居民身份证原件,直接通过沿线各车站自动检票机办理进、出站检票手续。自动检票机在识读二代居民身份证时所做的进站、出站记录分别为铁路旅客运输合同运送期间的起、止证明。旅客在所购车票乘车区间中途站出站的,自动检票机验证后予以放行。

用实名制验证检票机,旅客将火车票和二代身份证叠在一起放在自助核验检票机上的读卡区,检票机就会自动读取二代身份证信息和扫描车票上的二维码信息,以此比对完成票证的一致性核验。摄像头还会不断地采集旅客的人脸图像,系统将采集的人脸图像和身份证里面存储的照片比对。若身份证信息、二维码信息、采集图像信息均比对通过,则开启闸门放行,否则报警提示旅客退出验票区。未取票的旅客也可在两款检票机上刷身份证进站,系统会根据身份证信息直接检索旅客的订票信息。系统采用低清人脸识别算法,完美解决低清晰度照片条件下的人脸比对准确性难题,整个 人脸识别过程不到 1 s,识别准确率超过 98%。系统还内置了红外摄像模块,采用人脸活体检测技术判定是否为真实人脸,有效防止持照片或视频进行欺骗、蒙混过关。除了以上功能,实名制验证检票机的实名制验票系统还实现了客票系统、旅服系统、公安核查系统的完美结合,并提供了一站式的解决方案。系统通过公安联网控制器隔离的方式,与公安核查系统进行了无缝对接,为公安核对系统实时的提供了进站人员信息和乘车信息;系统通过验票进站人数的统计,与检票上车人员的统计,能够准确地计算车站内当前候车人数,为客流高峰期控制站内候车人数提供了强有力的数据。

(4)提升客运售票组织的科学性。一是加强票务管理。探索掌握预售期延长的变化规律,提高票额预分水平,创新票价营销策略,强化席位共用、复用管理,提高客票利用率和客车客座率,发挥客运票务管理对客运增运增收的"杠杆"作用。二是做大团体票市场。坚持把做大团体票市场作为上海铁路局全年主攻目标,研究预售期延长后团体票组织模式,积极与各大旅行社接洽,把握组团规律,加强与总公司沟通,完善办票政策和组织办法,改进订票平台,通过"互联网+团体"增加团体办票量,提前锁定客源。三是提升淡季列车客座率。按照"旺季提高列车开行质量,淡季节约经营成本"的原则,配合车辆运用,试点动车组在线替换,缩减部分交路列车编组,停运同时段、同方向、同径由列车,从而减少阶段性、时段性车票供给量,通过供给侧调整,力求减少过剩票额,实现淡季客座率提高,并利用节约下的车底适当增加重点方向运能投放。四是优化接续运输组织。挖掘内部资源,充分利用复用票额,进一步推广较大枢纽站中转换乘,解决部分方向直达车票供应不足的问题。四是推进多渠道售票服务。优化售票组织方式,大力推广互联网、自助售票机等多渠道售票。根据售票、支付方式的变革,积极推进互联网、手机等自助售票方式,使上海铁路局自助式日常售票比例接近 60%、高峰期达到 80%。

12.3.4 乘降组织

旅客乘降工作组织是有秩序地组织旅客在站内通行、检票进站,走向列车停靠站台上车,以及到达车站下车旅客在出站口交票出站,是客运站的一项重要工作。城际铁路车站必须装备完善的旅客向导系统,采用多媒体技术在候车区、检票口、进出站口、站台等旅客活动场所设立醒目、明确的电子指示牌等来指出车站各种旅客服务设施的方向和位置、列车到发去向、到发时刻、列车停靠站台、晚点变更等情况,引导乘客方便地使用车站的各种服务设施以及按规定的路径便捷地乘降列车和换乘,使站内旅客便捷地办理各种旅行手续,尽量避免各种流线在站内各类通道上形成交叉干扰。大客运站应从市内交通的停车场起,对入站购票、候车的长途以及市郊客流分别组织。跨线通道是站房与站台之间、站台与站台之间往来的通道。跨线设备的类型、数量和位置对站场内的流线组织起着重要作用,尤其是在大量旅客下车出站时,跨线通道就成了人流疏散过程中的控制地段。高速铁路车站的跨线设备可分为天桥和地道。

检票口是站房与站台之间的连接点,是旅客进出站的必经之路,也是旅客流线组织的重要一环。检票口的布置应力求以缩短旅客检票后的步行距离为目的。检票口的数量应根据通过该处检票进站(出站)的旅客人数及检票口通过能力来确定。检票时,在站台入口处要组织好客流,并确认客票日期、车次、到站是否正确,以防旅客误乘和无票乘车。高速铁路车站检票口的检票作业方式与常规检票方式已有较大区别,配备的先进设备可以部分或全部的取代目前的人工检票,从而加快检票速度、提高通过效率、降低运营成本、准确统计客流信息、减轻工作人员劳动强度等。目前,也有部分车站采用先检票后候车的方式,以减轻集中检票的压力。

出站口应保持宽敞,使旅客流动通畅。旅客下车组织,应在列车到达前及时将到达列车的接车线路、站台和到达时刻通报客运服务人员及迎接旅客者,清除出站通道上的障碍物。旅客下车后,使之在站台上停留时间最短,并按指定通路出站。

2016 年 3 月无锡城际场 G7045 次(重联,图定时刻 9. 20/22)11 号站台办客,D3135 次列车(图定时刻 9. 25/27)10 号站台办客,同站台乘降作业,发生 3 名已检票的 D3135 次旅客进站后上了停靠在 11 号站台 G7045 次列车上(重联的宁端一组),后苏州站下车后换乘,这种现象经常发生。无锡站这两次列车检票时间交错在一起,易造成旅客上错车的关键车次重视不够,存在旅客乘降组织、广播提醒等卡控措施落实不到位现象。无锡站根据列车运行时刻,尽量减少两趟列车交叉放客时间,客运人员要站在适当位置,加强了引导进站旅客,提醒旅客查看自己所乘车次,并指明站台,提高服务质量,防止旅客上错车。

为预防闲杂人员,通过高速铁路车站站台端部进入线路而产生的安全隐患,研制"高速铁路站台端部防穿越报警系统"。该系统由穿越探测单元、视频摄录单元、车站报警主机、服务器管理平台、移动接收终端等部分组成,如果有闲杂人员误入高速铁路站台端部报警区域,红外线及雷达扫描将探测到的信息无线传输给系统管理平台及管理人员的手机终端,系统在给出现场灯光和语音报警同时,启动摄录一体机取证,为确认侵入行为提供视频依据,管理人员能第一时间通过手机上的视频监控平台和站台防穿越报警平台掌握现场情况并进行处理。该系统将在全局管内 104 个高速铁路车站的 298 座高速铁路站台上逐步推广使用。

自 2017 年 3 月起,"长三角"地区 200 多个铁路客运站全面推广应用"重点旅客接送站服务管理系统",重点旅客的亲友在车站服务台办理电子站台票后,便可上站台接送乘车人。目前办理旅客运输的车站有 200 多个,日均到达、发送旅客约 300 万人次,每日都有大量的老幼病残孕旅客乘车。其中,一些行动不便或因其他原因需要有人照顾的重点旅客常常有亲友到车站接送。为做实重点旅客进站后上车前、下车后出站前的"最后一百米"服务,改善重点旅客出行体验。"重点旅客接送站服务管理系统"安装到办客站进站口外服务台、候车室服务台、出站口等处。接送重点旅客的亲友只需持本人有效身份证件和手机号码到车站服务台办理相关手续。软件系统根据乘车人姓名、车次、座位号等信息自动生成一张电子站台票,并由工作人员打印交予接送站人员。出站时,车站工作人员扫描电子站台票上的二维码确认后,接送站人员便可离开车站。电子站台票的使用一方面改善了重点旅客出行体验,同时也规范了重点旅客接送站服务管理。该软件后台对未按规定正常出站的接送站人员具有记忆功能,失信人员将无法再次办理接送站服务。

12. 3. 5 换乘组织

在城市综合枢纽,除了中间站客流需求适合枢纽站外,城际铁路的始发和终到站常常与高速铁路枢纽站合在一起,因其开行高速铁路速度快、密度高、到发量大等特点,一般定位都是作为一个城市连通其他城市地区的交通出入口、集散点。越是人口密集、经济发达的城市,高速铁路枢纽站的这一特点越是明显。

旅客换乘的方便性是体现车站工作人性化的重要一面,包括旅客在站换乘,旅客出站与其他交通方式的换乘等都应该成为车站工作组织中的一环。旅客的在站换乘,要根据动车组的不同发车时刻,以及开行跨线列车情况,通过车站的广播系统、指引系统等为旅客提供合适的信息;而旅客的出站换乘,车站应和城市交通进行有效地衔接。旅客可根据自己的需要和爱好选择不同的换乘方式,能以最短的径路或最短的时间方便换乘,即各种交通方式相互协调,优势互补,共同承担枢纽内中转旅客的换乘任务,做到各种交通方式的乘客互为客源,使各种交通方式的发展相得益彰,体现人性化的一面。

高速铁路车站内外客流的组织,由于城市规模和综合枢纽站内各种交通方式的引入条件、衔接和疏解方案等不同而不尽相同。国外高速铁路车站和地铁通过在空间上的错层设置,加上站外城市公交、出租车等的合理配置,能够使进站客流或出站客流较好的疏解。近期国内只有少数的大城市能够实现高速铁路车站和地铁的衔接,因此,车站工作组织必须高度重视这一工作,主动和城市交通管理部门协调沟通,寻求良好的交通网络体系。

旅客中转换乘更方便、更快捷,上海虹桥站内中转给旅客带来了方便。我国部分高铁站,例如从杭州站乘坐 G7362 次到上海虹桥站后,换乘 G598 次到汉口,站内 7 min 完成换乘。上海虹桥站检票口的反向自动验票机,不仅可以正面"读票"进站,也可以上需要中转的旅客反向"读票"出门。上海虹桥和南京南站候车层 A 侧分别安装有 16、15 台这种装置。并在出站闸机左侧增设了人工检票通道,车站根据新的换乘路线,统一了换乘标志和换乘广播。缩短了旅客中转换乘的路程,最快换乘只需 5 min 左右时间。每月还要进行专项检查保养,清理、调试设备安全性能,技术维修人员接到车站保修后,10~15 min 内要赶到现场抢修。旅客不用出站,只需下车的站台乘垂直电梯,即可直升至候车厅,省时省力,可以说客运服务变得越来越精细化和人性化。

2017 年 4 月起,上海先后将有 10 多条地铁线路将常态化延时 1 h,这意味着中心城区地铁服务将超过午夜零点。这项举措给城际铁路到达时刻较晚的列车乘客带来交通衔接方式的方便,满足了这部分旅客的出行需求。

城际铁路开通运营促使旅客乘车方式发生了重大变化,2016 年 12 月,全国首个高速铁路"无轨站"在广西凌云县启用,指的是没有高速铁路线路经过的城市开设的具有"购票、取票、候车"功能的专门站点,通过开通专线大巴与就近高速铁路站实现无缝相连,将客流引入高速铁路,让边远山区群众也能快捷出行。依托高速铁路无轨站,凌云县实现与南昆高速铁路相连通,旅客从凌云高速铁路无轨站出发,4 h 可到抵达南宁,7 h 左右抵达广州。"高速铁路加大巴"的交通无缝衔接实现了人流、物流的快速流通,有效增强了凌云县招商引资和旅游产业的吸引力。凌云无轨站到百色高速铁路站之间的短途驳接,根据百色高速铁路站动车运行时刻开行点到点专线大巴。凭借当日高速铁路票,可免费或半截乘坐驳接车。82 km,1.5 h 左右到达。

南京汽车客运站与南京火车站、南京汽车南站与南京高速铁路南站互设售票窗口。其中,南京汽车客运站在南京火车站的售票窗口设在南广场售票厅 13 号售票窗口,南京火车站在南京汽车客运站的售票窗口设在 2 号售票窗口;南京汽车南站在南京高速铁路南站的售票窗口设在 1 层北售票大厅 1 号窗口,南京高速铁路南站在南京汽车南站的售票窗口设在 13 号售票窗口。售票时间都是 8:30 ~16:30。在营业时间内,需要换乘的旅客下了火车(汽车)即刻就可以在火车站(汽车站)购买换乘车票,出行更方便。

2017 年 3 月 30 日，国内首例开展港铁联运战略合作开始实施，打造“空-铁-港”联运产品，为旅客提供“空-铁-港”一体化服务。吴淞港邮轮码头是全国最大的邮轮码头，全国近 75% 的邮轮在吴淞港始发，每年游客约 350 万人，并且在不断增加。尤其是经国务院批准，“外国人 144 h 过境免签”与“外国旅游团乘坐邮轮入境 15 天免签”政策实行后，越来越多的国际、国内游客通过高速铁路、飞机等方式抵达上海转乘邮轮。因此，加强铁路与海港、空港的区域联动，实现游客“海陆空”一条龙服务显得日益迫切。旅客购买了“空-铁-港”联运产品，便可预定全程的飞机票、邮轮票、火车票，并由上铁国旅提供大巴车，为旅客提供机场、邮轮码头、火车站之间的双向短驳服务，不同交通方式之间实现无缝衔接。这标志着高速铁路邮轮直通车正式开行，游客可轻松从“舱门”到“车门”。旅客可通过携程网或各大在线旅行社购买“空-铁-港”产品。目前，虹桥机场、上海虹桥火车站、上海站设有“高速铁路邮轮直通车”服务站点。2017 年 7 月 18 日起，合肥南站至合肥新桥国际机场“空铁快线”投入运营，每半小时一班车，40 min 即可由高铁站抵达机场。该专线平均每半小时一班，由于全程高速一站式直达，使得原本耗时 1 h 20 min的路程，如今只需一半时间就可到达，票价也降至 25 元。目前共投入 14 辆大巴，实现“空铁”间对开。在合肥南站，通过电子显示屏、时刻表等，不仅可以查询高铁时刻，还可以了解航班动态、城市轨道交通时刻、客运班线时刻等信息，方便旅客换乘。“多式联运”模式的形成，有利于构建起完善的应急处置机制，对可能因不良天气等原因导致的列车大面积晚点、旅客滞留等问题，可立即调集疏散车辆，实现应急联动。

12.3.6　应急组织

针对高速铁路站发生车站火灾、爆炸事故；发生线路中断、列车严重晚点；发生客票系统故障；发生旅客服务系统故障应急预案；发生恶劣天气等客运突发事件，梳理完善客运各项应急处置预案、应急指挥流程和信息传递流程图，做到处置流程清晰顺畅，处置方法适时、容易操作。要针对旅客电梯摔落、跌落站台、进入线路、扒乘列车等容易发生的突发事件，制定文字精练通俗易懂的应急处置流程及措施，方便岗位人员能够快速掌握，提高应急预案的针对性和可操作性。同时把非正常应急处置纳入常态化管理范畴，确保任何情况、任何条件下都能做到让旅客安全出行。重点从强化应急指挥体系，完善应急处置措施，加强日常应急演练，完善引导揭示系统等方面着手，提高高速铁路站班组的应急快速反应和突发事件的现场处置能力。

12.4　案例分析：“长三角”空铁联运模式分析

高速铁路优势逐渐显示，其快速、环保、节约能源等方面的优势已得到社会认可和政策支持。应将航空和高速铁路优势进行整合。上海机场定位为国际航空枢纽港，对“长三角”地区有较强辐射能力，其国内和国际航班的覆盖范围很广。虹桥枢纽的正式启用，将航空、高速铁路、城际铁路、磁悬浮、地铁、公交车和出租车等多种交通方式便捷的联系在一起，大大便利了联运旅客。但目前“长三角”空铁联运可以说正处于起始阶段，仅仅具有成熟的铁路客运网络和“空铁联运”基础设施，且火车站与机场能实现内部的紧密衔接。考虑到可持续发展，就需要成熟的“空铁联运”信息系统，实现票务信息的整合，使其具有城市航站楼，能够实现异地值机。但最终的发展阶段，就要实现“零米高度航空”，即概念上将火车当作是地面航行的飞机，空铁两方式高度协同。“空铁联运”一般是指航空与铁路之间的一种联合运输方式，把航空运输特有的空中快速、地理条件受限少、适合远距离运输的优势与高速铁路地面公交化运营、方便快捷、安全舒适等优势相结合,通过速度、区域、线路上优势互补,将高速铁路网与航空运输网实现高效衔接,形成空铁一体化的交通运输网络。广义的“空铁联运”还包括城市轨道交通(地铁、轻轨)、普通铁路、城际铁路以及高速铁路动车、机场轨道专线等各种联合运输方式。高速铁路动车与机场之间的联合运输是“空铁联运”衔接的最高形式。

1. 模式分析

以“空铁联运”为特点的合作关系是未来民航与铁路客运市场关系合理的发展趋势。从目前国内外“空铁联运”的发展情况来看,各个国家或城市提供的“空铁联运”服务水准不一,归纳起来主要有以下三种模式:

(1)短驳模式。这种模式也可以称作空-路-铁模式,就是在机场设立铁路客票销售点,或者开通机场与铁路车站之间的班车。目前,国内不少城市已经实现此种模式,例如北京就开通了首都机场至北京西站、北京南站和北京站的机场巴士。

(2)共享模式。将铁路设施包括高速动车、城际铁路等直接引进机场。即将铁路设施直接引进机场,在连接航站楼和机场火车站之间的通道里布设办票柜台,服务于一般通过火车进出机场的旅客。这种模式在很大程度上解决了旅客和行李的运送。此模式可服务于市内、周边区域和高速铁路线路覆盖较远区域内通过火车进出机场的旅客,旅客票务和行李托运等手续都是到达机场后在连接通道内办理。旅客在一次出行过程中能否在铁路与飞机之间实现便捷、高效的换乘,是两者的运输网络能否实现效益最大化及联运效率、效益能否得到保障的关键。所以,便捷的轨道交通衔接系统是此模式实现的前提。该模式组织过程相对简单、基础设施和设备投入较小,与传统的组织模式相比更大程度的方便了旅客在机场与车站之间的换乘,尤其方便了高速铁路车站辐射范围内的较远区域的旅客。

(3)零米支线飞行模式。这是“空铁联运”模式中的最高形式。此种模式是在第一种模式的基础上,将铁路作为航空服务的一种延伸,通过代码共享(code-share)的方式为旅客提供无缝隙的“空铁联运”服务,铁路可出售“空铁联运”票,旅客只需在火车站办理一次行李托运即可。此模式把旅客在铁路和机场间的换乘视为中转,这种模式要求机场和航空公司具备联程票务系统、旅客信息和引导系统,火车站要配备行李输送系统、飞机航班和列车班次协调系统等。该模式服务涉及范围较广,主要由旅客值机、行李托运和票务系统三方面构成。按照服务专门化特征,该模式服务功能包括:航空的异地值机功能;异地行李交付功能;联运信息服务;联运票务服务等。

模式2与3的本质区别在于模式3采用了“代码共享”的组织模式,实现了真正意义上的无缝衔接。与航空运输的代码共享类似,在“空铁联运”中,每一辆参加联运的铁路客车都被安排一个或几个支航线班号,支航线班号与飞机航班号之间实现代码共享,即把铁路车次看成支线航班。同一个航班号可能有多个支线航班号,航空公司可以为一个航班号固定某些支线航班号,也可以让旅客根据自己的实际情况自由选择支线航班号;同一趟车次也可以有几个航空公司的航班供选择,即一个支线航班号列车可能包括几个航班号。可在固定飞机航班号的前提下,列车和航班的衔接方式可分为:固定车次固定支线航班、不固定车次固定支线航班、固定车次不固定支线航班和不固定车次不固定支线航班四种。

“零米支线飞行”的最佳运营模式应该是将航站楼设置在各个联运铁路车站,旅客在车站办理登机所需手续,之后乘坐航班对应的支线列车到达机场直接登机,结束飞行后乘坐合适的支线列车到达目的区域。这种将航站楼设置在铁路车站的“分散式航站楼”模式为旅客提供了一体化程度极高的服务,旅客流程简单、运作高效,但由于航站楼分散,增加了办公成本和航站楼建设、运行等资金成本。所以,在实际运营中,根据航站楼布局,“零米支线飞行”还有“集中式航站楼”和“综合式航站楼”两种模式。

2. 国外“空铁联运”的成功案例

“空铁联运”模式最早出现于20世纪80年代的欧洲。比较国外成功典型的案例很多。例如,法国巴黎的戴高乐机场、德国的法兰克福机场和荷兰阿姆斯特丹的史基浦机场等欧洲枢纽机场,其航站楼地下就是火车站,实现了“空铁联运”零距离换乘。

德国法兰克福机场最为典型,也是世界上最成功的联运案例。法兰克福机场和高速铁路站本身就连在一起,真正实现了“零米高度飞行”,即:火车站的到发车时间能与航班的起降时间衔接,航空公司与铁路公司的订座系统进行一体化的出票和销售,旅客可以在火车站办理乘机和行李联运手续,一到机场就直接安检登机。同时,高速铁路作为航空运输的“零米高速支线航空”极大地拓展了机场的腹地范围,旅客可在火车站航站楼实现一次安检、异地通关。德国的很多机场周围200 km的范围内分布着一些社区,从机场到各大城市的距离非常理想,1999年起机场就与德国铁路合作建成联运中转站,德国铁路集团和包括汉莎航空在内的80余家航空公司推出“铁路 & 飞行”联运产品,可提供“无缝旅行”服务。乘客可通过汉莎航空公司订票网络预订,比如飞抵德国法兰克福机场后,在机场地下就可乘坐高速铁路通达德国任何城市,或邻近国家一些城市;也可通过四通八达的铁路,将德国主要城市较为分散的航空客户积聚到一个区域的机场出发。

法国巴黎是世界上拥有高速铁路车站数量最多的城市,除了市区内的北站、东站、蒙帕那斯车站、萨拉扎尔车站、里昂车站、奥斯德利兹车站等6个高速铁路车站外,还在戴高乐机场设立了高速铁路车站。法国航空公司与高速铁路 Thalvs 公司签订了联运的代码共享协议,法航空公司出售的机票,包括了布鲁塞尔米蒂车站和戴高乐机场车站之间的 Thalvs 高速铁路段,持登机牌的旅客往返市区与机场之间无须再购买火车票。而且,法国国营铁路公司和多家骨干航空公司签订了合作协议,旅客可以在世界各地购买空铁联程机票,并在里昂等相关城市与戴高乐机场之间的高速铁路实现行李自动转运。

3. “长三角”空铁联运现状及存在的主要问题

城际铁路是城市群联系的纽带,是发达地区形成大都市经济带的必要条件。国内对于“空铁联运”模式的尝试始于2008年,利用国内首条高速铁路——京津高速铁路的开通的契机,为铁路与航空建立联运提供了条件,“空铁联运”模式率先在环首都经济圈出现。2010年7月上海虹桥综合交通枢纽建成运营,是我国首个集航空、铁路、公路长途客运、地铁、城市公交等多种运输方式为一体,集交通功能、商务功能一体化,大型、综合化、立体式的客运枢纽。苏浙皖沪所在的“长三角”地区高速铁路已形成“公交化”网络格局,促进高速铁路、民航双赢是必然趋势。

综合“长三角”地理空间范围、服务时间范围和服务车站范围三个角度分析,空铁联运中高速铁路主要服务半径在600 km以内,对应“2 h航空圈”,即旅客在目的地与机场之间的旅程花费时间不大于2 h,“长三角”的“空铁联运”是以上海为龙头,两翼向杭州、南京方向延伸的翼型结构。2012年5月,上海铁路局还与东方航空股份有限公司签订了“空铁联运”产品合作协议,开发了沪宁、沪杭城际高速铁路及安徽、浙江地区动车与东航全球航线网络相衔接的

"空铁联运"产品,即"空铁通",即东航承运的民航航班与铁路车次打包形成"空铁通"产品,旅客可通过95530服务热线或者全球任意东航客票销售网点购买联运产品,满足区域内群众出行需求。旅客凭借有效身份证件,可以在指定的合作火车站的"空铁联运"服务窗口领取定妥的火车票。同时,通过互设服务台,为空铁换乘旅客提供"旅客指引、现场值机、应急后补"等新服务项目,并建立了应急机制,遇铁路、航班运行秩序不正常时,畅通信息传递,为中转换乘旅客提供绿色通道、免费签转、优先改签等服务。

上海铁路局与中国国际航空公司和春秋航空公司分别于2012年11月和2013年7月正式开展"空铁联运"协作。目前,三家公司根据市场需求,结合自身航线、班次和铁路运行图变化情况对"空铁联运"产品先后多次优化。目前,上海铁路局管辖范围内共有17个城市旅客出行可选用"空铁通",分别是常州、丹阳、杭州、合肥、嘉兴、昆山、南京、宁波、上海、绍兴、苏州、台州、桐乡、无锡、义乌、镇江、温岭,涉及"空铁通"的列车开行数量逾170趟。2014年上半年,上海局共发售"空铁联运"车票2.96万张,实现票额收入295.4万元,服务费32.3万元。2015年,"空铁通"产品共售出64 265张票。目前,每日有400~500人接受空铁联运服务。法国航空公司、香港航空公司等多家航空公司看好高速铁路快捷舒适这一优势,也表达了与上海铁路局合作的愿望。2017年4月16日起,上铁与春秋航空公司合作,将"空铁联运"业务拓展至南京-扬州、扬州-合肥间的各站点。这将是"空铁联运"业务首次走进宁启与合宁铁路。此次共有南京-扬州间8对列车、扬州-合肥间1对列车与春秋航空公司的航班进行"空铁联运",旅客可在春秋航空公司官网、APP、春秋航空公司微信订阅号购买"空铁联运"产品。旅客如果既要乘飞机又要乘火车,那么在购买"空铁联运"产品后,可以在航空公司的售票系统内完成飞机票、火车票的全程预定,能够更加便捷地中转换乘。

"长三角"开展"空铁联运",通常是将高速铁路车票与机票进行捆绑,并提供票价上的优惠、换乘上的快捷与延误改签上的保障,以最大程度地为有联运需求的旅客提供出行的便利,但在实际运作过程中,现有机制暴露出过程繁琐、响应较慢、人工操作多等缺陷。

(1)办理流程较为繁琐。空铁联运服务存在过程繁琐、响应较慢、人工操作多等机制上的不足。截至目前已有200多趟车参加到空铁通项目中,以东航为例,其办理流程如下:东航与上海局协商办理的日期范围、车次、预留席位张数以及取票车站窗口;东航与上海铁旅协商办理预订火车票的预付款,按月将预付款支付给上海铁旅;上海局编制席位预留计划并生成席位;东航以虚拟航班号的方式,接收航空旅客预订火车票订单,预订截止日期为列车开车前两天,并告知航空旅客火车票的日期、车次以及取票车站窗口;铁旅工作人员根据空铁通销售结果进行铁路配票,并打印出票交付指定空铁通窗口或服务台;上海铁旅制票窗口结账时,结账票款从东航预付款中支出;航空旅客乘车时到车站指定窗口取票乘车,旅客不再支付火车票票款,票款随机票一同支付给东航;东航与上海铁旅按月进行结算,结算时东航给上海铁旅支付预付款,上海铁旅将未取车票交付东航。同时,出于技术安全考虑,航空和铁路的票务系统接口尚未实现对接,"空铁联运"票订购后,在出票、送取票当环节上较为繁琐,特别是目前联运铁路段车票的出票点普遍较车站有一定距离,车票需要相关部门花费一定人力、物力提前送达至车站取票窗口;对于联运旅客来说,车票在当出发当天才能凭有效证件前往车站窗口取票,也不能凭电子客票或其他有效证件直接进出站,存在旅客因取票不及时或取不到票等耽误行程的风险。再加上,城际铁路列车公交化运营,网上购票方面,有些旅客自行解决,不采取空铁联运模式。

可见,“空铁联运”产品流程早一定程度上满足了客流需求,但繁琐的缺点导致“空铁联运”在广大旅客中的知名度不高,“空铁联运”服务亟待优化与升级。

(2)信息平台需要健全和优化。综合信息系统建设是综合交通枢纽的“空铁联运”的核心。“空铁联运”平台为双方运力资源互通、订单信息处理、突发事件处置以及联运延伸项目的开发和拓展创建一个统一、高效的执行环境,最大限度地为旅客需求服务。其主要内容包括信息共享的内容。各参与方现有系统的整合、信息的安全、财务的清分、代码共享等,与航空公司客运信息对接主要通过航空公司开发的“空铁联运”管理系统实现,数据源来自中航信订票系统,为“空铁联运”的联程服务提供系统支持,铁路方面通过该系统提取旅客有关订票信息,解析汇总后进行出票。

“长三角”区域空铁联运已有三套空铁联运系统,分别对应三家航空公司,现有的信息系统以航空公司别,各航空公司各自为政,无统一标准,数据无法有效整合;而且,各航空公司的信息系统部分数据无接口设计,须人工将数据导出、筛选、转化,增加工作量,浪费旅客的换乘时间。同时,管理系统功能单一,在航班及列车基础信息、客票信息、数据采集、信息交互、应急处置等方面的功能尚未健全。但目前旅客服务暂时无法实现一票到底。国外的旅客联运可以实现跨方式的购票和结算,使得用户一票到底,国内各种交通方式都已建立自己独立的票务系统,尚无法实现相互之间的全面对接,实现真正意义上的联程联运,需要建立统一的一体化联运票务系统。而且,国外旅客联运可实现行李的一站到底,目前国内条件约束无法做到,开发建立一个有效整合各航空公司数据,具有良好接口可实现部分数据共享,功能更加完备效率更加突出的空铁联运信息系统很有必要。

(3)代码尚未实现共享。为实现真正意义上的“空铁联运”,需要在骨干航空公司与轨道交通运输企业之间建立代码共享机制。代码共享(code.share)是指旅客承运人之间达成的协议:航空公司一方以倾斜的价格在选定的线路上购买其他承运人的座位,并按照一个航空公司的航班号销售这些座位。代码共享协议包括旅客计划、航空公司包租旅客车厢、行李专用车厢、在列车和航班延误、取消或灾害性事件等非正常情况下的互助计划等。例如,在法国航空公司与 Thalys 公司签订有关“空铁联运”的代码共享协议后,由法航出售的机票便包括在布鲁塞尔米蒂车站和戴高乐机场车站之间 Thalys 高速铁路段。

(4)技术标准问题。国外很早就通过制定旅客联运的相关标准来促进和规范旅客联运方式的发展,而我国由于各自管理,目前在基础设施、运营网路、市场准入、服务标准等环节还存在障碍,制约了“空铁联运”的发展,我国开展的“空铁联运”有这方面的雏形,但是在一次购票后,还需要通过人工方式换取火车票完成出行,最大障碍就是售票系统相对独立,各方式电子客票建设标准不一,系统中关于起讫点的编码规范不一,如民航的 IATA 标准和铁路标准,系统间关于旅客个人信息、出行信息、票务信息无法交换共享,同时由于售票系统相对独立,东航将旅客购买的联程火车票的信息通过人工方式进行统计并完成结算。

4. 相关对策

(1)建立综合服务平台。联合在机场、高速铁路站内安装自助设备,并提供引导服务,满足旅客空铁换乘出行票证的购买或打印需求;建立综合交通出行信息服务平台,整合民航和铁路信息资源,推进换乘旅客出行信息联网,及时发布综合交通运输信息;建设“空铁联运”售票系统,共同提供机票、火车票的联程联网售票服务,帮助旅客智能选择民航航班与高速铁路衔接时刻,实现“一票联程”和无缝换乘。还要对联运信息进行共享与整合,实现票务发售、实时信息查询、管理辅助决策、数据精细化分析等功能。使得联运产品达到旅客购买便捷,联运过程有保障,铁路、民航管理方便及时的目的。系统设计要面向旅客、运营商、服务商三个不同用户群体。实现客票发售、信息共享、财务清分等不同功能,并界定不同用户的操作权限。但由于空铁部门与航空部门票务信息数据格式不同,空铁联运信息系统中要实现信息的共享,则首先要设计合适的接口使得数据兼容性问题得到解决,而航空与铁路本身就是两个庞大的系统,数据的共享必然涉及数据的安全性问题,给空铁联运系统的设计带来一些挑战。

为进一步发展"长三角"的"空铁联运",信息服务平台建设需要发展到决策支持阶段。例如,可根据旅客着重关注的标准,系统自动为其推荐最优、次优等一系列的方案,并且在旅客改变标准后系统也能自动为其修改推荐方案。在一次联运的行程中,旅客关注的指标可概括为:运输用时、旅程便捷性、可靠性、出行的费用等。同时,考虑到数据采集记录空铁联运信息系统使用者的行为习惯,记录了大量旅客联程的历史信息,其作为服务于联运运营商和联运服务商的必不可少的一个环节,是各类联运组织方式,运营管理决策的依据。采集的数据主要包括:旅客历史 OD 流集合,主要 OD 流流向,旅客对方案选择决策因素的偏好,对时间、票价等因素的敏感度,出行频率等。通过大量的历史数据总结出规律,可得到旅客的出行习惯,对大量旅客出行习惯的分析可对制定符合大多数旅客习惯的联运产品,吸引更多的旅客选择空铁联运的产品,还可制定具体针对每位旅客的个性化出行方案。

(2)制定应急联动机制。突发事件大致可分为自然因素造成航班、列车延误;社会不可抗因素造成航班、列车延误(例如机场流量控制、空中管制导致航班无法按时起飞,列车临时避让高等级列车导致列车晚点等);公共安全事件造成列车晚点、航班返航(例如个别旅客在动车组列车上吸烟导致列车紧急制动,航班上乘客醉酒闹事导致航班紧急备降等);恶性突发事件(此类事件发生概率极小,一旦发生则会对旅客生命财产安全造成极大的损失。例如列车追尾、航班失联等)。遇有突发事件发生时,对车站、城际铁路和机场的整体应急保障工作进行有效的协调指挥。在管理体制方面,由于"空铁联运"涉及环节多,仅在主管机构上便涉及民航总局、铁路部门以及地方政府等诸多部门,不断优化延误后联运处置机制,着重分析联运前段延误影响后段旅程的一类事件,对处置流程做进一步优化,删繁就简,缩短延误条件下因处置流程而额外增加的旅客旅行时间,最大程度地方便联运旅客。

(3)实现旅客快速换乘。在"空铁联运"条件下,对铁路列车的发车时间、发车间隔、停站方案等做出调整与优化,使之与航班之间更好的衔接,旅客在联运过程中实现快捷、方便的中转。同时,在车站和场城际铁路间加大运力投放力度,实现旅客快捷换乘。为保证应急情况下的协调联动,尽可能减少旅客损失。可针对列车与航班衔接问题以及"长三角"地区高速铁路站可达性问题进行研究,扩大发车时间区间。例如,对于[8:00~10:00]时间段内国际和国内出发的航班,与其衔接的火车车次到达时间区段为[6:30~8:30],而京沪高速铁路在此时间区间内无列车到达,需要进一步考虑旅客的空铁联运需求情况统筹考虑沪宁和沪杭高速铁路列车的发车时间区间;对于[20:00~22:00]时间段内到达的航班到达的航班,衔接的高速铁路车次出发时间区段为[21:00~23:00],而沪杭高速铁路仅在[21:00~22:00]时间段内有 2 列出发列车,可适应采取扩大发车时间区间的方法有效衔接。近年来,为满足夜间"空铁联运"旅客需求,上海虹桥安排车次,如 G7350 次 21:38 开、南京南 23:28 到和 G7098 次 21:43 开、南京站 23:32 到,中途停运苏、锡、常三站,主要满足夜间飞机到达和晚点到达的旅客空铁换乘需要。

(4)铁路车站设施配置研究。基础设施的完善使得空铁联运客流需求激增,推出一个系统、完善、便捷的空铁联运产品成为当前亟待解决的问题。开通空铁联运服务的高速铁路车站需配有相应的空铁联运设施设备,如问询处、值机区、专用候车区等。从空间和开行方案来说虹桥枢纽铁路方面已经具备实行空铁联运的设施配置。但在"长三角"地区的其他火车站,铁路仍然需要一些其他的设施配置来实现空铁联运,尤其是异地值机设施配置。针对空铁联运,为实现异地值机业务,铁路车站需要设置问讯处、综合服务区、值机区、候车区、贵宾室。其中,综合服务区要设置服务柜台,以便为旅客提供购票、咨询服务。值机区可设置人工柜台和自助值机柜台,并预留行李传输带等行李托运设施,满足远程旅客的值机需求。还需设置候车区,方便办理值机服务的旅客候车。由于空铁联运旅客对服务质量水平较高,必要时还需要设置贵宾区等。

13 运营管理智能化

13.1 运营信息化管理存在的问题

随着高速铁路建设和开通运营,各专业系统信息化建设也同步取得重要发展,技术装备水平和信息化能力得到明显提升,信息化技术已成为推动提升生产、经营、管理水平重要、核心的手段之一。我国在高速铁路运营方面,大数据应用工作具备良好基础、面临难得的发展机遇,但仍然存在一些困难和问题,如数据资源开放共享程度低,数据质量不高,数据资源流通不畅,数据价值需要被有效挖掘利用,大数据应用领域不广泛,应用程度不深,认识不到位等。需要大力提升高速铁路运营信息化的整体水平,推进铁路业务与信息技术的整合发展,提升数据资源的采集、整合、共享和利用,重点研发项目主要集中于经营管理业务创新、各专业信息平台功能拓展、生产智能化集成等方面。目前,在高速铁路运营管理方面,存在的主要问题如下:

(1)目前我国高速铁路运营组织模式普遍采用既有线运营模式,单专业系统自成体系,纵向体系相对明晰、专业信息相对完备,这种模式有一定的系统集成概念,市场、保障体系有一定体现,但是普遍存在专业系统联动性不足、支撑保障体系不完善、与市场和旅客服务关联度低的问题。要打破各工种间相对独立、封闭的管理组织架构,就要建立包含计划、施工、运用、营销管理、运营指挥一体化等功能的运营管理体系,实现各系统、各专业的融合,达到高速铁路运营管理高效、计划有序、作业协同的目的。

(2)受限于当初的开发环境,发展到今天,各自独立较为成熟的信息系统与高速铁路运营体系集成、智能、共享的要求不适应。一方面需要从顶层设计来规划各子系统的架构,从提高系统效率、智能辅助决策和开放可扩展的角度出发,进一步完善运营信息系统各项功能;另一方面要进行流程再造,优化整合现有的信息系统,解决信息孤岛难题,建立信息流与业务流高度融合、专业联动、岗位协同的一体化指挥平台。

(3)需要对高速铁路客流需求加以引导、调控和管理。例如,与客运营销和方案问题交织,针对高峰时段供给能力难以满足需求,需要旅客错峰出行;而节假日高峰期间,以运能定客运量的做法还没有得到全部缓解,需要引入“互联网+”、物联网及决策大数据分析等技术,做智能化的有益探索。

(4)列车开行方案还不够精细。例如,在列车开行方案的衔接问题,高速铁路运营体系的建设主要围绕旅客、市场等外部信息与铁路内部资源要素的合理运用,通过科学决策和运营指挥,兑现列车开行方案,最终服务于旅客,并取得较好的运营效果。需要构建以市场营销、运营组织、基础保障为主要内容的高速铁路运营综合体系,建立安全、集成、高效、市场化的运营管理体系,实现市场、运输、协调的一体化管理格局。

(5)列车运行图编制对方向性、时段性和区段性的特点把握还不够,在综合考虑线路通过能力、客流变化、动车组运用、运行交路等因素方面,很难做到与基础客流相匹配,而且,运行图编制又要具有一定弹性以满足运营调整的需要,编制时有一定的难度。

(6)应急处置方面需要不断完善。例如,在动车组列车大面积晚点、动车组列车车底临时更换导致旅客席位调整等情况下,尚未做到应对应急有序,急需建立完备的高速铁路应急处置、旅客服务补救体系。

(7)运营管理需要在决策化方面得到突破。西方发达国家在决策支持理论与方法、信息资源理论与技术、铁路营销决策信息化等方面的研究与应用取得了长足的发展。我国高速铁路在决策化方面,尚未取得突破,需要数据决策。

13.2 智能化运营管理需求分析

中国铁路的大发展,迎来了智慧铁路推行的契机。智慧铁路是以新一代信息基础设施,物联网、"互联网+" 技术,大数据与云计算为支撑,以泛在化、融合化、智敏化为特征,以精细化的运营组织、协同化的智慧管理、精准化的智慧服务为重点,铁路运营组织与管理能够获得更广泛的数据,辅助优化决策,可提高管理、作业效率,保障安全。其中,泛在化是指更透彻的感知;物联网是指更全面的基础数据采集;大数据是指更透彻的信息感知;融合化是指更全面的互联互通;更多数据流和信息流的共享是指"互联网+"的应用;智敏化是指更深入的智能化,更优化的计划、资源配置以及更智能、更敏捷的调度指挥。

智慧铁路建设目标是更安全、更高效、更优质。其中,安全就是提高安全预警控制力;提高快速应急反应能力,提高应急处置能力;高效就是提高运营效率和效益、管理效率;优质就是满足了旅客运输需求,提高服务质量,实现分析精确化、管理信息化、决策数据化,从而引领铁路运输现代化。可基于现代信息技术,以实现高铁设施设备状态、环境的自感知、自诊断、自决策为基础,构建运输生产智能化作业、运营智能化组织、经营决策智能分析为重点,构建智慧铁路。

围绕智慧化的目标和内容,铁路运营组织与管理的需求如下:

(1)运营部门实现统一协调管理、信息共享的需要。为旅客提供高质量服务,通过客流需求和运输能力供给的协调、移动设备资源的协调和列车运行时刻的协调几个方面来实现。提高客流分析预测的准确性、运力资源配置的优化、列车运行的协调性。发挥整体能力和综合效益,实现运营的高效、安全和可靠。

(2)实现专业、高效及自动化需求。借助物联网技术实现旅客身份的数字化,并根据客流量信息及分布情况,对高峰期及淡季的铁路客运量进行动态分析预测,实现旅客运输计划的智能化编制,可灵活响应需求的运行图。

(3)实现客运产品开发科学化。根据运输市场详情,对客运市场只能预测分析,合理编制客运营销计划,优化定价策略,并支持各类方式的电子支付服务,为旅客提供方便。通过物联网技术及时、准确地获取旅客的需求及铁路客运资源信息,可完成票额分配计划的智能制订,灵活应答客票的实时查询,做好票额信息动态发布工作,为旅客提供多种购票方式。

(4)客运管理需要在其主要业务内容涵盖客票发售与预定、客运服务、客流组织、客运营销、客运信息管理等多个方面。需要通过先进的信息技术,获得旅客运输需求以及旅客运输资源的信息,并制定合理的客运计划,提供多种客票发售与预定手段,合理组织客流,提高客运营销水平。在进站、购票、候车、检票、乘车、旅行、换乘、出站等环节为旅客提供充足的信息和灵活多样就的服务。为旅客的出行方式、路线和车次等提供优化决策。

(5)突发事件应急实现迅速响应、联动处置的需求。应急调整是指针对运力资源条件、客流的紧急变化,以尽可能快输送旅客和恢复运行为目标进行的客运产品内容的调整甚至是临时编制。建立应急处理案例库,根据故障类型、故障时间、故障影响范围、处理方式进行登记、更新、查询、辅助决策;具有客运服务指挥台的所有信息查询功能。根据故障类型、影响范围以及人工智能等因素给出相应的应急处理方案(可能多个),并就每个方案推理出详细的列车调整方案、售票组织方案、客运人员调整方案、后勤保障方案等,为最终的应急处理和服务补救提供辅助决策。

(6)建立统一的智慧出行服务平台。基于现有平台,融合多领域信息,利用“互联网+”技术,提供更智慧的信息服务,为客户能获取实时信息;响应需求的客户服务,提供智慧出行综合服务,提升旅客出行体验;多平台融合的出行服务。

13.3 运营管理智能化平台

高速铁路运营管理决策支持系统以市场为核心,以大数据为手段,通过搭建高速铁路运营数据集成共享平台,完成市场调查与预测、客运产品设计与调整、客票销售与收益管理、运营管理、指挥与监控等功能,为服务、生产、管理、经营各环节的精细化管理和科学决策提供技术支撑。

13.3.1 运营数据集成共享平台

从运营角度出发,借助大数据、数据仓库、商业智能等技术,构建数据集成共享平台,实现与相关业务系统的信息共享,支撑管理、决策、执行等应用系统的可靠、高效运行;以大数据为手段,通过搭建高速铁路运营数据集成共享平台,集成市场调查与预测、客运产品设计与调整、客票销售与收益管理、运营组织与管理、应急指挥与监控等功能,为服务、生产、管理、经营各环节的精确、精准、精细管理和科学决策提供技术支撑。推进运营数据集成平台建设,构建共享开放软硬件环境。这就需要开通主要数据接口和网络通道,建成运输、客运专业数据集成平台,其他专业系统基于现有系统对人车天地图信息的实时采集,努力打破设备信息传递阻隔,强化研发,覆盖设备信息传递盲区,逐一纳入路局大数据平台统一管理,实现管理集中化、流程可视化、作业一体化。

13.3.2 构建大数据分析平台

“大数据”继“物联网”与“云计算”之后,“大数据”成为 IT 业的又一个热门词汇。信息技术的快速发展已推动网络时代兼有大数据的特征。随着铁路信息化步伐的加快,铁路运营系统的数据已具有海量、多源性、数据类型多、处理要求快等大数据特点。大数据已经引发铁路运输发展变革。大数据具有体量大、多样性、价值密度低、速度快的特征。城际铁路运营过程中会产生海量、多源、异构的数据,具有典型的“大数据”特征。在高速铁路运营中应用大数据技术,能够提高信息处理效率,进而挖掘出有价值的信息,以便为安全管理提供智力支撑和决策支持。

大数据技术是指从各种各样类型的巨量数据中,快速获得有价值信息的技术。解决大数据问题的核心是大数据技术。目前所说的“大数据”不仅指数据本身的规模,也包括采集数据的工具、平台和数据分析系统。大数据研发目的是发展大数据技术并将其应用到相关领域,通过解决巨量数据处理问题促进其突破性发展。大数据的基本思想是有分析随机样本转变为分析全体数据,由追求数据精确性转别为接受数据的混杂性,由注重因果关系转变为注重相关关系。大数据的核心技术主要包括大数据捕捉技术、存储管理技术、处理技术、预测分析技术和可视化技术等。大数据的战略意义不在于掌握庞大的数据信息,而在于对这些含有意义的数据进行专业化处理。

苹果公司传奇总裁乔布斯与癌症斗争的过程中,他是世界上第一个对自身所有DNA和肿瘤DNA进行排序的人。他得到的不是一个只有一系列标记的样本,而是包括整个基因密码的数据文档。乔布斯的医生们能够基于其特定的基因组成,按所需效果用药。若癌症病变导致药物失效,医生可以及时更换另一种药。这种获得所有数据的方式将他的生命延长了好几年。

最典型的大数据分析的例子就是关于零售帝国沃尔玛的故事。沃尔玛是全世界最大的零售商,拥有8 400多家分店。沃尔玛拥有世界上数一数二的数据仓库,是最早应用数据挖掘技术的企业之一,如今已经是数据挖掘技术的集大成者。尿不湿和啤酒听起来风马牛不相及,但通过对历史数据进行挖掘的结果,反映出数据层面的规律。经过跟踪调查,一些年轻的爸爸经常到超市给婴儿购买尿不湿,30%~40%的新爸爸顺便会买点啤酒犒劳自己。沃尔玛随后对啤酒和尿不湿进行了捆绑销售。两个不同领域的产品,没有因果关系却通过大数据分析手段实现销售量双双增加。再看,2004年,沃尔玛分析人员发现:每次飓风来临时,一种袋装小食品“Pop-Tarts”的销售量会明显上升。手电筒、电池和水,这些商品的销售量都会随着飓风的到来而上升,但袋装食品销量上升,一是因为美国人喜欢甜食;二是因为它在停电时吃起来非常方便。于是,把袋装食品和水捆绑起来销售,同样实现双赢。

大数据是互联网技术发展到现今阶段,随着以云计算、物联网技术为代表的新技术,数据已经渗透到当今每一个行业和业务领域,成为重要的生产因素,云计算与大数据,最明显的区别表现在:首先是在概念上两者有所不同,云计算改变了计算机信息技术,而大数据则改变了业务模式。然而大数据必须有云作为基础架构,才能得以顺畅运营。

从技术上看,大数据与云计算的关系就像一枚硬币的正反面一样密不可分。大数据必然无法用单台的计算机进行处理,必须采用分布式计算架构。云计算是基于互联网的一种计算方式,它的特点主要有:规模大、虚拟化、按需服务、高可靠性等。对海量数据的挖掘必须依托云计算的分布式处理、分布式数据库、云存储和虚拟化技术。云计算将大数据处理技术部署在云计算平台上,就能够利用云计算强大的计算能力,快速处理数据,进行数据挖掘等工作。

其次大数据和云计算的目标受众不同,云计算是信息技术主管关心的技术层,是一个进阶的计算机信息技术解决方案。而大数据是总经理和业务经理所关注的、是业务层的营销组织,大数据的决策者是业务层。

大数据时代下预测分析已在商业和社会中得到广泛应用。预测分析必定成为所有领域的关键技术。通过智能数据采集手段获得与事物相关的所有数据,包括文字、数据、图片、音视频等类型多样的数据,利用大数据相关技术对数据进行预测分析,得到精准的预测结果,从而可以对事物的发展情况做出准确的判断,获得更大的价值。

大数据分析包括以下几个关键环节和步骤:

(1)数据采集。不断优化和完善综合管理平台建设和应用较为成熟的安全信息化设备,设计相关平台上实时采集不同领域、不同结构化的信息数据。

(2)数据预处理。通过对数据提取、筛选、转换、加载等各类基础信息的操作,对采集的数据初步进行组织和梳理。

(3)数据分析及挖掘。设计智能模型和算法,将实时的设备、人员和外部环境、管理等大数据进行加工分析,相关信息等数据汇入分析模型,与历史信息进行对比分析,从大量的、随机的、有噪声的实际应用数据中发现隐含的、规律性的、事先未知但又是潜在有用的并且最终可以被理解的信息和知识。

(4)数据展现和应用。运用定性或定量的统计分析方法寻找到隐含在海量数据中的潜在规律、关键因素、数据间的复杂关联,通过揭示数据内部蕴藏的知识。探寻因果的一种途径是通过比较分析,充分利用大数据大样本的特点,通过广泛的比较发现差异,进而探寻因果。可视化展现数据。

(5)管理决策。大数据的价值在于为使用者提供更专业的数据分析能力,其最终目标是为使用者提供高效的支持决策。利用数据可视化技术,将处理后的数据通过图表等形式形象直观地展现出来,显示数据之间的关联、走势关系,分析大量的数据规律性和变化趋势,为管理者决策提供数据支持。可通过数据分析来实现数据的有效利用,动态掌握现场生产和安全管理现状,实现对安全、营销、运力资源以及收益管理等的有效识别、研判和预警,并推断相关发展趋势,预测未来状态,进而确定控制的优先顺序和控制措施,提供铁路运营管理的决策支持。

建立高速铁路客流大数据感知体系、数据共享、信息服务和决策支持是今后的发展趋势,相应的,实现状态预测-状态管理-健康管理的新常态模式已经成为铁路运营管理工作的迫切需要。但铁路信息系统呈现出条块分割的现象,在一定程度上具有分散性,信息集成优势尚未显现,导致铁路管理信息的碎片化,难以支撑数据挖掘和深度分析,这就需要将相互关联的分布式异构数据源信息整合到一起,建立综合的运输信息体系,提高速铁路运输信息集成和组合的效率。铁路车务安全管理数据技术还需要围绕“数据资源”转化成为“决策能力”,进而提升“行动效果”,逐步建立起大数据分析理论的完整体系,通过大数据技术量化管理对象和管理行为,实现对铁路运营中作业、计划、组织、控制、协调等职能的管理活动和方法。

智能数据是指真正能够应用于解决实际问题的数据子集,通过消除噪声并聚焦到问题及其参数和精微细节上,可以一种智能的方式运用到解决方案中,可专注于具体业务相关问题,围绕该问题及其相关数据范围打造相应的数据技术,提高解决问题的效率。

13.3.3 客运产品开发设计与优化平台

在客流分析和预测基础上,构建涵盖开行方案编制、方案优化调整、列车盈亏测算、运行图管理、乘务人员和配餐服务等功能的系统,实现对客运产品的设计、管理和优化。客运产品设计,是指基于运力资源条件,从“零”开始进行的列车运行区段、开行时段、开行对数、停站方案、列车编组、车底交路、乘务担当、票额分配等计划的编制工作,主要有老线白板图、新线图两种场景。老线白板图的依据主要是根据市场环境和历史运营数据得到的客流预测值;新线图的依据则主要是根据市场信息得到的客流预测值和相关径路既有铁路的客流情况。在客流分析和预测基础上,构建涵盖开行方案编制、方案调整、列车盈亏测算和运行图管理等功能的系统,实现对客运产品的设计、管理和优化。

客运产品优化是指在既有客运产品基础上,考虑未来一定时间长度内客流的变化和运力资源的变化,对列车运行区段、开行时段、开行对数、停站方案、编组、票额分配等内容的局部调整,主要有基于客流预测的主动调整(半年调图、春运调图、长假图优化)和基于实际开行效果、运力资源条件变化的适应性调整(客流不足停开、车底不足停开、隔日开、小编组开等)两种场景。

客运产品评价可以分为预评价和结果评价。预评价是采用预测客流分配方法对客运产品可能产生的客流和收益情况进行预估计和统计分析评价;结果评价是对客运产品实际执行结果、实际产生的客流和收益情况进行统计分析评价,同时与预评价结果进行对比分析。预评价和结果评价需要设计一套有效的指标体系,并采用直观、多样的表现形式,为专家决策提供信息支持。通过结果评价对预评价的持续反馈优化,不断提高预评价的准确程度。

(1)客流需求分析和预测系统

客票营销分析与决策支持系统利用信息强大的收集功能,定期采集、汇总、分析旅客信息和旅客需求变化情况,以及客运部门运能的利用和收入情况。结合铁路运输基础信息,为日常客流统计、售票情况、列车利用率,以及未来客流的预测和分析提供及时、有效、准确的数据,同时将有关客运产品信息采集、统计、分析、反馈于一体的旅客营销决策支持子系统。客票营销系统如图 13.1 所示。

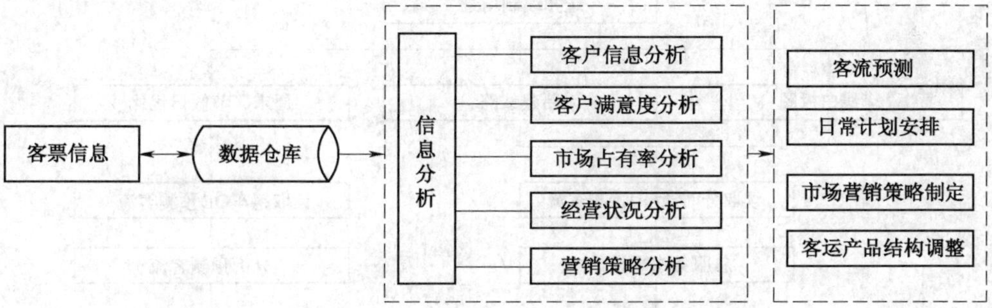

图 13.1 客票营销系统

通过历史客流实绩和客运市场发展状况对客运市场进行需求分析,为客流预测、客运产品评价及优化提供决策数据依据。规范信息采集渠道,对各个层面、各种方式获得的调查数据,按照相对统一的标准格式录入信息系统集中存储,对各单位、各趟车次客票销售情况、旅客乘车方向、乘车里程等信息,同步自动集成,逐步积累成实现市场调查、客票销售等方面的大数据。以隶属数据为主要依据,结合需求变化、客流变动、天气变化等因素,对年度、节假日、春运和暑运等各阶段客流情况,进行全面分析和预测,为科学安排运能提供支持。

通过对社会、经济、行业等大量信息的调查和分析,发现市场需求在时间、空间、服务层次、价格等方面的分布规律;通过对旅客需求的调查和售票实绩对客运市场进行细分,并得到相应的出行选择行为特征;进行历史售票信息分析,按照日期、时段、方向、线路、列车、车站等多角度分析出运能与需求的实际匹配情况,并给出相应的调整建议。由于客运产品的不可存储性,对市场需求量的预测是高速铁路产品设计的基础环节。

需要根据市场需求相关信息,对不同时空范围的客流量进行预测,既能实现对中长期客流预测,又能实现对客票销售的 OD 流预测,为客运产品设计、优化以及售票组织的调整提供依据。构建需求分析和预测系统,实现客运市场需求的收集、整理、存储、统计和分析,在此基础上结合系统中的历史数据进行客流预测,并对接其他业务系统。构建以市场为核心的需求分析和预测系统。

依托客票发售系统,构建需求分析和预测系统,实现客运市场需求的收集、整理、存储、统计和分析,在此基础上结合系统中的历史数据进行客流预测,并对接其他业务系统。客流仓库的建立主要是指建立客流数据信息系统,主要收集和整理与客流因素相关的售票数据、客流调查数据、社会经济活动数据、天气数据、节假日数据、运行图数据、动车运用维修信息等,针对这些数据进行结构化处理、统计和分析,使得客流市场分析、客流统计和分析、客流预测等元数据和结果数据都包含在该数据库中。客运营销辅助决策系统主要实现客运市场调查和预测、开行方案的制定和评估、客运产品的开发和设计、运力资源规划和客票营销策划等。

(2)列车开行方案设计系统

列车开行方案设计系统是在客流预测基础上结合运力资源配置情况,确定未来一定时期内列车的开行区段、径路、开行对数、编组、停站等要素,为城际铁路提出合理建议的计算机辅助决策系统。列车开行方案设计子系统为铁路客运产品设计与优化提供信息化、智能化的技术支持。列车开行方案设计系统如图 13.2 所示。

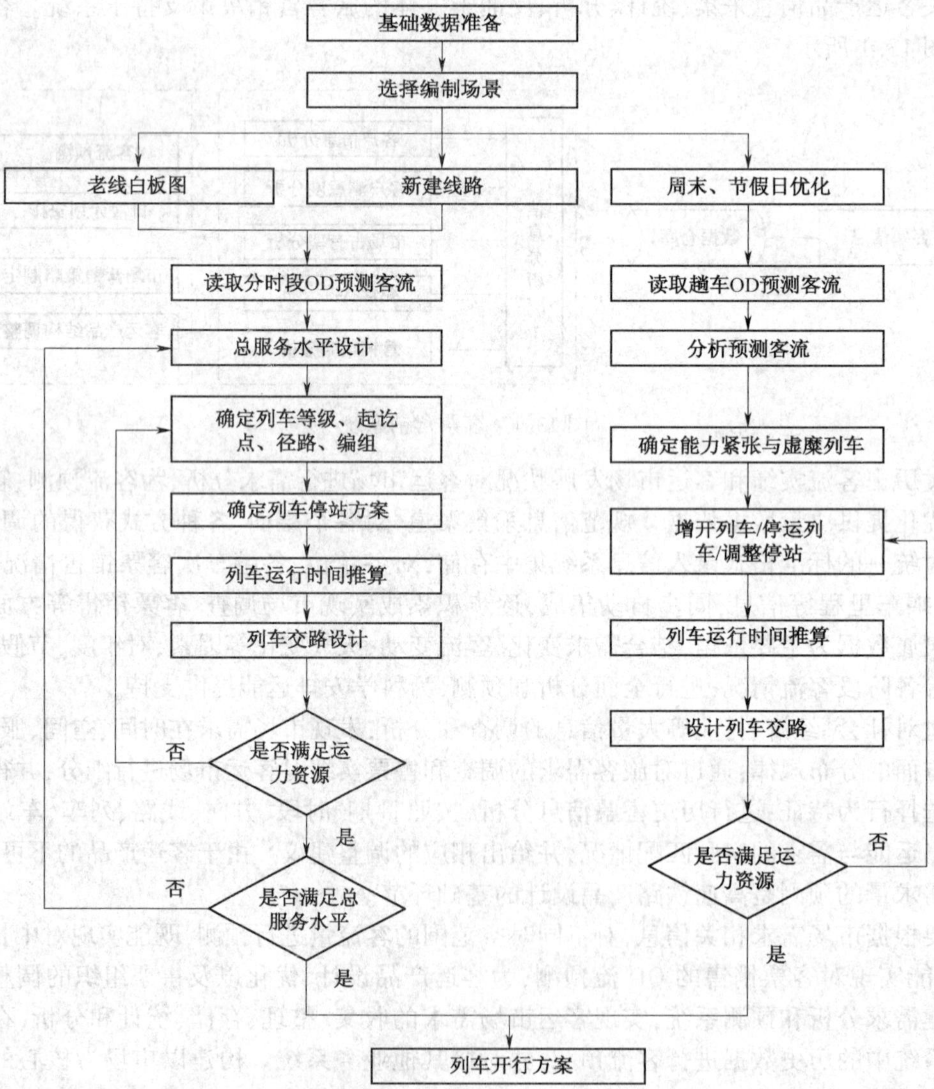

图 13.2 列车开行方案设计系统流程图

①基础数据维护功能。在从相关系统(如调度指挥系统)获取基础数据的基础上,为业务人员提供线路信息、设备信息、作业时间标准等基础信息的查询、修改、增加、删除等维护功能;从时间、列车等级、列车起讫点等多个角度,提供历史列车开行方案的查询功能。

②列车开行方案设计功能。列车开行方案设计功能分为手工编制和自动生成两部分,其中自动生成的列车开行方案,作业人员可以根据自身经验或专家经验对其进行人工调整;作业场景分为老线白板图、新线图两种场景,老线白板图场景主要依据根据市场环境和历史运营数据得到的客流预测值,新线图场景主要依据根据市场信息得到的客流预测值。

③动车组交路设计功能。动车组交路设计是根据列车起讫点、经路、停站方案等估算列车运行时分,进一步根据可利用的动车组车底数量及分布、计划开行列车的编组及车型、列车折返作业时间标准等确定可行的动车组交路方案,主要功能包括:动车组运用所检修能力核算与维护;列车始发终到时间估算;动车组运用里程及运用时间核算;手动勾选动车组交路等功能。

④列车开行方案动态调整功能。为满足周末、节假日、春运、暑运期间列车开行方案的临时调整,列车开行方案动态调整根据运能配置与客流预测结果对开行方案提出局部调整建议,从而提高列车开行方案应对客流变化的响应速度。列车开行方案动态调整分为手动调整与自动调整。

⑤编制信息管理功能。通过计算机技术实现列车开行方案编制过程中各部门(如客运处、运输处、车辆处、机务处等)权限审核(如是否同意增开列车、是否同意调整列车停站等)、业务人员间交互数据(列车开行方案数据、列车运行图数据等)的流转、会签、共享等功能。具体功能包括:列车开行方案编制过程中不同时空范围客运产品数据的版本管理、增、删、查、改等,审核信息的存储、查询、签收等;交互数据的存储、查询、签收等;列车开行方案编制完成后的开行方案的核实、发布等;业务人员操作信息的存储、查询等。

(3)评价及分析系统

评价从系统的角度看,也是一个信息处理系统,开展评价的过程,就是一个将无序信息有序化的过程。这一过程所需要处理的信息量非常大,针对以上各系统,每一个系统都要相应评价,总体运营要有评价。其中,综合评价子系统在数据集成共享平台的基础上,为各级客运作业人员提供统计分析功能,满足事前分析、事中实时统计监控、事后分析评价等多种业务需求,包括客运市场研究分析评价、客流预测分析评价、列车开行方案分析评价、列车运行图评价、售票组织与收益管理评价、应急管理分析评价等。相关子系统评价内容如下:

①客运市场研究分析评价。以铁路局、站段、车站为对象,为用户提供客运基本情况、运能运量、客流、客票销售的统计分析功能,帮助用户了解、掌握辖区的客运情况。

客流预测分析评价。分析客流预测与实际客流之间的误差,提出不同的客流预测场景预测模型的适用程度;分析评价不同外部因素对客流统计指标的影响程度。

②列车开行方案分析评价。提供针对列车实际能力利用情况、开行方案和调整策略的分析和评价功能。结合近期客流情况,评价现行开行方案,测算列车盈亏状况;分析方案调整策略实施前后的客流数据,结合运能配置,对这些措施的效果进行评价。

③列车运行图评价。提供列车运行图评价功能(客专线路时间和空间的合理性分析、能力与需求分析、综合车底交路分析等);对运行图调整前后的售票情况、车站组织作业情况、列车正晚点情况以及客运收入等进行对比分析,做出调整评价。

④售票组织与收益管理评价。在分析客流分布情况及旅客购票行为的基础上,结合专家经验,评价特定列车限售站放开的时间及顺序的实施效果;通过分析客票销售的历史情况制定特定时间段内各类列车的席位共用计划方案,根据客票销售的实时情况评价共用策略的实施效果;评价票额共用时间和共用数量的合理性。

⑤列车盈亏分析功能。列车盈亏分析是根据列车行驶过程中须支付的线路使用费、接触网使用费、上水费、旅客服务费、售票服务费、动车组折旧及维修等成本数据,列车开行距离、列车定员、票价等列车数据建立列车盈亏平衡分析模型,通过分析评价列车效益确定开行列车收入与成本盈亏平衡的客座率,为编制列车开行方案提供参考,主要功能包括:列车开行盈亏平衡客座率计算;新开行列车效益估算;已开行列车效益分析;预售期内列车效益监控等。

13.3.4 应急指挥平台

建立铁路局、站段两级应急管理体系,实现应急人员统一管理,应急应对案例、速报历史积累,为铁路局管内应急应对统计分析、应急管理提供基础平台,使历史可追溯、未来可应对。通过设备管家自动上报或站段、途中司机等其他人员人工上报故障信息来触发应急指挥系统,汇总车、人、三乘和周边环境的现场信息反馈,过往案例、专家意见,以及内外部救援队伍、物资等的保障资源,进行事件影响信息综合展示,自动生成多种应急应对方案,提供辅助决策,经过智能方案比选,各专业各部门及时快速响应,兑现优选方案,自动调整后续列车,降低突发事件对运输生产秩序和服务质量的影响。根据应急预案、案例知识库、现场状况以及应急资源,实时掌握车站、列车的人员、设备、作业状况,及时提供多种应急处理方案,并辅助应急实施、处理,提高应急处理效率,降低突发事故对运输生产秩序和服务质量的影响。

应急指挥调度台目前是由人工专家群体组成的集中辅助决策平台,为进一步发展需要,还要考虑如何构建安全辅助决策体系以实现决策的自动化和智能化。高速铁路列车速度快、密度高、交路紧,服务质量要求高等众多特点决定了应急情况下的处置不仅要求保证安全、流程合理、反应及时,还要求对处理方案的确定迅捷化、最优化,并且能够根据现场处理情况的变化能做到及时调整。辅助决策系统的构建及设想如下:

(1)实现信息互通。接入汇总客流、计划、列车、行车基础、动车组、司乘、设备、基础设施、外部等综合应用系统,通过调度终端、PDA 终端、手机、大屏幕、网络、视频会议等基础支撑系统和移动指挥平台,在各类应急指挥场所进行综合信息展示,为日常、应急、应对等模式提供辅助决策。同时,对行车调度指挥系统、动车组管理信息系统、客票系统等高速铁路相关信息系统进行互连互通,实现数据共享,消除信息孤岛现象,这是构建应急处置辅助决策系统的基础。

(2)应急方案优选。影响制定应急处置方案的因素较多,主要包括:动车组的车型、交路接续时间与车次、热备车组及各动车所内动车组的检修、备用状态、动车组的乘警、乘务员、司机"三乘"人员的交路情况、吸污地点及动车组吸污要求、动车组内座位满缺情况及各站上、下客情况等。辅助决策系统应能根据实际的上述情况建立的数学模型,分析出故障发生后的最优列车开行方案与故障处置方案。

(3)后续方案生成。应急处置人员通过系统确定最终的最优处置方案后,系统应能够智能化地处理后续工作。如自动生成受影响的动车组相关的车底回送、入库等命令,纳入动车组信息系统的命令缓存,以节省动车调度员的工作量、减少出错率。同时,能自动编制动车组"三乘"人员的交路接续方案及旅客合并或换乘等方案,以便于客运调度员及时布置客运重点事项和安排人员。

(4)事故信息收集。对引起非正常的各种设备故障及处理时间等信息登记入库,若再发生类似事件时,系统能够给出平均、最短、最长处理时间等信息,以便正确预估处理时间,避免由于人为因素而对恢复时间预计出现较大的误差。同时,自动记录相关的事故信息及事故处置流程,可用于安全分析及评估,也能为应急预案的建立和安全教育提供实际的基础数据。

(5)应急处置评价。分析应急方案作业内容、流程以及作业时间,结合方案执行,对应急方案做出评价;建立应急方案评价体系,对不同应急方案进行分析评价,将特定情况下的应急方案分类。

应急指挥平台构建可分为两个阶段,初期阶段是人工经验阶段,通过成立调度指挥应急台,各专业专家聚集在一起群体摸索相关安全处置的规律,使得调度应急处置规范化;后期阶段是在初期阶段的基础上,通过开发相关的应急处置系统,提供辅助决策,最终实现高速铁路应急处置的信息化、可视化、智能化、决策化。

13.3.5 施工管理平台

以确保施工安全为核心,以信息化技术为支撑,创建施工综合管理平台,建设施工综合管理体系,推进施工管理与运输生产协调发展。“施工安全综合管理平台”由“施工计划管理系统”、“施工组织管理系统”、“邻近营业线施工管理系统”、“天窗修管理系统”和“电子登销记系统”5 部分共同组成,如图 13.3 所示。

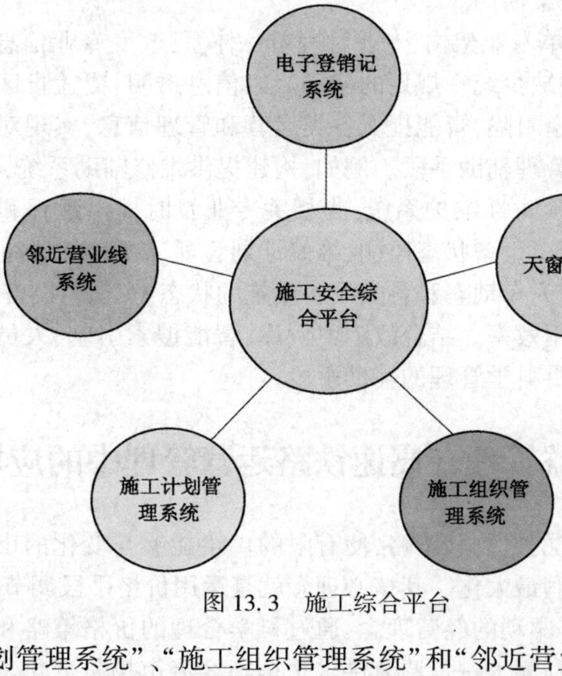

图 13.3 施工综合平台

其中,“施工计划管理系统”、“施工组织管理系统”和“邻近营业线施工管理系统”对施工计划进行控制与过程写实;“天窗修管理系统”对维修计划进行控制与过程记录;“电子登销记系统”对施工与维修的真实数据进行记录和分析。施工安全综合管理平台的建设,通过信息化的手段对施工月计划、日计划、登销记、邻近营业线、车务信息等系统进行统一管理,为施工管理以及运输生产提供了更为有利的保障。平台面向对象将全面覆盖铁路局运输处、站段管理层(站段长、安全、技术、教育等科室、仓库管理等)、车间管理层(车间主任、调车行车指导、车间库存管理等)、班组(中间站站长、中间站行车室、行车组、调车组等)。平台的信息将全面高度集中化,实现了从上至下的管理,以及各系统数据的横向共享,从而加强铁路局管理层面的数据统计分析能力,提供各类辅助决策数据分析。

13.3.6 人员与设备综合管理平台

(1)以数据集成共享平台为支撑,实现客运任务管理、运行图日常调整、客运规章资料管理、客运安全管理、应急处置等业务的信息化、智能化,满足日常、应对和应急工作的需要。对接车务站段的人员管理、设备管理、作业管理等信息系统,对接列车保洁、商品(含餐饮)配售及人员排班等信息系统,对接客运段的乘务作业管理以及车辆、机务、运输调度、客运总控等信息系统,以此为基础构建站段、路局两层的客运服务指挥系统,实现对车站、列车的人员、设备、作业状况及过程实时掌控及指挥。

(2)涵盖车底运用、司机派班、随车机械师、乘务、保洁、餐饮人员管理,统筹考虑铁路资源的最优化,充分考虑高速铁路运营一体化作业和管理的要求,注重铁路各系统、各工种、各岗位的协调性,联劳协作。根据基本图、动车组车型和编组形成的动车组交路图以及日开行计划和临时调整、应急处置导致的车底变更等信息,结合动车运用管理系统中车底走行、检修及质量状态等情况,最终形成动车运用和转场计划。同时,通过派班系统综合乘务保洁人员累计劳动时间、人员位置、请假(归队)时间、担当车型和区段、备用人员等信息,智能生成派班方案,并反馈至调度指挥系统以供决策使用。

(3)改变过去设备管理单专业架构、专业管理单一体系,改变专业信息无关联、不开放,应急、应对联动不够,管理体系缺少统一规划的格局。以信息透明、覆盖盲区的数据集成共享平台为支撑,打破设备信息传递阻隔,智能提取各类运营和管理信息,实现对设备的科学化集中管理,为专业部门提供科学管理辅助手段。例如,构建提供维修辅助系统,融合远程故障查询、远程视频辅助、专家会诊和预防性维护系统,为相关专业及时提供远程和现场维修的技术支持,提供运用辅助支持,综合了设备状态监测、维修计划管理、故障、备品备件、人车等资源管理系统,跨区域信息共享,明晰人车动态和各类设备设施的状态,实现对设备的科学管理,智能提炼管理和运用信息,提高运用效率。结合故障案例库、智能搜索引擎、人员专家管理和设备能效管理等,为各专业部门提供科学管理的辅助手段。

13.4 案例分析:收益管理在高速铁路运营管理中的应用分析

收益管理就是采用一定的机制和策略,使有限的供给能够与变化的市场需求达到一个平衡,从而实现企业收益或利润最大化。其核心理念就是运用价格手段调节供求平衡,强调用收益驱动的经营理念取代成本驱动的经营理念,通过科学合理的价格策略和市场供给策略来追求更多的收益,获得更高的利润。一是调节供求平衡。客流市场是变化、波动的,我们在客流高峰段运能有限,可以通过高峰段提高票价,非高峰段降低票价,从而将对价格较敏感的部分客流转移至非高峰段,实现平衡供求的目的。二是促进收益最大化。实行多等级的差别定价,既能满足对价格敏感性差的“刚需”客户,继续为他们提供高端的商品或服务;又能以较低的价格优势诱增对价格敏感客户的需求,从而最大程度地增加潜在收入。三是实现风险共担。

收益管理采用以旅客可承担风险和旅客忠诚度为准则的定价方式。旅客越忠诚,则可享受越低的价格,即:对提前天数越多的购票旅客给予更多的优惠,旅客和铁路部门对这种需求和供给共同承担风险,这样既可将虚糜的运能提前销售出去,又有效减轻车站售票压力,提高列车运营组织水平。

收益管理作为一种微观的管理工具,主要是通过对旅客行为进行动态预测来实现资源的有效分配和可获得性,从而达到收益最大化的目的。1989 年,Kimes 结合营销学提出 4R 理论:收益管理就是在合适的时间和地点(Right time and place)将合适的产品或服务(Right product or service)以合适的价格(Right price)销售给合适的顾客(Right customer),最终的目的是实现资源约束下企业收益最大化。它最早发源于美国的航空运输业,它的产生和发展与计算机科学技术、决策理论、预测理论、航空运输政策及市场的发展进步紧密相连。

收益管理在航空业的成功引起了铁路行业的重视,20 世纪 90 年代,铁路客运系统相对发达的日本和欧美率先引进收益管理思想。高速铁路以及城际铁路运营应积极开发可以综合考虑旅客需求波动、调度计划编制、票价制定、预订控制等多因素,为铁路运营决策提供支持的高级工具,从而更有效地控制成本和优化资源配置。收益管理就是通过差别定价来获得易逝品的最佳效益。收益管理就是采用一定的机制和策略,使得有限的供给能够与变化的市场需求达到一个平衡,从而实现企业收益的最大化。其核心理念就是运用价格手段调节供求平衡,强调用收益驱动的经营理念取代成本驱动的经营理念,通过科学合理的价格策略和市场供给追求更多的收益,获得更高的利润。

1. 国外铁路应用情况

由于铁路的公益性和供需关系等原因,目前只有少数几个国家,如美国 Amtrak 和法国 SNFC 等真正得到应用。美、法、英、德等铁路客运发达国家的铁路公司在收益管理方面的经验表明,收益管理是优化运力结构和资源配置、提高高速铁路竞争力和运营收益的有效方法。例如,美国铁路客运公司(Amtrak)是应用收益管理的先驱。1991 年 7 月,与 Sabre 公司合作,Amtrak 公司建立了铁路行业第一套收益管理系统,即 ARROW 客票预订系统,可以合理配置运输能力,制定浮动票价。在该套系统建立之前,Amtrak 公司面临着许多挑战,如铁路供给能力满足不了客流需求的快速增长。Amtrak 公司主要在长途城际列车的车票折扣分配和始发地/目的地的交通管理等方面应用收益管理,其中采用超售策略是实施收益管理的重点之一。在实际操作中,通过线性规划法来确定转移成本,利用 EMSR 算法来计算座位分配。ARROW 客票预订系统支持层级嵌套,并且考虑市场的各种实际情况。实施收益管理后,Amtrak 公司可以更合理的配置其运输能力,将不太繁忙线路的列车调拨到繁忙线路,来缓解繁忙线路的运输压力,同时还可以运输更多的旅客,从而提高收益。在实施收益管理多年后,Amtrak 打破固定价格机制,允许票价在合理范围浮动。这项措施使得旅客可以在需求量较少的车次上买到有折扣的车票,其折扣票价比当时的最低价格甚至还低 15%。Amtrak 公司应用收益管理取得了良好的效果,2006 年,其在全国各铁路车站的收益都有了不同幅度增加,其中增幅最大的车站,客运量增加了 23%,收益增加了 27.2%。

2. 应用特征

根据 Kimes 等学者对多个行业的收益管理应用进行长期研究,归纳了他们的共同的应用特征:

(1)产品或服务易逝且无法储存。易逝具有两方面的内容:一是有固定能力的库存,库存的利用难以转移,如酒店的客房;二是库存本身具有一定的时效性,如没有在界定的时间内被销售和利用,其价值将消失,如航空和铁路的客票。总的来说,大部分的服务也都具有不可储存性的特性。

(2)相对固定的供给能力。很多行业的供给能力是刚性的,在短期内无法根据供求情况改变自己产品的产量,或者成本十分昂贵,所以有效利用现有资源实现效益的最大化是具有现实意义的问题。

(3)需求的多样性和不稳定性。市场可以按照不同的需求进行划分,为不同类型的需求确定不同的产品类型,产品的购买者,可以根据对产品特性的需要或价格敏感程度的不同而细分为不同的群体。市场分的越细,价格差异就会越大,收益管理的作用显著;市场的需求受时间因素影响很大,要尽量缓解需求的不稳定性。

(4)高固定成本,低可变成本。某些产品的生产需要巨额的固定成本,但每多销售一单位产品的可变成本微乎其微的行业需要收益管理。对于民航业来说,在一条航线上加飞一个班次的成本等固定成本非常高昂,而多销售一个席位无非只是增加一些包括航食、特服等则相对较小的变动成本,充分的销售既有航班的座位比加飞班次获得的收入要高,这一点在铁路行业也具有相同规律。

(5)产品可以提前预订。通常是通过预订系统来完成的,综合其他技术预测和控制需求,从而制定价格。

3. 主要内容

收益管理需要处理的核心问题是"差别定价(Pricing)"和"座位存量控制(Seats Inventory Control)",差别定价是综合考虑旅客需求类型的多样性以及在由于时刻差异产生的座位价值差别等因素,对运输产品进行不同定价的过程;座位存量控制是由于运输能力有限而对不同等级的座位数目进行控制的过程。收益管理的基本方法实际上是应用市场细分策略、差别定价策略和库存分配策略来充分调动相对稳定的服务能力以获得收益最大化。

①市场细分的内容。就是对具有不同消费偏好的旅客群体进行识别,研究各旅客群体的消费能力和可接受价格水平,并将不同价格、对应品质的产品投放给适当的旅客群体。市场细分的方法,可以旅客出行的历史数据为基础进行数据分析,实现旅客群体的行为的统计、预测和识别,以支持后续的定价策略和模型优化。

②差别定价的内容。差别定价的本质是以相同产品在边际成本上,分析不同旅客群体对相同产品所愿意支付的价格水平。将具有相同特性的产品以不同价格销售给不同的旅客群体,其关键在于对产品进行层次区分来防止原本愿意支付高价格的旅客转而购买低价产品。差别定价可以达到刺激不同旅客群体的需求,从而获得收益的最大化。

③库存分配的内容。库存分配是对一定数量产品和服务在销售时间和销售渠道上进行合理分配的过程。传统的销售方法遵循"先来先得",这种销售方法看似非常合理,但却带来两个问题:其一是企业在产品或服务有限的情况下以低价出售,丧失了从那些愿意支付高价的旅客方面获得的盈利机会;其二是由于库存缺货而导致来自高端顾客收益的减少。

基于收益管理理论的库存分配是在充分认知市场特点的背景下,把那些愿意出更高的价格购买产品的旅客群体定义为最有价值的旅客,那么为这些旅客保留适量的产品(在时间和渠道空间内)可以获得更高的收入。对于运输行业的收益管理而言,按照各票价等级进行分配预留库存的规模十分关键。

4. 基本方法

收益管理起源于航空,基本方法包括:季节性、超售、团体、座位控制和全航程管理。

(1)季节性管理。季节性管理是针对节假日旅游高峰所采取的管理方法,它不包括在淡旺季对价格进行调节。对于大部分国家而言,法定的节假日虽然不到每年的1/10,但借助适当的管理可令航空公司在节假日期间获得超过1/5的年收入。季节性管理就是要综合应用既有的数据来预测这段时期内的航班席位需求,并以机票预订情况和市场走向对航班的席位安排和价格等级做出应对。

(2)超售管理。超售管理是航空收益管理的重要方法之一。超售是指根据数据分析销售超出某次航班的额定座位部分数量机票的措施。根据航空业的经验,在准确获取超售数量的前提下,合理的超售可降低空位行驶带来的损失,但超售数量的确定是难点所在。超售的风险来自于空位损失(Spoiling Cost)和DB补偿(Denied Boarding),即旅客被拒绝登机,航空公司需要给旅客补偿。控制超售可能会出现空位、降低无法登机的几率,加大超售会减少空位、增大被拒绝登机的可能性。所以计算机信息系统可以为航空公司计算超售数量,并测算出座位超售可能引起的拒绝登机的风险和空位损失的概率,最终确定提高座位利用率和最小化拒绝登机风险的平衡点,以帮助航空公司提升收益。

(3)团体管理。团体管理是收益管理的重要部分,团体旅客与散客相比,在预定后再取消座位或No show(购票不登机)的比率较高,同时航空公司接收团体订票后,可能需要重新安排部分已经订票的散客,因此航空公司在处理团体订票时存在很大困难。从收益管理的角度看,在决定是否接收团体时,决不能根据当时有无空位来决定,而应该先通过系统预测起飞日最空的航班,同时还要算出该团体的座位利用率,找出各条可供该团体旅行的线路,算出团体的票价,然后再做决定。如果有多条不同的航线可以送走团体,每条路线的最低的可售票价会不一样,航空公司应根据预测,尽量把团体旅客安排到航班起飞日最空的航班,以降低散客移置费,在接受了团体订座后还要进行检测和追踪,一旦出现人数变化,要马上重新调整相应的航班。

(4)座位控制。座位控制是航空最重要的收益管理方法,是指将航班的座位分配给各个票价舱位,以获取最大化收益的目的。其实质是在实行不同等级的票价折扣情况下,控制低票价数量,尽可能地将座位满足可接受相对较高票价的旅客。座位控制的原理是依据旅客预订座位的时间差异,在对座位不做限制的情况下,如果订座时间早的旅客大多数只接受低票价,则运能可能无法满足可接受高票价的旅客,势必将损失这部分带来高收益的旅客。为控制好舱位的座位分配,首先应依据历史订票数据预测各等级舱位的旅客需求,综合考虑目前的订票情况、目标日期和指定航班的运力、乘客购票行为以及票价竞争等因素,建立由高而低的舱位票价等级的保护机制,从而确保高收益旅客的订票需求。

(5)全航程管理。全航程管理又称网络化收益管理或流量控制,是依据旅客的流向和流量,针对性的接受或拒绝旅客订座的行为,从而达到最大化航线网收入的目的。目前只有德国汉莎航空公司和美国大陆航空公司等极少数航空公司在实行全航程收益管理,他们的共性是都具有辐射型网络航线。

5. 我国城际(高速)铁路应用收益管理的适应性分析

(1)供给及需求。城际铁路的建设和投入运营,扩大运输能力的同时,也刺激着客流需求的增长。同时,社会经济的发展,人民生活水平的提高,旅客铁路所提供的运输产品要求越来越高,有的旅客更注重速度和舒适度,有的旅客更注重价格,有的旅客更注重服务,服务要求更为个性化、差异化。由于供求关系的变化,客运专线已经使铁路与其他运输方式之间竞争愈演愈烈,买方市场的效应更加突显。

(2)铁路客运信息化。铁路客运信息化工作开始于20世纪90年代,主要以铁路客票发售和预定系统和客运营销辅助决策系统为标志。铁路客票发售和预定系统在十多年发展过程中,经历了五次大的版本升级。“5.0”版本实现了智能化售票组织,主要包括票额预分、席位复用、票额共用、限售区段调整和剩余票调整,为铁路进一步挖潜提效提供了科学、智能的手段。随后铁路逐步建设客运营销辅助决策系统,开始开展客流调查、客流预测、分析评价和营销决策等工作,辅助提高客运决策能力和决策水平。铁路客运在信息化方面已经做了大量的工作,带了铁路效率和效益的提升,也为铁路客运收益管理做好了一定的技术支撑。

收益管理可作为满足多样化买方需求、兼顾企业利益的优化手段,适合被引入以丰富铁路运营管理手段和方法。考虑到我国城际铁路高峰时期内运能有限,可以通过差异价格,高峰时段提高价格,非高峰时段降低票价,从而将高峰时段对价格的敏感部分客流转移至非高峰时段,实现平衡供求的目的。如果采取多等级的差别定价,可有效地获得更多的收益,减少潜在收益的流失,达到收益最大。城际铁路可作为高速铁路运营管理的试点。

(3)应用客流预测与算法模型,加强客流分析。经过多年的实践,高速铁路运营部门已经建立起客运统计、分析系统,基本掌握了旅客出行规律及购票特征,具备了一定的分析手段。客流预测是铁路实施客运收益管理的支撑条件,是明确市场需求,合理进行产品设计,制定票价和售票策略的重要依据。客流预测的准确性直接决定了实施收益管理的经济效益,如果客流预测准确度低,不但不能带来效益的提升,反而可能会降低既有效益。要根据所需预测的目标、种类或精度要求,选择适合铁路客流实际的模型和算法,如,选择相应的时间序列法、指数平滑法、概率法、组合法等算法,确保预测准确度。要加强历史客流数据、历史社会经济活动数据、气象数据、节假日数据等统计分析,构建一套人工智能和系统相结合的元数据组织模型,通过选出最准确的、最优的、最相关的历史数据,为预测未来客流提供准备依据,从而保证预测的效率和精度。

(4)实行多级票价体系,增强高速铁路竞争能力。目前,我们已尝试放宽高速铁路票价的浮动限制,在既有管理模式中对价格和存量进行局部改进,但调整措施还较为有限。我们可以参考民航企业的差异化定价策略,在市场细分的基础上依据旅客需求的多样化,为列车席位设计多级票价体系。要准确把握细分市场的价格弹性,关注市场价格关系,并综合考虑相关成本、旅客需求特征、市场供求及竞争状况,制定最优的价格结构。要根据不同目标市场需求量的预测结果、不同需求市场价格弹性差异,进行定价关系确认。要不断评价实施应用效果并改进票价体系,在客票销售过程中,借助大型数据库,根据旅客购票实时数据变化,适时修改各级票价水平及对应预留的不同等级票价座席销售数量,以实现销售收入最大化目标。

(5)改造客票系统,优化营销数据分析。目前使用的客票发售系统,主要体现在解决效率管理、便捷性操作等销售功能上,而其营销管理尚未实现。加强高速铁路客运收益管理,就要对客票系统进行改造,使得客票系统具备收益管理所要求的席位存量控制、价格差异销售等功能,并与收益管理相关数据实现信息、策略对接,建立起一套具有客票销售数据跟踪、分析、预测并提供决策支持的信息管理系统。依靠系统进行收益管理,完成市场数据的收集、整理和分析等基础工作,指导运营部门进行有效的市场细分,根据不同旅客类型对不同线路、不同时刻、不同席别的需求差异,确定合适的销售策略,提高收益水平,为高速铁路运营参与充分的市场竞争提供关键数据和可靠支撑。

6. 基于收益管理的铁路客票销售策略

铁路客运收益管理的内涵是"在合适的时间,将合适的车票,以合适的价格,出售给合适的旅客"。可将收益管理方法运用于铁路客票销售,可行的策略有以下几方面:

(1)细分市场与差别定价。市场细分是通过对旅客的行为进行分析,对旅客需求进行分类以便提供差异票价。按照旅客对时间和价格的敏感性可以将客运市场分为四类:即对于时间敏感而价格不敏感的旅客;对于时间、价格均敏感的旅客;对于价格敏感而对于时间的限制可以忍受;对价格及时间的限制都不敏感的旅客。

(2)差别定价。根据乘客出行需求的多样性和对价格不同的敏感程度将运输产品即列车上的座位设定有差异的价格的过程。差别定价的方法多种多样,折扣定价、简化定价、弹性定价、期限定价都十分常用。具体的折扣定价方法有季节折扣、功能折扣、数量折扣、剩余折扣;而期限定价方法有年票、季度票、月票等。

(3)构建客票收益管理子系统。收益管理是根据历史售票信息、客流市场情况以及先进的客流预测模型、席位存量控制模型、车票价格浮动模型对当前售票情况进行分析、预判,实现对票额预留、票价浮动、团体票等业务进行智能化、自动化调整,实现列车效益最大化。根据收益管理思想和方法,以收入最大化为目标,实现对售票组织策略、票价和存量的动态调整和控制。根据分步实施的原则,可以综合客流预测信息、客票销售进展情况、铁路票价政策等因素,对售票组织策略、票额分配方案提出调整建议,构建涵盖票额智能预分、售票策略制订和调整、售票组织及票额预分预警等功能的子系统。然后根据在列车票价可随市场变化的政策下,综合考虑旅客的动态需求、机票价格和天气变化等因素,对列车票价、席位存量等提出动态优化方案,构建包括票价优惠策略制订、席位存量控制功能的收益管理子系统,并与客票系统对接,实现客票营销收益最大化。

通过对市场、生产、保障信息的有效集成与融合,来掌握市场规律、优化生产流程、提供产品服务、理顺经营行为,使生产、管理、经营过程可视化。同时加强了票额收益管理,分车次建立票额分配档案,分线别、方向、阶段、时段制订列车票额席位共复用策略和票额以远站方案,实现票额精细管理。以营销辅助决策系统为依托,与站段建立双向沟通渠道,运用票额自动预分和人工干预相结合方式,实现票额精确分配。并实施售票过程监控分析和剩余能力动态调整,优化返票策略设置,适时增加无座能力,实现票额精准投放。

利用收益管理思想和方法,综合客流预测信息、客票销售进展情况等因素,对售票组织策略提出调整建议,以实现在列车可售座席一定的前提下,列车收益的最大化。客票销售及收益管理系统流程图如图 13.4 所示。

具体功能包括:

限售区段方案管理:根据客流分布情况及旅客购票时间分布规律等数据,对已实施的限售方案的效果予以评价,同时,采用人机结合的方式,针对特定列车限售区段的设置提出建议,并对其相应的上座及收入情况进行评估。

席位共用管理:通过对客票销售历史数据的分析,辅助制定特定时间段内各类列车的席位共用计划方案,根据客票销售的实时情况提出共用策略的调整建议。

票额分配方案辅助编制与调整:根据现行或计划的列车开行方案,结合客流预测结果,按照给定原则,人机交互结合计算机辅助编制产生列车票额分配方案建议,以规定列车沿途各站

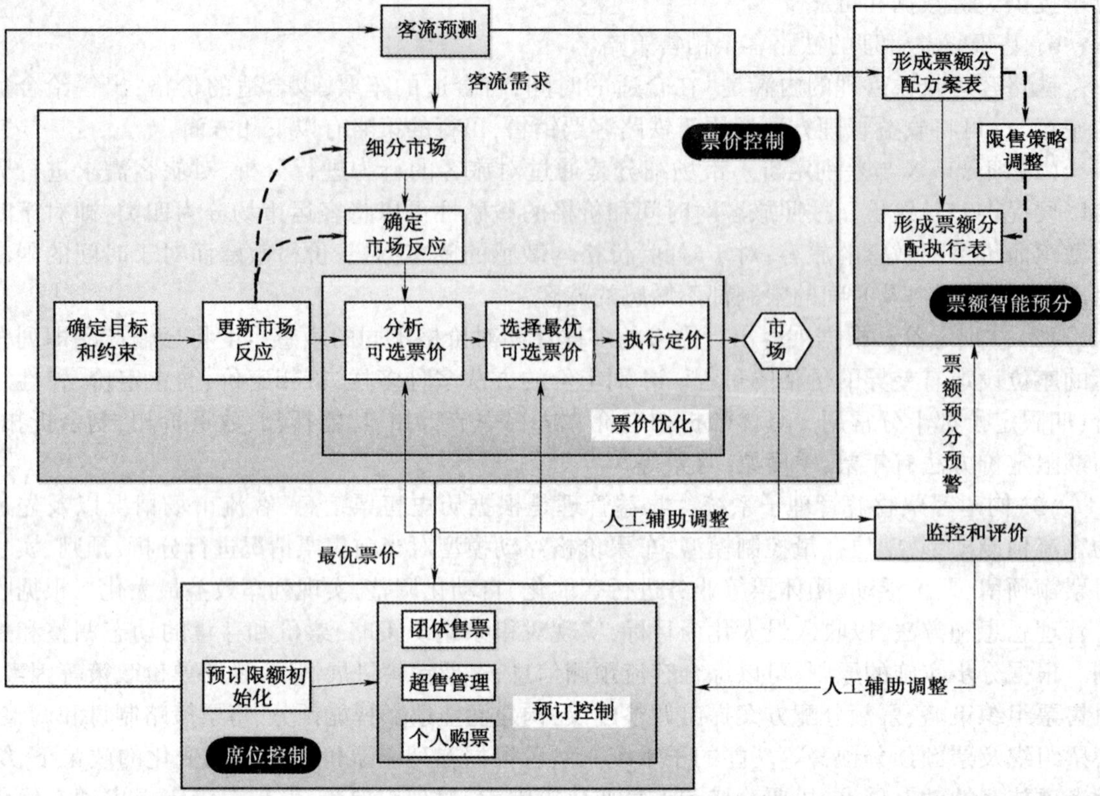

图 13.4　客票销售及收益管理系统流程图

在车票发售期间各时间段内允许发售的席位数量、位置。具体功能包括：

票额分配方案查询、统计：可对现行或拟实行的票额分配方案进行查询、统计等操作。

票额分配方案自动生成：由系统根据客流预测数据及拟实行的开行方案，按照给定原则，以已有方案和专家经验为可选参考模型，自动生成指定列车的票额分配方案，或在人工指定部分票额分配方案的前提下自动生成剩余票额的分配方案。

票额分配方案人工调整：根据评估结果或经验，可对自动生成的方案进行手工调整，并对调整后的效果进行评价和反馈；

票额分配方案评估及比选：提供对指定的票额分配方案进行评价的功能，能方便地对多套方案的效果进行对比。

票额分配方案预警及调整：根据客票销售动态信息及客流预测结果，结合专家经验，对在售客票的票额分配生成动态调整建议或对给定的调整操作进行评价分析。

列车席位管理：在票价可变的情况下，通过动态客流预测和优化等科学手段，对列车席位资源进行动态调控，使每一趟列车的每一区段的每一席位以最合适的价格出售，从而获得最大收益。具体功能包括：

①车次信息维护：根据市场分析结果，并结合专家经验，确定列车是否参与收益管理，并可对已参与收益管理的列车信息进行更新等操作。

②列车票价分析与优化：根据外部数据（如航班票价、天气数据等）及铁路内部客流预测数据的变化，在便于操作和管理的基础上，以收益最大化为目标，创建新的定价规则（如差别

定价、竞争定价、动态定价等),自动更新列车各席别票价。

③列车票价人工调整:根据评估结果或经验,对系统生成的票价规则进行手工调整,并对票价调整后的效果进行实时监控和反馈。

④席位存量控制与优化:根据列车票价规则,采用线性规划、动态规划、边际收益控制、风险最小化等优化方法,动态控制 OD 席位存量,生成一套席位存量控制方案。

⑤席位存量人工调整:根据评估结果或经验,对系统生成的席位存量控制方案进行手工调整,并对调整后的效果进行实时监控和反馈。

⑥席位超售管理:根据对客票系统历史交易数据、席位存量分配结果和外部数据(航班票价、天气等数据)的分析结果,自动预测列车各 OD 席位可超售数量及赔率等参数,对是否超售以及超售的数量给出建议,生成列车超售方案,并可对列车超售方案进行人工修改。

⑦团体售票管理:根据市场分析结果和业务经验,确定列车是否可售团体票,并对参与团体售票管理的列车提供团体售票方案,确定团体购票折扣、最小/最大团购席位数、团购优惠时间等因素,并可对列车团体售票方案进行人工修改。

⑧特殊优惠策略管理:根据市场分析结果和业务经验,设计针对特定人群(如满 60 岁老年人、学生等)、特定购票渠道等多角度的特殊优惠方案,并可对特殊优惠策略进行人工调整。

⑨退改签政策管理:根据市场分析结果和票价规则、售票策略,预测旅客退改签概率,提供相应的退改签政策,对不同票价、不同售票方案下旅客是否可退改签车票、及在不同时间退改签的手续费率等政策提出建议。

⑩优化模型参数管理:可对票价优化、席位存量控制、超售、团体售票、退改签策略等模型相关参数可进行人工调整,以满足列车管理部门的个性化需求。

⑪收益优化策略效果评估:采用仿真技术模拟旅客购票行为,在给定的票价规则和售票策略下预估列车收益及上座率,并以图形、表格等多种形式展现预期效果,给业务人员调整票价规则、售票方案、模型参数等操作提供支持。

⑫列车收益优化方案查询、统计:可查询、统计分析列车的历史票价规则、售票方案,以满足对系统优化模型的进一步调优要求,并给业务人员在调整售票方案时提供参考依据。

精细化运营管理就是持续发现、分析、解决问题的过程,管理要跟着问题走,精细化是目标、是态度、是要求,智能化是手段,业务需求是灵魂,数据是支撑核心,最终都要服务于实践,以实践效果作为检验。

主要参考文献

[1] 戴帅,程颖,盛志前．高速铁路时代的城市交通规划[M]．北京:中国建筑工业出版社,2011.
[2] 贾俊芳．铁路旅客运输[M]．北京:中国铁道出版社,2016.
[3] 曲思源．铁路运输组织管理与优化[M]．北京:中国铁道出版社,2016.
[4] 徐行方,忻铁朕,项宝余．城际列车概念及其开行条件[J]．同济大学学报(自然科学版),2003,31(4):432-436.
[5] 李明生．铁路城际客运市场开发及列车规划研究[M]．北京:中国铁道出版社,2010.
[6] 国家铁路局．城际铁路设计规范[M]．北京:中国铁道出版社,2015.
[7] 彭其渊,王慈光．铁路行车组织(第二版)[M],北京:中国铁道出版社,2016.
[8] 赵峻．上海铁路局高速铁路运营综合体系的建设与实践[J]．中国铁路,2016(12):1-5.
[9] 付慧玲,杨浩.基于欧洲列车时刻表的高速列车行车组织方案[J].北京交通大学学报,2009, 33(3):45-51.
[10] 赵峻．高速铁路开通准备与运营管理[M]．北京:中国铁道出版社,2015.
[11] 杨中平．高速铁路技术概论[M]．北京:清华大学出版社,2015.
[12] 赵鹏．高速铁路运营组织[M]．北京:中国铁道出版社,2015.
[13] 刘鹏．城市群区域城际轨道交通与城市公交衔接系统研究[M]．南宁:广西师范大学出版社,2014.
[14] 中国铁路总公司．高速铁路客流组织[M]．北京:中国铁道出版社,2014.
[15] 中国铁路总公司．高速铁路售票组织及关键技术[M]．北京:中国铁道出版社,2014.
[16] 连义平,郑松富．高速铁路行车组织方法[M]．北京:中国铁道出版社,2016.
[17] 王扬,陈艳艳．短时交通信息智能预测理论及方法[M]．北京:人民交通出版社股份有限公司,2016.
[18] 刘建国．高速铁路运输组织[M]．北京:中国铁道出版社,2015.
[19] 黄凯,霍世梅,熊舒威．车站通过能力计算综合分析[J]．铁道经济研究,2016,6:42-46.
[20] 韩轶．高速铁路枢纽车站旅客引导标识系统需求分析及优化设计方法[D].上海:同济大学,2016.
[21] 涂子沛．大数据[M]．南宁:广西师范大学出版社,2012.
[22] 焦永兰．管理运筹学[M]．北京:中国铁道出版社,2002.
[23] 蒋阳开．PH模型在城轨交通车站系统中的应用[M]．北京:科学出版社,2015.
[24] 张卫国．管理统计学[M]．广州:华南理工大学出版社,2014.
[25] 刘思峰,杨英杰,吴利丰．灰色系统理论及其应用[M]．北京:科学出版社,2014.
[26] 徐汉强,王连生,曲思源．行车工作协调艺术[M]．北京:中国铁道出版社,2015.
[27] 曲思源．城际铁路列车开行方案优化理论与方法[D]．上海:同济大学,2012.

[28] 曲思源．市场经济条件下铁路繁忙干线通过能力研究[D]．成都：西南交通大学，2004.
[29] 黄磊．城际铁路运输组织模式与站型配置研究[D]．成都：西南交通大学，2011.
[30] 佟立本．铁道概论(第七版)[M]．北京：中国铁道出版社，2016.
[31] 许心越．城市轨道交通车站服务能力计算与能力适应性评估[M]．北京：北京交通大学出版社，2016.
[32] 汪明武，金菊良，周玉良．集对分析耦合方法与应用[M]．北京：科学出版社，2014.
[33] 林瑜筠，谭丽，涂序跃，魏艳．高速铁路信号技术[M]．北京：中国铁道出版社，2012.
[34] 周红云．长江三角洲地区城际铁路速度相关问题分析[J]．中国铁路，2011，6：1~4.
[35] 秦寿康．综合评价原理与应用[M]．北京：电子工业出版社，2003.
[36] 万琛．高铁乘务组织优化及服务模式研究[D]．上海：同济大学，2017.